Henri Favré

LE GUIDE MARABOUT DE L'AQUARIUM D'EAU DOUCE

Préface de Jacques Arnoult
Ex-directeur de l'aquarium de Monaco

MARABOUT

Du même auteur :
- ***Mon premier aquarium.***
- ***La santé de l'aquarium,*** en collaboration avec J. Arnoult et M. Tassigny.
- ***Les Règles d'or de l'aquarium.***

Le Guide Marabout de l'aquarium d'eau douce a également été édité en allemand, en italien, en espagnol et en portugais.

Sommaire

Comme un poisson dans l'eau

L'aquariophilie : un mot barbare pour désigner un art bien simple, celui de faire vivre d'abord, de faire se reproduire ensuite, des poissons exotiques d'ornement chez soi. Il est bien évident que cet art, et la manière de le pratiquer, se sont perfectionnés au cours des siècles, au fur et à mesure que les conditions de vie humaine évoluaient. Dès l'Antiquité, les récits des Grecs et des Romains nous l'apprennent, les riches citadins s'entouraient d'animaux : quadrupèdes, oiseaux, reptiles, mais aussi poissons qu'ils tenaient non dans des aquariums mais dans de vastes viviers, dans des bassins de pierre taillée où bruissaient des jets d'eau. D'une manière toute pragmatique les patriciens respectaient ainsi certains principes de l'aquariophilie moderne : ils donnaient à leurs poissons de grandes surfaces de respiration, une lumière vive, un apport régulier d'oxygène, une climatisation parfaite et des plantes en quantité.

A vrai dire, on ne trouvait guère dans ces bassins que des carpes et des murènes que leurs propriétaires ne dédaignaient d'ailleurs pas de nourrir avec de la chair d'esclave. Nous sommes loin des inoffensifs poissons rouges de nos aquariums...

Ceux-ci, d'après les chroniqueurs, n'apparaissent que vers l'an 950, quand un pêcheur en capture un en Chine, près de la ville de Thang-ou. Encore pouvons-nous difficilement parler de poisson rouge puisque le sujet pêché est brun-vert. Il ne rougira que beaucoup plus tard, aux environs de 1500, et au Japon où on l'élève désormais. Il faut encore attendre un siècle pour que des marins amènent plusieurs de ses descendants en Angleterre et au Portugal... 1750 : arrivée en France à la cour de Louis XV, plus exactement dans les salons de Madame de Pompadour.

Il ne suffit pourtant pas que quelques poissons rouges s'ébattent dans des cuvettes de porcelaine ou d'argent pour que l'on puisse parler d'aquariophilie. Ce n'est guère qu'au début de notre siècle que cet art — pour ne pas dire cette science — se développe. Alors s'organise l'importation d'espèces exotiques et surtout apparaît l'aquarium, rectangulaire, aux parois de verre, au sol aménagé, avec des plantes nombreuses, en un mot le véritable home qu'attendaient nos poissons. Dès ce moment sont créées les conditions théoriquement nécessaires et suffisantes pour obtenir un milieu stable. Bien sûr, il subsiste quelques points noirs et particulièrement celui du chauffage : à la « Belle époque », les aquariums sont chauffés par de minuscules bougies appelées « veilleuses » qui ne brûlent que quelques heures... et que le moindre courant d'air éteint. Heureusement, les amateurs découvrent le « guppy », magnifique petit poisson très coloré, dont la grande qualité vient de ce qu'il se contente à la rigueur d'une eau à 18°. Il soutient les enthousiasmes jusqu'au moment où la généralisation du chauffage au gaz permet d'obtenir une température régulière, permanente et réglable. Dès lors, les spécialistes et les marchands importent des espèces de plus en plus nombreuses et de plus en plus captivantes. Le problème du chauffage ayant reçu une solution alors jugée très satisfaisante, il suffit de placer l'aquarium sous un bon éclairement naturel pour que l'on progresse dans l'acclimatation des plantes dont les biologistes déterminent le rôle fondamental dans l'oxygénation de l'eau et dans la transformation des sels minéraux issus des matières organiques.

C'est à ce stade d'une longue évolution qu'avec toutes ses possibilités, apparaît l'électricité, « la fée électricité » ainsi que l'appelaient nos grands-pères. Dès lors, le mouvement est irréversible, les circuits commerciaux se développent, le bassin de l'Amazone nous livre ses merveilles qui, par Anvers, Amsterdam et Hambourg, gagnent les pays européens, particulièrement l'Allemagne et la Hollande qui pratiquent l'aquariophilie zoologique et la Belgique, la France et la Suisse qui préfèrent l'aquariophilie décorative. Les architectes et décorateurs s'emparent alors avec avidité de cet élément ornemental et dans beaucoup des nombreux grands « cafés » qu'ils construisent, les plantes vertes abandonnent la place d'honneur à l'aquarium. Cet engouement pour l'aquariophilie — encore que la plupart de ses tenants ignorent ce mot savant — est d'autant plus facilement satisfait que matériels, équipements et connaissances s'améliorent sans cesse.

A ce jour, la conquête de l'homme par le poisson continue mais, au simple désir d'exotisme, s'est ajouté, pour les citadins soucieux d'écologie que nous sommes devenus, le besoin de reconstruire, à l'intérieur des villes de béton et de bitume, une parcelle de nature animée.

C'est à cette aspiration profonde que répond l'aquarium moderne actuel entré dans l'ère de l'électronique.

Et c'est pour répondre à toutes ces pulsions que, dans cet ouvrage totalement révisé et actualisé, Henri Favré s'est efforcé d'exposer tous les éléments qui permettent à l'amateur de satisfaire sa passion tout en rendant ses pensionnaires heureux... comme des poissons dans l'eau !

L'éditeur

Préface

Lorsque Monsieur Henri Favré m'entretint de son projet d'écrire un ouvrage à l'usage des amateurs de poissons d'ornement, je le félicitai vivement de son initiative, sachant pertinemment qu'il réussirait sans peine à intéresser ses lecteurs tout en leur fournissant des données pratiques et sérieuses sur l'aménagement et l'entretien des aquariums.

Aux réunions de l'Association française des aquariophiles, Monsieur Favré nous a souvent fait des causeries très intéressantes et nous avons tous eu l'occasion d'apprécier son objectivité et son esprit de synthèse.

Son Guide Marabout de l'Aquarium ne m'a pas déçu; conçu dans le même esprit, il est clair, précis et la partie scientifique n'a pas été négligée. On voit que l'auteur a su tirer un excellent profit de sa longue expérience aquariologique et de ses lectures.

Nul doute que ce livre rencontre auprès du public et en particulier auprès des amateurs débutants et chevronnés le succès qu'il mérite. C'est en tout cas le vœu bien sincère que je lui adresse.

Jacques ARNOULT,
du Museum national d'histoire naturelle,
ex-président de l'Association française des aquariophiles,
directeur honoraire de l'Aquarium de Monaco.

PREMIÈRE PARTIE

Le matériel

L'aquarium

L'aquarium a pour rôle de fournir aux pensionnaires que vous y installerez une demeure saine et agréable.

Pour mener une existence normale, vos poissons demandent un certain bien-être, qui doit guider votre choix dans l'aménagement de leur logis. Cette exigence est fort modeste mais impérative, vitale même : vous les installerez donc dans un bac suffisamment grand, aux proportions rationnelles. Pratiquement, le seul aquarium digne de ce nom est rectangulaire.

Les fabrications classiques sont effectuées dans les gammes suivantes, la hauteur et la largeur pouvant cependant varier faiblement d'un modèle à l'autre suivant les constructeurs et les différents pays :

Base	Hauteur	Volume
40 cm × 20 cm	25 cm	20,000 l
50 cm × 25 cm	30 cm	37,500 l
60 cm × 30 cm	35 cm	54,900 l
70 cm × 30 cm	40 cm	84,000 l
80 cm × 35 cm	40 cm	112,000 l
100 cm × 40 cm	45 cm	180,000 l
120 cm × 40 cm	50 cm	240,000 l
135 cm × 50 cm	52 cm	351,000 l
150 cm × 50 cm	55 cm	412,000 l

Ce tableau met en évidence la progression très rapide de la contenance : en effet, le volume d'un aquarium de 50 cm de façade atteint le double de celui de 40 cm, tandis que le volume d'un bac de 70 cm est plus de deux fois celui d'un bac de 50 cm.

En tenant compte de ces caractéristiques, deux considérations vont guider le choix :

1. L'expérience prouve qu'il est difficile de « limiter » l'aquariophile débutant et enthousiaste à quelques couples de poissons de petite taille.

2. Le décor, qui constitue l'une des beautés de l'aquarium, devient beaucoup plus facile à réaliser d'une façon naturelle quand on dispose d'une surface assez étendue.

Pour ces raisons, nous préconisons : non certes un bac trop grand (posant des problèmes qui seront étudiés ultérieurement) mais encore moins un aquarium trop petit.

○ *L'aquarium idéal du débutant* est le bac d'environ 70 cm de façade. Si cette dimension, modeste au demeurant, vous effraie, ne descendez jamais en tout cas au-dessous de 50 cm de longueur, ce qui représente un volume brut de plus de 37 litres, mais en fait (une fois déduit le volume occupé par les pierres, sable, etc.) une contenance inférieure à 30 litres.

Bien entendu, tous les bacs inférieurs à 80 cm de façade sont destinés à être peuplés uniquement de poissons des petites espèces ne dépassant pas les 5 cm à la taille adulte.

Les différents aquariums

L'aquarium en aluminium anodisé

Il s'agit d'un bac comportant des cornières au même titre que les anciens aquariums classiques à cadre métallique. Toutefois, il est à noter que certaines fabrications dites « panoramiques » ne comportent que des cornières en haut et en bas à l'exclusion de montants verticaux, ce qui démontre bien que dans ce type de fabrication, les cornières remplissent autant un rôle d'habillage que de renfort.

Le montage est fait avec la même colle au silicone que celle utilisée pour les aquariums ne comportant aucune cornière.

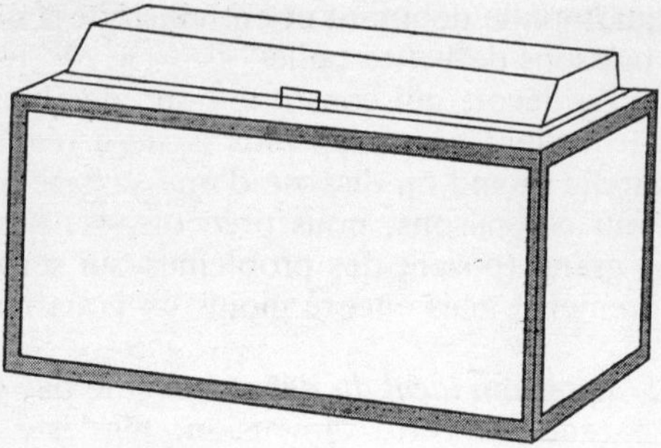

Modèle usuel.

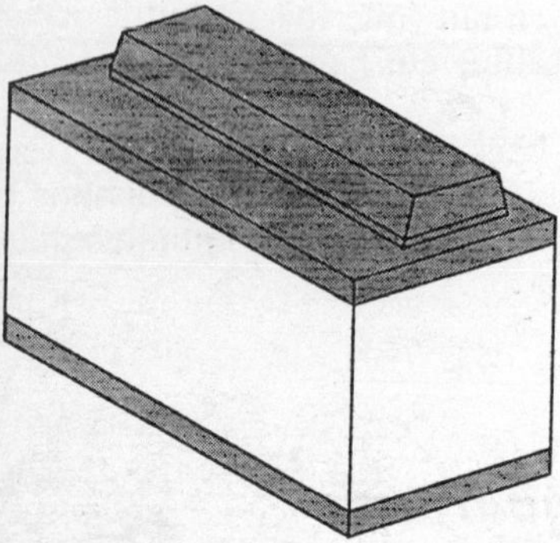

Modèle sans cornières.

Les autres aquariums classiques

Constitués de glaces assemblées par collage, ils s'intègrent d'autant mieux à tous les types de décor qu'un bandeau assorti selon les goûts habille le bac en haut et en bas. Ce peut être par exemple, un lamifié : soit métallisé — type acier poli, soit imitation bois dans les tons des différentes essences utilisées en ébénisterie.

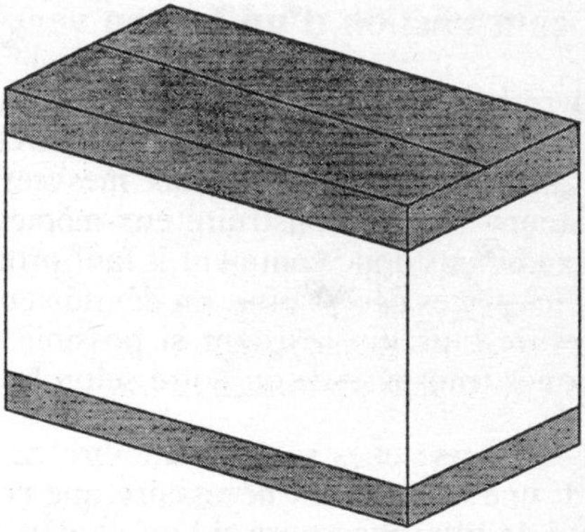

Aquarium en verre collé, modèle usuel.

Certaines fabrications comportent des modèles avec coffre sur le côté, destiné au logement de quelques accessoires, ou même double coffre, le premier constituant une cuve de filtrage.

Au contraire, d'autres destinés à être encastrés et donc cachés, sont de simples cuves comme celle illustrée ci-après.

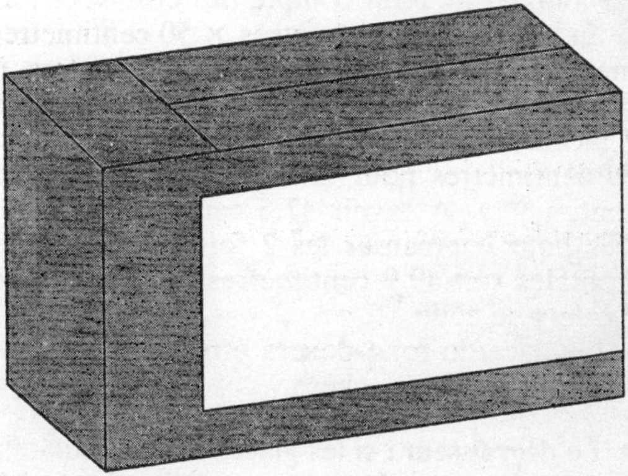

Aquarium en verre collé, modèle avec coffre latéral.

La construction d'un bac en verre collé

Malgré la perfection des fabrications, au moins des meilleures d'entre elles, existant sur le marché, et la possibilité de faire exécuter son bac aux mesures désirées, certains amateurs désirent construire eux-mêmes leur aquarium.

Examinons donc comment il faut procéder une fois réunis : les glaces nécessaires, un dégraisseur, de la ficelle, des lattes de bois, un assistant si possible et de la colle aux silicones transparente ou noire selon les goûts.

• **Les glaces :** elles sont au nombre de 5, les parois et le fond; une 6e ne serait nécessaire que comme cloison dans le cas de filtre incorporé si l'on voulait réaliser un modèle avec coffre.

Les glaces des parois seront de qualité usuelle. On demandera au miroitier de les livrer avec les bords « abattus ». Leur épaisseur variera selon la taille du bac envisagé. Il est sage d'utiliser du 8 millimètres d'épaisseur jusqu'à 1 mètre de façade pour 40 centimètres de haut, du 10 millimètres pour 50 centimètres de haut et du 12 millimètres jusqu'à 1 mètre 50 de façade pour 55 centimètres de haut.

Lors de la commande des glaces au miroitier, il ne faut pas oublier de tenir compte des épaisseurs, c'est ainsi que si un bac de 100 centimètres × 50 centimètres × 50 centimètres est réalisé en glace de 12 millimètres, il convient de disposer de 2 glaces de 100 × 50 en 12 millimètres pour les 2 façades, tandis que pour les 2 côtés, il faut toujours les 50 centimètres pour la hauteur mais sur seulement 47,5 centimètres. A savoir 47,5 centimètres plus 2,4 centimètres pour compenser les 2 fois 12 millimètres des glaces frontales soit 49,9 centimètres plus 1 millimètre pour les 2 joints de colle.

La glace du fond pourra être choisie en qualité « granitée » qui est moins chère.

• **Le dégraisseur :** si les glaces sont maculées d'empreintes digitales, on peut les nettoyer d'abord au trichloréthylène. Mais pour le nettoyage soigné des bords destinés à recevoir la colle, on utilisera de préférence du tétrachlorure de carbone. A défaut, on prendra de l'acétone, en vente chez le pharmacien. Bien entendu, on se sert d'un vieux linge non pelucheux pour faire le travail.

• **La colle au silicone :** les colles, pourrions-nous dire car il existe plusieurs marques. Certaines peuvent être préférées parce que plus épaisses ou au contraire, selon le goût de l'utilisateur, plus fluides. Mais en fait, sur le plan sécurité, toutes les bonnes marques sont valables puisque comparables lors des tests qui ont été effectués. Elles sont constituées par un élastomère de silicone conçu pour le collage des glaces.

• **La ficelle :** elle sert à ceinturer le bac en bas, en haut et au milieu pendant le temps de séchage.

• **Les lattes de bois :** certaines servent de tendeur une fois glissées entre les 3 ficelles et les parois du nouveau bac.

Eventuellement d'autres, placées en traverses à l'intérieur dans le sens long, empêchent les côtés de « rentrer à l'intérieur » surtout dans le cas de colle fluide longue à prendre.

• **L'assistant :** il a pour rôle essentiel de maintenir l'aquarium encollé, jusqu'à la mise en place des ficelles et des lattes. A défaut d'assistant, l'on s'aidera de 4 équerres et de 8 pinces à dessin pour maintenir les angles du bac en position correcte pendant la durée du collage.

• **Le montage :** sur le fond dégraissé et encollé sur ses bords, les parois aux tranches également dégraissées et encollées sont dressées de préférence dans l'ordre suivant. D'abord les petits côtés que l'assistant maintient puis les 2 grandes glaces de la face avant et arrière.

L'opération se termine par la mise en place des ficelles et des lattes. On négligera les bavures de colle et on attendra patiemment le séchage, soit un délai d'au moins 24 heures pour les couches minces et de 3 jours pour les couches épaisses. Une fois sèche, la colle résiste, comme du caoutchouc souple, à la pression de l'ongle. A ce moment, avec un outil fin et tranchant du type cutter, ou une lame de rasoir on enlève les inesthétiques bavures.

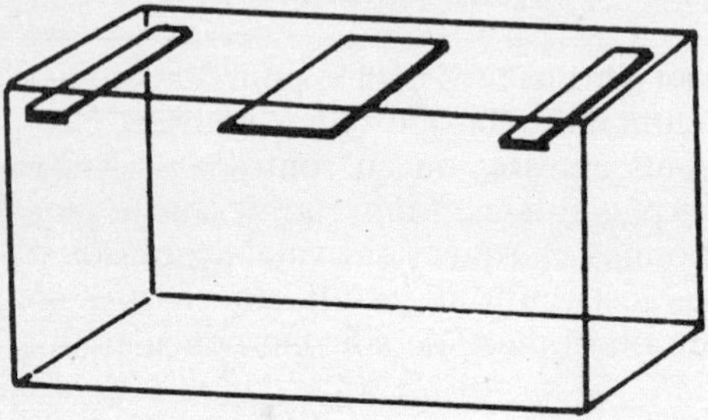

Il convient ensuite d'effectuer la mise en eau. Lors de celle-ci, il faut observer l'étanchéité; si une petite fuite se révèle, avec un stylo feutre à usage industriel on en indique exactement l'emplacement. Cela n'est pas grave. Une fois le bac vidé et séché, on dégage le champ opératoire. C'est-à-dire que l'on enlève la colle sur un centimètre avant et après la fuite. Ceci accompli, après un dégraissage de la partie à traiter, on remet de la colle sur le tronçon en cause. Le délai de séchage normal étant écoulé, on remet le bac en eau pour l'essai positif.

Après le test, s'il s'agit d'une grande taille, il sera nécessaire de placer des renforts de façon à ce que les glaces soient maintenues dans le haut afin de les empêcher de prendre de la flèche, c'est-à-dire de se bomber. Pour cela, on aura commandé au miroitier des bandes de quelques centimètres de large sur la longueur soigneusement mesurée sur le bac monté. Deux types de bandes de renfort sont utilisées, les deux peuvent d'ailleurs être conjuguées. Soit coller une bande perpendiculaire donc parallèle au fond sur tout le pourtour supérieur. Soit coller des traverses à 5 centimètres par exemple du bord supérieur : une de chaque côté à 4 centimètres d'espacement. Ces traverses serviront ultérieurement : à accrocher certains accessoires, à supporter éventuellement une glace de protection anti-condensation, à poser les lampes tubes fluorescentes.

A ce stade, il ne restera plus, si le bac n'est pas encastré, qu'à songer à son habillage. C'est là affaire de goût, le matériau peut être un tissu plastifié si l'on recherche l'économie ou un lamifié dont la colle aux silicones assurera le placage. Il est à noter, en ce qui concerne l'application de ladite colle, qu'un petit travail sera effectué avec le tube usuel de 100 grammes tandis que pour un travail plus important, on travaillera plus commodément avec une cartouche de 400 grammes placée dans le « pistolet » prévu pour son usage.

Quelques observations

L'aquarium dans son rôle de « cage à poissons » ne demande plus que quelques observations sur son transport, son poids, et son emplacement.

Le transport

Un aquarium plein constitue un ensemble homogène. La pression de l'eau établit une intimité entre ses différents éléments et assure leur stabilité, mais l'ensemble est lourd. Pour cette raison, l'aquarium doit toujours être déplacé vide, en observant les précautions suivantes : ne pas appuyer sur les glaces, donc le soulever délicatement ou, si possible, le faire glisser jusqu'à pouvoir le prendre, les mains sous le fond.

Le poids

Le poids d'un aquarium plein dépasse légèrement le poids de son volume d'eau, c'est-à-dire qu'un bac de 1 m × 30 cm × 45 cm pèse environ 150 kg plus quelques grammes de poissons ! Il ne faut cependant pas oublier que ce poids se répartit régulièrement sur la surface du fond, et telle vieille table qui ne supporterait pas un homme de 100 kg reposant sur la seule surface de ses deux pieds, accepte les 150 kg de l'aquarium à la condition toutefois que sa surface soit parfaitement plane et horizontale. Un défaut léger, dans ce dernier domaine, peut être corrigé en posant le bac sur une plaque, de liège par exemple, ou de polystyrène capable de se comprimer aux endroits de plus forte pression.

En outre, dans le cas d'un bac dont le fond est constitué de verre, il convient de veiller particulièrement à ce qu'aucune aspérité, fût-ce un grain de sable, ne se trouve entre la base du bac et le support.

L'assurance

Quand ils songent au volume d'eau enfermé dans sa prison de verre, certains amateurs se soucient de la question assurance. Ils ont raison, il est toujours prudent de déclarer son aquarium à la Compagnie ou à son courtier. En général, aucune disposition spéciale ni aucune surprime n'est à envisager, il suffit par un échange de lettres de faire préciser que votre aquarium est inclus dans le cadre du risque dégâts des eaux. En effet, le risque représenté est inférieur à celui de voir déborder une baignoire dont le trop-plein se trouve obturé par une serviette !

L'emplacement

Si l'on excepte ce problème du poids et celui de l'éclairement, dont nous traiterons dans un chapitre spécial, l'emplacement de l'aquarium est laissé au gré de chacun dès l'instant où il ne se pose aucun problème d'accessibilité. Si l'aquarium se trouve encastré dans un mur, il est indispensable de se ménager un espace libre au-dessus de sa niche. Dans ce cas où l'aquarium est présenté comme un tableau vivant, il faut choisir la baguette d'encadrement assez large pour masquer un espace qu'il convient de laisser le plus grand possible, une accessibilité correcte étant appréciée pour la distribution des repas et, plus encore, lors de la réfection du bac. Par ailleurs, il est sage de ne jamais placer un aquarium évidemment empli d'eau, à proximité immédiate et notamment juste au-dessus d'une chaine hi-fi ou d'un téléviseur.

Sur le plan de la hauteur, l'idéal est que le milieu de l'aquarium se trouve au niveau des yeux. La hauteur d'une cheminée convient donc. S'il doit être placé plus bas, il sera plus agréable à regarder dans la position assise que dans la position debout (voir « L'aquarium dans votre home ».

Table-aquarium.

Les accessoires de l'aquarium

Pour protéger ses hôtes, toute maison doit comporter un toit : il en est ainsi de la demeure des poissons. Cette protection correspond d'ailleurs à de multiples nécessités.

Il faut, avant tout, protéger les habitants de l'aquarium contre eux-mêmes en mettant un obstacle à une fugue intempestive.

Il est ensuite nécessaire de séparer l'eau de l'aquarium de l'air de la pièce. Cette « couverture » empêche les retombées de poussière dans l'eau. Et surtout limite l'évaporation de celle-ci ce qui est capital. En effet, lors de l'évaporation, c'est de l'eau « chimiquement pure » qui s'échappe, en abandonnant dans l'aquarium la plupart des éléments indésirables qu'elle contenait, tels que les sels minéraux, responsables en particulier de l'accumulation de calcaire. Un aquarium non couvert dans lequel l'évaporation intense serait simplement compensée par un nouvel apport d'eau courante deviendrait le plus souvent « entartré » comme une bouilloire.

Enfin la toiture de l'aquarium limite les déperditions de chaleur et sert de support à l'éclairage. Cette couverture est réalisée soit par de simples couvercles, soit par une galerie ou plus simplement une rampe.

Les couvercles

Ils constituent la formule la plus simple pour couvrir un aquarium. Comme le bac lui-même, ils sont constitués de verre, éventuellement habillés ou non selon qu'ils sont dissimulés à la vue ou visibles.

Les galeries

Nombre de fabricants présentent, outre de simples rampes, des galeries équipées d'origine d'un verre protecteur, la partie éclairante formant boîte à lumière. Certaines de ces galeries articulées se relèvent à volonté selon les besoins.

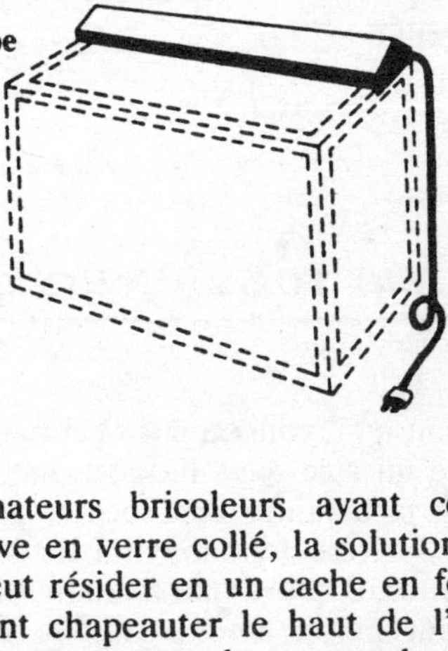

Pour les amateurs bricoleurs ayant construit, eux-mêmes, leur cuve en verre collé, la solution au problème de la galerie peut résider en un cache en forme de boîte sans fond venant chapeauter le haut de l'aquarium. Le matériau utilisé est souvent du contre-plaqué, de qualité marine, généreusement protégé par plusieurs couches de vernis à bateau.

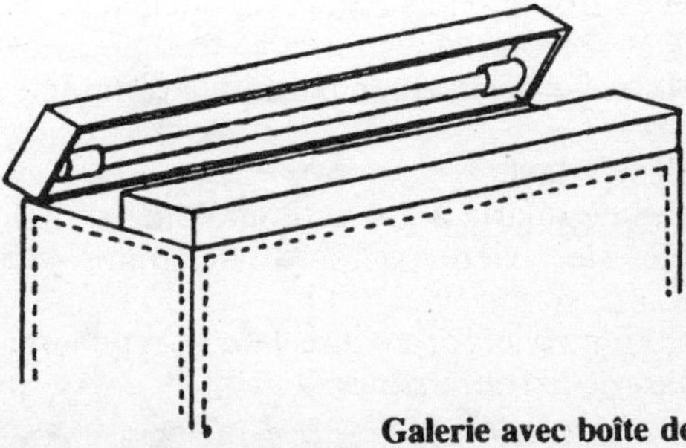

Galerie avec boîte de lumière.

Les sols et les éléments de décoration

La couverture du fond de l'aquarium par un sol répond à plusieurs nécessités.

Les sols : leur rôle et leurs qualités

En dehors du fait qu'il constitue un habitat pour les bactéries, le sol joue un rôle dans l'aspect décoratif de l'aquarium. Il assure la stabilité des roches de décoration. Il remplit parfois un rôle fondamental dans la filtration. Il fournit aux plantes, d'abord une fixation, ensuite le terrain où elles devront puiser une partie de leur nourriture. L'aquariophile demande à ce sol d'être *neutre,* c'est-à-dire de ne pas altérer les propriétés de l'eau.

L'énumération de ces propriétés permet d'éliminer immédiatement les morceaux de verre multicolores, le silex concassé, les gros graviers colorés artificiellement et autres pierrailles et verroteries.

Le choix reste à effectuer parmi les différents **sables**, à savoir :

- les sables de lave;
- les sables de quartz à grosse granulométrie;
- les sables de rivière composés de grains variables en grosseur;
- les sables de rivière à texture fine et régulière;
- les sables de carrière généralement de teinte jaune;
- les sables très fins et très serrés presque blancs.

Les premiers, d'origine volcanique, chimiquement inertes et de couleur foncée, s'utilisent notamment en couche de surface dans les bacs peuplés d'espèces appréciant les sols sombres : les néons par exemple.

Les deux derniers sont à proscrire : le *sable de carrière,* à cause des déboires qu'il a entraînés sans doute par suite de la présence d'éléments indésirables ne pouvant être éliminés par lavage; les *sables très fins,* genre sable de Fontainebleau, parce qu'ils forment un magma trop compact dans lequel l'air comme l'eau ne peuvent pas circuler.

Il reste donc les *sables de rivière* et *de quartz.* Ce sont d'ailleurs les plus usuels dans les magasins d'aquariophilie. Les sables de rivière, lorsqu'ils sont grossiers sont parfaitement valables. Lorsqu'ils sont fins comme le sable de Loire par exemple, il risquent de constituer un sol serré, peu perméable; il vaut mieux alors le mélanger avec du sable de quartz. Ce dernier, dit « quartzite », d'une granulométrie de 1 à 3 mm de diamètre, est très correct et, comme le gros sable de rivière, peut s'employer seul.

Les sols ainsi constitués ont une qualité : ils sont pratiquement neutres, c'est-à-dire qu'ils n'altèrent pas les qualités physico-chimiques de l'eau. Par contre, ils sont pauvres, dénués d'éléments nutritifs s'ils sont trop propres. Afin de remédier partiellement à cet inconvénient, lors de la mise en service du bac, on peut enfoncer avec le doigt, une pastille d'engrais pour aquarium, à proximité du pied de chaque plante. On peut également ne laver jusqu'à l'eau claire que la quantité de sable destinée à constituer la couche supérieure du sol (2 cm environ) qui sera en contact avec l'eau.

- **De quelle quantité de sol a-t-on besoin ?**

La quantité de sable nécessaire pour un aquarium donné varie en fonction du style du décor. Pour effectuer une évaluation approximative de cette quantité, on considère qu'un lit de 7 cm sur l'ensemble de la surface du fond constitue une base valable. Le sable étant vendu au litre ou au kilogramme, nous avons évalué en volume et en poids les quantités nécessaires pour les aquariums de dimensions courantes :

Base d'aquarium	Hauteur de sable	Volume - Poids
50 cm × 25 cm	7 cm	9 l ou 13,500 kg
60 cm × 25 cm	7 cm	10,5 l ou 16 kg
70 cm × 30 cm	7 cm	15 l ou 22,500 kg
80 cm × 35 cm	7 cm	20 l ou 30 kg
100 cm × 40 cm	7 cm	28 l ou 42 kg
120 cm × 50 cm	7 cm	42 l ou 63 kg

Des *matières organiques* (déjections de poissons, débris végétaux) viendront relativement et progressivement « enrichir » ce sable.

• Les sols riches

Après avoir apprécié les caractéristiques des sables, il convient d'établir une distinction pour l'aquariophile désireux d'offrir de meilleures conditions de vie aux plantes exigeantes. Deux possibilités s'offrent à lui :

Une solution simple. Elle consiste à se procurer chez son fournisseur habituel un sol tout prêt et tout propre généralement constitué d'argile calcifiée et destiné à être placé sous le sable au niveau des racines des plantes sur une hauteur de 4 à 5 cm.

Une solution beaucoup plus contraignante. Elle s'adresse à l'aquariophile averti, amateur d'espèces de plantes ayant la réputation de réclamer **un sol riche.** Un sol riche signifie *terre* et la présence de celle-ci pose deux problèmes.

D'abord celui de la propreté : il importe que la terre ne puisse pas se trouver en contact avec l'eau car il est souhaitable d'avoir une eau limpide et non pas de l'encre. Il s'agit d'un problème de disposition ou de « container » que

---

Veillez à ne pas acheter de terres destinées aux jardins et en conséquence susceptibles de contenir des insecticides chimiques. En cas de doute, mieux vaut collecter soi-même terres et terreaux, tandis que pour l'argile il est aisé de s'en procurer dans les boutiques de produits pour régimes.

---

nous examinerons dans le chapitre consacré à l'aération et au filtrage.

La présence de la terre pose ensuite le problème de la « neutralité » *. Nous utiliserons à nouveau ce terme en traitant des pierres et davantage encore de l'eau, il importe donc de le mieux préciser. Pour cela, prenons un exemple, celui de l'estomac. Il peut advenir que celui-ci fasse ressentir des douleurs dues à l'acidité trop grande du suc gastrique. Pour compenser cet excès d'acide, il convient d'absorber une substance alcaline. Certaines de ces substances ayant en outre le pouvoir de stabiliser le degré d'acidité désirable, on dit alors qu'elles ont un pouvoir « tampon ».

Il en est de même en ce qui concerne l'eau de l'aquarium; pour ne pas perturber l'équilibre « acidité-alcalinité » de l'ensemble du bac, il importe d'employer des matériaux neutres ou de compenser un matériau acide par un matériau alcalin et, le cas échéant, de consolider cet équilibre par un « tampon ».

A la lumière de cette explication, étudions maintenant la terre ou, plutôt, les « composts à base de terre » utilisables par l'aquariophile aguerri et ne craignant pas de prendre le risque de leur utilisation.

Sauf le cas où vous trouveriez un compost tout prêt étudié pour l'aquarium, chez votre fournisseur en aquariophilie, vous devrez le préparer vous-même.

Nombreuses sont les formules proposées dans les ouvrages qui ont traité ou effleuré le sujet. Eliminons d'abord les recettes trop imprécises du style « tourbe concassée et terre de taupinière » ou encore « terre franche ni trop argileuse, ni trop silicieuse, ni trop calcaire », pour constater que les formules préconisées ont toujours pour base un mélange terre de bruyère et argile.

---

* Le mot neutralité a été placé entre guillemets en raison de sa double signification :

soit neutre au niveau du pH (ni acide, ni alcalin);

soit neutre dans le sens n'ayant aucune action ou interaction chimique avec l'eau.

Nous préférons vous indiquer deux formules bien équilibrées dans lesquelles l'alcalinité de l'argile compense l'acidité de la terre. Etant entendu que le choix peut être influencé par les exigences particulières des plantes cultivées et que rien n'interdit d'opter pour un dosage intermédiaire.

1re composition : 35 % terre de bruyère, 15 % argile, 15 % tourbe acide, 35 % sable.

2e composition : 1/3 terreau de feuilles bien décomposé, 1/3 argile, 1/3 sable.

Naturellement, les précautions d'usage lors de tout emploi de compost ne devront pas être négligées :

○ bien cribler la terre de bruyère ou le terreau de feuilles afin d'éliminer les débris organiques qui s'y trouvent (étant incomplètement décomposés, ils sont plus facilement putrescibles);

○ bien tasser ce compost afin d'éviter la formation de poche de gaz génératrice de fermentation;

○ n'utiliser que des quantités limitées, par exemple une épaisseur de 5 cm uniquement sous les racines des plantes exigeantes;

○ recouvrir le compost d'une couche de sable d'au moins 3 cm.

Enfin, il faut savoir que si la population du bac comporte des poissons fouilleurs ou fouisseurs, il importe d'empêcher ces derniers d'atteindre la terre. Il suffit pour cela d'intercaler entre sable et compost une feuille de grillage à mailles fines en plastique neutre type treillis textiglas : celui-ci n'empêchera pas les racines des plantes de se frayer un passage dans la terre et d'y puiser leur nourriture.

Si, malgré toutes les précautions prises, vous constatez un jour que des particules de terre noircissent votre sol et que leur déplacement entraîne un nuage d'encre, ne cherchez pas ! Avec une plante ou de la nourriture vivante, vous avez involontairement introduit un ver de terre et il n'existe hélas que deux solutions : attendre sa mort... ou vider tout et désinfecter.

Les éléments de décoration

Les roches de décoration

Dans la décoration de l'aquarium, le second rôle après les plantes est dévolu aux roches qui, par ailleurs, sont d'un grand secours à l'aquariophile pour masquer certains tuyaux et accessoires. De plus, ainsi que les racines des plantes, elles permettent de retenir le sable de même que dans la nature elles contribuent à fixer le sol.

C'est pourquoi, en dehors des roches de décoration proprement dites, des pierres et des morceaux d'ardoise, appelés d'une façon générale « pierres de retenue », rendent de très grands services.

Le naturel dans l'harmonie représente le but à atteindre dans la décoration : l'harmonie dans la diversité n'empêchant pas le contraste, mais la diversité n'allant pas jusqu'à la vitrine d'échantillons géologiques. C'est pourquoi, si le décor de l'aquarium s'organise autour de deux thèmes, par exemple paliers successifs d'un côté et falaise de l'autre, il paraît préférable de n'utiliser que deux sortes de roches. Ou éventuellement, puisque l'ennui naquit un jour de l'uniformité, une sorte de roches et du bois.

Ces principes généraux admis, la décoration devient le domaine de l'aquariophilie où l'aquariophile possède le plus de latitude. Le bon goût dans la décoration représente un don et l'initiative personnelle y est reine, le plus joli décor étant celui qui vous plaît, à plus forte raison si vous l'avez réalisé vous-même. Voici simplement quelques idées de motifs dont votre imagination pourra s'inspirer : la grotte, la calanque, l'éboulis, le pont (difficile à réaliser pour paraître naturel), les menhirs et autres dolmens, les terrasses.

- Avec l'aide de **quelles pierres** allez-vous réaliser toutes ces merveilles, évocatrices de vacances ?

A tout seigneur tout honneur. La plus belle des roches est le « bois silicifié », souvent incorrectement baptisé « bois pétrifié », dont l'origine remonte à la nuit des temps. Au fur et à mesure que la fibre végétale du bois pourrissait, de *la silice* la remplaçait pour aboutir enfin à ce morceau de bois en pierre, d'une agréable nuance chêne clair. Cette pierre dure ne se travaille pas aisément et il convient de rechercher des éléments aux dimensions proches de celles désirées. Ce matériau se prête aussi bien à une utilisation en roches dressées (dont il ne faut pas abuser) qu'en roches couchées, à la condition de veiller, pour « faire naturel », à ne pas contrarier les sens du bois.

Les aquariophiles utilisent également *les granits* ainsi que le « Spath fluor » ou fluorine aux veines d'un très joli vert ou le *quartz*, particulièrement le rose, à la condition d'en trouver des échantillons qui ne soient pas des « pavés inesthétiques », car la dureté de ces roches rend leur taille aléatoire.

Les pierres les plus complaisantes sont *les schistes*. De la famille de l'ardoise, ils acceptent sous l'action du burin de se séparer en feuillets et permettent les plans successifs qui font l'architecture d'un décor rocheux. Avec une scie à métaux, ils se coupent aisément, tandis que leurs arêtes coupantes se laissent meuler et limer. En outre, en jouant sur les variétés de leurs tonalités, le décorateur peut accentuer un relief ou allonger une perspective.

Cette sélection des roches les plus aptes au décor de l'aquarium n'est pas limitative et chacun possède la liberté de ramasser telle pierre dont la forme lui plaît et qui aura en outre le mérite d'évoquer une excursion.

Deux restrictions s'imposent pourtant : toujours pour respecter la « neutralité », il faut éliminer les pierres qui sont en fait des pépites d'un minerai quelconque et les pierres de calcaire tendre.

Quand vous soupçonnez une pierre d'être calcaire, c'est le moment de vous souvenir de la classique expérience d'école. Versez quelques gouttes d'acide chlorhydrique (chez tout droguiste) : si « ça mousse »... à proscrire !

Un trou dangereux dans une pierre qui vous plaît peut, à la rigueur, être bouché au ciment blanc.

La stabilité de deux pierres en équilibre précaire peut être renforcée par un peu de colle au silicone.

Pour le ciment ou pour la colle, il suffit d'effectuer un rinçage après séchage et avant utilisation.

Le bois

Le *bois* s'emploie concurremment avec la pierre, dans la décoration des aquariums : du point de vue aquariophilique, il n'y a aucun inconvénient dès l'instant que l'imputrescibilité apparaît certaine.

On trouve le bois sous forme de branches, de racines et de souches dans le commerce aquariophile. Les plus imputrescibles sont les bois de tourbière ayant séjourné pendant des siècles dans les milieux acides. Ces bois de décoration s'emploient après ébullition ou de longs séjours dans l'eau. En effet, à défaut de ces précautions, non seulement le bois flotterait au lieu de couler, mais il colorerait, de ses tanins, l'eau de l'aquarium qui semblerait avoir été empli avec du thé ! En outre, il pourrait se couvrir de plaques blanchâtres. Il s'agirait de champignons relativement disgracieux, mais inoffensifs pour les poissons.

A notre connaissance, les bois dangereux pour l'usage aquariophile sont ceux issus de la famille des résineux.

• **Les quantités de ces matériaux nécessaires à la décoration** d'un bac sont variables selon le genre de décor recherché et le type de poissons peuplant l'aquarium.

Pour le *bois,* quelques éléments disposés avec goût suffisent. Pour les *roches* (y compris les petites pierres dites de calage et qui sont indispensables pour étayer les points litigieux), si l'on veut un décor bien structuré, capable d'établir et de maintenir le relief souhaité, les quantités nécessaires atteignent les chiffres suivants :

6 kg pour un bac de	50 cm
10 kg pour un bac de	60 cm
15 kg pour un bac de	70 cm
20 kg pour un bac de	80 cm
25 kg pour un bac de	100 cm

Bien entendu, il s'agit là de valeurs indicatives; tous les aquariophiles n'ayant pas les mêmes goûts et toutes les pierres n'ayant pas la même densité et donc un poids identique à volume égal.

Pour clore le domaine des éléments de décors naturels, un mot enfin pour déconseiller l'emploi en aquariophilie d'eau douce d'éléments de décoration qui proviennent de la mer tels que les madrépores, incroyablement rugueux. A leur contact, les poissons d'eau douce, qui ne sont pas habitués à de telles aspérités, se blessent gravement. Et le degré hydrotimétrique de l'eau du bac (cf. les Eaux) s'élève considérablement, l'eau se chargeant de calcaire dissous.

Les décors artificiels

Une des joies de l'aquariophilie étant de créer une parcelle de Nature, par principe nous sommes réticents quant à l'emploi de matériaux artificiels. Cependant, compte tenu notamment qu'après avoir été colonisé par les algues, un élément synthétique n'a plus rien d'artificiel dans son aspect, il faut examiner les possibilités offertes par ces matériaux.

Outre celles utilisées pour le décor préfabriqué que vous pouvez trouver chez votre détaillant, voici les matières qui, en principe neutres, peuvent être employées par l'amateur :

- Le **polystyrène,** disponible en plaques de différentes épaisseurs et qui se travaille très bien au couteau et à la flamme. Mais il doit être protégé par un revêtement en résine.

- Les résines de **polyester,** avec lesquelles on fabrique notamment les coques de bateaux de plaisance, qui existent en qualité alimentaire et que l'on peut crépir par un saupoudrage de sable avant leur séchage.

- Le **polyuréthane** qui produit une mousse évocatrice des concrétions calcaires que l'on rencontre dans certaines grottes et que l'on peut également recouvrir de sable ou de pouzzolane.

L'aération et le filtrage

Qu'il soit animal ou végétal, chaque être doit respirer pour conserver la vie. C'est une priorité absolue, il lui faut de l'oxygène.

Le poisson, pour sa part, respire dans l'eau en lui empruntant l'oxygène qui s'y trouve dissous. L'air restitue à l'eau l'oxygène qui vient de lui être soustrait et, par contre, absorbe le gaz carbonique dont l'élément liquide se débarrasse.

En milieu naturel, l'échange s'effectue sans difficultés; quand il s'agit d'une aimable rivière, sous l'effet du courant l'eau roule sur elle-même, la couche d'eau en contact avec l'air se renouvelle, favorisant ainsi la fuite du gaz carbonique et la reconstitution de la provision d'oxygène; cela se passe encore ainsi quand le milieu aquatique est un lac ou un étang relativement peu profond : l'oxygénation se fait par la surface de l'eau en contact avec l'air et la moindre brise sert alors à renouveler cette surface de contact.

Ce système fonctionne beaucoup moins bien dans le cas d'un lac très profond. Les couches d'eau près de la surface sont correctement aérées mais au-delà d'une certaine profondeur, l'oxygène ne pénètre plus les couches d'eau inférieures. Ceci explique en grande partie la pauvreté relative en poissons constatée lors de l'assèchement de grands barrages de retenue à usage hydro-électrique, aux profondeurs considérables.

Le bac à truites à eau courante du poissonnier figure un peu notre rivière, mais l'aquarium de décoration à eau non courante ne lui ressemble en rien. Seuls parmi les aquariums d'amateurs, certains bacs spéciaux n'ayant qu'une hauteur d'eau de 15 cm sont comparables à l'étang peu profond... les jours où il ne souffle pas le plus léger zéphyr. Dans tous les autres cas, l'*aération* est indispensable sitôt qu'il y a une certaine densité de poissons.

Les accessoires de l'aération

Cette aération s'effectue par l'intermédiaire d'un *diffuseur* ou d'un *filtre* ou même des deux à la fois, puisque le plus petit modèle des *pompes d'aération* suffit pour actionner ensemble ces deux auxiliaires de l'amateur.

Les diffuseurs

Certains sont dissimulés dans un sujet tel qu'une grenouille d'un vert intense, dont les yeux globuleux au regard éteint contemplent avec mélancolie les bulles qui s'échappent de sa bouche... ce sont là des diffuseurs de fantaisie répondant sans doute à une certaine forme d'humour.

Tous les autres diffuseurs, les vrais, sont destinés à être cachés de la manière la plus naturelle possible derrière une pierre ou sous une grotte. Ils ont pour rôle de fractionner

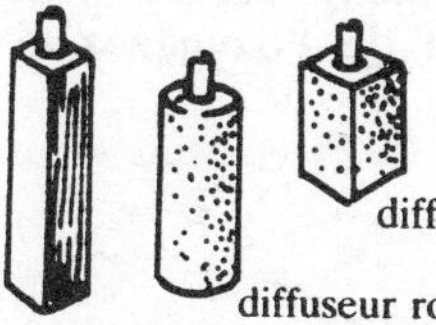

diffuseur carré

diffuseur rond

diffuseur bois

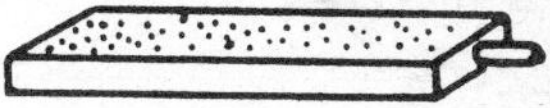

diffuseur plaquette

diffuseur céramique

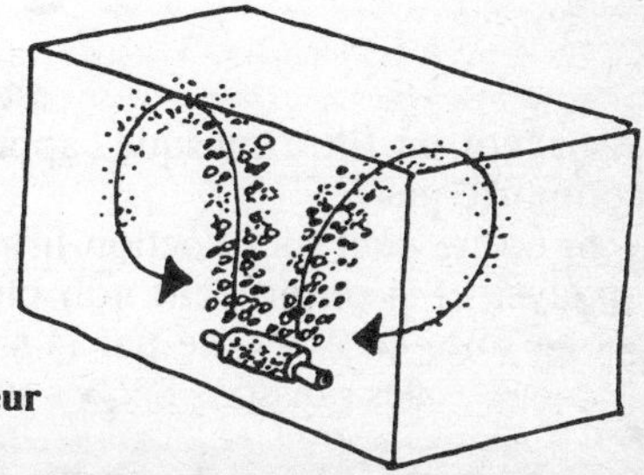

brassage de l'eau provoqué par le diffuseur

l'air, afin, comme leur nom l'indique, de le « diffuser » en une multitude de bulles que les profanes confondent souvent avec une arrivée d'eau. Tous sont en matière poreuse.

Les uns, constitués de bois, ont l'inconvénient de se boucher assez vite, mais l'avantage de produire des bulles assez fines.

D'autres se présentent sous forme d'une canalisation poreuse et souple de 6 millimètres de large.

D'autres encore sont constitués d'un tube de céramique de 5-10 ou 15 cm de long. Ils ont l'avantage de former des bulles, les plus fines que l'on puisse obtenir en eau douce, mais l'inconvénient d'exiger que l'air leur parvienne sous une très forte pression que seule une pompe assez puissante et en parfait état est en mesure de fournir.

Les derniers enfin, représentent les modèles les plus répandus. De forme cylindrique ou cubique de 3 à 6 cm de long, quand ce n'est pas en plaquette de 10 ou 20 cm, ils sont constitués de matière poreuse et tendre, dans les modèles les moins chers, et de matière dure à grains serrés, dans les meilleures qualités.

Tous ces diffuseurs tendent vers une même action : provoquer un lent brassage de l'eau afin de l'oxygéner et d'unifier sa température.

Le filtrage

Pourquoi un filtre puisque, apparemment, la nature n'en comporte pas ?

Si on ne peut nier l'action filtrante des moules et autres bivalves et si on ne peut non plus nier celle des fonds de sable, mise en évidence par la saveur — exempte de goût de vase — des poissons pêchés sur de tels fonds, il n'empêche qu'au sens propre du mot il n'existe pas de filtres dans les rivières, les lacs ou les étangs. La nature n'avait pas prévu que les hommes transformeraient les cours d'eau en égouts à ciel ouvert, et elle s'est contentée de doter l'eau d'un pouvoir régénérateur considérable, suffisant... tant qu'un certain seuil de pollution ne se trouve pas atteint.

Ces propriétés naturelles de l'eau permettent d'installer valablement un aquarium sans filtrage mais celui-ci doit alors respecter les conditions suivantes :

1. Rester très peu peuplé (1 poisson de 4 cm pour 4 litres d'eau);
2. Ne jamais receler d'excès de nourriture non consommée;
3. Etre garni de plantes saines.

Cet énoncé revient pratiquement à dire qu'*un filtre est non seulement souhaitable mais nécessaire.* Il représente l'auxiliaire n° 1 de l'aquariophile.

Le filtrage étant un des domaines les plus controversés chez les aquariophiles, il semble judicieux de faire observer en avant-propos qu'il existe deux conceptions dont seul le but est commun, les techniques diffèrent totalement : elles ne s'opposent pas mais ne se complètent pas non plus. Il s'agit du filtrage naturel sous sable et du filtrage classique à charges filtrantes.

Le filtrage dit naturel

Copier la nature en créant un filtre biologique au sein même de l'aquarium par l'utilisation de son propre fond de sable, voilà la grande idée. Voyons le mécanisme selon lequel elle s'applique.

Dans un premier temps, l'eau de l'aquarium chargée de ses impuretés est entraînée dans le sable par un courant lent.

Dans un deuxième temps, l'eau et les impuretés connaissent un destin différent :

○ l'eau abandonne les crasses en traversant une couche de sable sur une épaisseur d'au moins 5 cm; canalisée, elle remonte alors vers la surface de l'aquarium;
○ les déchets, quant à eux, restent prisonniers du sable qui les retient.

Ces déchets ont essentiellement trois origines : parcelles de nourriture non consommées, déjections de poissons, débris végétaux, mais, quels qu'ils soient, ils constituent des *matières organiques*.

Au cours d'un troisième et dernier temps, l'action de filtrage (qui fait un peu songer au fonctionnement d'une fosse septique) se termine par l'installation d'une flore microbienne dans le sol. Celle-ci se nourrit de cette matière organique et la transforme en sels minéraux servant à la nourriture des plantes.

Pour les initiés, cette dernière action s'exprime d'une manière plus complète et plus scientifique : les bactéries (dites nitrifiantes) se mettent au travail et activent la mutation des composés ammoniacaux et des nitrites en nitrates. Précisons également que, dans cette tâche de minéralisation des matières organiques, les bactéries aérobies sont aidées par l'action oxydante de l'oxygène en dissolution dans l'eau.

Le filtre naturel sous sable

Le filtre dit naturel a pour caractéristique de ne pas être un filtre !... C'est un dispositif qui, en application du principe que nous venons d'étudier, établit une succion du haut vers le bas de l'eau à filtrer et une pulsion du bas vers le haut de l'eau filtrée, obligeant ainsi le sable à remplir le rôle de filtre.

Dans le cas où, dans un filtre de fond à alimentation directe, un « bouchon » se forme à la base du tube d'arrivée d'air, il suffit généralement d'un coup de « soufflet », au moyen d'une pompe à vélo par exemple, pour déboucher l'appareil. En cas d'échec, passer une « aiguille à tricoter » de diamètre adéquat.

Le plus usuel

Il est connu sous le nom de *filtre sous gravier, filtre sous sable* ou encore *filtre plaque*. Lesdites plaques étant : soit rondes pour épouser la base des boules, soit rectangulaires pour s'adosser aux angles des aquariums. Elles se fabriquent en plusieurs tailles avec rainures de renfort au-dessous. Constituées de plastique neutre, elles comportent à leur surface des striures pour le passage de l'eau, et, à un angle arrière, deux cheminées parallèles, composées du gros tube habituel d'évacuation d'eau filtrée et d'un tube d'arrivée d'air. L'alimentation en air s'effectuant soit en direct, soit par l'intermédiaire d'un diffuseur.

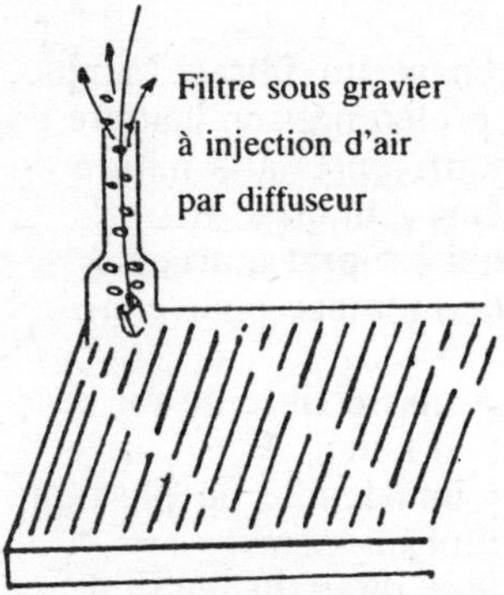

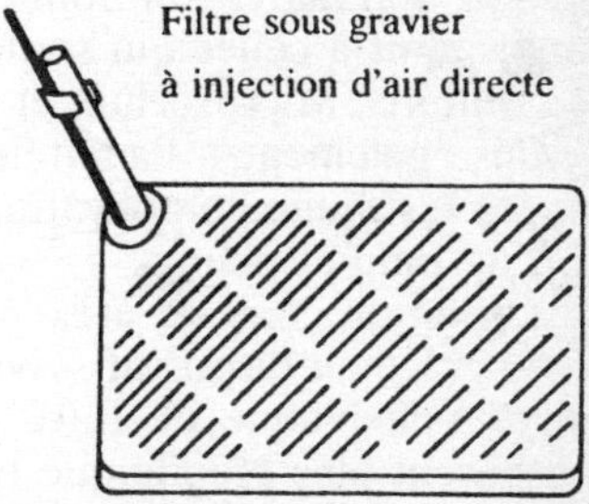

Au montage, les plaques sont posées sur le fond de l'aquarium et recouvertes d'une couche de quartz ou autre gravier, ceci uniquement afin d'empêcher les grains fins du sable de rivière de venir bloquer partiellement les striures de circulation d'eau.

- **Avantages :** ce modèle peu coûteux et robuste n'occupe pratiquement aucune place et possède une esthétique parfaite puisque, le décor terminé, il n'émerge que les cheminées par ailleurs faciles à camoufler. Même avec une seule plaque, dès l'instant qu'elle est recouverte d'au moins 5 cm de sable, le rendement incomparable garantit une eau limpide en quelques heures.

• **Inconvénients :** pratiquement, ce filtre ne peut être mis en place que lors de l'installation (ou de la réfection totale) de l'aquarium.

Son action tend, si l'on néglige les siphonnages (cf. « Entretien » p. 123), à provoquer une saturation du bac à cause de la transformation rapide des matières organiques en sels minéraux.

Enfin, il est contre-indiqué pour l'amateur de belles plantes de milieux stagnants (Crypto, Echino, Aponogeton, etc.) qui n'apprécient pas le « lavage » de leurs racines et développent celles-ci infiniment plus que leurs feuilles.

• **Conclusion.** Outre son intérêt pour l'éleveur qui, avec le filtrage par le fond ne risque pas une aspiration des alevins, ce type de filtre s'adresse :

• Bien sûr à l'amateur recherchant un filtrage simple, efficace, bon marché et dont les préférences en matière de plantes vont à celles qui sont indifférentes à la nature du sol : Bolbitis, Microsorium et même Anubias.

• Mais également à l'amateur qui est prêt à accepter les contraintes d'une complication de montage pour concilier filtre de fond et plante.

La solution consiste à isoler la masse filtrante du reste du sol grâce au dispositif suivant. Il faut :

— poser la plaque de filtre sur une feuille de plastique transparent plus grande que le filtre lui-même;

— disposer sur la plaque de filtre quartzite et sable et redresser la feuille de plastique afin de constituer un barrage entre les matériaux filtrants et le reste du sol.

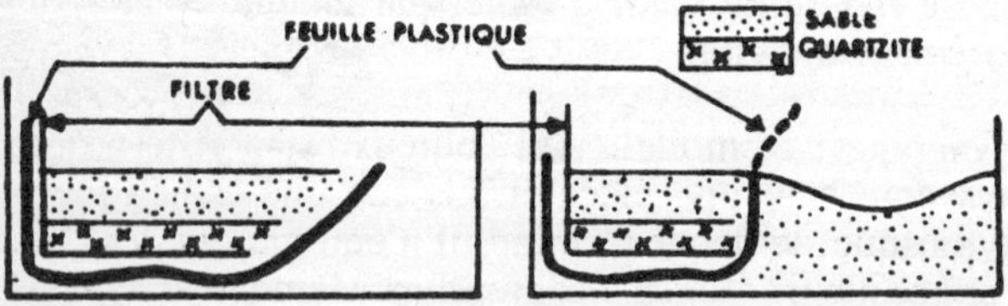

Le décor achevé, on coupera avec une lame de rasoir la partie de plastique transparent au ras du sol. Ainsi, l'astuce sera invisible et la masse filtrante, c'est-à-dire la fosse septique de l'aquarium, sera complètement séparée du reste du sol, lequel pourra éventuellement comporter un sous-sol nourricier.

Le filtrage classique à charge filtrante

L'action filtrante s'effectue à l'aide de deux éléments qui correspondent à deux phases biens distinctes. Au premier stade, il est procédé seulement *à un nettoyage physique.* Pour cela, l'eau à filtrer est dirigée vers une couche de mousse de perlon ou d'un matériau similaire. Ce premier élément filtrant possède la propriété de débarrasser l'eau de ses impuretés en les retenant. Bien entendu, si la matière filtrante reste en place trop longtemps (beaucoup attendent qu'elle devienne noire pour la changer), il se forme au-dessus d'elle un limon vaseux, résultat de l'accumulation des déchets. L'eau qui vient se faire filtrer coule alors nécessairement à travers ce concentré d'impuretés avant d'atteindre la charge filtrante. Pour compléter ce « nettoyage », l'eau traverse dans son deuxième stade une couche de charbon actif. Le rôle de ce second élément filtrant est de terminer la clarification de l'eau, de la décolorer, de la régénérer, de la désodoriser, d'absorber éventuellement les gaz de fermentation. En un mot, on demande au charbon d'épurer *chimiquement* afin que nos pensionnaires puissent être heureux... comme des poissons dans l'eau ! Cette méthode de filtrage s'applique avec des filtres intérieurs ou extérieurs. Elle convient à toutes les plantes.

Les filtres intérieurs à réceptacle

Toutes les formes et tous les volumes possibles et imaginables ont été essayés; en fait, tous obéissent au même principe : obliger l'eau à traverser une ou plusieurs matières filtrantes.

Les filtres intérieurs se posent sur ou dans le sable suivant les modèles. Le processus connu assure la sortie de l'eau : l'air arrive dans un petit tube pour pulser l'eau filtrée vers un tube plus gros par lequel elle s'évacue.

Ceux, alimentés en air *par l'intermédiaire d'un diffuseur,* sont les plus efficaces. Leur rendement, c'est-à-dire le volume d'eau qu'ils sont capables de filtrer, est de beaucoup supérieur à celui que peut produire *une arrivée d'air directe.*

Le principe est simple : une boîte en matière plastique neutre contient la matière filtrante : soit du perlon seul, soit du perlon plus du charbon. Des fentes pratiquées dans le réceptable permettent l'entrée de l'eau à filtrer.

Ces appareils conviennent pour de tout petits bacs ou dans les cas précis d'un filtrage d'appoint épisodique sur un matériau spécial, tel que de la tourbe par exemple.

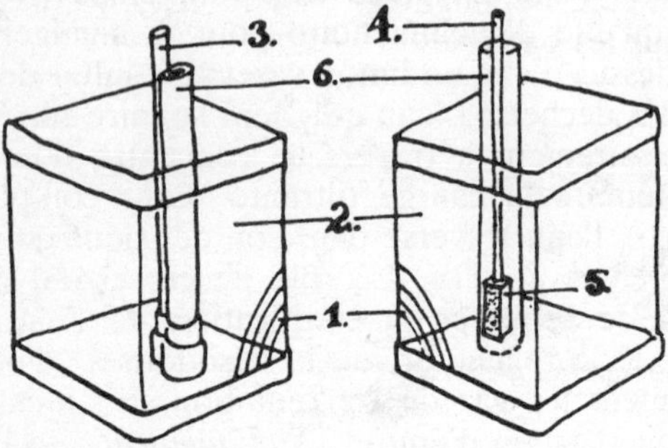

1. Fentes d'entrée d'eau à filtrer.
2. Réceptacle contenant la charge filtrante.
3. Arrivée d'air directe.
4. Arrivée d'air aboutissant à un diffuseur 5.
6. Cheminée d'évacuation d'eau filtrée.

Le rendement de tout filtre intérieur est augmenté de 20 % quand la sortie d'eau filtrée, prolongée jusqu'à la surface de l'eau, est évacuée grâce à un coude placé tangentiellement à la surface.

L'astuce la plus simple pour savoir quand le charbon d'un filtre est saturé consiste à verser deux gouttes de bleu de méthylène dans la cuve. Si l'eau ressort incolore, le charbon est toujours efficace.

Les filtres dégraisseurs

Il existe également dans le commerce des filtres très simples dont l'ambition se limite essentiellement à un pouvoir « dégraisseur ». Ces filtres, actionnés par une pompe à air, sont généralement constitués par une éponge synthétique cylindrique qu'un tube exhausteur, chargé de renvoyer l'eau filtrée, traverse en son centre; les impuretés se déposent tant sur l'extérieur de l'éponge que dans ses fibres.

Ces appareils, rudimentaires de conception, simples de fonctionnement, agissent comme nettoyeurs « mécaniques » de l'eau, l'éponge constituant par ailleurs un bon habitat pour les bactéries.

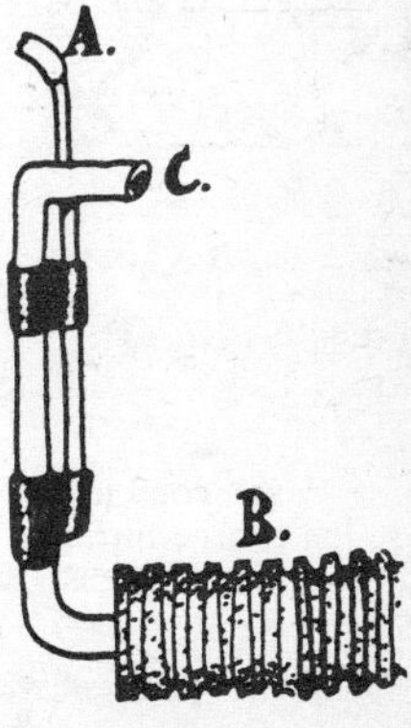

Filtre éponge :

Sous la pression de l'air arrivant en A, l'eau à filtrer qui a laissé ses impuretés dans l'éponge B est évacuée en C.

Les filtres intérieurs à pompe électrique

D'autres modèles de filtres intérieurs sont aussi élaborés que les filtres extérieurs que nous allons examiner ci-après, car comme ces derniers, ils sont alimentés en énergie, non plus par de l'air sous pression, mais par un moteur électrique. Ils sont totalement immergeables, moteur compris, et possèdent un rendement de 50 litres/heure ou davantage. Ils sont bien entendu un peu plus encombrants et plus coûteux.

Modèle vertical.

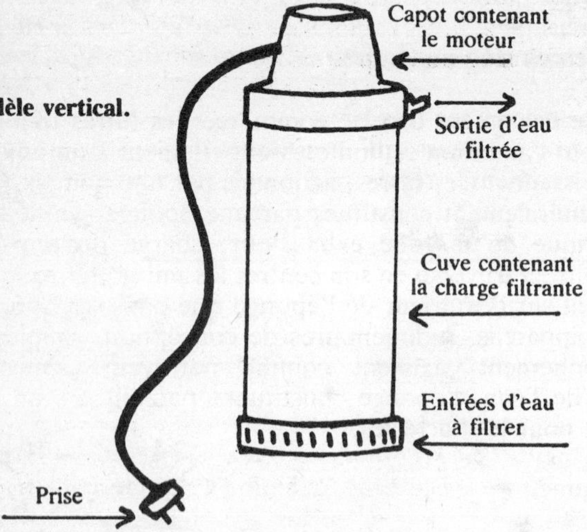

Modèle horizontal.

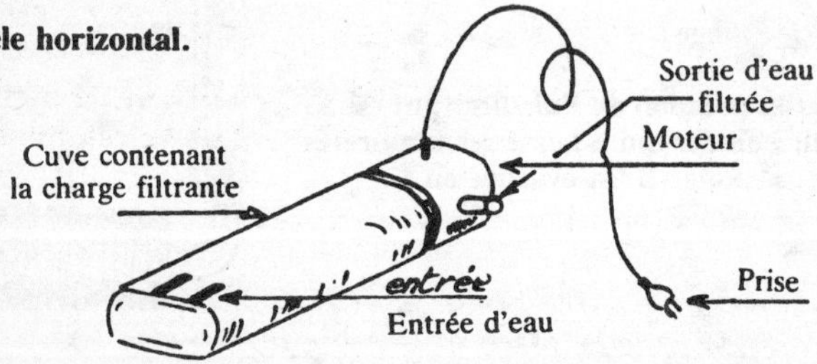

• **Les avantages de ces filtres à réceptacle**

Alors que les filtres sous sable retiennent et transforment les matières organiques, ceux-ci permettent, lors du rinçage des charges filtrantes, d'extraire, hors de l'aquarium, une partie des matières organiques. C'est autant d'éléments indésirables qui sont éliminés de l'eau.

• **Leurs inconvénients**
La place qu'ils occupent dans l'aquarium et la difficulté de les cacher à cause de leur volume; le fait qu'il faut obligatoirement mettre les mains dans l'eau pour les sortir... et pour les remettre en place, ce qui n'est pas toujours aisé.

• **Conclusion :** ces très bons filtres s'adressent essentiellement aux amateurs qui ne peuvent pas utiliser un des filtres extérieurs, repris plus loin, par manque de place disponible hors du bac.

Les filtres incorporés à l'aquarium

Parmi les aquariums à la disposition de l'amateur, nous avons mentionné des modèles avec coffre latéral incorporant un filtre. Ce filtre comporte généralement trois compartiments dont une cuve de décantation et fonctionne ainsi : l'eau à filtrer traverse un ou deux matériaux filtrants avant d'être rejetée dans le bac par un exhausteur ou une pompe électrique.

• **Avantages :** le volume des masses filtrantes (souvent des plaques de mousse) et l'accessibilité sont excellentes.

• **Inconvénient :** l'encombrement relatif.

• **Conclusion :** très bonne conception du filtrage, recommandée quand la place disponible le permet.

L'excès en tout est un défaut. En eau douce, le meilleur filtrage n'est pas obligatoirement le plus puissant. C'est au contraire souvent le plus faible débit compatible avec une eau parfaitement claire et limpide.

Les filtres extérieurs

Le filtre gouttière

Il est constitué d'un exhausteur classique, ou d'une petite pompe, qui remonte l'eau à filtrer dans une gouttière dont la base est percée de petites fentes. Le filtre occupe la partie arrière du dessus de l'aquarium.

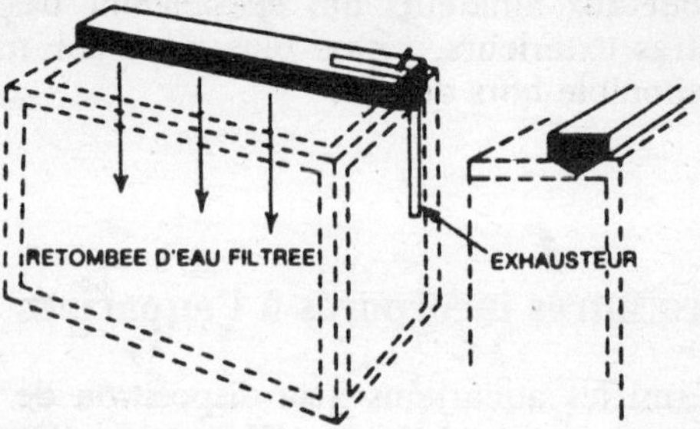

Filtre gouttière.

• **Avantages :** tous les avantages du filtre extérieur, grand volume, facilité d'accès, etc.

• **Inconvénients :** la place occupée sur le dessus de l'aquarium entrave quelque peu certaines interventions. L'exhausteur est parfois délicat à régler pour un rendement qui demeure assez faible. C'est pourquoi dans les très grands bacs, il est judicieux d'assurer l'alimentation par une petite pompe rotative électrique.

• **Conclusion :** très bon filtre pour tous les cas où il est plus commode d'avoir le filtre sur le dessus de l'aquarium plutôt que sur le côté ou à l'arrière.

Les filtres extérieurs à pompe rotative

Enfin, voyons, parmi les filtres extérieurs, celui qui est le plus répandu de cette catégorie. Il se présente sous forme d'un vaste cylindre, surmonté d'un moteur, et entouré de deux tuyaux. Le cylindre contient les matériaux filtrants usuels : laine de perlon et charbon; l'aquariophile peut y inclure en substitution, ou même en supplément, en diminuant le volume des matériaux habituels, les charges inusuelles évoquées plus loin. Le moteur est constitué d'une pompe rotative refoulante et non aspirante; c'est pourquoi, l'eau parvenant au filtre en application du principe des vases communicants, l'appareil doit être placé à un niveau inférieur à celui de la surface de l'eau du bac à filtrer. Des deux tuyaux, l'un, muni d'une crépine à son extrémité plongeant dans le bac, prélève l'eau de ce dernier et l'amène à la base du filtre; l'autre reprend l'eau filtrée à la sortie de la pompe et la renvoie dans l'aquarium.

Type de pompe rotative électrique

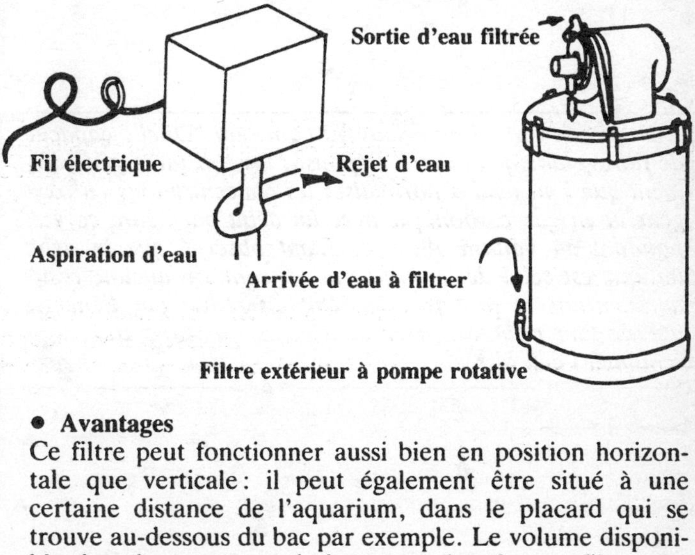

Filtre extérieur à pompe rotative

• Avantages

Ce filtre peut fonctionner aussi bien en position horizontale que verticale : il peut également être situé à une certaine distance de l'aquarium, dans le placard qui se trouve au-dessous du bac par exemple. Le volume disponible dans la cuve, pour le logement des charges filtrantes, est important.

Les réfections sont donc espacées. Plusieurs puissances sont disponibles, ce qui permet, dans une large mesure, de choisir le débit souhaité.

• **Inconvénients :**
L'encombrement relatif; les raccords dus à la présence de tuyaux; la nécessité de graissages périodiques du moteur *, l'opacité de la cuve qui ne permet pas de juger d'un coup d'œil de l'état de propreté des masses filtrantes; le prix qui croît très vite avec la puissance. Son aptitude à absorber nourritures vivantes et alevins.

• **Conclusion :** ce type de filtre est excellent. Il existe dans une gamme dont la capacité atteint selon les modèles 100-200-300-500-1 000 litres/heure.

Une question préoccupe souvent l'amateur. Quelle capacité de filtrage dois-je utiliser? Réponse : on considère généralement que l'on tend à normaliser les concentrations en oxygène et en gaz carbonique avec un débit par heure correspondant au volume du bac. Etant observé que le débit indiqué est celui de la pompe ne rencontrant aucune résistance. Dans la pratique, le débit est réduit par l'énergie utilisée tant pour traverser les charges filtrantes que pour remonter l'eau filtrée.

---

* Sauf en cas de moteurs auto-lubrifiés.

Les pompes d'aération

Les particuliers disposant rarement de l'air comprimé chez eux, les aquariophiles font appel à des petits compresseurs afin d'obtenir l'air sous pression qui leur est indispensable à l'oxygénation et parfois au filtrage.

Pratiquement, les pompes actuellement commercialisées sont toutes du **type vibreur.**

Leur principe demeure toujours le même : un électro-aimant provoque l'écrasement puis, grâce à un ressort de rappel, le relâchement d'une chambre de compression composée d'une sorte de ventouse en caoutchouc. Le débit dans certains modèles est relativement réglable, la dépense d'électricité absolument négligeable et l'entretien en principe limité au changement du filtre à impuretés et éventuellement de la ventouse en caoutchouc. Ces appareils existent en différentes puissances dans des versions qui s'échelonnent de 3 à 30 watts. Ils ont le double avantage d'être non polluants puisqu'ils ne nécessitent aucun graissage et de repartir seuls après une panne de courant, ce qui n'était pas le cas de compresseurs d'une autre conception. Les seuls inconvénients de ces appareils résident dans le fait que leur rendement tend à diminuer progressivement au fur et à mesure de leur vieillissement et que leur fonctionnement est rarement totalement silencieux. Le bruit indésirable pouvant résulter de plusieurs facteurs liés à la pompe elle-même ou aux vibrations qu'elle peut provoquer. Bien entendu, les différents prix correspondent d'abord à des puissances différentes, mais pour certains modèles, à rendement égal, c'est le silence que l'on paie.

Notons deux observations : 1) que les fumées de tabac ne semblent pas avoir d'effets nocifs sur les poissons — 2) que, dans le cas de pompes placées à l'extérieur, il est rarement nécessaire de filtrer l'air.

A titre indicatif, précisons qu'excepté les pompes à piles destinées à un usage occasionnel tel qu'un transport, les plus petits modèles commercialisés, soit 3 watts, ont un débit théorique de 50 litres/heure sous 40 cm de hauteur d'eau. Ils permettent d'alimenter en air un filtre et un diffuseur ou encore deux diffuseurs, mais une puissance de 7 watts est souhaitable dès qu'il s'agit d'aquariums de plus de 100 litres pour plus de 40 cm de hauteur. En effet, il convient de ne pas oublier que plus les accessoires sont immergés profondément, plus ils exigent de pression d'air.

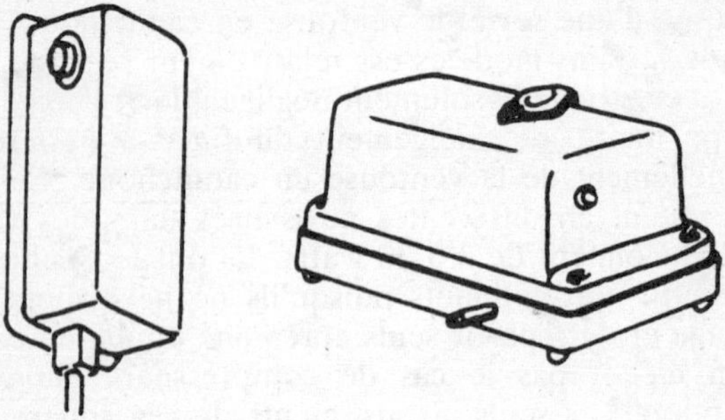

Il n'y a aucun intérêt à dépasser l'apport d'air normal en faisant « cracher » un diffuseur; l'eau ne peut dissoudre qu'une certaine quantité d'oxygène en fonction de sa température (environ 7 cm^3 par litre d'eau à 5° et seulement 4 cm^3 à 25°). Ce phénomène explique qu'une truite, par exemple, ne peut pas vivre dans une eau trop chaude pour elle. Elle n'est pas tant incommodée par la chaleur, que perturbée dans son métabolisme par l'insuffisance d'oxygène.

Les accessoires de l'aération et du filtrage

Les accessoires de pompes

• **Filtre feutre :** les pompes d'aération « tirent » l'air de l'extérieur à travers une « rondelle » en feutre ou une cartouche de perlon. Selon la densité de poussière, celles-ci se noircissent plus ou moins vite et il faut une ou deux fois par an penser à les changer.

• **Antisiphon :** théoriquement, une pompe devrait être située au-dessus du niveau de l'eau de l'aquarium pour éviter, en cas d'interruption de fonctionnement, tout risque de retour de l'eau qui aurait pour effet de « noyer » l'appareil. En fait, cet incident se produit rarement. C'est heureux, car des raisons de commodité ou d'esthétique obligent très souvent l'aquariophile à placer la pompe au niveau de l'aquarium, parfois même à un niveau inférieur. Pour se prémunir de tout danger, il y a 2 solutions : soit faire effectuer à la canalisation d'air une boucle au-dessus du niveau de l'eau, cette boucle suffit à empêcher l'eau de s'engager en « sens interdit »; soit intercaler un « antisiphon » à la sortie de la pompe de manière à bloquer l'aspiration en cas de retour de l'eau.

• **Filtre à air :** l'aquariophilie est un « hobby » dans lequel le bricolage doit souvent suppléer à l'insuffisance de l'industrie, et, ce filtre à air, vous risquez fort de devoir le fabriquer vous-même. Voici comment procéder. Prendre un tube (fer ou plastique neutre type PVC) de 30 à 35 cm de long pour 5 à 7 cm de diamètre. Emplir ce tube avec du charbon actif de très bonne qualité; à chacune des deux extrémités, isoler le charbon par un petit tampon de mousse de perlon. Fermer à chaque bout avec un bouchon de caoutchouc traversé par un tube permettant le raccordement au circuit d'air. Il entre dans ce filtre un maximum d'un litre de charbon qui doit être changé selon une périodicité variable, entre 1 trimestre et 1 année, selon l'importance supposée de la pollution à combattre.

Ce cylindre filtrant se place n'importe où, entre la pompe d'aération et les petits accessoires de répartition d'air, et il a pour fonction de lutter contre la pollution dans notre foyer, provoquée par des odeurs occasionnelles de peinture et d'encaustique, des émanations de produits dits hygiéniques (blocs et pulvérisateurs désodorisants) et insecticides d'usage parfois quotidien. Alors que ces émanations semblent inoffensives pour les mammifères, elles sont mortelles pour les poissons, animaux à sang froid.

Pour cette raison, il est toujours préférable de placer la pompe d'aération sur le rebord extérieur de la fenêtre plutôt que dans l'appartement.

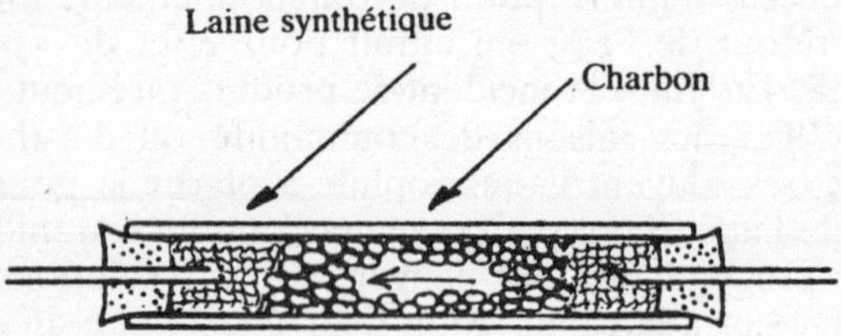

Les différents matériaux de filtration

Les filtres à réceptacle, intérieurs ou extérieurs, retiennent les impuretés par l'intermédiaire des matériaux de filtration. Parmi ceux-ci, on distingue : les matériaux de préfiltration, les matériaux usuels agissant comme tamis à particules, les charbons et enfin les charges spéciales.

Le plus simple pour obtenir le fonctionnement sans fatigue et sans bruit d'une pompe surpuissante, est de laisser partir l'air en excès, par une petite soupape, constituée avec un robinet laissant échapper librement l'excès d'air.

Si vous disposez de deux petites pompes pour alimenter des diffuseurs d'une part et des filtres à arrivée d'air directe d'autre part, branchez tous les diffuseurs sur une pompe et toutes les arrivées directes sur l'autre. Les uns demandent peu d'air sous forte pression et les autres beaucoup d'air sous faible pression.

• **Les matériaux de pré-filtration :** ils s'emploient dans les cas où (sous peine de colmatage rapide de la charge usuelle), on est obligé de capter et de retenir d'abord les impuretés les plus grosses. Pour atteindre ce résultat, le commerce aquariophile offre notamment : des *petits cylindres de terre cuite poreuse,* semblables à de grosses coquillettes; et des *soies plastiques* présentées en très fines lamelles qui constituent une matière à la fois dense et très perméable. En outre, certains amateurs utilisent les billes ou boulettes d'argile expansée issues de l'horticulture, soit entières soit brisées. Ce matériau neutre, léger et poreux offre un très bon support aux bactéries nitrifiantes.

• **Les matériaux usuels :** ce sont ceux que l'on trouve dans toute filtration, employés conjointement avec d'autres ou utilisés seuls. Ils doivent avoir pour propriété de retenir les fines impuretés, tout en se laissant traverser librement par l'eau. A des titres divers, répondent bien à ces exigences : des *mousses synthétiques,* disponibles en cartouches conçues pour certains filtres et des *ouates de nylon et de perlon* qui sont plaisantes au toucher et chimiquement parfaitement inertes. Elles tamisent bien les particules sans avoir trop tendance à se tasser et, par conséquent, répondent correctement aux besoins de l'amateur.

• **Les charbons :** il faut se défier des qualités médiocres qui peuvent être dangereuses et ne pas se laisser abuser par les qualificatifs d'actif, d'activé ou de catalytique qui signifient simplement que le charbon a été éclaté afin d'accroître sa porosité. Il est préférable, en outre, de ne pas utiliser le charbon sans avoir pris la précaution de le rincer sous l'eau bouillante pendant plusieurs minutes. Tout ceci étant dit, il n'en demeure pas moins vrai qu'un bon charbon neuf est capable de clarifier, décolorer, désodoriser et absorber les gaz de fermentation. Quand il est saturé, qu'il a perdu les qualités précitées, il garde la propriété de constituer un bon support bactérien, c'est-à-dire un lieu d'habitat privilégié, parce que poreux, pour les précieuses bactéries nitrifiantes (cf. les Eaux et l'Equilibre).

• **Les charges de filtres spéciales :** afin d'obtenir une eau aux propriétés spéciales ou de garder à une eau une caractéristique précise, certains amateurs ont recours à l'utilisation permanente ou occasionnelle de charges inusuelles.

Ce sont essentiellement : soit des résines à base d'un zéolithe de synthèse qui, agissant comme échangeuses d'ions, ont pour ambition tant de maintenir le degré hydrotimétrique à une valeur moyenne (donc d'être anticalcaire) que d'avoir une action antialgue; soit une charge de tourbe ayant pour objectif de provoquer une acidification de l'eau et de la stabiliser au niveau d'acidité souhaité (ces méthodes ne peuvent être envisagées que par des aquariophiles ayant non seulement pris connaissance des problèmes de l'eau tels qu'ils seront traités au chapitre correspondant, mais qui possèdent de plus une expérience personnelle).

Les accessoires d'installation de l'aération

• **Les raccords :** ils servent à diriger l'air issu de la pompe vers les différents accessoires prévus. Suivant le nombre de ces accessoires, on utilise ceux en forme de X, de T ou de Y.

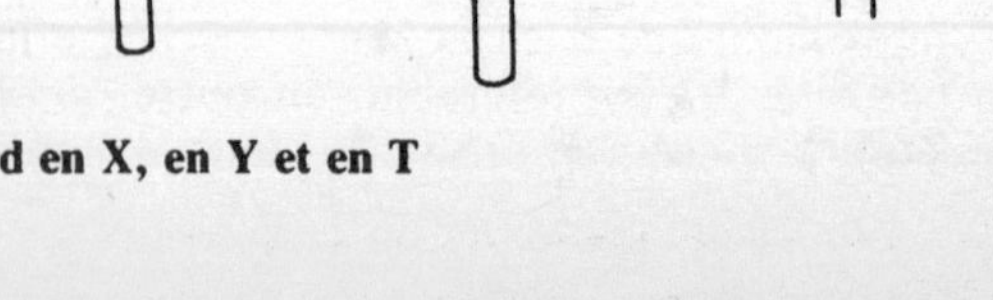

Raccord en X, en Y et en T

• **Les robinets :** ils servent à équilibrer le débit d'air suivant les besoins de chaque accessoire. Ils sont à boisseau (peu sensibles) ou à pointeau (réglage plus précis), en métal ou en plastique. Certains utilisateurs préfèrent au robinet des « pinces » qui écrasent le tuyau. Il s'agit là de préférences personnelles.

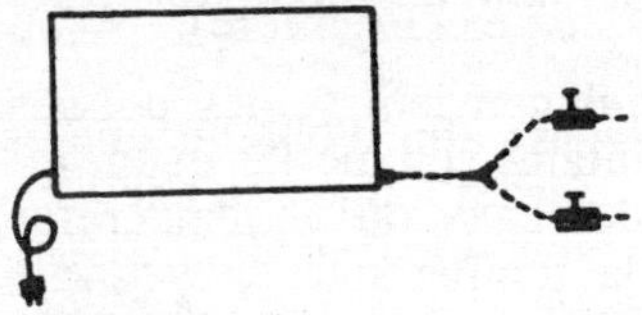

Montage pour deux directions avec un Y et deux robinets

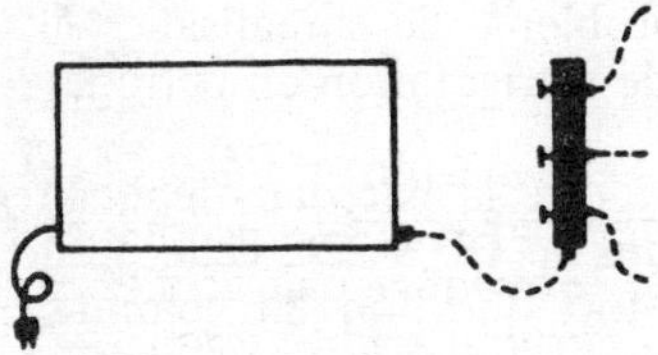

Montage pour trois directions avec un robinet à trois directions

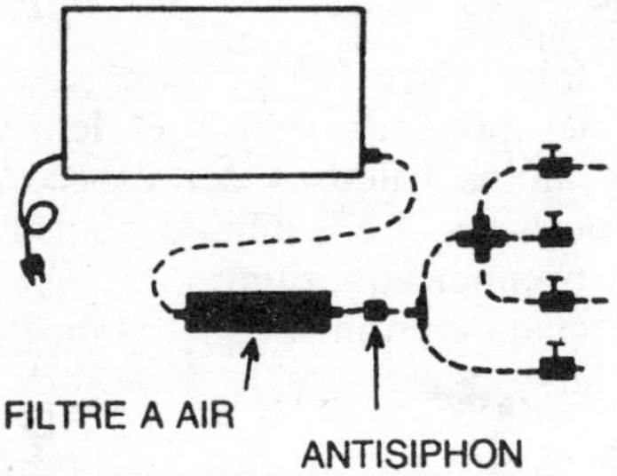

Montage pour quatre directions avec un T, une croix et quatre robinets (le filtre à air et l'antisiphon sont facultatifs)

• **Les canalisations :** ce sont les fins tuyaux (diamètre 4/6) qui permettent de relier les différents éléments de nos montages.

Identique à celui utilisé pour les transfusions sanguines, le tuyau de nylon, transparent ou teinté de vert, est parfaitement neutre et offre une bonne résistance à l'écrasement. Il doit être changé lors des réfections car, avec le temps, il durcit, surtout dans sa partie immergée.

La climatisation

Sur le plan thermique l'aquariophilie distingue trois sortes d'aquariums :

- **l'aquarium d'eau froide** qui convient à des poissons rouges (ou à leurs dérivés lointains comme les queues de voile japonais) vivant dans des eaux où la température varie de 5° à plus de 30°, la température moyenne se situant vers 15°, c'est-à-dire à un niveau plutôt inférieur à celui d'un appartement. Si problème de climatisation il y avait, ce serait un problème de réfrigération en période de grosse chaleur;
- **l'aquarium tempéré,** c'est-à-dire le bac dans lequel règne une température de l'ordre de 18° à 22°, celle de nos appartements. C'est donc à tort que l'on dit communément « eau froide » pour désigner une eau non chauffée qui est, en réalité, une eau tempérée.

Dans ce milieu, on peut faire vivre les poissons dits d'eau froide et notamment les poissons rouges et leurs dérivés, mais également les moins frileuses des espèces exotiques de plantes et de poissons. Le débutant choisit parfois cette formule comme premier aquarium;

- **l'aquarium exotique** d'eau chaude enfin, auquel aboutit inexorablement celui qui se laisse tenter par le démon de l'aquariophilie.

En effet, les poissons offrant le plus d'aptitudes et le plus d'intérêt pour la vie en aquarium proviennent des régions chaudes du globe puisqu'aussi bien pour le poisson que pour l'oiseau, plus le climat s'échauffe, plus la richesse des coloris et l'étrangeté des formes s'accroissent.

En cas de panne du chauffage ambiant (ou de l'électricité), en recouvrant l'aquarium d'une couverture vous maintiendrez la chaleur à un niveau acceptable et surtout vous rendrez la baisse de température très lente.

D'ailleurs, le problème du chauffage de l'aquarium est simple à résoudre. Il s'agit simplement de gagner quelques degrés : en effet, les poissons vivent pour la plupart dans des marigots ou des rivières serpentant sous les épais ombrages des forêts tropicales et dans lesquels, en dehors des zones découvertes où le soleil fait feu de tous ses rayons, l'eau demeure relativement fraîche.

C'est pourquoi une température de 24 à 25° représente une moyenne correcte pour le maintien en bonne santé de la plupart des poissons vivant dans l'aquarium d'eau chaude de l'amateur. Au-dessous de cette température, leurs couleurs se ternissent, leur appétit diminue, leur temps de digestion s'allonge, leur appétence sexuelle s'amoindrit.

Le chauffage

Pour obtenir la température régulière désirée la technique moderne nous offre les *résistances* pour chauffer et les *thermostats* pour contrôler. Ou les 2 appareils réunis en un seul sous le nom de *combinés*.

Les résistances

Excepté les cordons chauffants que l'on fait serpenter dans le sol et qui sont plus spécialement destinés aux terrariums, **les résistances,** dites aussi **chauffe-eau,** se présentent habillées d'un tube en verre pyrex neutre et étanche. Elles sont donc totalement immergeables et peuvent s'utiliser dans toutes les positions : verticale, horizontale ou en diagonale, de la manière rendant leur dissimulation la plus aisée. Deux recommandations cependant : évitez qu'elles ne touchent une glace, et ne les recouvrez pas de sable. Ces chauffe-eau sont peu onéreux. Dans les bacs de bonne dimension, on peut donc en utiliser deux, une à chaque angle arrière de l'aquarium, pour obtenir une meilleure répartition de la chaleur. Mais il ne faut pas pour autant commettre l'imprudence d'une surpuissance dangereuse en cas de panne de thermostat.

Le pouvoir calorique des résistances s'exprime en watts (800 calories par kWh). Dans la plupart des pays, l'industrie met à la disposition des aquariophiles l'échelonnement de puissance suivant : 15 W - 25 W - 35 W - 50 W - 75 W - 100 W - 150 W - 200 W - 250 W et 300 W.

Résistance chauffante pyrex étanche immergeable

Bien entendu, une résistance dégage toujours, suivant sa puissance, une quantité constante et invariable de calories, aussi la température variera-t-elle, soit sous l'influence de la chaleur dégagée par l'éclairage, soit parce que la température de base de la pièce aura elle-même évolué.

C'est pourquoi il est nécessaire d'adjoindre aux résistances un thermostat. C'est lui qui rend le fonctionnement du chauffage rationnel, totalement automatique et, en définitive économique puisqu'une coupure du courant intervient sitôt atteinte la température désirée.

Vous avez trois aquariums côte à côte, l'un de 100 litres avec le thermostat et la résistance de 100 W, les deux autres de 50 litres avec 50 W. Le wattage de chaque résistance est proportionné au volume de chaque bac, le total (200 W) ne dépasse pas la capacité du thermostat. Ce montage qui vous a économisé deux thermostats est correct et rationnel.

Les thermostats

Les modèles les plus usuels pour l'eau douce sont en verre pyrex, munis d'une lampe témoin et immergeables. Leur principe de fonctionnement est le suivant : deux lames métalliques, munies de pastilles, établissent un contact électrique. Selon la température, elles s'éloignent l'une de l'autre et coupent le courant, ou elles se rapprochent, et alimentent à nouveau la résistance en énergie électrique. L'appareil se plonge dans l'eau selon les modalités prévues par le fabricant. Une vis de réglage permet de moduler la température entre 20 et 30°.

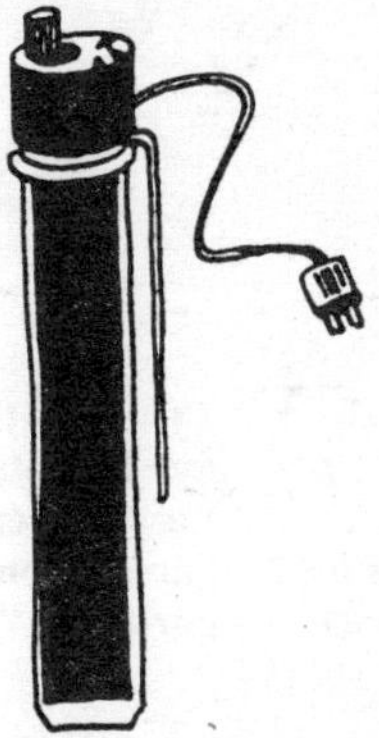

Thermostat pyrex

Quand la conception d'un bac empêche l'utilisation du modèle classique, il reste possible de se servir d'un thermostat qui se colle *à l'extérieur.*

• Les **thermostats extérieurs** se présentent sous 2 aspects : le premier, est en plexiglas ou en matière similaire, il se colle à *l'extérieur* du bac. C'est la température extérieure de la glace à laquelle il adhère, et non plus celle de l'eau ambiante, qui influence son fonctionnement.

Ces thermostats précités, intérieurs ou extérieurs, souvent équipés d'une lampe témoin sont généralement conçus pour l'utilisation d'une puissance maximum de 250 W. Il faut donc éventuellement en utiliser 2 (un par résistance) pour des bacs de plus de 300 litres.

Le second type de thermostat extérieur est électronique, sa capacité de branchement atteint 400 W ou davantage; sa précision est excellente mais son prix atteint un niveau beaucoup plus élevé que celui des appareils précédents.

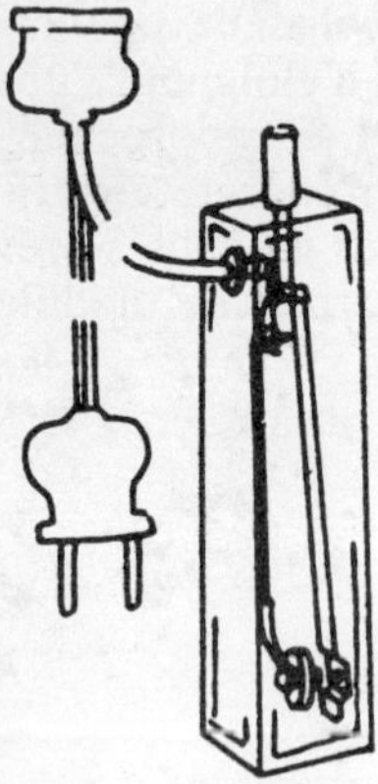

Thermostat extérieur usuel à coller sur une face de la glace.

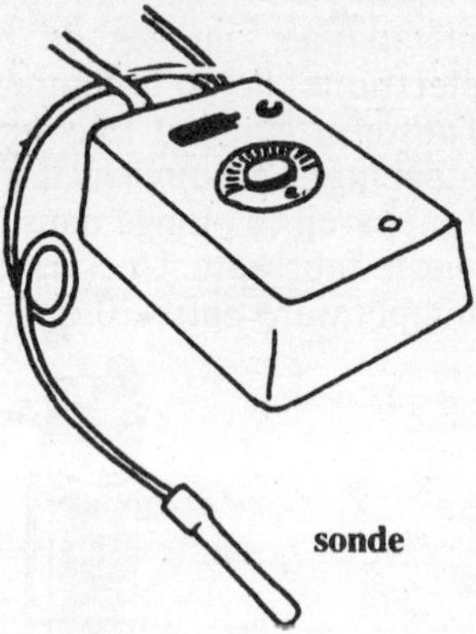

Type de thermostat électronique acceptant jusqu'à 1 000 W. La température est mesurée par la sonde qui est la seule partie de l'appareil dans l'eau.

Les combinés

Le combiné généralement muni d'une lampe témoin parfois même d'un thermomètre incorporé, est le dernier des modes de chauffage utilisés pour la climatisation d'un aquarium. Il est constitué d'une résistance et d'un thermostat incorporés dans le même tube étanche et donc immergeable. Le réglage se fait comme pour le thermostat indépendant décrit ci-dessus c'est-à-dire par l'intermédiaire d'une sorte de vis protégée par un capuchon de caoutchouc.

La conception, séduisante au premier abord puisqu'elle permet de grouper deux appareils en un seul, se révèle en définitive discutable car le thermostat se trouve directement influencé par la résistance trop proche et la climatisation de l'ensemble de l'aquarium est donc moins rationnelle. A moins d'utiliser deux combinés, un à chaque extrémité du bac, ce qui offre une garantie en cas de défaillance de l'un des appareils.

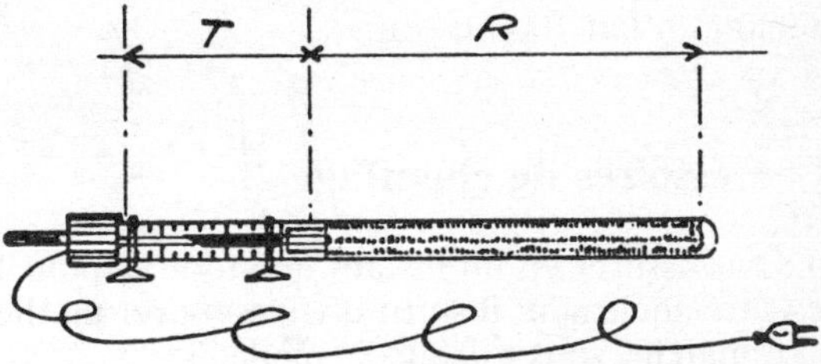

Type de « combiné » incluant résistance (R) et thermostat (T) incorporés dans un tube étanche.

• Ne concluons pas ce chapitre sans une observation. Elle concerne les **puissances à utiliser** en fonction de l'environnement dans lequel se situe l'aquarium. C'est ainsi qu'un bac présenté en double face à l'intersection de deux pièces, par conséquent bien aéré et dont tout l'appareillage dégageant de la chaleur (tels les ballasts d'alimentation des tubes fluorescents), est situé hors de l'aquarium, exigera une puissance de chauffe supérieure à celle d'un bac confiné dans l'angle d'une pièce et totalement encastré, lui et son appareillage, dans un meuble sans aération. C'est pourquoi, la détermination théorique de la puissance nécessaire pour chauffer un aquarium donné reste toujours

---

S'il vous arrivait le gros « pépin » : la découverte de votre aquarium à 15°, ou même moins, ne remontez jamais la température brutalement, par apport massif d'eau chaude. Rétablissez la chaleur habituelle progressivement pour finir un peu plus chaud que la normale : 27° au lieu des 25° usuels par exemple. Ainsi, vous pouvez avoir la chance d'éviter des suites fâcheuses.

---

un peu empirique et arbitraire : on peut cependant l'évaluer ainsi : compte tenu de ce que la température moyenne qui règne dans un appartement s'élève à 18° et que la température désirée dans l'aquarium est de 25°, l'écart de 7° sera comblé par un watt pour chaque litre d'eau. Soit une puissance de 100 W pour un bac de 150 l de volume contenant en fait 100 l d'eau.

Les accessoires de chauffage

Pour vous assurer en un instant que tout va pour le mieux dans votre aquarium, il suffit d'y incorporer un thermomètre. Le marché vous offre trois modèles :

○ le thermomètre digital qui se colle à l'extérieur de l'aquarium;
○ le thermomètre classique, terminé à sa base par un éperon qui se pique dans le sable en un endroit discret;
○ enfin, le modèle de même conception mais flottant. Démuni d'éperon et simplement lesté, il doit être immobilisé par une ventouse.

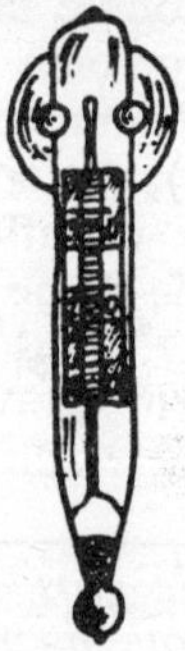

Thermomètre

Pensez à débrancher votre chauffage avant tout nettoyage risquant de mettre une résistance « à sec ». Mais pensez également à le rebrancher dès le travail terminé.

L'éclairage

La lumière constitue, comme tous les grands phénomènes naturels, une entité extrêmement complexe. Fort heureusement il suffit à l'aquariophile, pour déterminer la meilleure qualité de lumière souhaitable pour ses bacs, de se familiariser avec les trois notions suivantes :

1re notion : ce qui nous éclaire n'est qu'une partie de la lumière.

Schématiquement voici la lumière

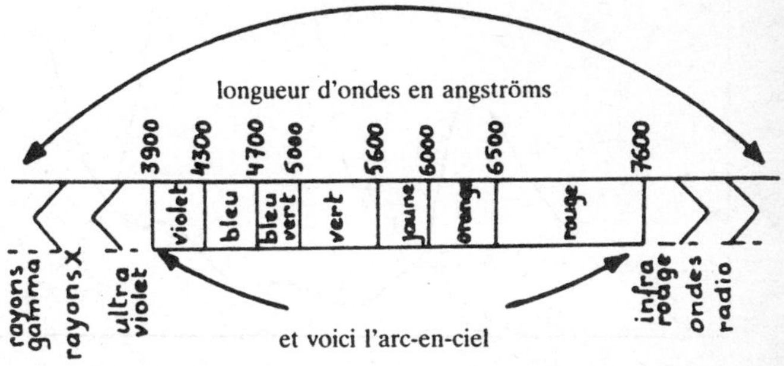

L'arc-en-ciel représentant la seule partie de la lumière (celle localisée entre 4 000 et 7 000 angströms*) qui nous donne la sensation de lumière blanche.

Si, dans notre aquarium, la fonction de la lumière était simplement de l'éclairer, il n'y aurait pas de problème, il suffirait de fournir à nos bacs l'éclairage nécessaire et suffisant pour la satisfaction de notre goût esthétique.

---

* L'angström est l'unité de mesure des longueurs d'ondes.

2e notion : la partie de la lumière qui influence notre œil ne correspond pas à celle qui intéresse nos plantes.

Voici en pointillé la seule partie visible du spectre utilisée par notre vue et en trait continu la partie du spectre utilisée par les plantes.

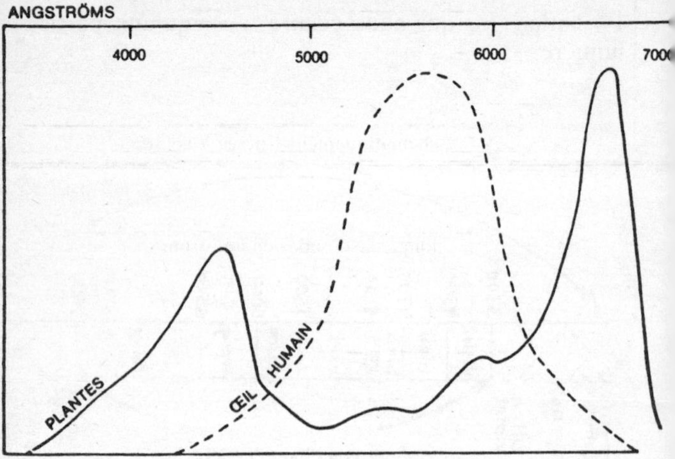

Bien entendu c'est la non-concordance des zones d'utilisation qui contraint l'aquariophile à chercher la lumière couvrant au mieux les deux spectres, afin de satisfaire à la fois les désirs esthétiques de notre œil, et les besoins vitaux de la plante : photosynthèse, phototropisme, etc. (ces besoins étant couverts par des spectres pratiquement identiques.)

3e notion : aucune source d'éclairage ne correspond intégralement et exclusivement à la satisfaction de notre œil et aux besoins de nos plantes

Voici la distribution spectrale des quatre lumières utilisées en aquariophilie :

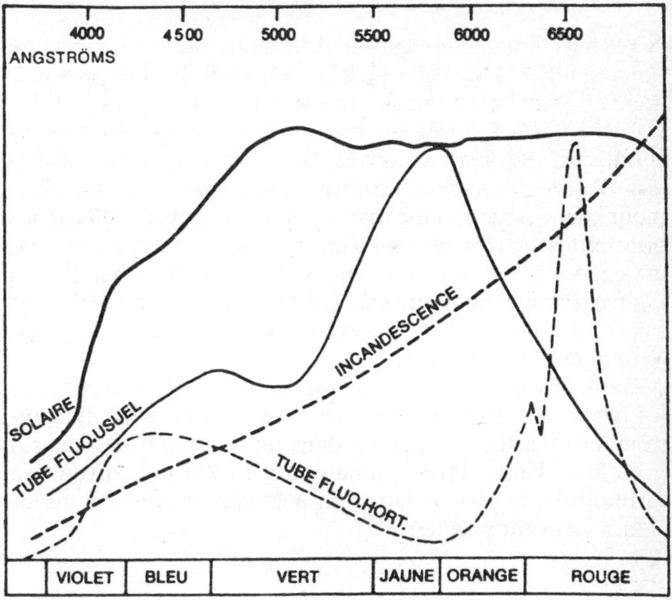

Trait noir continu, la lumière solaire (à une heure ensoleillée). Trait noir plus fin, la lumière produite par un tube *fluo* usuel. Trait pointillé, la lumière produite par les lampes à incandescence. Trait pointillé plus fin, la lumière produite par un tube *fluo* à usage horticole.

Les différences de caractéristiques ayant été examinées, nous allons maintenant pouvoir choisir, parmi ces quatre éclairages possibles, en fonction de leurs propriétés respectives.

La lumière solaire

La source d'éclairage complète, c'est la lumière naturelle que le soleil nous prodigue. Elle contient tous les éléments utiles à la vie et, de plus, elle est gratuite. Il semblerait donc logique d'en faire bénéficier un aquarium chaque fois qu'on en a la possibilité lors du choix de son emplacement.

En fait, si un discret appoint de lumière du jour semble utile, pour suppléer la carence éventuelle en certains éléments de l'éclairage artificiel complémentaire, il n'est pas possible de se reposer sur elle du soin d'éclairer un aquarium, car elle a un inconvénient énorme : *on ne peut la doser*. Son intensité se montre aussi changeante que l'humeur d'une jolie femme ! Non contente de varier selon les différentes heures et les différentes saisons, il suffit d'un nuage pour que son intensité soit différente d'un jour à l'autre d'une même période. De plus, le soleil ne brille pas toujours pendant les heures de loisir de l'aquariophile, particulièrement l'hiver.

Dans ces conditions, elle représente trop souvent une source d'ennuis pour que nous puissions la conseiller autrement qu'à titre d'appoint dans un aquarium de décoration. Pour l'aquariophile amateur elle n'est la bienvenue à forte dose que pour éclairer un bac de reproduction où les algues peuvent pulluler.

L'éclairage à incandescence

Pour pallier les énormes inconvénients de la lumière naturelle, l'aquariophile fait appel à l'éclairage artificiel. Pendant longtemps cela a signifié l'éclairage à incandescence, c'est-à-dire des lampes comportant un filament.

De nos jours, il n'y a plus que dans les aquariums de bas de gamme que l'on utilise les ampoules dites lampes tubes dont le culot est à pas de vis; ou les lampes tubes plus longues (elles se fabriquent en 140, 221, 254, 310 et

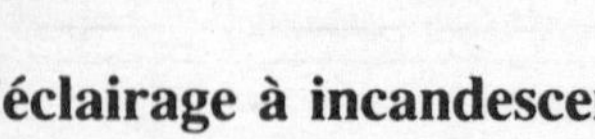

1 - Ampoule à pas de vis

2 - Lampe linolite

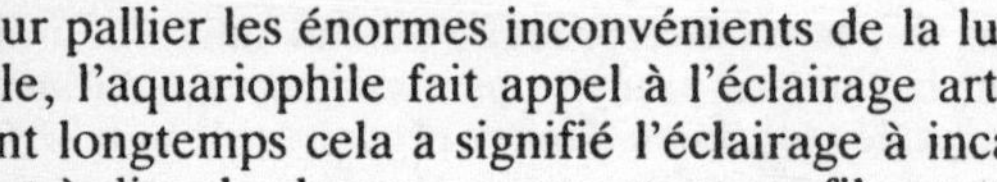

330 mm) qui portent le nom de linolites et sont terminées par deux culots masses. Les meilleures marques comportent un réflecteur.

• **Quelle est la valeur de cet éclairage?**

Le 3e schéma (voir p. 67) illustre ses caractéristiques; on y voit sa courbe de distribution spectrale (très éloignée de celle de la lumière naturelle) partir très bas du côté des ultraviolets pour monter progressivement et se poursuivre jusqu'aux infrarouges. Il s'agit d'une lumière satisfaisante sur le plan luminosité, par sa richesse en rayons jaunes et rouges qui satisfont notre œil (comme l'a montré la courbe de perception de celui-ci dans le 2e schéma). Ce même schéma nous montre la courbe des besoins de la plante. Sous cet éclairage, les plantes poussent mais, tirées par les rayons jaunes et rouges, elles se développent surtout en longueur (carence en rayons bleus).

En pratique les plantes se satisfont relativement de cet éclairage puisqu'il est possible d'obtenir, sans aucun apport d'autre lumière, des aquariums équilibrés à végétation dense. Ce que les aquariophiles lui reprochent surtout, *c'est sa trop grande richesse en infrarouges* car, comme chacun sait, ces rayons dégagent énormément de calories. Il en résulte que dans un volume de 25 litres ou moins, cette lumière se montre capable de faire monter la température au point qu'à certaines périodes de l'année, l'amateur doit choisir entre incommoder ses plantes par manque de lumière ou les incommoder (ainsi que ses poissons) par excès de chaleur.

L'éclairage fluorescent

Plus compliqué et plus coûteux à installer, mais plus économique à l'usage, ce type de lumière est généralisé.

Dans ses débuts, cet éclairage — même s'il se parait du titre de lumière du jour — donnait une lumière blafarde, esthétiquement désastreuse et techniquement souvent moins satisfaisante que l'incandescence. Sous l'effet d'une lumière inadaptée à leurs besoins, certaines plantes normalement grimpantes rampaient sur le sol, semblant fuir le tube. Le schéma n° 3 nous fournit l'explication du phénomène : nous y constatons dans la distribution spectrale une chute brutale de la courbe autour de 6 600 angströms. Reportez-vous au schéma n° 2, vous y lirez que la courbe des exigences de la plante dessine au contraire un pic autour de cette longueur d'onde.

L'usage de ces tubes n'était donc concevable qu'en appoint lorsque l'industrie sortit un nouveau tube fluorescent à usage horticole. Celui-ci (type grolux), utilisé pour les cultures terrestres ou aquatiques, émet le spectre lisible dans le trait en pointillés fins du schéma n° 3. Comparez-le avec la ligne continue de courbe des exigences de la plante du schéma n° 2 : vous y constaterez la relative similitude de leurs deux pics communs dans le bleu (vers 4 500 A) et le rouge (vers 6 600 A). La lumière techniquement bonne, émise par les tubes de ce type, est assez faible en intensité et produit une légère distorsion des couleurs mais celle-ci va dans le sens de l'esthétique. Les tons rouges, bleus et verts, notamment, ressortent intensément.

Conclusion

Tous les côtés obscurs... de la lumière ayant été... éclairés, tous les éléments d'appréciation ayant été fournis à l'aquariophile pour juger à l'avenir de la valeur d'une nouvelle source lumineuse qui lui sera proposée, quelle conclusion peut-on tirer de ces brefs exposés, aussi complets et aussi peu techniques que possible ?

• L'éclairage naturel solaire

Esope en dirait que c'est la meilleure et la pire des choses. Il est plus facile de suppléer à un manque de lumière que de lutter contre les conséquenses d'un excès. A savoir : risque de développement incontrôlable des algues et d'élévation excessive de température. Ne craignez pas de mettre votre aquarium dans un endroit sombre et même totalement obscur si vous y êtes contraint.

• **L'éclairage à incandescence**

Les qualités sont d'être relativement bon marché à l'achat, et de ne pas nécessiter les accessoires indispensables à la fluorescence.

Les défauts sont d'être d'une médiocre longévité, de ne pas fournir aux plantes les rayons les plus utiles à leur développement, et de dégager trop de chaleur.

• **L'éclairage par fluorescence**

Il représente la meilleure formule de toutes, grâce aux tubes à usage horticole à employer seuls ou mieux encore (quand la taille de l'aquarium le permet) en association: par exemple 2 tubes type horticulture-grolux pour 1 tube sélectionné parmi les types lumière du jour ou « True-lite » qui émettent un rayonnement extrêmement puissant.

Ces tubes choisis, même les spéciaux horticulture, ne constituent pas une réponse définitive à toutes les questions que pose l'éclairage, mais ils sont les mieux adaptés à nos besoins et ils ont un immense avantage: si vous n'incorporez pas le ballast, ils chauffent très peu par eux-mêmes. Il faut donc préférer:

○ soit les montages qui placent le ballast, lequel dégage de la chaleur, hors de l'aquarium;

○ soit les fluos présentés dans un fourreau incorporant le cordon d'alimentation de conception électronique qui remplace le ballast classique sans dégager de calories.

En effet, les conséquences d'un non-échauffement sont appréciables: les plantes qui atteignent la surface, non seulement ne viennent pas s'y brûler, mais encore continuent leur croissance naturelle. Ce fait est important: certes, la lumière, quelle qu'en soit l'origine, brille pareillement pour tout le monde, mais les besoins du muguet qui affectionne l'ombre ne sont pas ceux du rosier qui aime le soleil. Il en est de même pour les plantes d'aquariums. Leurs exigences d'éclairement sont différenciées; or, à partir du moment où grâce à une ombrelle de verdure (frondaisons des grandes plantes ou présence de plantes de surface), vous pouvez disposer de zones d'éclairement variées, il vous devient partiellement possible de respecter les exigences des espèces et d'améliorer d'autant plus leurs possibilités d'épanouissement.

Lors d'expositions notamment, on peut voir des bacs éclairés grâce à des techniques peu usitées en aquariophilie usuelle. Ce sont :
— les ***lampes à iodures métalliques*** *qui existent en 70 et 150 W;*
— les ***lampes à halogène haute tension*** *qui sont puissantes mais dégagent trop de calories*
— les ***lampes à halogène basse tension*** *qui ne présentent pas cet inconvénient et offrent une bonne longévité.*

Quantité et dosage

L'indication de la quantité de lumière à fournir pour un aquarium donné est une tâche ardue pour diverses raisons :
○ la mesure de l'éclairage s'établit en lumens alors que les usages commerciaux veulent que les lampes soient vendues avec l'indication de leur puissance, c'est-à-dire en watts;
○ la luminosité produite par un watt d'incandescence n'est pas comparable à celle que fournit un watt de fluorescence;
○ les différents types de lampes fluorescentes n'émettent pas à puissance égale la même quantité de lumière;
○ l'intensité du jour naturel que reçoit un aquarium varie selon son emplacement par rapport à la fenêtre qui éclaire la pièce, cette dernière recevant plus de lumière au mois de juin qu'au mois de décembre;
○ enfin, toutes les plantes n'éprouvent pas le même besoin de lumière.

C'est dire que la durée pendant laquelle un aquarium doit être éclairé et la puissance à utiliser, sont variables.

• **A titre indicatif,** il est cependant possible de donner comme base :
1 watt à raison de 4 litres d'eau pour un éclairage faible;
1 watt à raison de 3 litres d'eau pour un éclairage moyen;
1 watt à raison de 2 litres d'eau pour un éclairage fort.
Ce qui correspond en pratique à :
— une lampe fluorescente de 45 cm pour un aquarium de 50 cm;
— deux lampes de 60 cm pour un bac de 70 ou 80 cm;
— deux de 90 cm pour un bac de 1 m.

• Lors de l'installation de votre bac, éclairez quotidiennement pendant 12 heures un aquarium recevant peu de lumière naturelle car, *en climat tropical, la durée du jour correspond à celle de la nuit.* Au bout de trois mois, vous pourrez déterminer si ce dosage est correct ou s'il y a lieu d'augmenter ou de diminuer la puissance d'éclairage. *La valeur moyenne qualitative et quantitative de votre éclairage est correcte s'il y a croissance des plantes sans prolifération excessive d'algues.* Après quelques semaines, c'est donc l'observation de ces algues qui vous renseignera; elles vous serviront en quelque sorte de thermomètre pour la lumière, c'est-à-dire qu'elles constitueront **un témoin indicateur.**

Heureux possesseurs de grands bacs, profonds de plus de 50 cm, souvenez-vous que l'eau « absorbe » les rayons lumineux. Par conséquent, les valeurs indiquées pour les aquariums usuels doivent être augmentées. Cela signifie que si par exemple l'on éclaire à raison de 40 W un bac de 40 cm on devra fournir 60 W à un bac de 60 cm de hauteur d'eau.

Sachez que si votre galerie comporte un verre protecteur, ce dernier n'absorbe que 5 % de l'intensité lumineuse. Mais à une condition : que ce carreau soit vierge d'algues et de dépôts calcaires.

Les algues

○ *Des algues brunes* sont à interpréter dans la plupart des cas comme l'indication d'une lumière insuffisante. Si vous ne les observiez que dans une partie de l'aquarium, il y aurait lieu de chercher si une répartition défectueuse de la lumière n'a pas causé un angle mort excessif.

○ *Des algues vertes,* piquetant ou même tapissant très légèrement des rochers, sont naturelles, donc normales dans une eau non acide : elles sont la manifestation d'un milieu sain. Les obtenir constitue le but et, celui-ci atteint, il faut les surveiller afin de veiller à ce que leur développement ne se transforme pas en prolifération. Leur excès (consécutif à un abus de lumière) transformerait la jolie patine, que leur implantation partielle constitue, en une couche continue, épaisse et disgracieuse qui perturberait les fonctions des plantes en obstruant les cellules de leurs feuilles. On combat ces algues avec des escargots d'eau ou des poissons nettoyeurs.

○ *Des algues bleues* sont le plus souvent la conséquence d'un éclairage excessif en intensité ou en durée : elles succèdent souvent, après les avoir supplantées, aux algues vertes. Les *algues noires* sont une forme d'algues bleues, les unes et les autres appartiennent au même groupe des Cyanophycées. Leur présence est parfois constatée dans des aquariums où la nourriture distribuée n'est pas intégralement consommée. Le bac se charge alors en matières organiques entraînant ainsi une pollution latente qui « nourrit » ces algues indésirables.

○ *Des algues chevelues* (que ce soit sous forme de petits poils ou de longues perruques vertes pour les algues dites filamenteuses) se manifestent également parfois dans certains aquariums. Hélas, car ces algues sont parmi les plus difficiles à combattre. Dédaignées par les mollusques et les poissons mangeurs d'algues qui ne s'intéressent qu'aux classiques algues vertes (cf. les Escargots et le Memento des poissons); résistantes aux produits anti-algues, elles ne peuvent être combattues que par des actions méthodiques, lesquelles dépendent du contexte dans lequel le problème se situe. Et pour bien le cerner nous conseillons à l'amateur de consulter « La santé de l'aquarium » (GM 78).

• **Deux renseignements pratiques**
Voici les cotes généralement pratiquées pour les tubes fluorescents.

Longueur	*Puissance*
37 cm	14 W
45 cm	15 W
60 cm	20 W
75 cm	25 W
90 cm	30 W
120 cm	40 W
150 cm	65 W

Il est vrai qu'un tube fluorescent a généralement une durée de vie de 4 à 5 000 heures, mais il est non moins exact qu'après 3 900 heures, c'est-à-dire au bout d'un an pour 10 heures d'éclairage quotidien, il faut le changer. Il ne produit plus qu'une lumière faible et sans rapport avec son spectre d'origine.

• Voici **l'installation et le montage des lampes fluorescentes.** Excepté le cas d'alimentation par cordon de conception électronique, un éclairage fluorescent résulte de 3 appareils : le *ballast* qui transforme la tension du courant, le *starter* ou *condensateur* qui est destiné à donner l'impulsion nécessaire à l'allumage, enfin bien entendu la *lampe.* Personnellement, nous avons toujours disposé les accessoires, ballast et starter hors d'atteinte de l'évaporation et placé dans l'aquarium seulement la ou les lampes.

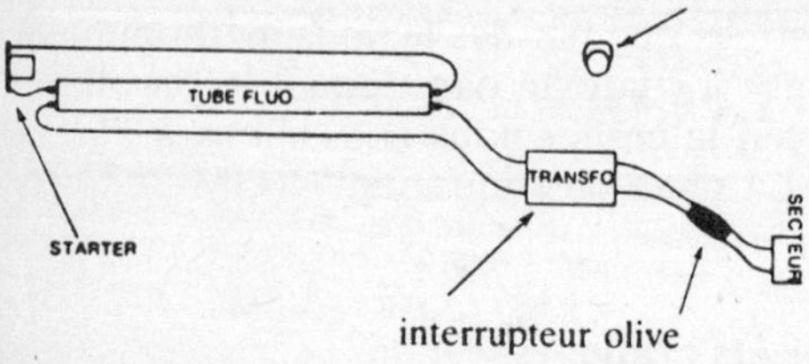

Tube fluorescent muni à ses extrémités d'embouts étanches

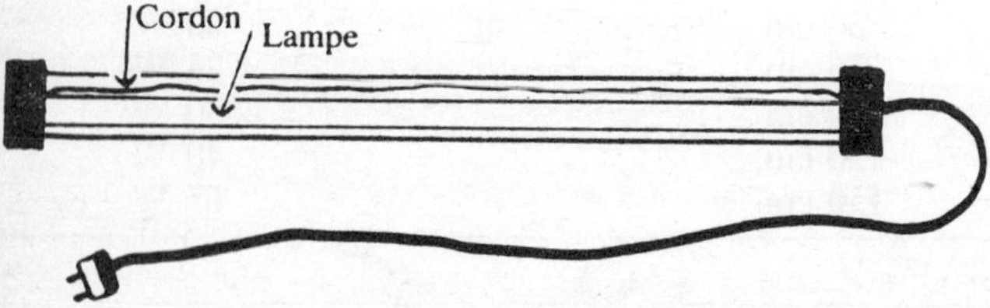

Lampe fluorescente et son cordon d'alimentation incorporés sous tube étanche.

Si vous n'avez pas utilisé d'embouts étanches, assez coûteux, mais de simples « dominos » pour protéger de la condensation vos contacts de lampes, sachez que vous pouvez assurer leur isolation en les noyant dans la même colle aux silicones que celle utilisée pour la construction de l'aquarium (cf. chapitre 1).

Certains amateurs redoutent le mariage, au sein de l'aquarium, de l'eau et de l'électricité, craignant toujours la mauvaise isolation éventuelle d'un appareil. Ils peuvent se protéger en intercalant simplement, entre la prise murale et l'aquarium, un petit disjoncteur différentiel ultra-sensible.

Les plantes

Avant même que nous ayons pris conscience de la présence de poissons, dès que nous approchons d'un aquarium, sa plantation flatte notre œil. Entre l'immobilisme des pierres et le mouvement des poissons, la présence végétale constitue un lien qui équilibre l'aquarium dans sa beauté *mais plus encore dans ses fonctions vitales.* Une plantation suffisante est bénéfique parce que les besoins des plantes correspondent aux besoins des poissons et qu'entre ces deux familles, animale et végétale, des échanges constants se produisent pour le plus grand bien des deux parties.

Certes, des poissons peuvent vivre sans plantes, surtout avec l'aide d'une pompe d'aération leur fournissant de l'air et aidant leur eau à se débarrasser de son gaz carbonique. Nous avons d'ailleurs décrit quel maillon précieux dans la chaîne des éléments constructifs d'un aquarium équilibré un aérateur robot constitue... Mais la plante vivante, source naturelle d'épuration, c'est autre chose !

Sans vouloir pénétrer les phénomènes complexes où la botanique et la chimie s'entremêlent étroitement, il convient cependant de nous pencher brièvement sur cette véritable usine vivante. En dehors de la satisfaction du besoin de reproduction, dont le mode varie beaucoup d'un groupe à l'autre, la vie de la plante est régie par trois fonctions :

• **l'alimentation :** nous avons vu en parlant du travail des bactéries (voir le filtrage) que la plante se nourrit des sels minéraux assimilables après dégradation des matières organiques. Cette nourriture, la plante l'absorbe en partie par ses racines et en partie par ses feuilles, cette dernière faculté expliquant pourquoi la richesse du sol, primordiale pour bon nombre d'espèces, n'est pas essentielle pour d'autres, par exemple les fougères;

• **l'assimilation chlorophyllienne** (ou photosynthèse), est la forme d'alimentation principale car la plante se nourrit de gaz carbonique. Cet important et complexe phénomène de la photosynthèse constitue le mécanisme par lequel, sous l'influence d'une lumière suffisante, les végétaux verts (chlorophylle) ont le pouvoir d'absorber le gaz carbonique, d'en extraire le carbone et d'utiliser ce carbone pour effectuer la synthèse des matières organiques (c'est lors de l'accomplissement de cette fonction que la plante dégage de l'oxygène);

• **la respiration :** comme l'arbre dans l'air, notre plante dans l'eau respire, donc absorbe de l'oxygène et rejette du gaz carbonique. L'originalité de la plante vient de ce que la respiration, qui se traduit par des échanges gazeux faibles, n'entre pratiquement en ligne de compte que la nuit, pendant son sommeil. Pendant le jour, la fonction respiratoire (génératrice de gaz carbonique) est masquée par la fonction chlorophyllienne (génératrice d'oxygène). Comme cette dernière l'emporte et de beaucoup dans les échanges gazeux, le bilan qu'on peut dresser par tranche de 24 heures se traduit pour l'aquarium par un apport en oxygène.

En conclusion, la balance des échanges « faune-flore » se présente ainsi :
— acide carbonique issu des poissons : *absorbé par les plantes;*
— oxygène dégagé par les plantes : *utilisé par les poissons;*
— déchets organiques issus des poissons : *consommés par les plantes.*

Ce raccourci schématique montre combien la flore bénéficie de la présence de la faune et, réciproquement, combien l'animal bénéficie de celle du végétal. Certains n'ont pas hésité à parler de « symbiose »; il est en tout cas évident qu'il y a une complémentarité réciproquement bénéfique.

Outre ces fonctions « techniques », la plante est au poisson ce que l'arbre est à l'oiseau : parfois un apport de nourriture, parfois une source de matériaux utilisés pour la ponte, toujours un lieu d'ombrage, de repos et de protection. Ces dernières notions ne sont pas négligeables; le facteur psychologique n'est pas sans intérêt, car il contribue à donner aux habitants de l'aquarium le sentiment que celui-ci est réellement « leur home ».

Les spécialistes ont bien entendu discuté, en tenant compte de ce que toutes les plantes n'ont pas la même valeur oxygénatrice, de la quantité de plantes nécessaires, souhaitables ou utiles dans un aquarium. Certains ont même écrit que l'abus de plantes pouvait provoquer la nuit l'intoxication des poissons par excès de gaz carbonique. En fait, ce genre d'accident survient dans certains livres mais jamais dans un aquarium; d'ailleurs la présence d'un aérateur vous tranquillisera.

En vérité, sauf si votre bac n'est peuplé que des rares espèces qui arrachent ou dévorent systématiquement toute plante à leur portée : *Plantez ! Plantez le plus possible !* Si votre goût personnel ou votre budget vous imposent une limite, prévoyez une plante pour 2 litres d'eau, ne laissez jamais la plantation descendre au-dessous d'une plante pour 5 litres : l'abondance de la végétation rend l'aquarium sain... à condition bien entendu que les plantes soient saines. Il faut donc vous méfier des plantes que vous pourriez vous-même collecter. Elles risquent d'introduire dans votre aquarium maladies diverses et parasites indésirables. En outre, si vous habitez un pays tempéré vous ne pourrez trouver que des plantes d'eau froide, à activité saisonnière.

Votre intérêt est donc de les acheter chez un spécialiste où vous trouverez des sujets frais, un choix important et des conseils. A défaut d'un tel fournisseur dans votre ville, vous pourrez effectuer votre choix en vous aidant de la nomenclature que nous avons établie et des éléments pratiques suivants :

- **La taille,** dont vous devez tenir compte en sachant qu'il vous faut, par exemple, dix plantes naines pour vos premiers plans, vingt plantes de taille moyenne et dix plantes hautes pour les plans plus éloignés;

• **La température** qui convient: les écarts tolérables se trouvent indiqués afin que vous puissiez effectuer votre choix en fonction de la température de votre aquarium, tempéré ou chaud;

• **Le sol, la lumière, la nature de l'eau** vous aideront à choisir au mieux l'emplacement souhaitable pour chaque espèce. Mais on peut dire que la majorité desdites espèces se satisfont d'une eau dont la dureté se situe entre 10 et 20° de TH.

Ces renseignements ne doivent pas être pris à la lettre; si une plante se plaît dans votre bac pour une raison que vous ignorez (et le spécialiste aussi!), elle s'épanouira, même si les conditions ne sont pas optimales. Il n'en est pas moins vrai que le respect des connaissances acquises aide au succès et que, sans en devenir esclave, vous avez intérêt à en tenir compte.

Le transport des plantes et leur conservation

Les plantes se transportent emballées dans du papier sulfurisé très humide ou mieux, dans un sac plastique sans eau et fermé hermétiquement, par un nœud ou un bracelet en caoutchouc, après avoir veillé à enfermer dans le sac un petit matelas d'air.

Si vous ne devez conserver les plantes que 24 heures avant de les placer dans votre aquarium, vous pouvez les laisser dans le sac plastique de leur transport ou les mettre à flotter «à plat» dans une eau à température ambiante. Au cas où vous seriez contraint d'attendre plusieurs jours avant le repiquage, il importe de rendre ce délai le plus inoffensif possible. La meilleure méthode consiste à lester les plantes avec un petit plomb pour les maintenir en position verticale et à les placer dans un récipient quelconque en veillant, si les parois sont obscures, à les laisser recevoir de la lumière par le haut, l'eau étant toujours à température de la pièce.

La flore de l'aquarium

Une plante se désigne à l'aide de deux mots latins : le premier se rapporte au *genre*, le second à l'*espèce*. (Les ouvrages spécialisés ajoutent le nom d'auteur qui est celui du premier botaniste ayant décrit l'espèce, ou à défaut la mention Horticulture - Hort.) Ce classement est universellement respecté.

Les noms communs (fréquents pour les poissons) étant rares pour les plantes, la difficulté réside dans la grande confusion régnant dans la classification de certaines espèces.

Le but de cet ouvrage étant l'aquariophilie rationnelle de portée pratique, nous avons fait abstraction des synonymes pratiquement inusités qui n'intéressent que les seuls spécialistes. Nous indiquons simplement : d'une part, *le nom scientifique* (exceptionnellement un synonyme s'il est très répandu), d'autre part, quand il y a lieu, *le nom pratiquement imposé par l'usage.* Parfois, c'est un nom commun (qui s'apparente à un surnom), souvent un nom de commercialisation (l'ex-nom scientifique s'étant révélé inexact).

Si vous voulez habiller une pierre de « mousse de Java », un élastique maintiendra la mousse en contact le temps qu'elle fixe ses crampons.

Les principales plantes de l'aquariophile

ACORUS PUSILLUS

Synonyme usité : Acorus gramineus pusillus.
Nom commun français : Acorus nain.
Non commun anglais : Dwarf japanese rush.

Originaire du Japon, cette plante palustre d'aquarium et de terrarium est la seule ayant l'aspect d'une petite touffe d'herbe de 5 à 10 cm; les aquariophiles l'apprécient tant pour orner un premier plan que pour retenir le sable grâce à ses grosses racines du type rhizome. Les grosses touffes peuvent se diviser mais il importe de ne pas enfouir le pied. La valeur oxygénatrice des Acorus est considérée comme nulle.
Température : de 10° à 22° (supporte assez mal la chaleur, peut pourrir par la racine en eau trop chaude).
Eclairement : faible à normal, accepte bien une situation ombragée.
Sol et eau : pas de préférences constatées, accepte un sol pauvre, y compris une anfractuosité.

ACORUS GRAMINEUS

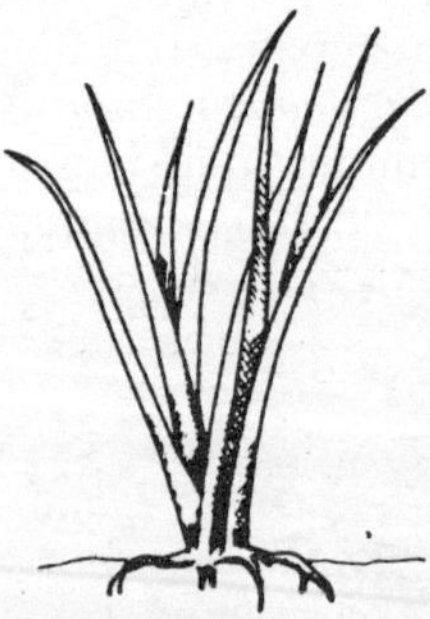

Nom commun français : Acorus vert.
Nom commun anglais : The japanese rush.

Plante en tous points semblable à la précédente excepté sa taille qui atteint jusqu'à 30 cm. Ses exigences de température, font que la plante n'est intéressante que pour l'aquarium non chauffé.

ACORUS VARIEGATUS

Synonyme usité : Acorus foliis variegatis.
Nom commun français : Acorus panaché.
Nom commun anglais : The stripped japanese rush.
Cette jolie variété aux feuilles panachées vert et blanc atteint jusqu'à 50 cm, mais elle est encore plus sensible à la chaleur que les espèces précitées.

AMBULLIA

Synonyme usité : Limnophila (plus 12 autres synonymes peu usités).
Nom commun français : Ambullia.
Nom commun anglais : Limnophila

Nous n'avons pas pu identifier l'espèce commercialisée dans ce genre qui en comporte 40 ! Il s'agit en tout cas d'une plante finement dentelée comme le Cabomba et le Myriophyllum. Originaire d'Afrique tropicale, d'Océanie et d'Asie méridionale, elle se bouture très bien, mais passe par une période de repos. Exigeante pour la lumière et le sol.
Température : 18° à 25°.
Eclairement : intense.
Sol et eau : sol riche grandement préférable.

ANUBIAS

Les 12 espèces d'Anubias connues sont toutes originaires d'Afrique. L'aquariophile utilise surtout « Anubias nana » dit Anubias nain de moins de 8 cm, « Anubias barteri » de taille moyenne, « Anubias lanceolata » de 15 à 60 cm. Les feuilles d'un joli vert sont épaisses et charnues. Cette plante coûteuse à

cause de sa croissance lente, est très appréciée pour sa résistance et sa haute valeur décorative. La multiplication se fait par division des rhizomes.
Température : 20° à 30°.
Eclairement : faible, à normal.
Sol et eau : cette plante *avec laquelle on n'est jamais déçu* supporte toutes les eaux, accepte les sols très pauvres. Dans le cas d'un aquarium muni d'un filtre de fond sous sable, elle a sa place toute indiquée à proximité du filtre.

APONOGETON CRISPUS

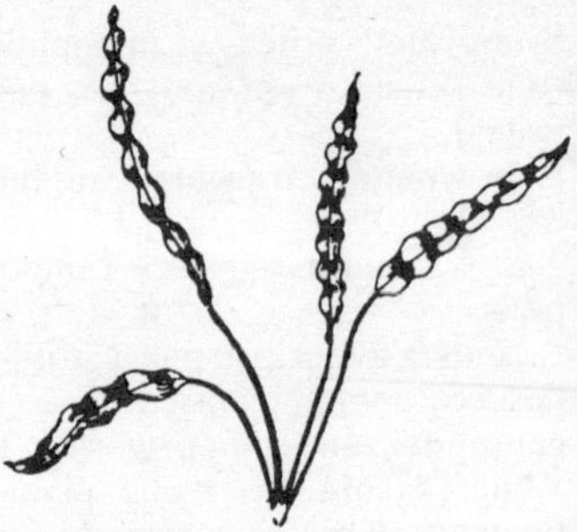

Nom commun français : Aponogeton crispum.
Pas de nom commun anglais très usité.

Les Aponogetons forment un des genres dont l'identification soulève le plus de controverses. Celui-ci, parfois offert sous le nom d'Undulatum (appellation officielle d'une autre espèce), est originaire du Sri Lanka, ex-Ceylan. Ses feuilles parfois longues de 25 cm sont relativement translucides. Le pied de la plante présente un tubercule chez les sujets de plus d'un an.
Température : 18° à 25°.
Eclairement : normal à intense l'hiver sous peine d'une longue période de repos.
Sol et eau : la plupart des auteurs estiment un sol sablonneux suffisant et sont muets quant à l'eau.

APONOGETON MADAGASCARIENSIS

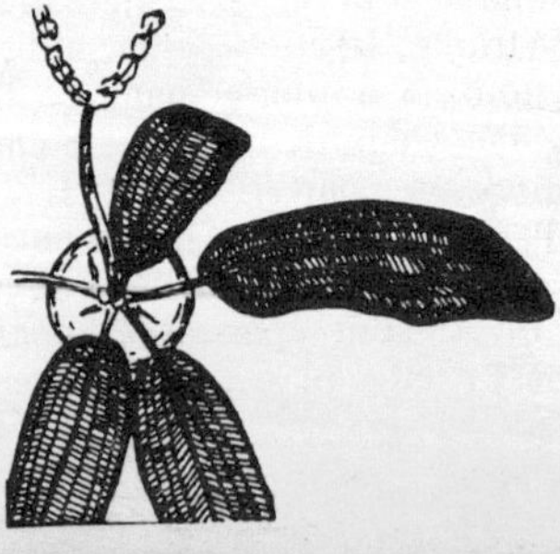

Synonymes usités : Ouvirandra fenestralis, Aponogeton Fenestralis.
Nom commun français : plante dentelle de Madagascar - Fenestralis.
Nom commun anglais : Lace-plant.

Originale, étrange, extraordinaire.... Ces qualificatifs que l'on trouve dans la littérature sont justifiés, les feuilles formant une dentelle puisqu'elles ne comportent que des nervures sans aucun tissu cellulaire vert. Le pied de cette plante, qui n'existe qu'à Madagascar, est constitué d'un gros bulbe (à laisser en place quand toute trace de végétation a disparu, il peut s'agir du simple repos hivernal). Plante coûteuse. Magnifique et capricieuse.
Température : acceptée de 18° à 28°.
Eclairement : normal ou, mieux, intense légèrement tamisé.
Sol et eau : eau peu calcaire. Planter le bulbe dans un sol pauvre, de sable ou de quartz, placé au-dessus d'un sous-sol nutritif dans lequel pousseront les racines issues du bulbe.

Une espèce proche d'aspect porte le nom de *A. henkelianus.*

APONOGETON ULVACEUS

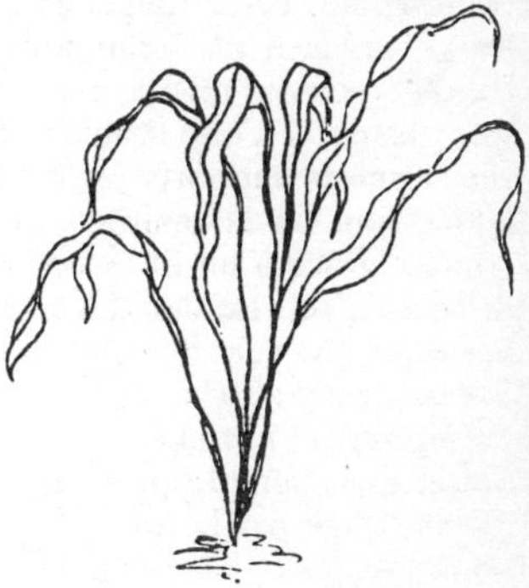

Il n'existe ni synonyme ni nom commun très usité.

Originaire de Madagascar également, c'est une plante pour grand aquarium à cause du développement que peuvent prendre ses feuilles très ondulées, très tendres. Il ne faut donc pas la mettre en contact avec des poissons herbivores.
Température : 15° à 25°.
Eclairement : faible.
Sol et eau : préfère un sol riche.
Supporte mal les eaux trop calcaires.

BACOPA CAROLINIANA

Synonymes : quatre, peu usités.
Nom commun français et anglais : Bacopa.

Une des meilleures plantes d'aquarium par sa rusticité : il n'est pas rare d'obtenir la floraison de jolies clochettes mauves. Originaire des côtes atlantiques de l'Amérique du Nord, elle se

reproduit par drageons et boutures et pousse jusqu'à dépasser la surface de l'eau.
Température : 18° à 28°.
Eclairement : de normal à intense.
Sol et eau : large tolérance dans les deux domaines.

Une autre espèce de Bacopa, B. amplexicaulis, est également très estimée. Ses feuilles sont plus grandes et plus charnues.

BOLBITIS HEUDELOTTI

Synonymes et noms communs : néant.

Originaire d'Afrique tropicale occidentale, cette fougère aquatique, grâce à des crampons se fixe au sol ou mieux encore à une pierre ou à une branche. Sur ces derniers supports on facilite la fixation en la maintenant en contact grâce à un fil nylon ou à un élastique. Le feuillage, très découpé, est vert foncé et la croissance lente.
Température : 20° à 30°.
Eclairement : normal.
Sol et eau : semble préférer un TH inférieur à 20° et bénéficier d'un filtrage par le fond.

CABOMBA AQUATICA et CAROLINIANA

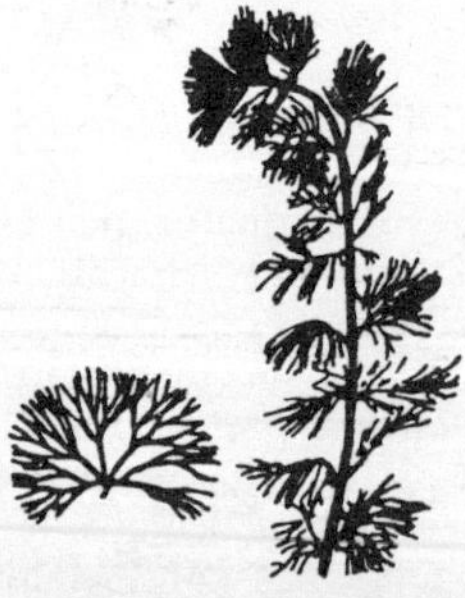

Nom commun français et anglais : Cabomba.

Avec ses fines découpes dentelées, ce genre évoque l'Ambullia. Huit espèces sont identifiées.

Les Cabombas sont très appréciés des aquariophiles mais encore plus des poissons qui adorent, hélas! les mordiller. Outre le Cabomba rouge, les deux espèces le plus souvent

commercialisées sont le Caroliniana (sud de l'Amérique du Nord et l'Amérique du Sud) et l'Aquatica du Brésil. Il convient de les bouturer souvent pour ne pas se retrouver en présence de tiges dénudées à leur base.
Température : (suivant espèces) de 15° à 25°.
Eclairement : normal à intense surtout pour la variété rouge.
Sol et eau : nette préférence pour un sol riche et une eau peu calcaire.

CERATOPTERIS THALICTROIDES

Noms communs français : Fougère d'Amérique et Fougère de Sumatra.
Noms communs anglais : Indian Fern et Sumatra Fern.

Véritables fougères d'eau, leurs feuilles se déroulent dès la sortie du sol, comme celles de leurs sœurs terrestres. Ces très belles plantes, volontiers envahissantes quand elles se plaisent dans un bac, doivent être manipulées avec précaution hors de l'eau, leurs tiges étant cassantes comme du verre filé. Elles ne doivent jamais être enfoncées dans le sol mais plantées avec le départ de leurs racines visible car le recouvrement du collet entraîne la pourriture de la plante.

Les deux variétés, très différentes d'aspect et bien précisées dans leurs noms communs français, ne peuvent pas l'être dans leur appellation scientifique. Certains auteurs n'excluent d'ailleurs pas qu'il puisse s'agir d'une seule espèce.

Les fougères subissent un repos hivernal, leur reproduction se fait par repiquage des exemplaires flottants (bulbilles), issus du pied mère.
Température : 18° à 28°.
Eclairement : alors qu'elles n'ont jamais trop de lumière naturelle, semblent craindre un éclairage artificiel intensif.
Sol et eau : préférences indéterminées, c'est le type même de la plante aquatique se nourrissant autant par ses feuilles que par ses racines.

Les cryptocorynes

De toutes les familles de plantes aquatiques, le groupe des Cryptos est le plus important. Non seulement il comporte plus de 50 espèces identifiées, mais encore il jouit parmi les amateurs d'une sorte de « cote d'amour ».

Comme beaucoup de plantes aquatiques, les Cryptos sont d'origine marécageuse et le fait d'avoir dans la nature des feuilles immergées et d'autres émergées justifie à lui seul les différences d'aspect dont les botanistes ont été victimes. Il en résulte que c'est un des groupes où l'on trouve pour les appellations la plus grande confusion d'un pays à l'autre, et même, d'un auteur à l'autre au sein d'un même pays. Nous avons retenu, parce que les plus répandues, les espèces suivantes :

CRYPTOCORYNE AFFINIS

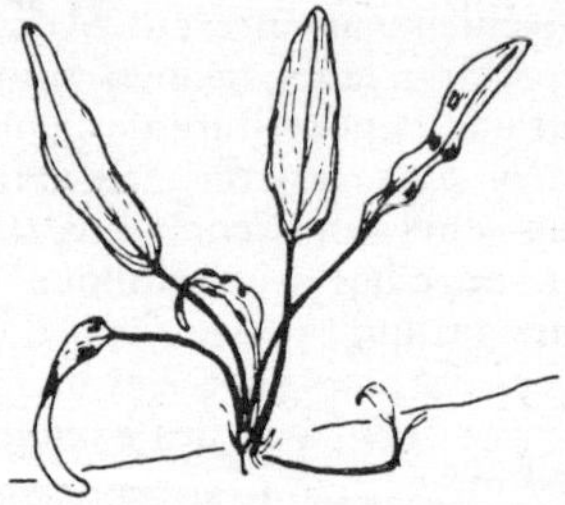

Synonyme : Crypto haerteliana.

Originaire de Malaisie, cette Crypto est très intéressante à plus d'un titre. D'un vert foncé qui tranche sur les autres verts de la végétation, le dessous de ses feuilles prend en outre une teinte rougeâtre qui ajoute à sa séduction. De taille moyenne (les feuilles atteignent de 8 à 10 cm), c'est la seule Crypto susceptible de se développer rapidement. Quand elle se plaît dans un aquarium elle lance des stolons et transforme en tapis de verdure toute la plage qui l'entoure.

Température : 20° à 30°.

Eclairement : normal à intense, c'est la seule Crypto à apprécier un fort éclairage.

Sol et eau : préfère un sol plutôt riche et une eau de dureté moyenne.

CRYPTOCORYNE BALANSAE

Nom de commercialisation anglais : Crypto somphongsii.

Cette espèce, née au Viêtnam, a tout pour plaire (excepté son prix qui demeure assez élevé) : un port élancé, un joli vert et des feuilles étroites à la fois ondulées et gaufrées de parfois 30 cm de long. Sa croissance et sa multiplication sont en outre tout à fait satisfaisantes.

Température : supportée de 20° à 30°.

Eclairement : faible à normal.

Sol et eau : assez tolérante quand elle se plaît; elle semble préférer une eau douce et un sol nutritif.

Une espèce comparable d'aspect mais pouvant atteindre 60 cm, porte le nom de C. aponogetifolia.

CRYPTOCORYNE BECKETTII

Nom de commercialisation en France : Crypto ciliata.

Nom de commercialisation anglais : Crypto cordata.

Voici l'espèce qui a perdu le plus souvent ses papiers d'identité entre Ceylan et nos aquariums ! Elle a même usurpé longtemps le nom de C. ciliata qui est une autre espèce très appréciée et originaire également de Ceylan, devenu Sri Lanka.

C. beckettii est assez grande, avec des feuilles de 15 à 20 cm et plus, au-dessus d'un vert olive et au-dessous rosées; en aquarium, sa croissance est lente, le pied s'étoffe mais ne jette pas de stolons.

Température : supportée de 20° à 30°.

Eclairement : faible à normal. A notre avis c'est la Crypto qui craint le plus la lumière vive.

Sol et eau : préfère un sol riche et une eau modérément calcaire.

CRYPTOCORYNE BLASSII

Cette plante est partout dénommée par son nom exact de Blassii... mais il faut signaler une confusion possible avec la Crypto siamensis. En effet, excepté les feuilles légèrement plus allongées chez la première, et plus rondes chez la seconde, la différenciation est malaisée, tant leur ressemblance est grande.

Quand elle se trouve totalement immergée, cette espèce thaïlandaise peut atteindre 40 cm et ses feuilles sont alors souvent nageantes. L'aquariophile n'y perd rien, au contraire car, si le dessus de la feuille possède une teinte gris-vert assez médiocre, le dessous est d'un rouge vineux, magnifique sous la lumière.

Température, éclairement, sol et eau : en tous ces domaines les exigences de la Blassii sont comparables à celles de la Balansac ci-dessus. Elle préfère comme toute Crypto un sol assez riche et une eau modérément calcaire.

CRYPTOCORYNE GRIFFITHII

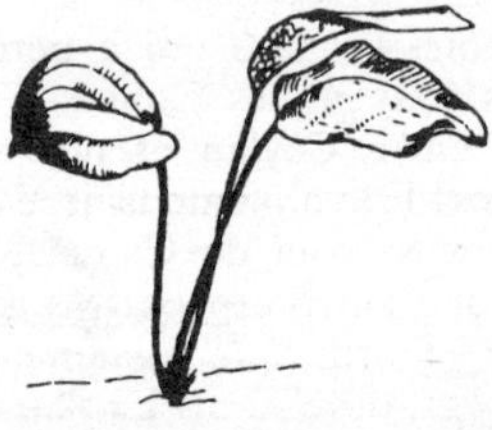

Comme pour la plante précédente (Blassii) l'appellation exacte est généralement respectée pour la « Griffithii »; c'est-à-dire qu'*il n'y a pas de surnoms* qui qualifient cette plante. Cependant, cette « Crypto » est souvent confondue (en raison de trop grandes similitudes d'aspect) avec les espèces Grandis et Maculata et plus souvent encore avec l'espèce Cordata.

Toutefois lorsque (en aquarium sur des pieds en place depuis deux ans) peuvent être obtenues des hampes florales, l'identification s'effectue aisément, l'inflorescence étant carmin avec œil orangé chez la Griffithii et jaune chez la Cordata. Grande Crypto, originaire de Malaisie, la Griffithii a des feuilles vert foncé, larges, terminées en pointe. Considérée par beaucoup

d'amateurs comme la plus belle parmi toutes les espèces du genre, une place d'honneur lui revient en tout cas de plein droit dans un grand bac.
Température : 22° à 30°.
Eclairement : faible.
Sol et eau : préférence marquée pour un sol riche et une eau sans excès de calcaire.

CRYPTOCORYNE NEVILII

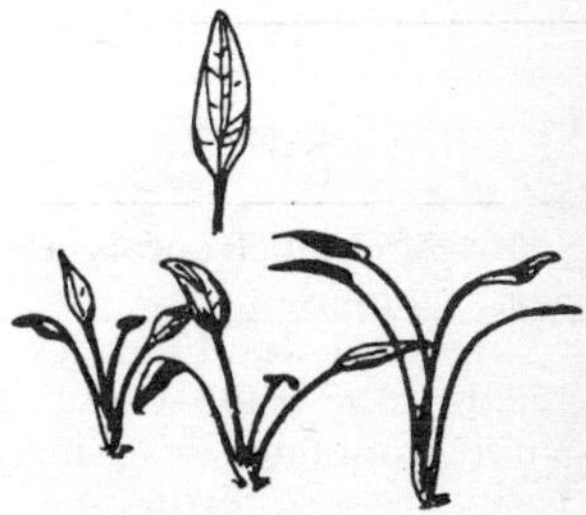

Ex-synonyme : Crypto willisii.
Noms de commercialisation anglais : Crypto nevilii et Crypto beckettii.

Née au Sri Lanka, ex-Ceylan, cette plante possède une qualité précieuse : sa petite taille. Tout au moins peut-on préciser que nous recevons souvent des sujets nains (moins de 5 cm), toujours très appréciés pour l'habillage des premiers plans. Les feuilles ont le même vert que le gazon d'une pelouse et, quand les pieds sont en parfaite santé, elles semblent à la fois charnues et encaustiquées. La multiplication est relativement rapide.
Température : 18° à 28°.
Eclairement : faible, à normal.
Sol et eau : bonne tolérance dans les deux domaines.

CRYPTOCORYNE WILLISII

Nom de commercialisation en France : Crypto beckettii.
Noms de commercialisation anglais : Crypto willisii et Crypto pseudo beckettii.

Cette espèce très estimable et très appréciée n'a pas de chance car, non seulement son nom est on ne peut plus contesté, mais son origine elle-même reste incertaine, Ceylan étant la plus

probable. C'est une espèce de taille moyenne (10 à 15 cm), aux feuilles étroites d'un beau vert foncé et aux bordures ondulées. Les pieds ont souvent une forme tourmentée, ce qui ne se rencontre pas dans les autres espèces.
Température : 20° à 30°.
Eclairement : faible et normal.
Sol et eau : comme les autres Crypto dans leur ensemble, préfère un sol assez riche et une eau sans excès de calcaire.

Une autre espèce du Sri Lanka identique comme taille est également très appréciée des aquariophiles, elle porte le nom de C. wendtii.

DIDIPLIS DIANDRA

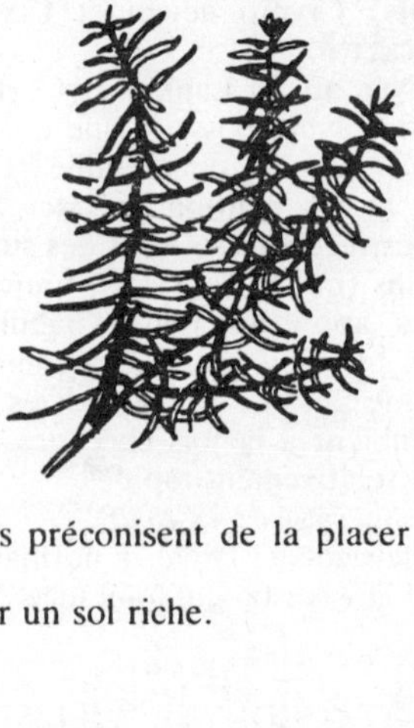

Nom commun français et anglais : Didiplis.

Originaire des Etats les plus chauds des Etats-Unis, cette plante courante en Amérique commence à se répandre en Europe. C'est heureux car elle est très gracieuse et la tonalité de son vert fort agréable.
Température : 15° à 25° maximum.
Eclairement : faible, certains auteurs préconisent de la placer à l'ombre d'une grande plante.
Sol et eau : préférence marquée pour un sol riche.

ECHINODORUS CORDIFOLIUS

Noms de commercialisation en France : Echino radicans et Sagittaire guyanensis.
Noms de commercialisation en langue anglaise : Echinodorus radicans et Sagittaria radicans.

Originaire du Mexique et du sud des Etats-Unis, cette grande plante pour vaste aquarium n'hésite pas, dans la nature, à

pousser des feuilles ovoïdes émergentes, d'un vert très tendre, aux nervures visibles.
Température : 18° à 25°.
Eclairement : faible sous peine de « tirer » les feuilles à la surface.
Sol et eau : s'il y a une grande tolérance pour l'eau, un sol riche est par contre préféré.

ECHINODORUS TENELLUS

Nom commun français : Echino tenellus.
Nom commun anglais : parfois Sagittaria microfolia (et cinq autres synonymes peu usités).

Originaire du sud de l'Amérique du Nord et d'une partie importante de l'Amérique du Sud, ce petit Echino (8 à 10 cm) — aux feuilles en fer de lance, d'un vert tendre, presque translucides — drageonne allègrement quand le milieu lui plaît.
Température : 15° à 25°.
Eclairement : faible à normal.
Sol et eau : voir Echino cordifolius.

○ L'amateur qui affectionne ce type de plantes peut se procurer pour une place d'honneur d'arrière-plan (vu le volume de ces espèces aux feuilles de 15 cm et plus) une variété plus grande. Ces variétés dans lesquelles règne une confusion extrême répondent aux noms d'« Echinodorus grisebachii » et « Echino intermedius » ou encore d'« Echino rangeri ». C'est à l'un de ces Echinos qu'on attribue parfois le nom commun anglais d'« Amazon sword plant ».

ELODEA DENSA

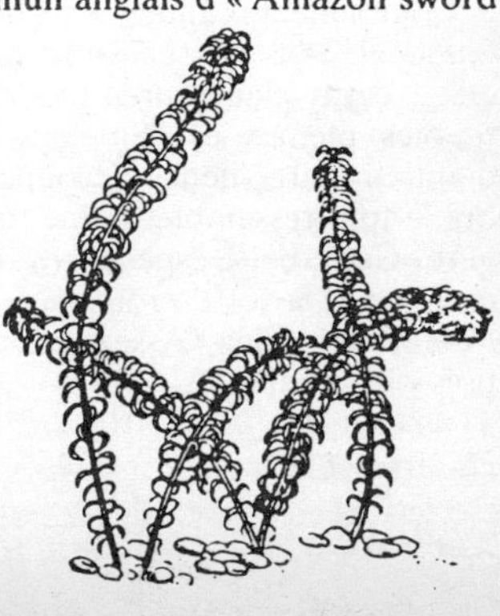

Synonyme : Egeria Densa.
Nom commun français : Densa.
Pas de nom commun anglais.

Des quatre variétés connues d'Elodea, la Densa, argentine d'origine, est la plus intéressante des plantes de ce groupe avec

ses feuilles recourbées très denses mais elle demande à être fréquemment rebouturée.
Température : 12° à 22°.
Eclairement : moyen.
Sol et eau : indifférents.

HETERANTHERA ZOSTERAEFOLIA

Nom commun français : Hétéranthéra.
Nom commun anglais : parfois, Mud Plantain.

Sud-américaine également (Brésil et Bolivie), cette plante très fine est du plus heureux effet par sa délicatesse et son vert tendre. De croissance assez rapide, elle demande, pour se conserver, à être bouturée fréquemment.
Température : 18° à 25°.
Eclairement : normal.
Sol et eau : se contente d'un sol pauvre.

HYGROPHILA DIFFORMIS

Synonymes : Synnema triflorum — Adenostemma.
Nom commun français : Synnema.

Commune aux Indes, en Thaïlande et dans la péninsule malaise, cette plante présente des feuilles pleines et dentelées et d'autres largement découpées qui la font ressembler à une fougère. Cette belle espèce très décorative et à forte croissance se bouture très bien. Assez tendre, elle est parfois broutée par des poissons omnivores.
Température : 20° à 30°.
Eclairement : normal à intense.

Eau : large tolérance.
Sol : accepte le sable mais préfère le riche limon des rizières natales.

HYGROPHILA POLYSPERMA

Nom commun français : Onagraria.
Noms communs anglais : Hydrophilia et Onagraria.

Cette espèce, la plus intéressante du genre pour l'aquariophile, vient des Indes. Elle fait partie également des plantes marécageuses à repos hivernal qui doivent être bouturées. Mais, particulièrement avec un éclairage fluorescent type grolux, cette plante donne de grandes satisfactions.

Température : 17° à 27°.
Eclairement : faible et moyen.
Sol et eau : sable très bien accepté.

LUDWIGIA NATANS

Il existe un synonyme peu usité.
Nom commun français : Ludwigia.
Nom de commercialisation anglais : Coral Ludwigia.

Quoique n'appartenant pas au même genre, cette plante originaire des Etats-Unis offre un aspect comparable à la précédente mais dans un modèle plus gros. Le dessous des feuilles présente parfois des inflorescences rouges.

Température : 15° à 23°.
Eclairement : normal.
Sol et eau : sable très bien accepté.

LYSIMACHIA MUMMULARIA

Noms communs français : Lysi et Cresson.
Pas de nom commun anglais très usité.

D'origine européenne, cette plante non aquatique se rencontre au bord des rivières ou dans les fossés et sous-bois très humides. Elle est universellement employée tant comme verdure décorative que comme complément alimentaire pour les poissons rouges.
Température : 10 à 20°.

MICROSORIUM PTEROPUS

Nom commun : Microsorium — Fougère de Java.

Bien qu'elle n'en ait pas l'apparence, avec ses feuilles larges et peu découpées, cette plante est une fougère amphibie. Répandue depuis le sud de la Chine jusqu'aux îles Philippines, en passant par la Péninsule Indo-Malaise, cette espèce s'adapte à la plupart des conditions qu'elle peut rencontrer dans un aquarium. Elle se fixe volontiers sur une pierre, une souche ou une racine, et se satisfait très bien d'un filtre de fond sous sable.
Température : 18° à 28°.
Eclairement : de faible à intense.
Sol et eau : large marge de tolérance.

MYRIOPHYLLUM

Nom commun français : Myrio.
Nom commun anglais : Milfoil.

Ce genre est réparti pratiquement dans le monde entier; bien entendu, il s'agit d'une espèce différente pour chaque zone climatique de chaque continent, ce qui rend son identification malaisée. Certaines espèces qualifiées prudemment de « spécies » conviennent bien à l'aquarium chauffé. Les Myrio se présentent sous forme de brins d'une grâce aérienne : c'est la plus légère des plantes de cet aspect (les deux autres étant les Cabombas et Ambullias déjà vus). Cette plante a l'avantage d'être une pourvoyeuse d'oxygène même la nuit, paraît-il; elle a l'inconvénient de retenir les impuretés poussiéreuses dans ses plumets. Il importe donc de la placer dans un endroit calme de l'aquarium; on peut aussi la rincer délicatement avant de rebouturer.

Température : variable suivant les espèces de 15° à 27°, certaines se comportent parfaitement à 25°.
Eclairement : normal à intense.
Sol et eau : accepte à la fois le sable et l'eau modérément calcaire.

NOMAPHILA STRICTA

Synonyme : Hygrophila stricta et Hygrophila corymbosa
Nom commun français : Stricta.

Extrême-orientale (Thaïlande, Indonésie, Malaisie), cette très belle plante, susceptible de former des massifs importants, n'a qu'un défaut : ses grandes et belles feuilles sont très tendres et souvent détériorées par les poissons un peu forts ou simplement amateurs de verdure. Il arrive que le replant d'une bouture soit respecté alors que le pied mère avait été dévoré. Cela vaut la peine d'essayer.

Température : 20° à 30°.
Eclairement : normal à intense.
Sol et eau : accepte très bien à la fois le sable et l'eau calcaire.

NUPHAR PUMILUM

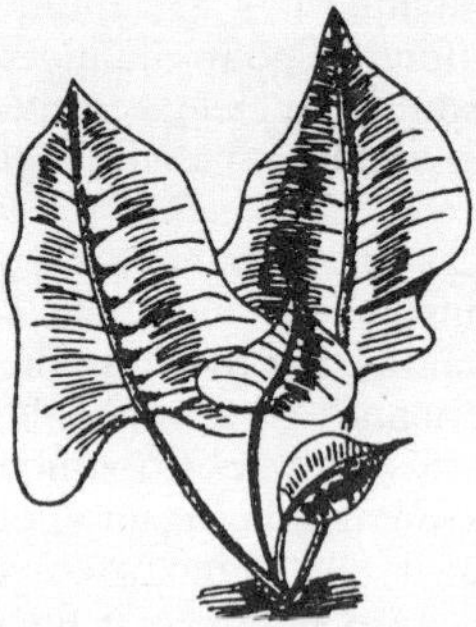

Synonyme : Nuphar minimum (et cinq autres noms moins usités).
Nom commun français : Pumilum.
Nom commun anglais : Spatterdock.

Ce nénuphar nain, originaire d'Europe et d'Asie, est charmant tant par sa forme que par son vert pastel tendre. Sa grâce craint, hélas ! la chaleur.
Température : supporte plus facilement 18° que 25°.
Eclairement : faible pour ne pas tirer les feuilles en surface.
Sol et eau : sable accepté. Eau sans excès de calcaire.

OPHIOPOGON

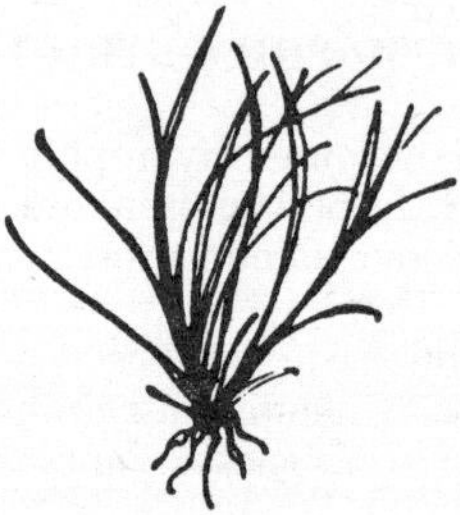

Nom scientifique : Ophiopogon japonicus pour la variété verte. Ophiopogon jarubanum pour la variété panaché vert et blanc qui atteint 35 cm de hauteur.
Nom commun : Ophio.

Originaire de l'Asie tropicale, cette plante qui ressemble à l'Acorus, se présente sous l'aspect de feuilles raides et coriaces. Très robuste, elle peut subir, sans trop de dommages, les transplantations fréquentes imposées par les propriétaires de boules et d'aquariums démunis de filtrage.
Température acceptée : 15° à 25°.
Eclairement : de faible à intense.

RICCIA FLUITANS

Il existe deux synonymes peu usités.
Nom commun français : Riccia.
Nom commun anglais : Crystalwort.

Il est étrange qu'il ne soit pratiquement fait mention par les meilleurs auteurs que d'une seule espèce alors que le genre, se retrouvant pratiquement sous tous les continents, en comporte 100. Quoi qu'il en soit, cette plante se présente sous forme d'un enchevêtrement de petites brindilles d'un vert tendre. C'est la plus intéressante des plantes de surface pour ses qualités tant de productrice d'infusoires (voir nourritures) que de consommatrice de nitrates, sans parler de son rôle oxygénateur.
Température : 20° à 30°.
Eclairement : plus il y a de la lumière, meilleur est le développement, mais un éclairage abusif provoque des algues vertes qui étouffent le Riccia.
Eau : grande faculté d'adaptation.

• Outre le Riccia, dans l'éventail des plantes de surface, l'aquariophile utilise également : 1° le genre Lemma, surnommé en français « lentille d'eau » et en anglais « duckweek » ; 2° le genre Salvinia aux petites feuilles groupées par deux autour d'une courte tige. Ces plantes ne réunissent pas l'ensemble des qualités du Riccia, mais, comme abri pour alevins ou encore comme écran à opposer à la lumière (voir chapitre « L'éclairage »), elles peuvent rendre des services.

SAGITTARIA

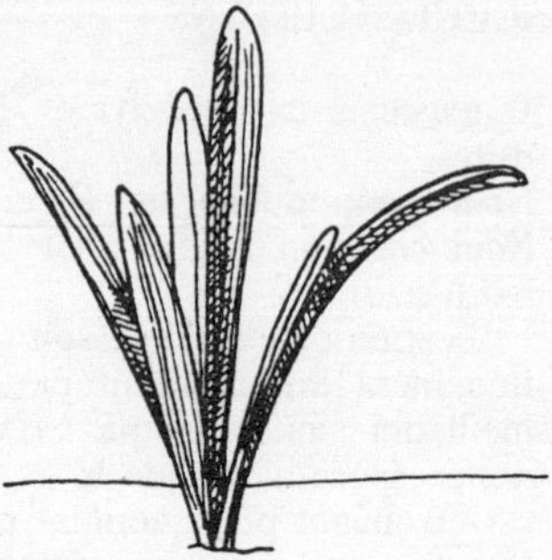

Noms communs français : Sagittaire, Poireau.
Nom commun anglais : Arrowhead.

Le genre Sagittaria est répandu partout dans le monde, parfois malheureusement pour les nageurs. L'aquariophilie s'intéresse aux espèces originaires des Etats-Unis. Outre l'espèce naine S. terres (5 cm), la plus petite, moins de 10 cm, est connue en France sous les noms d'espèces Eatonii qui est correct et Lorata qui l'est moins. D'autres, plus hautes, jusqu'à 50 cm, sont des variations de l'espèce Subulata dite en France Natans. Enfin, une variante de 20 cm environ se caractérise par la largeur de ses feuilles (2 cm), il s'agit de l'espèce Latifolia, commercialisée sous les noms de Sinensis, Chilensis ou encore Species.

Les sagittaires (élément apprécié du décor végétal) se multiplient par stolons. Sous peine de voir le pied pourrir, il est indispensable de ne pas enfouir le collet.

Température : 15° à 25°.
Eclairement : assez faible.
Sol et eau : se contentent de sable mais exigent de l'eau contenant un minimum de calcaire.

Il est très recommandé de ne pas enfouir le collet des sagittaires et vallisneries, mais celles-ci insuffisamment plantées, remontent très volontiers à la surface ! Ecartez donc les racines pour augmenter l'ancrage et parachutez un peu de sable au-dessus : s'infiltrant entre les feuilles, il leste la plante.

SCIRPUS

Nom commun anglais : Hair grass.
Synonyme : Eleocharis (il existe de nombreux autres synonymes, peu usités).

Ce genre, sorte de perruque de joncs ultra-minces, groupe 300 variétés réparties sur tout le globe.

Si la chevelure de verdure formée par cette plante ne fait pas l'unanimité sur le plan esthétique, certains amateurs trouvent fort agréable cette fine verdure qui masque sans cacher. Les tiges stolonifères peuvent se bouturer lors de la poussée de vie de la belle saison tandis qu'au contraire le repos hivernal est très marqué.
Température : de 16° à 25°.
Eclairement : normal.
Sol et eau : grande faculté d'adaptation.

Vallisneria

Assez proche d'aspect des Sagittaria, ce genre ne leur est pas « botaniquement » comparable, car il n'appartient pas à la même famille. Ce fait permet à l'aquariophile d'essayer les deux genres pour retenir celui dont le comportement se révèle le meilleur dans son aquarium.

VALLISNERIA GIGANTEA

Originaire de Nouvelle-Guinée, des Philippines et de Malaisie, cette variété est la plus grande, ses longs rubans vert foncé se développent de 50 cm à 2 m en fonction de la taille du bac.

VALLISNERIA ASIATICA

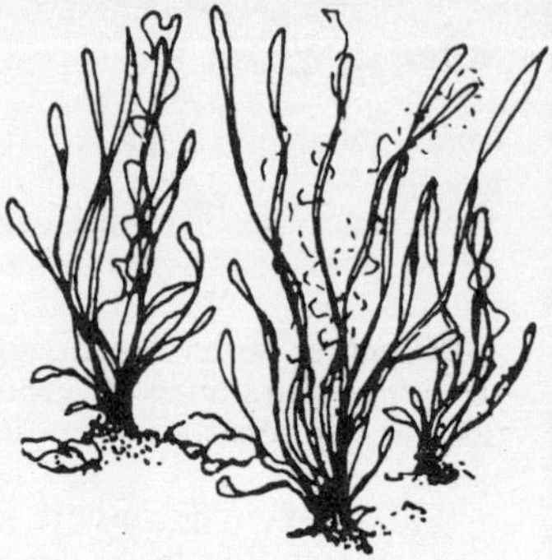

Parmi les synonymes, dans ce genre dont la classification est contestée, il faut citer : V. torsada, V. tortifolia, V. tortissima, V. spiralis.
Noms communs anglais : Corks crew et Eel grass.

Ces variétés possèdent des feuilles rubannées, particulièrement contournées en spirales dans certaines des espèces. Leur reproduction s'effectue pratiquement par stolons. Il faut veiller lors de la plantation à ne pas enfouir le collet.
Température : 15° à 28°.
Eclairement : normal à intense.
Sol et eau : sol riche préféré mais large tolérance pour l'eau.

VESICULARIA DUBYANA

Nom commun français : Mousse de Java et Mousse de Bogor.

Originaire d'Indonésie, cette mousse aquatique encore peu diffusée dans certains pays est très précieuse. Grâce à ses crampons, elle a la propriété de s'accrocher naturellement à toute surface, surtout si celle-ci offre quelques aspérités. Poussant ses ramifications toujours plus loin, elle forme des touffes appréciées par les poissons comme milieu de ponte.

Il y a une grande confusion entre cette mousse et Glassodelphus zollingeri, dont le nom primitif était mousse de Bogor. Mais Bogor est une ville de l'île de Java…
Température : 20° à 30°.
Eclairement et eau : grande faculté d'adaptation mais préfère l'eau douce (peu chargée en calcaire).

Comment doit-on planter?

Deux cas sont à considérer: les plantes étant vendues en pied ou en bouture.

• **Pour les brins vendus en boutures sans racines,** ils peuvent être indifféremment plantés: ou tel quel, ou après avoir enlevé l'attache qui, généralement, les réunit en bottes. Ce qui importe, c'est de planter une hauteur de 5 ou 6 centimètres.

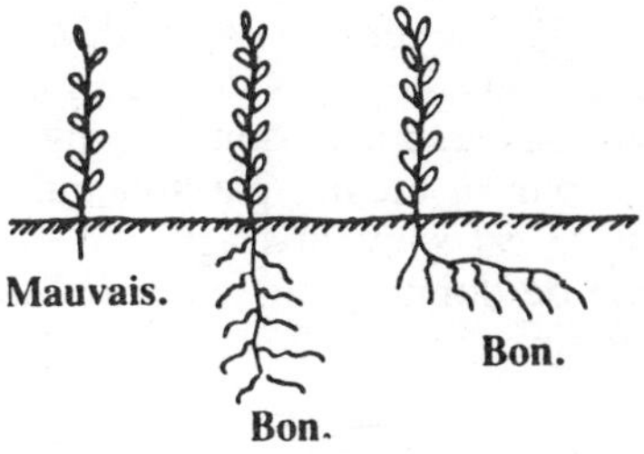

En effet, pour que la reprise puissent s'effectuer, que des radicelles, puis des racines, puissent se former, il importe que cette longueur de tige soit enfouie dans le sol soit verticalement, soit horizontalement car, sous l'effet de la lumière, la plante se redressera très vite à la verticale.

• **Pour les pieds qui comportent un bulbe, un rhizome ou des racines,** ceux-ci doivent être enfouis dans le sol jusqu'à la limite nommée collet. C'est-à-dire jusqu'à la démarcation entre le vert de la tige et le blanc des racines. Ces dernières, si elles sont très longues peuvent être légèrement raccourcies si cela doit faciliter leur enfouissement.

Les principes sont les mêmes pour les plantes dont les racines sortent d'un *manchon en substrat synthétique,* le plus souvent de la laine de roche. La seul différence réside dans le fait que, lors de la plantation, il convient de n'écraser que peu ou pas du tout ce manchon à travers lequel les racines se sont développées.

Les accessoires relatifs aux plantes

L'aquariophile dispose de *deux accessoires* pour l'aider dans les tâches inhérentes à la présence de plantes.

La pince à planter

Le premier « gadget » est *la pince à planter,* sorte de ciseaux terminés par deux bouts plats. Cette pincette, à choisir d'une longueur en rapport avec la hauteur de l'aquarium, permet d'enlever une plante défraîchie et de la remplacer par une nouvelle, sans devoir plonger la main. La plante, suivant sa structure, doit être pincée entre les deux bouts plats, par sa racine, par son bulbe ou par sa tige. Cette dernière est souvent fragile : il faut donc une grande délicatesse de doigté pour se servir sans dommage de la pince à planter.

Pince à planter

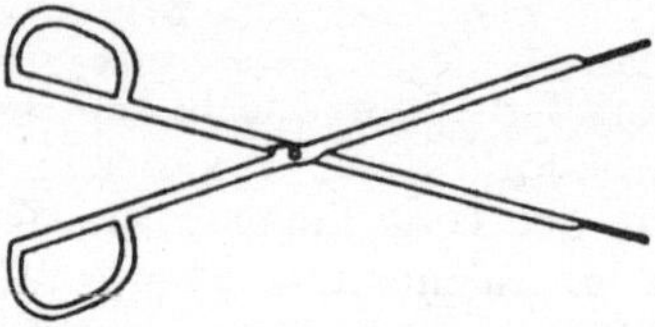

Les escargots d'eau

La particularité de l'autre accessoire est d'être *un animal vivant.* L'apparition d'algues vertes, en quantités modérées, sur les vitres, pierres et plantes constitue le résultat normal de l'équilibre naturel d'un aquarium. Pour la netteté du bac, en général, et la libre respiration des plantes, en particulier, la quantité de ces algues doit être limitée. Certains aquariophiles ont recours pour cela à des mollusques tels que divers escargots d'eau comme auxiliaire nettoyeurs. Ces escargots se nourrissent des déchets divers de l'aquarium, des restes alimentaires des poissons, des algues. Leur présence serait donc souhaitable si leur menu se limitait à cela, mais la plupart, outre qu'ils peuvent être porteurs de germes néfastes ont la fâcheuse habitude d'améliorer l'ordinaire en broutant allégrement les plantes que nous avons tant de mal à faire pousser ! Par exception, il y a trois espèces susceptibles de rendre des services, les Planorbes, les Malais et les Ampullaires.

Comment les reconnaître ?

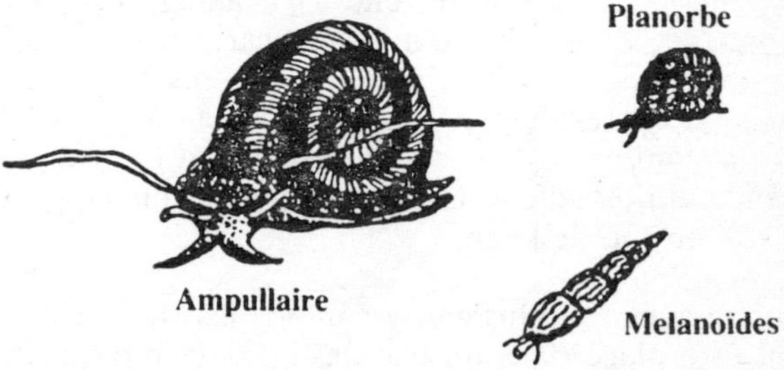

• Les **Planorbes** (Planorbis corneus) : alors que tous les escargots d'eau ont, comme leurs frères terrestres, une coquille formant des spires se terminant peu ou prou en pointe, les Planorbes ont une coquille discoïde plate. La plus jolie variété, exotique, s'identifie non seulement grâce à ses spirales planes mais aussi à la belle couleur orangée de son corps.

Les planorbes sont inoffensifs pour les plantes en bonne santé. Les seules feuilles pouvant être victimes de perforations sont celle qui, étant en mauvais état, étaient de toute manière destinées à disparaître.

• Les **Malais** (Melanistes ou Melanoïdes tuberculatus) sont également faciles à distinguer. Leur corps gris est surmonté d'une coquille en forme de cône extrêmement effilé terminant en pointe comme un chapeau tonkinois. Leur utilité est double : invisibles le jour, ils sont dans le sol qu'ils aèrent, ameublissent et nettoient dans une certaine mesure, en consommant une partie des déchets. La nuit, ils sortent, on peut alors éliminer ceux en surnombre, se promenant sur les plantes, les roches et les parois de l'aquarium. Ils consomment des algues, moins que les Planorbes, toutefois.

• Les **Ampullaires** (Ampullarius gigas) : jeunes, ce sont les plus difficiles à identifier; ils ressemblent aux escargots terrestres. Adultes, ce sont des géants dont la coquille peut mesurer jusqu'à 6 cm. Cette espèce a peut-être un plus grand penchant, que celles précitées, à brouter les plantes tendres. Par contre, elle a l'avantage de pouvoir être contrôlée en nombre d'individus car, contrairement à la majorité des escargots, les Ampullaires ne sont pas bisexués. Il en résulte que leur reproduction particulière est rare et limitée. Elle nécessite d'avoir un individu mâle et un individu femelle et la ponte a lieu sur un support au dessus du niveau de l'eau.

Attention : aucun mollusque, y compris les trois ci-dessus, ne doit être placé dans un bac destiné à la reproduction. Certes, ils participeraient au maintien d'une bonne hygiène, mais ce serait imprudent, car les œufs de poissons pourraient fort bien faire partie de leur menu !..

Si l'action des mollusques se révèle insuffisante pour débarrasser votre bac de ses algues vertes en surnombre, remplacez les escargots par certains poissons. Quatre espèces notamment sont des mangeuses d'algues : ANCISTRUS, PLECOSTOMUS, OTOCINCLUS, GYRINOCHEILUS. Vous les rencontrerez dans le « Memento des poissons » qui termine cet ouvrage.

L'installation

Le montage rapide et correct d'un aquarium revient à une question de méthode. Nous allons donc décrire comment vous devez procéder en énonçant les différentes opérations dans leur ordre chronologique.

1er temps

L'aquarium étant vide, vous enlevez les étiquettes et les poussières intérieures à l'aide d'une éponge humide. Puis sans produit d'entretien, avec une peau de chamois, par exemple, vous allez parfaire le nettoyage intérieur des glaces.
A l'extérieur, seule la face arrière reçoit dès maintenant vos soins : c'est elle que vous allez habiller en premier.

2e temps

Cette glace arrière constituera le fond du décor et il est préférable de ne pas la laisser transparente, tant pour éviter les reflets que pour mettre la décoration en valeur. Pour son embellissement, collez sur sa surface extérieure selon votre goût : un poster, c'est-à-dire une photo illustrée de roches et de plantes, ou un fond uni. Pour ce dernier, les tons bleus ou le noir sont les plus naturels (le vert ayant l'inconvénient de ne pas faire ressortir les plantes). La fixation s'effectue grâce à un ruban adhésif et selon le schéma ci-après.

Bien entendu, il n'est pas interdit de peindre la face extérieure arrière, et même les côtés, si le renouvellement périodique du fond plastifié, ci-dessus décrit, devait se révéler trop délicat en raison de la disposition des lieux. Dans le cas de peinture, « les artistes » pourront faire un bleu dégradé du clair vers le foncé par exemple.

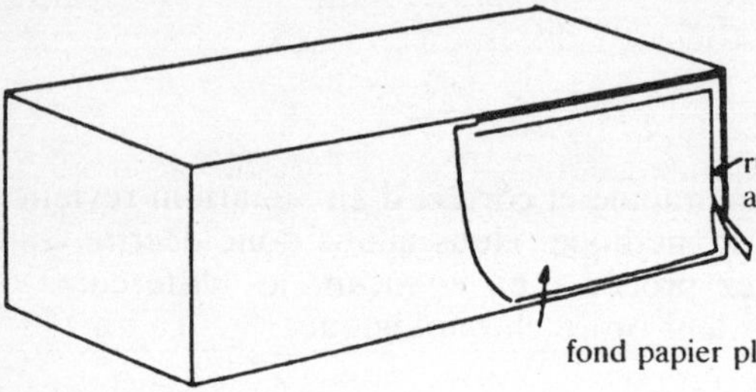

Surtout pour les grands aquariums, deux autres dispositions sont usitées.

- La première consiste à créer à l'extérieur, derrière le bac, un décor de roches ou de bois lequel, bien éclairé, est visible par transparence à travers la glace arrière. Mais il est souvent peu aisé de maintenir cette dernière dans un état de propreté parfaite et la disposition des lieux se prête rarement à cette présentation.
- La seconde solution consiste dans l'introduction, à l'intérieur du bac et adossé à la glace arrière, d'un décor préfabriqué (cf. ce chapitre p. 34). Cette disposition prive, bien entendu, l'aquarium du volume d'eau correspondant au volume du décor. C'est pourquoi cette excellente solution doit être réservée aux bacs ayant une largeur suffisante pour supporter cette amputation de quelques centimètres.

3e temps

Retournez l'aquarium et centrez-le définitivement à la place que vous lui avez choisie; il ne devra plus en bouger.

4e temps

Pour ne pas risquer d'oublier ultérieurement la mise en place des canalisations souterraines, dès maintenant, ajustez votre (ou vos) diffuseur(s) à son tuyau de plastique souple et dirigez ce dernier vers l'angle arrière le plus pratique (compte tenu de l'emplacement de la pompe ou de l'encoche de galerie). Pour le côté diffuseur lui-même, laissez quelques centimètres de jeu afin de pouvoir choisir la place définitive une fois le décor suffisamment ébauché pour juger.

POUR L'UTILISATEUR DE FILTRE DE FOND SOUS SABLE

5e temps

Ajustez votre canalisation souple sur le petit tube rigide d'alimentation d'air, montez le filtre comme indiqué sur sa boîte, posez votre (ou vos) plaque(s) à plat sur le fond du bac. La (ou les) cheminée(s) se présente(nt) adossée(s) à l'angle arrière du bac.

6e temps

Dans un récipient préalablement bien rincé, s'il a contenu des produits de lessive, lavez votre sable de quartz en tournant celui-ci à la main. Sitôt obtention de l'eau claire, arrêtez le lavage et disposez votre sol.

7e temps

Dans l'hypothèse où vous auriez opté pour la solution filtre de fond mais culture de plantes exigeantes sur sol nutritif, il conviendrait de continuer la mise en place de votre sol selon le schéma p. 42. Bien entendu, cette mise en place doit se faire dans le respect d'un dégradé de hauteur de l'arrière vers l'avant selon le dessin p. 111.

POUR L'UTILISATEUR DE TOUT MODELE DE FILTRE CLASSIQUE A CHARGE

5e temps

Afin de n'avoir en contact avec l'eau qu'un sol parfaitement propre, lavez à l'eau claire jusqu'à la limpidité totale 20 % de votre sable et placez-le en réserve. Ce volume constituera la couche superficielle d'au moins 3 cm d'épaisseur que vous placerez en surface une fois le décor achevé.

6e temps

Pour la sous-couche de sable dont vous avez besoin maintenant, afin de conserver les particules nutritives, vous effectuerez un seul lavage. Il est destiné à éliminer les plus grosses impuretés. Lors de la mise en place de ce sol de fond, éventuellement vous pouvez introduire quelques pastilles d'engrais.

7e temps

Bien entendu, si vous avez opté pour un des sous-sols nourriciers précédemment évoqués au chapitre correspondant p. 28, c'est le moment d'incorporer ces matières fertiles aux endroits prévus pour la plantation.

8e temps

Le « gros œuvre » de votre construction est maintenant bien avancé. Désormais, c'est à votre sens artistique que vous devez faire appel, il en va de la réussite du décor rocheux.

• Les **pierres de décoration,** une fois brossées à l'eau claire, doivent être groupées par genres afin de juger des éléments dont vous disposez : d'un côté, par exemple, les bois silicifiés destinés à un premier massif et de l'autre les schistes choisis pour le second. Dans une cuvette à votre portée, conservez les pierres de calage, elles vous serviront à étayer les équilibres précaires.

Pour ce premier décor, vous avez intérêt à ne pas tenter un pont acrobatique et à vous en tenir à une conception classique. Par exemple, de vos six bois silicifiés, utilisez le A dont la hauteur convient pour cacher un des deux angles de l'arrière, deux autres B et C s'étageant vers le centre du bac. Posez à plat le plus long D des trois qui restent pour former une marche et disposez les deux derniers E et F en dégradé vers le devant.

Vous avez ainsi obtenu un relief agréable à l'œil, en trois niveaux parfaitement stables.

Organisation du décor

Pour construire maintenant l'autre massif à l'aide des schistes, vous pouvez simplement former une falaise s'incurvant de l'avant vers l'arrière pour donner une impression de profondeur. Les autres plaques de schistes cacheront le deuxième angle arrière de l'aquarium selon les positions jugées les plus heureuses pour compléter un ensemble harmonieux.

S'il vous reste une jolie pierre, sa place est tout indiquée devant le diffuseur, pour le masquer.

• Dans le cas d'utilisation de **bois naturel,** c'est souvent la forme du motif principal, racine ou souche, qui détermine le style de l'ensemble de la décoration.

• Le décor maintenant achevé dans ses grandes lignes, prenez un temps de réflexion, jugez de l'effet produit, et procédez à **plusieurs petites opérations :**
○ avant toute chose, épongez l'eau douteuse dégorgée par le sable;
○ assurez-vous ensuite que, lors des nettoyages futurs de la glace frontale, aucune pierre trop avancée ne viendra gêner le libre passage de la « raclette » (voir « L'Entretien »);
○ contrôlez également si, entre les pierres ou entre les pierres et les glaces, vous n'avez pas constitué un piège où des poissons pourraient « se coincer ». Laissez un espace minimum pour une libre circulation;
○ enfin, tenez compte d'un dernier élément : votre sable, actuellement très compact parce qu'humide, risque de « couler » entre les interstices, lors du remplissage. Pour éviter cet incident, constituez un barrage avec le reste de vos pierres de calage, à chaque endroit où subsiste un risque d'avalanche du sable.

9e temps

Le moment est venu de compléter la mise en place de l'appareillage. Terminez le montage de l'aération (schéma p. 57) en veillant à ce qu'aucun écrasement ou angle trop

---

Si lors du branchement sur le robinet, vous n'avez pas pu faire une boucle au tuyau, la goutte qui déborde souvent risque de longer le tuyau et de mouiller le sol. Autour du tuyau, à quelques centimètres du robinet, nouez un chiffon dirigé vers le lavabo, les gouttes n'iront pas plus loin.

---

aigu n'empêche l'air de passer librement dans un tuyau. Si vous filtrez à l'aide d'un filtre intérieur à charge, disposez-le en vérifiant qu'il est bien placé sous l'angle prise et rejet d'eau.

Enfin, installez votre **climatisation:** placez une résistance de chaque côté du bac si vous en disposez de deux; si vous n'en avez qu'une seule, mettez-la dans l'angle opposé au thermostat.

En principe, les pierres disposées aux deux angles arrière doivent cacher tous les accessoires. Les résistances pyrex étant immergeables (voir climatisation, chauffage), vous pouvez les plonger en biais ou même les allonger à plat sur le sable. Veillez seulement à laisser, par prudence, deux centimètres entre le chauffe-eau et la glace et, surtout, évitez de planter la résistance dans le sable car il se formerait une croûte chauffante autour de la partie ensablée et le contact de cette couronne constituerait un danger pour la glace.

Quant aux **thermostats** ou **combinés** de modèles non immergeables, ayez soin de régler la hauteur de leur accrochage afin que l'eau soit au niveau correct indiqué par le fabricant.

Jusqu'ici, même mis en place, aucun appareil n'est branché et aucune denrée périssable ne se trouve dans l'aquarium. Rien ne vous a pressé, vous avez pu travailler à votre rythme et vous pouvez même admirer la première partie de votre œuvre, pendant un entracte, avant de passer à la plantation.

10e temps

Pour **planter,** il y a deux méthodes. Certains auteurs préconisent d'emplir l'aquarium jusqu'à dépasser de quelques centimètres le niveau supérieur du sable; ils trouvent que ce remplissage partiel permet dans une certaine mesure de se rendre compte de l'effet produit. Personnellement, nous trouvons extrêmement incommode de planter sous l'eau; après avoir essayé quelquefois cette méthode, nous avons fini par toujours procéder « à sec ». Dans le sable humide, très docile, vous faites les trous ou les tranchées que vous désirez, avec un manche de raclette ou même avec le doigt. Le travail s'effectue proprement et aisément.

Cette méthode ne comporte qu'un inconvénient : on ne doit jamais laisser les plantes se dessécher, ce qui arrive assez vite. Si la plantation demande trop de temps, vous devrez vous interrompre et jeter un peu d'eau sur les feuillages, afin de les humecter. Vous vous sentirez alors engagé dans une course de vitesse peu compatible avec un travail qui n'est agréable qu'effectué avec soin et d'une manière détendue.

Quoi qu'il en soit de la méthode choisie, plantation à sec ou repiquage sous eau, vous avez intérêt, comme pour le décor rocheux, à classer vos plantes par catégories et à réfléchir aux emplacements que chacune d'elles va occuper. Ces préparatifs vous feront gagner beaucoup de temps dans l'exécution.

Lors du classement préalable des plantes, il convient de leur faire subir un petit examen rapide, de rafraîchir les racines exagérément longues de certaines, de détacher une feuille jaunie, etc. Si une plante possède une feuille couverte de calcaire (aspect blanchâtre et rugueux) ou d'une petite masse gélatineuse (sans doute une ponte d'escargots), rincez-la avec précaution. Les plantes vendues en boutures, toujours destinées à grandir, seront par conséquent assimilées aux grandes plantes dans le choix des emplacements.

Les plantes ont leurs besoins, mais aussi leurs caprices, et il n'est pas possible de déterminer à l'avance avec certitude celles qui se plairont le mieux dans votre aquarium. C'est pourquoi il peut être judicieux, lors d'une première installation, de faire exceptionnellement un peu d'échantillonnage, car cela permet de tester et de tirer des enseignements pour l'avenir.

Par contre, il est inesthétique de mélanger les espèces dans un même massif. Dans la nature, les essences restent groupées. Vous rassemblerez donc les plantes qui se ressemblent, telles que sagittaires et vallisneries ou encore fougères et synnema.

Ce travail terminé, la plantation ne présente plus de difficultés majeures. Il vous faut seulement bien observer les conseils suivants :

○ souvenez-vous que les plantes en bouture doivent être enfouies du tiers de leur longueur. Peu importe l'enfouissement des feuilles, il faut favoriser la formation de racines. Après une bonne reprise, les boutures ne tarderont pas à retrouver, puis dépasser, leur longueur initiale;

○ souvenez-vous également que les sagittaires, vallisneries, fougères demandent au contraire à être peu enfoncées. Pour les autres plantes, notamment les cryptos, la limite de l'enfoncement est le collet. Vous verrez d'ailleurs nettement la démarcation entre le blanc des racines et le vert de la tige qui, lui, doit demeurer complètement hors du sol;

○ pensez également à utiliser les propriétés de retenue du sol qu'ont les racines : une plante bloquera excellemment une coulée de sable entre deux pierres.

Enfin : *plantez naturel !* Un aquarium doit constituer un morceau de nature sauvage et non un jardin à la française. Formez des bosquets, évitez les alignements.

Réussissez votre première plantation en respectant ces principes et vous aurez transformé votre coup d'essai en coup de maître.

Si vous avez planté « à sec », il est urgent de passer au stade du remplissage.

Lorsque votre canalisation de plastique souple se révèle être étroite de section, vous pouvez : mâcher l'extrémité du tuyau ou l'élargir en vous aidant d'un objet conique tel un crayon ou le dilater sous l'eau chaude. En outre, vous l'enfoncerez plus facilement si vous avez humecté l'embout sur lequel vous le branchez.

11e temps

Auparavant, il vous faut cependant éponger une dernière fois l'eau qui a continué de suinter du sable. (Dans le cas de plantation sous l'eau, cette dernière ne sera conservée que si vous la jugez propre.) D'autre part, lors du **remplissage,** il est essentiel de ne pas malmener votre décor tout neuf! Pour cela, vous disposez en cuvette sur la plage laissée libre vers la face avant de l'aquarium, une feuille de plastique ou de papier sulfurisé. L'eau sera dirigée dans cette rigole, de telle sorte que le remplissage s'effectue doucement par le débordement lent de la cuvette. L'eau devra glisser sur le sable sans le creuser.

Quand il s'agit d'un petit bac, le remplissage peut s'effectuer avec un broc mais, dès que l'aquarium atteint un certain volume, la corvée devient fastidieuse. Le plus simple consiste à utiliser un tuyau de jardinage. Ne calculez pas trop juste la longueur nécessaire, achetez deux mètres de plus car il n'est pas bon que votre tuyau soit tendu, la tension, jointe à la pression, pouvant provoquer une séparation brutale du tuyau et du robinet.

Pour éviter cet incident, suivez ces deux conseils :

1. *A l'extrémité robinet :* si possible, formez une boucle, cela diminuera fortement la tension au niveau du robinet. Quand la formation d'une boucle se révèle impossible, laissez au moins « du mou » et reliez par une ficelle le tuyau au robinet ou à tout autre point d'ancrage;

2. *A l'extrémité aquarium :* ligaturez également le tuyau avec quelques centimètres de ficelle terminée par un crochet amarré délicatement à l'aquarium. Si vous avez sous

---

Quand vous achetez votre tuyau de remplissage, achetez 20 cm de tuyau d'une taille au-dessus ou au-dessous du vôtre, suivant la section de votre robinet. Lors du rangement, cet embout vous servira à réunir les deux extrémités, il n'y aura aucune goutte d'eau sur le sol !

---

la main un sac en plastique, introduisez l'extrémité du tuyau dans le sac posé dans la rigole : cela fera un « brise-jet » supplémentaire.

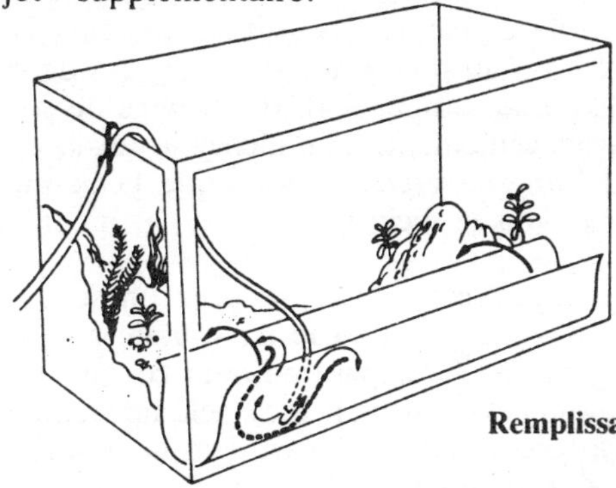

Remplissage de l'aquarium

Cette fois, tout est paré, vous pouvez commencer le remplissage, l'esprit tranquille. Bien entendu, si vous possédez un chauffe-eau réglable, envoyez de l'eau à environ 20° pour éviter de traumatiser vos plantes à l'eau froide. Procédez au remplissage très doucement du début de l'opération jusqu'au moment où l'eau recouvrira le sable.
Jusqu'à ce que ce niveau soit atteint, il faut rester devant l'aquarium pour le surveiller : une grande pierre peut perdre son assise quand le sable à sa base change de consistance au contact de l'eau.

Une fois ce cap franchi sans encombre, vous pouvez accélérer légèrement le remplissage, mais sans exagérer car il est nécessaire que la pression de plus en plus forte qui s'exerce s'établisse progressivement afin que chaque chose prenne sa place « en douceur ».

Si vous êtes contraint de remplir votre aquarium à l'eau froide et de verser de temps à autre de l'eau très chaude pour rester aux environs de 20°, n'oubliez pas de verser cette dernière doucement et en plein centre du bac, très loin des glaces !

Quand l'eau arrivera à 1 cm du bord supérieur, fermez le robinet mais ne débranchez pas le tuyau. Par contre, à l'extrémité aquarium, sortez le tuyau de l'eau, obturez-le avec votre pouce et placez l'extrémité soit dans la cuvette des W.C., soit dans un seau posé sur le sol (dans les deux cas, le tuyau est maintenu, ou par le rabat du siège ou par l'anse du seau). Alors seulement, débranchez le tuyau du robinet, enroulez-le progressivement pour que l'eau qui s'y trouve se déverse dans le récipient.

• Vous nous direz qu'avec un broc ou avec un tuyau, votre aquarium a été rempli avec **l'eau du robinet** et que l'eau qualifiée de potable n'est pas toujours ce que les hygiénistes souhaiteraient. C'est vrai, mais cela ne signifie pas qu'elle soit impropre à tout usage car, dans la majorité des cas, l'eau de nos robinets répond à certaines normes. Elle est généralement relativement neutre (ni très alcaline, ni très acide), limpide et incolore et ne contient plus ni algues ni bestioles indésirables, ni microbes pathogènes, ce qui constitue autant de qualités.

Malheureusement, elle possède les défauts d'être très souvent calcaire et presque toujours javellisée — plus ou moins généreusement — ce qui lui donne une saveur et une odeur douteuses.

Quel est, pour votre aquarium, le degré de gravité de ces défauts ?

Le calcaire, nous en reparlerons bientôt, en plongeant dans les eaux de l'aquariophile ! Sachez seulement dès maintenant que s'il nuit à certaines espèces de plantes et de poissons, il est bénéfique pour d'autres, à la condition de ne pas excéder une proportion raisonnable.

Quant au chlore, il s'agit d'un élément provisoire. Si l'eau en contient des quantités telles qu'on ne peut ouvrir une robinet sans en avoir les narines chatouillées, elle est provisoirement presque inutilisable mais il suffit d'attendre

---

Vous éliminerez facilement, avec la raclette, les bulles d'air innombrables qui se forment après le remplissage de l'aquarium.

---

quelques jours pour que ce chlore disparaisse.

Il ressort de ces quelques observations, et de l'expérimentation pratique, qu'il est rare qu'une eau se montre totalement impropre à la vie des poissons et des plantes. Par conséquent, il est normal d'utiliser l'eau du robinet, en tout état de cause moins chère et plus facile à se procurer que n'importe quelle autre, dans tous les cas où l'aquarium n'est pas destiné à des espèces aux exigences particulières.

L'aquarium empli d'eau, les plantes commencent déjà à se redresser. Dégagez éventuellement une feuille retenue prisonnière, ou tirez doucement sur un pied trop profondément planté. C'est tout, la nature fera le reste.

Terminez par quelques menues besognes : l'installation de l'éclairage, la mise en place du thermomètre, le branchement du chauffage.

- **Une mise au point finale :** la mise en marche de l'aération-filtrage. Ouvrez les robinets, branchez la pompe. S'il y a un appareil à alimentation directe, il démarre, freinez alors le débit progressivement jusqu'à ce que la pression étant devenue suffisante, les bulles s'élèvent du diffuseur. Terminez la mise au point en dévissant la vis de réglage de la pompe (si vis il y a) jusqu'à obtenir un fonctionnement silencieux pour un débit satisfaisant.

Au bout d'une vingtaine d'heures, les plantes reprennent un port altier, il ne vous reste plus qu'à patienter encore une journée pour laisser « l'aquarium se faire », selon l'expression consacrée, avant d'aller chercher vos premiers poissons.

Il est fréquent de constater à la surface de l'eau d'un aquarium qui vient d'être installé, une sorte d'écume qu'il est préférable d'enlever. Pour cela, utilisez une louche, vous « écrémerez » cette écume comme une ménagère « dégraisse » un bouillon.

Quelles espèces choisir?

Voici deux petits assortiments qui vous permettront de « tester » l'aquarium avec le minimum de frais.

- **Pour le bac non chauffé,** à équipement un peu rudimentaire, nous conseillons ces 4 espèces, pouvant vivre à moins de 20°, sélectionnées parmi les plus capables de résister à des écarts de température : *Aphyocharax, Danio rerio, Pristella riddley, Tanichtys.*
- **Pour l'aquarium exotique normal,** nous suggérons ces espèces faciles : *Danio rerio* et *Barbus schuberti, Tetra noir* et *Hemigrammus ocellifer.*

Dans quelques semaines, vous constaterez que certaines espèces de poisson (et même de plantes) semblent mieux s'adapter que d'autres aux conditions de votre aquarium.

Vous pourrez alors en vous aidant du *Mémento des poissons,* compléter le peuplement en tenant compte des préférences observées.

Le transport

Pour le transport des poissons, on utilise des sacs en plastique transparent, ils représentent la meilleure formule. Pour éviter les risques de fuite, on peut mettre le sac en double ou même en triple pour certains poissons armés de piquants afin d'accroître encore la sécurité. L'eau doit occuper le tiers du volume et un matelas équivalent d'air (ou même d'oxygène pour les très longs voyages) doit être retenu dans le sac lors de sa fermeture. Celle-ci s'effectue en torsadant jusqu'à ce que l'air se trouve légèrement comprimé, puis en faisant un nœud ou en utilisant des bracelets en caoutchouc. Les sacs fermés sont couchés dans le sens de la longueur, pour accroître la surface de contact air-eau, entourés de papier journal et placés dans un carton. Lorsque sévissent des températures extrêmes, plus de 30° l'été et moins de 5° l'hiver, et qu'il s'agit d'un long voyage, le calorifugeage est amélioré par l'utilisation de plaques ou de caisses complètes en polystyrène expansé, ces dernières ayant en outre l'avantage d'être étanches et de retenir éventuellement l'eau qui, par accident, coulerait d'un sac.

Arrivé au terme du voyage, si une différence de chaleur est à craindre entre l'eau du sac et celle de l'aquarium, il convient de plonger le sac dans le bac pour permettre une égalisation des températures, avant de lâcher les poissons.

Certains auteurs ne craignent pas d'indiquer une densité d'une dizaine de poissons de 4 cm de long par litre d'eau pour des transports de plusieurs heures, les trépidations étant un élément favorable à l'aération de l'eau. Par prudence, nous restons toujours en dessous de ce maximum.

Dans ce même ordre d'idées, le dernier problème qui préoccupe l'amateur résulte de la nécessité éventuelle de garder des poissons pendant un ou deux jours avant de pouvoir les mettre dans l'aquarium. Pendant un tel laps de temps, n'importe quel récipient couvert — même opaque — convient, à condition d'être neutre. La question *température* est solutionnée, soit par une résistance, soit par la mise en place du récipient à distance convenable d'une source de chaleur. La seule exigence concerne l'*aération :* mettez tout simplement un diffuseur, sans sable, sans plantes et sans filtre, nourrissez très peu ou même pas du tout les poissons, afin que l'eau soit aussi peu souillée que possible.

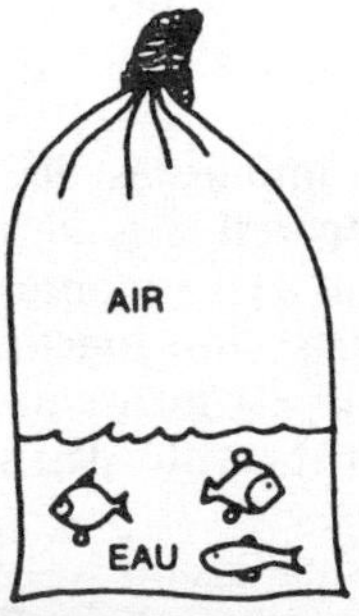

Sac en plastique pour le transport

L'entretien

Dans un aquarium correctement installé, bien planté, non surpeuplé et nourri sans excès, les opérations d'entretien sont limitées et simples. D'ailleurs, l'imagination des fabricants a produit une quantité de petits accessoires, destinés à vous aider, dont certains sont indispensables; voici les plus utiles.

• **L'épuisette :** irremplaçable pour pêcher un poisson ou même retirer certains gros déchets, elle doit répondre à plusieurs caractéristiques. D'abord être assez grande; car espérer attraper un poisson vigoureux en le pourchassant à travers le dédale du décor à l'aide d'une petite épuisette soi-disant capable de passer partout, est illusoire. Elle doit être, en outre, de forme rectangulaire, beaucoup plus pratique que les modèles ronds ou triangulaires; être constituée d'un tulle de nylon pas trop mou pour avoir de la « tenue » dans l'eau; enfin, comporter des mailles assez larges, car un filet au tissage serré repousse l'eau et facilite ainsi la fuite du poisson.

La capture d'un poisson s'effectue presque toujours contre la paroi frontale, après avoir introduit l'épuisette vers l'arrière de l'aquarium et avoir « rabattu » le sujet convoité vers la glace de façade.

• **L'aspirateur :** il sert à enlever les impuretés du fond sans retirer d'eau pour autant. L'appareil est constitué d'un tube comportant une arrivée d'air et surmonté d'un sac faisant office de réceptacle à déchets. Son fonctionnement est le suivant : lorsque l'aspirateur est introduit dans l'eau, l'air qui arrive sous pression fait remonter les impuretés dans le sac où elles sont retenues.

○ *Attention :* les résultats ne sont satisfaisants qu'à la

condition que la hauteur de l'appareil soit proportionnée à celle de l'aquarium. Il faut donc choisir un modèle dont la tige coulissante permet de travailler toujours à la bonne profondeur.

Selon leur prix et leur capacité, les aspirateurs utilisent trois sources d'énergie : soit l'air fourni par une pompe à air, soit l'électricité d'une pile incorporée soit le courant du secteur.

Aspirateur

• **Le siphon :** lui aussi sert à aspirer mais il permet de retirer de l'eau en même temps que les impuretés; et cela pratiquement sans se mouiller les mains.

Le modèle usuel est composé d'un tronçon de tube rigide, prolongé par un tuyau souple et terminé éventuellement par une poire.

Il fonctionne selon le principe des vases communicants : l'embout rigide de 30 cm (ou davantage dans un bac profond) est plongé dans l'aquarium et tenu par la main gauche quelques centimètres au-dessus du sol. Le tuyau souple de 1,50 m ou 2 m permet de rejoindre un seau, généralement posé sur un tabouret pour se trouver à hauteur convenable.

Pour avoir accès à une « grotte » avec le tuyau de siphonnage, ou pour orienter la sortie d'un filtre, on a souvent besoin de couder un tube rigide. Emplissez-le du sable le plus fin que vous ayez, vous pourrez ensuite le couder à l'eau chaude sans l'écraser.

Avant de remplir l'aquarium avec le tuyau qui a servi à le vider et le siphonner, pensez d'abord à faire couler ce dernier dans un lavabo ou les W.-C. pour éliminer l'eau sale!

○ *Dans un premier temps,* la poire tenue dans la main droite est comprimée, l'orifice de base non bouché afin d'en évacuer l'air.

○ *Dans un deuxième temps,* un doigt obture l'orifice et, quand la pression sur la poire se relâche par ouverture de la main, l'eau de l'aquarium est aspirée (l'ensemble étant transparent, vous la voyez franchir le sommet de l'aquarium). Le siphon dès lors amorcé, on peut : soit siphonner l'eau en laissant l'écoulement s'effectuer librement; soit stopper l'aspiration en obturant le tuyau avec le doigt et ne la rétablir qu'au-dessus des impuretés quand on désire seulement aspirer les déchets.

Si l'on ne veut pas utiliser la poire, il y a une deuxième possibilité pour l'amorçage : elle consiste à emplir d'eau le siphon, soit au robinet soit en le plongeant dans l'aquarium, en évitant, dans tous les cas, de laisser une bulle d'air dans le tuyau. On introduit dans le bac l'extrémité rigide, puis on libère l'écoulement en enlevant le doigt qui obturait la sortie.

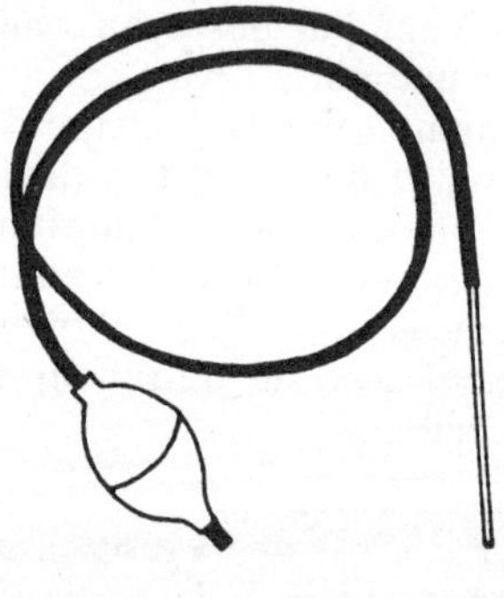

Siphon

Sachez que l'eau provenant du siphonnage de votre aquarium est excellente pour l'arrosage de vos plantes d'appartement.

• **Les raclettes :** elles sont, pour l'aquarium, ce que le balai est pour l'appartement : des instruments aussi simples qu'efficaces pour enlever des parois dépôt gras et algues.

Défiez-vous cependant des modèles trop légers; leur manche en plastique risque de se briser si vous exercez une forte pression. En fait, trois types sont à considérer :

○ *la raclette garnie d'un caoutchouc ou d'un feutre* qui est interchangeable et convient pour l'entretien usuel;

○ *la raclette munie d'une lame,* du genre lame de rasoir que l'on utilise (avec précautions pour ne pas rayer) lorsque la glace est piquetée d'algues vertes;

○ *les raclettes dites magnétiques* ou encore *aimants à algues,* qui existent en différentes tailles et puissances, cette dernière devant être proportionnée à l'épaisseur de la glace de l'aquarium. Cet outil est composé de deux aimants : l'un garni de feutre, évolue sur la face externe de la glace; l'autre garni d'une substance rugueuse racle à la fois le dépôt gras et les algues en formation qui ne demandaient qu'à tapisser la face interne de la paroi.

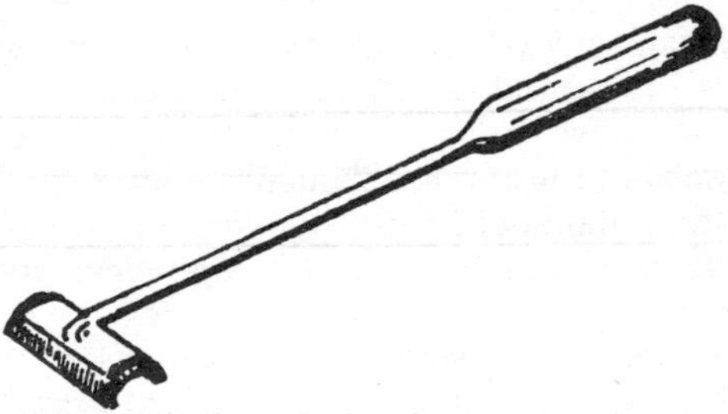

Raclette classique

Raclette magnétique

Lors de l'utilisation, attention ! Vérifier, avant usage, qu'aucun grain de sable ne soit resté dans cet astucieux engin. Enfin, travaillez horizontalement en commençant par le haut du bac. Ainsi, si en terminant le nettoyage, dans le bas au ras du sable, on prélève un grain malencontreusement, on ne risquera pas de faire une rayure verticale qui serait particulièrement disgracieuse.

Le calendrier des opérations

Il est naturel et normal que les parois intérieures de vos glaces aient tendance à se tapisser d'un dépôt gras dont les algues sont, en partie, responsables. Grâce à *des planorbes* dont nous avons déjà parlé ou, encore beaucoup mieux, grâce à *des poissons nettoyeurs*, mangeurs d'algues (voir Mémento des poissons : *Otocinclus, Gyrinocheilus* et *Plecostomus*) l'entretien quasi automatique de l'aquarium s'effectue régulièrement dans une certaine mesure.

• **Chaque semaine :** il vous suffit de trouver 5 minutes pour parfaire le travail en passant « un coup de raclette en feutre » sur les parois (faites très attention de ne pas entraîner des grains de sable avec le feutre, car c'est ainsi qu'on raye une glace).

En outre, vous constaterez que le niveau de l'eau a baissé par suite de l'évaporation : vous compenserez celle-ci par un apport d'eau neuve, à température proche de celle du bac.

• **Chaque mois :** il faut enlever les saletés stagnant sur le fond en promenant l'extrémité du siphon 1 ou 2 centimètres au-dessus de la surface du sol. Cela élimine 30 % du volume d'eau vieille, dont le renouvellement est excellent pour la santé du bac, notamment parce que l'apport d'eau neuve permet de *prévenir les carences en oligo-éléments indispensables à la vie.*

Voilà pour l'hygiène; reste l'esthétique : pour conserver sa netteté à la glace frontale si quelques petites algues vertes bien incrustées résistent au passage du feutre, vous les enlèverez facilement avec « la raclette à lame ».

Si votre aquarium est équipé d'un filtre contenant des charges filtrantes telles que perlon et charbon, ces matériaux doivent être nettoyés ou changés selon une fréquence qui est fonction du rythme de leur encrassement. Ce dernier résultant de la densité de poissons, de leurs mœurs et aussi du volume de nourriture distribué.

Enfin, si le filtrage est assuré par un modèle à réceptacle, il convient de *nettoyer ou de changer le ou les matériaux de filtration.*

• **Chaque trimestre :** il faut consacrer une heure à votre aquarium pour peu que quelques plantes soient défaillantes et que votre décor, très accidenté au départ, ne soit devenu une morne plaine.

Lors du siphonnage, au lieu de maintenir l'extrémité de votre siphon au-dessus du sol, promenez-le au ras afin de prélever quelques millimètres de la couche supérieure du sable. Après avoir rincé ce dernier à l'eau claire, vous le parachutez à l'*arrière* du bac. Ainsi, vous rétablissez le relief de votre décor tout en donnant un air de fête et de propreté à l'ensemble de l'aquarium. Si cette opération vous a fait prélever plus que les 40 % d'eau ancienne qu'il est souhaitable de renouveler, réutilisez le supplément. Mais, avant, laissez-la reposer quelques heures dans le seau afin que les impuretés puissent se déposer.

Profitez de l'abaissement du niveau de l'eau pour consacrer quelques soins aux plantes; coupez les feuilles jaunies; bouturez celles qui sont dégarnies à la base mais dont le sommet est resté joli; remplacez les pieds morts par de nouveaux.

Après vous être assuré que le fonctionnement de l'aération et du filtrage est satisfaisant, terminez par le coup de raclette habituel, avant de « refaire le plein ».

Ici se termine l'entretien normal d'un aquarium. Si ces mesures ne suffisaient pas pour obtenir un résultat satisfaisant, cela signifierait qu'il existe une carence : pour la détecter et y remédier nous vous renvoyons à la partie de cet ouvrage consacrée à l'équilibre biologique. D'autre part, il vous faut bien entendu tenir compte de ce que l'univers que vous avez en quelque sorte créé avec votre aquarium est trop petit pour jouir d'un équilibre éternel et, plus le temps passera, plus vous éprouverez le besoin d'écourter les délais séparant chaque petit entretien : l'aquarium sera en train de se « saturer ». Sitôt que vous aurez le sentiment que ce point de saturation se trouve atteint, prévoyez la réfection.

La réfection

Dès que le « seuil de saturation » de son aquarium est atteint et sitôt que s'impose à son esprit la nécessité de procéder à une réfection totale, l'amateur est soucieux des conditions dans lesquelles il va pouvoir effectuer une remise en état complète.

La présence des poissons, l'ancienne eau à vider, l'impossibilité de préparer d'avance une partie de travail sont autant de problèmes, qui paraissent semés d'embûches.

En fait, la « réfection » n'est ni plus longue ni plus délicate que l'« installation ». Les conditions différentes imposent simplement l'ordre et la méthode décrite ci-dessous.

1er temps : après vous être assuré qu'il ne vous manquait aucune des fournitures nécessaires : sol de remplacement, diffuseur à changer, plantes à renouveler, etc. et après avoir coupé le chauffage *vous prélevez une partie de l'eau de l'aquarium* destinée au récipient (couvert, maintenu à température et, le cas échéant, aéré) dans lequel les poissons vont attendre la réfection de leur logis habituel;

2e temps : avec une épuisette, *vous recueillez tous les poissons qui acceptent de se laisser attraper.* Si quelques-uns échappent à votre pêche, n'insistez pas et enlevez le vieux décor. Mettez, d'une part, toutes les plantes à jeter : celles défraîchies chez lesquelles la transplantation et le changement d'eau provoqueraient un traumatisme mortel. Gardez, d'autre part, celles pouvant être réutilisées ainsi que toutes les pierres. Les cachettes ainsi supprimées, la pêche des derniers pensionnaires devient possible, malgré l'eau troublée;

3e temps : quand il ne reste plus que le sol il y a deux hypothèses : ou ce sol contient un élément irrécupérable impossible à trier tel qu'un compost et l'ensemble doit être changé; ou il ne se compose que de sable. Dans ce cas vous *brassez le tout* en évitant les abords de la glace

1. Apistogramma ramirezi (5 cm)

2. Apistogramma agassizi (7 cm)

3. Betta splendens (combattant) mâle (12 cm)

4. Colisa lalia mâle (6 cm)

5. *Trichogaster trichopterus*
(Gourami bleu variété Crosby) (15 cm)

6. *Aphyosemion bivittatum funge mâle (6 cm).*

7. *Melanotaenia maccullochi* (8 cm)

8. *Anostomus anostomus* (15 cm)

9. *Aphyocharax rubripinnis* (5 cm)

10. Gasteropelecus levis (5 cm)

11. Hemigrammus ocellifer (4 cm)

12. *Hemigrammus pulcher* (5 cm)

13. *Paracheirodon innesi* (Neon) (4 cm).

14. Hyphessobrycon pulchripinnis (Tetra citron) (5 cm).

15. Cheirodon axelrodi (Neon cardinalis) (5 cm).

16. Hemigrammus gracilis (4 cm)

17. *Hyphessobrycon rosaceus mâle (5 cm).*

18. *Hyphessobrycon erythrostigma (7 cm)*

frontale à cause du risque de rayure. Avec une éponge de nylon, vous décrassez les parois du plus gros de leurs impuretés. Avec votre tuyau, siphonnez ensuite l'ancienne eau de l'aquarium devenue couleur jus de tabac;

4e temps: ayant rempli l'aquarium d'un bon tiers d'eau propre, refaites un nettoyage de la face intérieure de vos glaces avec une éponge normale. Brassez le sol à nouveau, terminez le brassage en donnant une pente au sol, ce sera plus commode pour bien finir le siphonnage de l'eau devenue beige foncé;

5e temps: effectuez un prélèvement de la quantité de sol suffisante pour pouvoir, après les compléments de lavage nécessaires, disposer en surface une couche de 3 centimètres de sol très propre.

Ainsi la partie fastidieuse du travail s'est effectuée sans qu'il faille bouger l'aquarium. Sans doute avez-vous remarqué que pour le sable en service, nous arrêtons les lavages avant l'obtention de l'eau claire: en effet, il n'y aurait aucun intérêt à appauvrir le sol de ses particules enrichissantes. Ce qu'il faut: c'est essorer, toujours à l'éponge et à chaque fois qu'elle se manifeste, toute l'eau beige transpirant encore du sable. Cette précaution, en plus de celle déjà indiquée pour le remplissage, constitue le secret d'un aquarium clair: l'*eau propre de la remise en eau doit pénétrer le sable humide,* et non pas l'eau teintée d'un sable trempé venir se mélanger à la propre;

6e temps: le sable nettoyé ayant été amassé dans un angle de l'aquarium, l'angle opposé se trouve dégagé. Il convient donc de remettre en place éventuellement le filtre sous sable, si l'aquarium en est équipé, et, dans tous les cas, les canalisations d'air. Ceci étant fait, on dégage, à

Si les brossages ne rétablissent pas les pierres dans leur beauté d'origine, on peut les passer à l'eau de Javel. Mais il faut ne les réutiliser qu'après rinçages et disparition de l'odeur de chlore.

---

son tour, l'autre angle afin de terminer la mise en place de canalisations.

Sitôt replacé le sable en masses évocatrices du futur relief, le travail de réfection s'assimile à l'installation et vous pouvez reprendre, **à partir du 8ᵉ temps,** le processus que nous vous avons alors indiqué.

Essayez simplement cette fois de marquer votre décor d'une empreinte personnelle, réalisez une petite grotte : si elle s'affaisse... ne dites rien, on vous complimentera sur le naturel de votre éboulis !

Ce nouveau décor, combien de temps restera-t-il en place ? Le délai entre chaque réfection totale d'un aquarium varie de toute évidence suivant un certain nombre de considérations. Cependant on peut indiquer comme moyenne normale un an pour des aquariums de 60 cm, tandis qu'un bac de 200 l, conduit par un aquariophile expérimenté, ne nécessitera que des réfections espacées de 2 ans ou même davantage.

Lors de toute réfection versez, dans l'eau nouvelle du remplissage, un produit en vente chez votre détaillant pour neutraliser le chlore et l'agressivité de l'eau neuve. Vos poissons, ainsi traités, seront moins traumatisés par leur passage de l'eau très vieille à l'eau trop nouvelle.

Les eaux

Au départ, à la source si l'on peut dire, toutes les eaux ont une origine commune : la pluie. Mais cette eau de pluie presque chimiquement pure, qui représente le résultat d'une évaporation colossale, n'est que la matière première de base, dans laquelle d'ailleurs presque aucun poisson ne vit. Elle va très vite se charger et se souiller d'éléments variables, s'imprégner de gaz et de vapeurs contenus dans l'air avec lequel elle est en contact. Elle va également dissoudre des sels minéraux enfouis dans le sol où elle séjourne et s'imbiber souvent de matières organiques avant d'être polluée, dans les pays industrialisés, par les déchets de tous ordres que la civilisation déverse.

Le rôle de ces différents facteurs est de toute évidence variable suivant les circonstances géographiques, météorologiques, etc., mais l'élément déterminant pour ses propriétés aquariologiques vient de la nature géologique des terrains traversés. Suivant que le milieu sera un sol granitique qui ne se laisse pas entamer ou un calcaire tendre se laissant facilement dissoudre, nous aurons des eaux de compositions extrêmement variées, salutaires au tempérament d'une espèce, défavorables à une autre.

La science, sans avoir une connaissance intime de la nature et des effets de toutes les réactions chimiques et biologiques dont l'eau est l'objet, permet de dégager un certain nombre de notions. Parmi celles-ci, et outre la désinfection, deux notamment sont utiles à l'aquariophilie :

— le pH qui indique qu'une eau est alcaline, neutre ou acide;

— le TH qui conditionne sa dureté ou sa douceur.

Lorsque l'aquariophile parle d'une eau douce, il s'agit de l'eau du fabricant de savons pour qui est douce l'eau faisant bien mousser le savon, et dure l'eau qui au contraire rince bien cette mousse.

La désinfection

Effectuée par les autorités responsables de l'hygiène publique, elle consiste parfois en un traitement à l'ozone*, plus souvent en un traitement au chlore qui donne à l'eau une saveur et une senteur d'eau de Javel. Il est dangereux pour les poissons d'utiliser, sans délai, une eau trop chlorée.

Il faut, avant l'emploi : soit ajouter un produit du commerce aquariophile destiné à neutraliser les effets du chlore et l'agressivité de l'eau neuve; soit attendre un laps de temps, au moins une nuit, et si possible aérer. En effet, l'oxygène de l'air, envoyé par le diffuseur, concourt largement à l'élimination du chlore qui disparaît vite.

La javellisation de l'eau est donc, pour l'aquariophile, un défaut de caractère très provisoire qui ne comporte de gravité que pour l'immédiat.

Le pH

Ces deux lettres, qu'on peut traduire par « potentiel en ions Hydrogène », sont le symbole conventionnel utilisé comme mesure du degré d'acidité ou d'alcalinité d'une eau. Cette acidité ou cette alcalinité se déterminent au moyen d'une échelle universellement graduée de 0 à 14 (7 étant le point de neutralité). *En fait, la vie aquatique n'est possible en eau douce (non salée) qu'entre l'acidité relative 5 et l'alcalinité relative 8.*

En aquariophilie, nous n'approchons des valeurs extrêmes que pour de rares espèces. Dans la majorité des cas les pH qui nous intéressent s'échelonnent de 6,4 à 7,6.

Par ailleurs, il faut avoir deux notions présentes à l'esprit en matière de pH.

1. Le pH est une conséquence des propriétés physicochimiques de l'eau et non une cause.
2. On ne soigne donc que l'effet, et encore à titre provisoire, en rétablissant la valeur initiale à l'aide d'un alcalinisant ou d'un acidifiant.

---

* Gaz que l'on peut sommairement qualifier de super-oxygène et qui est doté d'un pouvoir oxydant considérable.

La solution consiste à soigner la cause. Par exemple en faisant un apport d'eau neuve substantiel et en éclairant correctement un bac sombre surchargé en matières organiques et en sels minéraux, dont le pH avait viré à l'acidité. Le pH d'un aquarium constitue l'un des paramètres permettant de contrôler son état de santé.

• **Pour connaître le pH de l'eau d'un aquarium,** il existe une méthode électrique et deux méthodes colorimétriques.
○ *La méthode électrique* étant assez onéreuse, elle est peu utilisée par l'amateur qui a rarement besoin d'une précision extrême.
○ *La méthode colorimétrique,* la plus simple, revient à utiliser des papiers indicateurs qui se colorent après trempage dans l'eau à étudier et dont la coloration obtenue se compare à une gamme témoin. Ces papiers ne sont valables que pour un milieu « bien tamponné » (ce qui n'est pas le cas d'un aquarium) et doivent de plus être utilisés dans un milieu exempt d'élément perturbateur tel que fumée de cigarette, etc. Ils demandent en outre une habitude pour l'interprétation de leurs résultats très approximatifs. A notre avis, ils sont totalement inaptes à renseigner un profane de façon précise, mais simplement utiles à l'amateur très expérimenté qui veut uniquement s'assurer rapidement de la stabilité ou de l'évolution d'un pH.
○ *La seconde méthode colorimétrique* s'exerce soit grâce à un réactif en poudre contenu dans une capsule, soit grâce à une solution liquide contenue dans le « nécessaire à pH » disponible dans votre « pet shop » d'aquariophile. Ce nécessaire est composé :
1) d'une gamme de couleurs étalonnées;
2) d'un flacon d'indicateur muni de son compte-gouttes (probablement du bleu de bromothymol);
3) d'une éprouvette faisant office de tube à essai.

Pour mesurer, on procède ainsi : on rince l'éprouvette avec de l'eau à analyser; on y verse le nombre de gouttes prévu par le fabricant pour le nombre de centimètres cubes indiqué; enfin, l'on compare la nuance obtenue avec les tons de l'échelle colorimétrique, laquelle indique par un chiffre la valeur correspondant à chaque couleur.

Le résultat est d'une précision suffisante, le réactif se dégradant nettement du jaune au bleu en passant par le vert entre les valeurs 6 à 7,6.

(La conservation du produit dans l'obscurité est bonne mais, dans le cas d'un flacon ancien déjà entamé, il y aura lieu, en contrôlant la non-altération de la couleur, de s'assurer qu'il n'est pas périmé.)

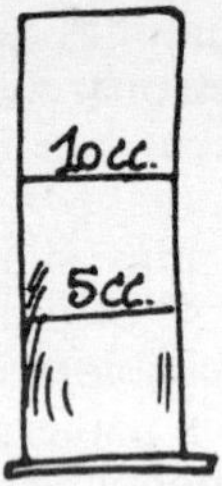

Eprouvette graduée.

Bande-témoin.

Flacon compte-goutte.

Le TH

Ces deux initiales sont l'abréviation de Titre Hydrotimétrique lequel permet de connaître la teneur de l'eau en *calcium* et *magnésium* qui déterminent sa dureté ou sa douceur, ce qu'en langage courant (mais scientifiquement incorrect) on appelle sa teneur en calcaire.

Le titrage hydrotimétrique s'exprime en degrés mais il n'existe malheureusement pas d'échelle universelle. Le dégré français (THF) correspond à 10 mg de bicarbonate de chaux, ou plus précisément de calcium, par litre; ce degré français représente, par exemple, 0,56 degré allemand. Les eaux s'échelonnent de 0 (eau théorique, idéalement pure) à plus de 60 TH (eau inutilisable même pour l'industrie : les canalisations sont entartrées en six mois). Pratiquement, on trouve des eaux de conduite titrant jusqu'à plus de 35 TH français, c'est-à-dire au-delà de l'aptitude reconnue pour l'usage domestique !

• **Pour connaître avec une précision suffisante le TH d'une eau douce,** c'est-à-dire non salée, on utilise, comme pour le pH, un petit nécessaire composé simplement d'une éprouvette et d'un flacon de réactif sans qu'il soit besoin d'une échelle colorimétrique. En effet, il suffit de compter les gouttes versées, les premières colorent l'eau, par exemple en rouge, jusqu'à ce que l'une des gouttes suivantes fasse brusquement virer la coloration en une autre teinte. La mesure est alors faite. Si par exemple, on a versé 25 gouttes, quand le virage se produit, cela veut dire que l'eau considérée titre 25°.

(Dans le cas d'utilisation d'une trousse donnant les résultats en degrés allemands, il suffit de se reporter au tableau ci-dessous pour avoir le résultat en degrés français).

Degrés allemands convertis en degrés français

1 Gh = 1,78 TH	*de même*	*1 KH = 1,78 TAC*
2 Gh = 3,56 TH		*2 KH = 3,56 TAC*
3 Gh = 5,34 TH		*3 KH = 5,34 TAC*
4 Gh = 7,12 TH		*4 KH = 7,12 TAC*
5 Gh = 8,90 TH		*5 KH = 8,90 TAC*
6 Gh = 10,68 TH		*6 KH = 10,68 TAC*
7 Gh = 12,46 TH		*7 KH = 12,46 TAC*
8 Gh = 14,24 TH		*8 KH = 14,24 TAC*
9 Gh = 16,02 TH		*9 KH = 16,02 TAC*
10 Gh = 17,80 TH		*10 KH = 17,80 TAC*

• **Les deux subdivisions de la dureté**

1re notion — Le TH (titre hydrotimétrique total) que nous venons d'évoquer (GH pour les Allemands) affecte le métabolisme de tous les animaux et végétaux de l'aquarium. *Il correspond à la dureté globale de l'eau.* C'est la **mesure pratique classique** dans le cadre de l'aquariophilie usuelle.

2e notion — Dit aussi THCA (titre hydrotimétrique en carbonates), le TAC (KH pour les Allemands) se traduit par titre alcalimétrique complet; complet, en ce sens qu'il indique *la somme des concentrations en carbonates et bicarbonates de l'eau.* Cette dureté est fluctuante, ce qui, dans le passé, a engendré la notion de dureté permanente et temporaire dont l'usage en aquariophilie devient contesté.

En vérité, c'est uniquement dans le cadre d'une aquariophilie orientée vers l'élevage d'espèces très délicates ou vers l'élevage de cichlidés des grands lacs africains qu'il est parfois nécessaire de préciser l'équilibre des différents carbonates influençant en particulier le pH. Ce qui revient à dire en bref et en pratique que dans la majorité des cas, il suffit à l'amateur, ayant enregistré des déboires avec l'eau du robinet, de connaître la dureté totale de son eau (TH) et d'en amener la valeur au niveau correspondant aux préférences moyennes des poissons qu'il possède. Et dans cette optique nous pensons qu'une dureté totale, comprise entre 10 et 20°, est une valeur satisfaisante, y compris pour les plantes.

La conductivité

Ce terme désigne une notion qui figure dans certains livres ou certaines revues d'aquariophilie. Elle s'exerce à l'aide d'un appareil dit conductivimètre et s'exprime en micro siemens multipliés par le nombre de centimètres. Elle évolue selon la température de l'eau.

On l'indique par les signes conventionnels suivants : µS/cm. Exemple : pour un poisson d'eau très douce appréciant un TH de 5°, on pourra lire : conductivité entre 60 et 100 µS ou µS/cm.

De quoi s'agit-il ?

La conductivité est l'appréciation de la minéralisation d'une eau. Plus une eau est minéralisée, plus sa conductibilité est élevée. C'est ainsi qu'une eau très calcaire transmet mieux le courant électrique qu'une eau douce comme l'eau de pluie.

En bref, en simplifiant d'une manière scientifiquement inexacte car dureté et minéralisation ne peuvent pas être assimilées, on peut dire que l'on est en présence d'une méthode différente d'évaluation de la teneur en éléments minéraux. Cette notion est utile dans le cas d'une eau très peu minéralisée dont le TH est trop bas pour pouvoir être déterminé par les tests usuels.

Pour information voici les corrections à opérer en fonction de la température :

18°C = 1	22°C = 0,92
26°C = 0,84	30°C = 0,75

NB. La notion inverse de la conductivité porte le nom de résistivité.

Le potentiel Redox

Ces deux termes sont l'abréviation de « potentiel d'oxydo-réduction ». Il s'agit du rapport entre, d'une part, les produits oxydants tels que l'oxygène et certaines bactéries aérobies et, d'autre part, les produits réducteurs tels que les matières organiques issues de la nourriture, par exemple.

La mesure du potentiel redox (rH), quelquefois évoqué parce qu'utile en aquariophilie marine, n'offre pas d'intérêt en aquariophilie usuelle d'eau douce.

L'aquariophile face aux résultats

Théoriquement les notions de pH et de TH sont indépendantes l'une de l'autre, une eau peut être douce et alcaline (6 de TH, pour 8 de pH) ou dure et acide (25 de TH, pour 6,6 de pH). Pratiquement de telles eaux n'existent pas dans la nature, les notions de pH et TH, se trouvent indirectement liées, dans ce sens qu'une eau douce est naturellement acide ou neutre, une eau dure est naturellement alcaline, à la rigueur neutre.

Pour clarifier ces notions, voici d'ailleurs un petit tableau avec, face à la valeur indiquée, sa traduction en langage d'aquariophile. (Il est bien entendu que, bien que correspondant à la logique des choses, il n'y a pas de lien direct entre les chiffres de pH et ceux de TH, et donc aucune automaticité entre les deux chiffres qui se trouvent sur la même ligne).

6,4 pH eau très acide	- 0° TH (eau d'une pureté absolue théorique)
6,6 pH eau acide	- de 0 à 5 TH eau très douce
6,8 pH eau légèrement acide	- de 6 à 10 TH eau douce
7 pH neutre	- de 10 à 15 TH eau moyenne
7,2 pH eau légèrement alcaline	- de 15 à 25 TH eau dure
7,4 pH eau alcaline	- au-dessus de 25 TH eau très dure
7,6 pH eau très alcaline	- au-dessus de 30 TH eau impropre à l'aquariophilie usuelle.

pH, TH et eau du robinet

Fort heureusement pour Monsieur-tout-le-monde aquariophile, l'eau potable du robinet est *dans la presque totalité* des cas de pH 7 ou 7,2, donc neutre ou très peu alcaline. Par conséquent tant que l'amateur ne se trouve pas confronté avec une difficulté particulière, il n'a pas à en tenir compte.

Là où le bât blesse c'est quand il s'agit du TH. En ce domaine, il n'y a pas de règle, l'éventail est très ouvert : on reçoit de l'eau douce à Limoges, dure à Paris, très dure à Liège etc., et devant cette situation une certaine réserve s'impose, encore que dans la plupart des cas le TH soit inférieur à 28. Ce niveau, pour aussi regrettable qu'il soit, reste encore tolérable :
— parce que cette dureté demeure compatible avec la vie d'un nombre d'espèces de plantes et de poissons suffisant pour constituer un aquarium « qui marche » ;
— parce que la dureté de l'eau d'un aquarium tend à s'atténuer, à condition toutefois : qu'il soit très bien planté, non surpeuplé et pas suralimenté et *que l'eau (chimiquement pure) de dureté 0 qui s'évapore soit compensée par de l'eau également douce.* A défaut de ces caractéristiques, il faut procéder à des siphonnages suffisants en importance et en fréquence pour maintenir les sels minéraux et aussi les nitrates à des concentrations raisonnables.

Ces observations fixent *les limites théoriques tolérables* en matière de pH et de TH. Quant aux limites pratiques, les poissons-tests introduits lors de l'installation fournissent un élément d'appréciation en permettant parfois de comprendre pourquoi tels poissons sont morts, tandis que tels autres se trouvent en pleine forme. Quant au poisson qui, normalement, devrait être mort si l'on avait tenu compte des indications du Mémento sur son milieu préférentiel, il nous contraint à la modestie en nous rappelant que, lorsqu'un ensemble de conditions favorables se trouvent réunies, certains éléments incontestablement défavorables ne sont plus déterminants.

La modification des caractéristiques d'une eau

Toutes ces réflexions faites : dès l'instant où vous désirez dépasser le niveau de l'aquarium d'ensemble, dans lequel un certain nombre d'espèces de plantes et de poissons vivent sans histoire, vous atteignez le stade où il peut devenir nécessaire de modifier les caractéristiques de votre eau, que ce soit pour améliorer les conditions de vie de certaines espèces, ou pour tenter leur reproduction.

• Voici **des moyens à employer** suivant les cas à résoudre :

1er cas : vous disposez d'une eau douce mais pour élever des « Blacks Mollies » (voir Mémento), il faut une eau dure. Pour l'obtenir, vous pouvez mettre à tremper dans l'aquarium *un morceau de craie* jusqu'à l'obtention de la dureté désirée. Vous pouvez également procéder à un apport de 2 % d'eau de mer (limite du seuil tolérable pour les plantes car elles n'apprécient pas le sel).

2e cas : *vous avez besoin d'élever votre pH.* Ce cas très rare pour les raisons expliquées à la page 132 sera aisément résolu par l'utilisation du plus inoffensif des alcalinisants chimiques, le *bicarbonate de soude* qui, comme tous les produits chimiques, doit être dilué préalablement et incorporé progressivement. Le pH obtenu doit être contrôlé après dilution totale et homogène dans l'aquarium. Si les poissons ont été laissés dans le bac, agir par petites doses successives constitue encore la meilleure méthode, car les doses à utiliser (qui obéissent à une échelle logarithmique) sont délicates à déterminer; elles seront, par exemple, plus importantes pour hisser un pH de 7,4 à 7,6 qu'elles ne l'ont été pour l'élever de 7 à 7,2. A noter en outre que si les poissons ont été laissés dans le bac, la prudence s'impose, les corrections ne devant pas dépasser 2/10es toutes les 12 heures.

3e cas : vous disposez d'une eau dure très calcaire à pH nettement alcalin et vous désirez améliorer les conditions de vie de tous les petits « Characidae » (voir Mémento des poissons) qui sont vos poissons préférés. L'abaissement de ce pH avec l'acidifiant classique : *le phosphate acide de soude* ne serait pas aussi anodin que ne l'a été son élévation. Ce traitement d'acidification entraîne une précipitation des sels et, en fait, on s'accorde dans les milieux aquariophiliques pour considérer qu'il n'est pas indiqué d'abaisser le pH d'une eau dure. Une eau alcaline et douce étant antinaturelle, il est préférable avant l'abaissement éventuel du pH de procéder à un adoucissement préalable par un apport d'eau douce que vous pourrez obtenir en utilisant l'une des eaux suivantes :

○ *l'eau de dégivrage de votre réfrigérateur.* Cette eau de condensation est excellente mais le faible volume obtenu la rend surtout utile pour compenser en eau douce l'évaporation de votre aquarium;

○ *l'eau de pluie,* excellente à la double condition de ne la recueillir que loin des fumées d'agglomérations industrielles sous peine d'avoir une eau chargée de vapeurs toxiques et de la recueillir directement dans un récipient neutre et non pas à la sortie d'une gouttière de zinc;

○ *l'eau de fonte de neige,* recueillie elle aussi loin d'agglomérations et filtrée sur coton hydrophile;

○ *l'eau distillée,* après vous être assuré auprès de votre pharmacien qu'elle a été produite dans des appareils en verre et non en cuivre;

○ *l'eau bipermutée* (excellente), obtenue avec un des appareils commercialisés qui, grâce à deux types de résines, absorbent anions et cations et assurent ainsi cette bipermutation pour un prix de revient au litre très bas; et non pas l'eau simplement « adoucie » qui est produite par les adoucisseurs qui ne comportent qu'un lit de résines régénérables au sel et qui agissent simplement comme échangeuses d'ions, les ions magnésium et calcium étant permutés en ions sodium. Une telle eau, en quelque sorte « déséquilibrée » pour les besoins de la ménagère (cuisson des légumes, lavages, etc.), est généralement assez bien acceptée par les poissons mais moins bien tolérée par les plantes qui n'apprécient pas l'augmentation en sodium. Elle peut donc réserver certains déboires.

En tout état de cause, il est indispensable de n'utiliser cette eau ni dans les douze heures qui suivent la mise en service d'une nouvelle cartouche (risque de présence de sel ayant servi à la régénération) ni dans les 3 jours qui précèdent son remplacement périodique (risque que la cartouche saturée ne « relâche » une partie des éléments retenus).

o Compte tenu de ce que l'eau de pluie ou de fonte de neige n'est pas toujours facile à se procurer, que l'achat d'un adoucisseur d'eau assurant une bipermutation représente un certain investissement, que l'eau distillée atteindra souvent un prix aussi élevé que celui d'*une eau de source minérale* du commerce, cette dernière solution se révèle donc souvent la meilleure quand il s'agit de bacs de volume modeste, mais laquelle choisir ? Beaucoup sont à proscrire, soit à cause de propriétés spéciales (ferrugineuse, soufrée, etc.), soit à cause d'une minéralisation et donc d'un TH encore plus élevé que la moyenne des eaux de conduite. Les eaux minérales utilisables pour l'aquariophilie doivent être choisies parmi celles qu'on préconise pour le coupage des biberons; dans chaque pays, il n'y en a guère qu'une ou deux qui prétendent à cet emploi. Soit par lecture sur l'étiquette de la composition, soit à défaut de ce renseignement en le demandant au fabricant qui se fera un plaisir de vous envoyer une fiche technique, il vous sera facile de retrouver celle correspondant aux normes souhaitables.

● Voici **un tableau succinct des eaux mentionnées :**

Eau bidistillée pH 7 (non tamponnée)	TH 0 pour minéralisation nulle — utilisée pour solution injectable.
Eau distillée pH 7 (non tamponnée)	TH 0 pour minéralisation inférieure à 1 mg par litre — pour solutions pharmaceutiques non injectables.
Eau de pluie pH 7 (non tamponnée)	TH 0 pour minéralisation inférieure à 3 mg par litre — comparable à l'eau distillée.

1re eau de biberon (Volvic) pH 7 (très légèrement tamponnée)	TH 4,3 pour minéralisation de 150 mg par litre — aussi bonne pour la majorité des bébés poissons que pour les bébés humains.
2e eau de biberon (Evian) pH 7,2 (légèrement tamponnée)	TH 29 pour minéralisation de 300 mg par litre — à exclure, composition comparable à l'eau de conduite ci-dessous.
Eau potable suivant norme officielle française pH 7 à 7,4 (légèrement tamponnée)	TH inférieur à 30 pour minéralisation de 300 à 500 mg par litre.

(Toutes les eaux minérales autres que celles indiquées sont formellement à exclure. Certaines atteignent en effet un TH de 131° pour une minéralisation de 2,3 g).

L'adoucissement d'une eau

S'il vous faut obtenir 100 l d'eau à 15° de TH, alors que celle de votre robinet en fait 25, vous pouvez mélanger à vos 60 l d'eau de conduite à 25° de dureté, 40 l de l'une des eaux très douces précitées.

Vous pouvez également employer un procédé tout à fait différent pour abaisser dans votre aquarium les 100 l d'eau du robinet, des 25 TH aux 15 TH souhaités. Votre marchand aquariophile vous vendra des résines équilibrées pour cet abaissement limité. Elles sont à utiliser aux doses indiquées sur le prospectus soit dans votre filtre en plus de la charge normale de la laine de verre et de charbon, soit enrobées d'un peu de laine de verre dans un petit filtre intérieur que vous placerez dans un angle de l'aquarium. Ces résines sur lesquelles l'eau du bac circule en permanence donnent d'assez bons résultats.

La fabrication d'une eau aux caractéristiques précises

• **Eau douce — Eau très douce — Eau saumâtre**
Pour un aquarium d'ensemble, l'aquariophile se trouve rarement dans l'obligation de devoir « fabriquer une eau » : par contre, cela peut être utile pour des bacs de faible volume destinés à des espèces aux exigences particulières et surtout c'est la condition « sina qua non » au succès de certaines reproductions.

○ Voici *une première formule* pour l'obtention d'une **eau douce** au pH proche de la neutralité : prendre au choix comme eau de base de l'eau de pluie, de l'eau bipermutée, de l'eau distillée ou de l'eau minérale à TH de 5° pour une minéralisation de 150 mg et y ajouter : soit de l'eau de mer à dose de 2 pour cent soit, à la dose adéquate, de l'eau provenant du robinet.

○ Voici *une deuxième formule* pour l'obtention d'une **eau très douce** au pH légèrement acide. Eau de base : eau de pluie, bipermutée, distillée ou minérale à TH inférieur à 1° et à la minéralisation inférieure à 25 mg; ajouter soit de l'eau de mer à la dose de 2 pour cent soit, à la dose adéquate, de l'eau provenant du robinet. Ensuite, il convient de filtrer sur tourbe (procédé indiqué ci-après et préférable à l'acidification toutefois possible, au phosphate acide de soude).

Vous remarquerez qu'aussi douce que soit l'eau recherchée, une eau déminéralisée n'est jamais utilisée seule (principalement pour des raisons de tension osmotique*).

○ Notons enfin que l'**eau légèrement saumâtre** pour poissons d'estuaires ou de lagunes côtières (signalés comme tels dans le Mémento) s'obtient soit par un apport de 5 pour cent d'eau de mer, soit, à la rigueur, par un apport de 2 g de sel marin au litre. Cette eau étant destinée à des

---

* Tension par laquelle, lorsque 2 eaux sont séparées par une membrane poreuse, certains corps passent d'une solution dans l'autre.

poissons qui aiment le sel, ce cas est pratiquement le seul où le sel marin peut être substitué à l'eau de mer.

Le filtrage sur tourbe

Connue de longue date, cette méthode comporte un ensemble d'avantages multiples. La tourbe acide apporte par voie naturelle des substances organiques utiles ou même nécessaires à la reproduction de certains poissons originaires d'eaux très douces. Ces eaux, en conséquence de leur très faible minéralisation, ont un pH peu tamponné et donc instable. La tourbe dégage des acides organiques faibles qui se dissocient par petites fractions régulatrices du pH, tandis que les fractions en réserve (non actives tant que le pH ne s'alcalinise pas) constituent le « pouvoir tampon ». La tourbe agit donc comme un léger acidifiant mais, surtout, comme un régulateur précieux pour assurer un milieu stable à des alevins sensibles aux variations. En outre, ces alevins bénéficient de son action contraire au développement des organismes inférieurs tels que *bactéries* et *champignons*.

Indépendamment de l'utilisation de la tourbe au niveau du sol pour certaines reproductions d'Aphyosemions (cf. le Mémento des poissons), la meilleure application de cette méthode consiste dans son emploi comme matériau filtrant utilisé comme suit :
— faire tremper de la tourbe acide dans de l'eau douce à l'intérieur d'un récipient non métallique, la quantité à utiliser étant de 1/2 l pour un bac de 50 l. L'achat doit s'effectuer dans un magasin d'aquariophilie sérieux, la tourbe des horticulteurs ayant souvent subi des traitements chimiques. Après 24 heures de trempage, disposer la tourbe sur un linge fin pour la faire égoutter, la placer ensuite dans le filtre prévu pour la recevoir. Jeter le premier litre d'eau sorti du filtre (impuretés) avant la mise en place définitive du filtre dans le bac.

Pour les cas courants, votre « pet-shop » vend des extraits liquides de tourbe additionnés d'autres substances qui évitent ces manipulations. Ne dépassez jamais les doses indiquées par le fabricant.

Il faut souligner que travailler une eau, lui ajouter un peu de ceci, puis un peu de cela constitue toujours une entreprise délicate quoi qu'en disent certains avec une belle assurance. Les eaux « élaborées » que nous venons de mettre à votre portée sont uniquement destinées à reconstituer les conditions propres à l'habitat de certaines des plus belles espèces. Autant que possible, pour l'aquarium de décoration, choisissez toujours les solutions les plus simples et réservez les mélanges pour les reproductions... si ce guide a su vous passionner pour elles !

Les nitrites et nitrates

Enfin, il est un dernier élément important à connaître pour savoir si l'eau de l'aquarium est saine pour ses occupants, c'est sa teneur en nitrites. Nous verrons au prochain chapitre « L'Equilibre », comment ils apparaissent, se développent, se stabilisent puis disparaissent lorsque les nitrates les remplacent. Mais, en tout état de cause, il faut savoir les mesurer et leur dosage s'effectue de la manière suivante.

Comme pour le pH, il s'agit d'une méthode colorimétrique qui s'exerce à l'aide d'un réactif soit liquide soit en poudre. La nuance obtenue se compare, comme pour le pH, à une gamme de couleurs échantillons imprimées sur papier et jointe au nécessaire, ou mieux à un disque comparatif permettant de juger par transparence, et disposé dans un colorimètre prévu à cet effet.

Si l'eau testée, au lieu d'avoir viré au jaune clair, est de teinte orangée, la vigilance s'impose. Si elle est rouge sang, il y a danger de mort. L'eau est toxique. Et si les animaux, autres que des poissons tests introduits avant la montée des nitrites se trouvent dans une telle eau, il faut intervenir sans délais, comme nous l'indiquons au paragraphe « Poissons incommodés dans un bac récent » du prochain chapitre « L'Equilibre » (p. 148).

L'équilibre biologique

Monter un aquarium est une entreprise simple mais ambitieuse, dans ce sens que l'on crée de toutes pièces un monde capable de se suffire à lui-même, de vivre presque en circuit fermé.

Cet univers, si petite en soit l'échelle, obéit aux mêmes lois que le nôtre. Son existence résulte d'un équilibre entre tout ce qui vit ou existe dans son sein, et le souci de l'aquariophile est de favoriser son établissement.

On peut dire, en une définition sommaire, que le but est atteint et qu'*un équilibre biologique satisfaisant règne dans un aquarium lorsque les poissons et les plantes y vivent dans une eau qui reste limpide.*

Cet équilibre — vers lequel d'ailleurs tend la nature — s'obtient par une installation rationnelle telle que nous l'avons préconisée; il se conserve tant qu'aucun élément ne vient perturber les échanges entre la faune et la flore que nous y avons mises, comme entre la flore et la faune microscopiques (bactéries, infusoires, etc...) qui y vivent à notre insu.

Le fonctionnement biologique

Tout au long de cette première partie, nous avons vu l'influence de chaque élément sur un autre : conséquence de l'aération sur l'eau, effet de la lumière sur la plante, etc.

L'action se déroule comme dans une chaîne, où chaque maillon agit sur celui qui le précède comme sur celui qui le suit, pour influencer finalement toute la chaîne sur laquelle il est articulé.

C'est bien le cas de la chaîne sans fin que constitue le

cycle biologique d'un aquarium, tel que nous l'illustrons ci-dessous.

A. débris végétaux, excréments de poissons, particules de nourriture non consommées, etc., constituent des matières organiques qui se concentrent au niveau du sol et dans le sol.

B. une partie de la flore microbienne (bactéries nitrifiantes) qui habite le sol s'empare de cette « matière » et la transforme en sels minéraux;

C. les racines des plantes se nourrissent à leur tour de ces sels minéraux devenus engrais;

D. les poissons utilisent l'oxygène exhalé par les plantes qui, elles, absorbent le gaz carbonique issu de la respiration des poissons;

E. ces dernières fonctions ne sont possibles que grâce à l'intervention de la lumière.

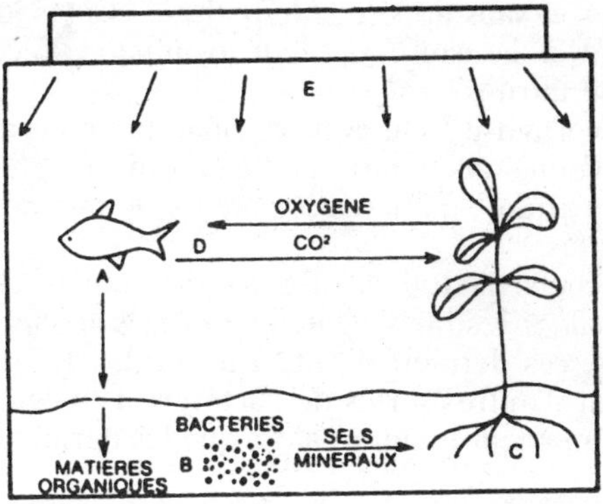

Ce schéma situe le *rôle* de chacun des éléments et illustre *leur complémentarité* et *leur intersolidarité*. En cas de rupture dans l'équilibre biologique d'un bac, il est utile d'avoir ces notions présentes à la mémoire; elles facilitent la détection de la cause du dérèglement et aident à la localiser. Bien entendu, elles ne suffisent pas: le symptôme n'est souvent qu'un effet; si l'on veut guérir, il faut connaître l'origine probable du mal, et ensuite savoir comment y remédier.

Les symptômes de rupture de l'équilibre

Le fait que l'équilibre se dégrade et donc que la santé de l'aquarium se détériore, est décelable : d'abord à de subtils indices tels que : coloration des poissons plus terne ou eau moins cristalline; puis, plus tard, grâce à des symptômes plus visibles, tels que ceux évoqués ci-dessous.

Poissons incommodés dans un bac récent

Si, dans un délai de moins de six semaines après l'installation d'un bac, les poissons meurent après être devenus apathiques et sans appétit, l'hypothèse la plus vraisemblable, quant à la cause de leur trouble, est celle d'une montée de nitrites.

De quoi s'agit-il ? Du cycle normal que nous avons brièvement évoqué au chapitre de l'eau, qui s'établit dans tout nouvel aquarium : matières organiques ➧ ammoniac ➧ nitrites ➧ nitrates.

Les déchets de toutes origines deviennent des *dérivés ammoniacaux,* lesquels sont dégradés, par des bactéries, en *nitrites,* ces derniers étant, à leur tour, transformés en *nitrates* par d'autres sortes de bactéries. Les deux premiers sont extrêmememcnt toxiques alors que les derniers sont tolérés.

Il en résulte que, dans un aquarium nouvellement créé, on doit introduire, dans les premiers jours qui suivent l'installation, quelques poissons tests réputés pour leur robustesse tels que des *Danio rerio* (cf. Le Mémento des Poissons) et ne compléter la population avec les sujets plus fragiles que lorsque le cycle, naturel et inévitable, est accompli. Cela demande un délai variable selon différents facteurs : température de l'eau, densité de population, équipement du bac que l'on a ensemencé ou non au départ avec des bactéries nitrifiantes.

Et pour savoir à quel stade du cycle se trouve l'aquarium, il faut faire un dosage comme nous l'avons indiqué au dernier paragraphe du chapitre précédent « L'Eau ».

Quant au processus, il se déroule selon le schéma ci-dessous :

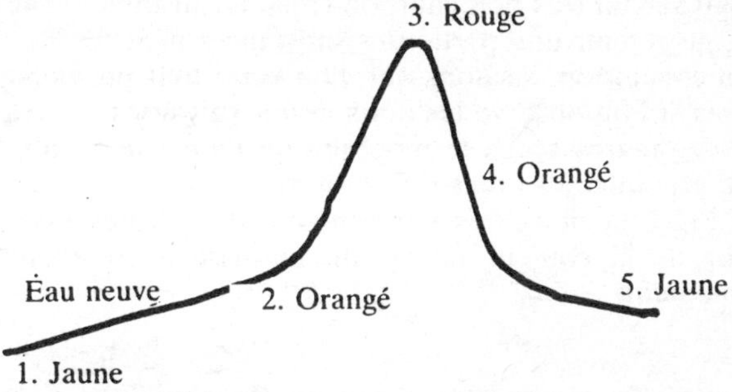

L'accomplissement de ce cycle demande environ 3 semaines à 25° et jusqu'à 6 semaines à 15°.

Ce schéma indique en (1) l'eau neuve exempte d'ammoniac, de nitrites ou de nitrates, puis la montée progressive en (2) et (3) vers le cap rouge dangereux, enfin en (4) le retour rapide vers le point (5). Celui-ci indique des nitrates stabilisés à la dose faible et correcte qui demeurera celle de l'aquarium aussi longtemps qu'un accident ne viendra pas perturber l'équilibre.

Il y a donc intérêt à mesurer les nitrates deux fois par semaine à partir de la création du bac jusqu'au retour au jaune. En effet, si on mesure au bout de trois semaines et que la réaction est jaune, on ne peut pas savoir si le dangereux cap rouge a été franchi ou reste à franchir.

• *Et si l'on est dans le rouge, que faire?*

Si les poissons ne sont pas incommodés, rien d'autre que de les surveiller, et de s'abstenir d'en introduire de nouveaux, jusqu'au retour au jaune.

Si les poissons paraissent mal en point, on peut changer 50 % de l'eau en échelonnant sur quelques heures le remplissage à l'eau neuve. Et introduire des bactéries nitrifiantes vivantes récupérées par prélèvement de la couche supérieure du sol, ou l'essorage de la charge filtrante d'un bac sain. A défaut de cette possibilité, introduire des bactéries lyophilisées, dont l'action sera plus lente. On peut alors renforcer ses chances de passer le cap périlleux en filtrant sur un très bon charbon capable, jusqu'à sa saturation, de retenir une partie des substances néfastes.

En conclusion, sachons que l'on évite tout problème de nitrites si l'on observe les deux règles suivantes :

1° 48 heures après le montage de l'aquarium : n'introduire que quelques poissons robustes;

2° mesurer deux fois par semaine les nitrates jusqu'au retour de la couleur jaune qui autorise à compléter le peuplement.

Poissons incommodés dans un bac ancien

La raison du malaise peut être la même que dans le cas précédent d'un bac nouveau, c'est-à-dire une poussée de dérivés ammoniacaux, cette poussée de nitrites résultant de la mort des bactéries nitrifiantes, avec deux causes possibles à leur décès : soit l'emploi d'un médicament du type antibiotique qui aurait tué cette flore bienfaisante, en même temps que les « microbes » que l'on voulait combattre; soit l'arrêt prolongé de l'aération ou du filtrage ayant également entraîné la mort de ces bonnes bactéries et leur remplacement par des bactéries dites anaérobies parce qu'elles vivent sans oxygène. Cette fâcheuse inversion du cycle bactérien a pour conséquence grave l'émanation de substances toxiques. Ce type d'accident est rare.

• *Le remède*

Il faut changer la moitié de l'eau immédiatement, rétablir filtrage et aération, réensemencer le bac en bactéries nitrifiantes.

Mort brutale de tout ou partie d'une population

Si la mort n'est pas consécutive à une maladie (cf. le chapitre correspondant), il y a de grandes chances qu'il s'agisse d'une intoxication à la limite de l'empoisonnement. La cause peut être une substance toxique, tombée dans l'eau, par inadvertance (produit d'entretien par exemple) ou présente dans l'air et pulsée dans l'aquarium par l'intermédiaire de la pompe à air (vapeurs d'insecticide, de désodorisant ou de peinture notamment).

• *Le remède*
Changer le plus possible de l'eau contaminée, et bien entendu supprimer la cause.

L'eau verte

Il ne s'agit pas ici d'une coloration imputable à la présence d'algues vertes sur les glaces et les rochers (voir page 74) mais bien à l'eau elle-même. Ce phénomène provient d'un développement parfois progressif mais quelquefois soudain d'algues microscopiques en suspension dans l'eau. N'était son côté inesthétique, une telle eau est parfaitement saine, pourvu qu'il n'y ait pas prolifération excessive, auquel cas le danger deviendrait réel : ces algues pourraient mourir brusquement par suite d'une modification du milieu, sous l'influence d'un temps orageux, par exemple. L'eau vire alors au *jaune-vert purée de pois* et, brusquement devient toxique : un changement d'eau immédiat s'impose. Il faut donc intervenir dès l'apparition du phénomène, rare sous un éclairage artificiel même intense, plus fréquent en été dans un bac recevant un excès de lumière solaire. Pour y remédier, on peut, dans l'ordre croissant : interposer un écran entre le soleil et l'aquarium; faire manger les algues par une colonie de Daphnies (voir page 171); mettre, aux doses indiquées pour traitement de choc, un des stimulants biologiques du commerce; acidifier le pH de 4/10 — de 7,2 à 6,8 par exemple (voir page 140 « Les Eaux ») — pour exploiter l'étroitesse de la marge de tolérance des algues. Une astuce préventive efficace pour un aquarium trop ensoleillé consiste, en été, à masquer la glace de côté recevant le plus de rayons solaires.

L'eau grise — L'eau laiteuse

○ L'eau grise est consécutive au développement inopiné de *certaines bactéries.*

○ L'eau laiteuse, ainsi qualifiée parce qu'il semblerait que l'on ait versé quelques gouttes de lait dans l'aquarium, est la forme aggravée, aiguë de l'eau grise, due à la vertigineuse prolifération des mêmes bactéries : l'eau « tourne ». Cela survient dans deux circonstances : soit dans un milieu surpeuplé et surnourri soit, et c'est le plus fréquent, dans les jours qui suivent l'installation d'un nouveau bac, dont le cycle biologique n'est pas encore établi.

• *Le remède*

Changer 50 % de l'eau, réduire la nourriture, augmenter le filtrage et l'aération. Le phénomène disparaît souvent en 48 heures, surtout si on a pu introduire quelques bactéries nitrifiantes (cf. « L'Eau » et « L'Equilibre »).

En cas d'échec, si étant également aquariophile marin vous disposez d'une lampe à UV (ultraviolets), il peut être très efficace de stériliser votre eau aux ultraviolets pendant quelques jours.

L'eau trouble

Elle ne constitue évidemment pas une anomalie si elle est due à une cause fortuite, telle qu'un arrêt du filtre, une distribution récente de nourriture, un départ en expédition d'un poisson fouilleur ou fouisseur. Le trouble cessera avec la disparition de la cause accidentelle, Il n'en est pas de même des deux symptômes suivants.

L'eau poussiéreuse

L'eau paraîtrait parfaitement limpide, si ce n'était la présence *d'une sorte de poussière ténue* constituée de particules fines régulièrement calibrées et non moins régulièrement réparties; le diagnostic et le traitement s'apparentent au phénomène des flocons (ci-dessous).

L'eau floconneuse

Le terme (à défaut de meilleur) qualifie cette sorte de dépôt, de couleur brune, léger en consistance mais parfois important en volume, qui ressemble à *une accumulation de daphnies mortes*. Certains ouvrages allemands et anglais y font parfois une discrète allusion sous le nom de « mulm ».

Ces deux phénomènes, auxquels personne n'a jamais fourni une explication, sont fâcheux pour l'esthétique mais sans gravité. Il s'agit apparemment d'une sorte de maladie inoffensive de l'eau qui survient brutalement et disparaît parfois de même. L'origine en est inconnue mais nous pouvons dire, surtout en ce qui concerne l'eau floconneuse, que nous l'avons constatée le plus souvent dans les bacs peuplés de poissons gros mangeurs, et surtout gros consommateurs d'oxygène tels que les « Barbus » (voir page 300).

• *Le remède*

Bien sûr et comme toujours à titre préventif, éviter suralimentation et surpopulation. Quant au traitement curatif, il consiste à effectuer des siphonnages *fréquents* de 30 % de l'eau, de manière à aider celle-ci à recouvrer ses capacités d'autorégénération. Ces changements d'eau sont encore plus efficaces si l'on utilise un polymérisant pour aquarium (en vente chez votre détaillant). Ce produit, comme son nom l'indique, a la propriété de faire se regrouper, s'agglutiner, s'oxyder, particules et dépôt disgracieux. Il suffit ensuite de siphonner ces derniers.

L'eau blafarde jaunâtre

C'est une eau ni verte, ni laiteuse, ni trouble mais qui est terne, triste, jaunâtre. Si l'on mesure son pH, on a les plus grandes chances de trouver un chiffre bas inférieur à 7. C'est une eau fatiguée, saturée d'éléments indésirables.

Deux hypothèses peuvent expliquer cette situation :

Ou bien le bac est d'installation relativement récente et alors son hygiène est mauvaise pour une ou plusieurs raisons suivantes : plantes trop peu nombreuses, densité de poissons trop forte, nourriture trop abondante, éclairage très insuffisant.

• *Le remède*

Faire, à 48 heures d'intervalle, deux changements d'eau de 30 % du volume du bac et supprimer la ou les causes.

Ou bien tout est correct et l'hygiène du bac ne peut pas être mise en cause. Dans ce cas, il faut conclure que l'aquarium, aménagé depuis trop longtemps, est tellement saturé que les changements partiels d'eau sont inopérants.

• *Le remède* est, dans ce cas, la réfection totale.

La disparition des planorbes ou leur prolifération

La disparition

Déjà signalés comme « mangeurs d'algues » (voir page 104), les escargots en général et les planorbes en particulier sont également des détecteurs précieux de l'altération de l'équilibre biologique. Les animaux inférieurs et les plantes sont plus sensibles à une altération du milieu ambiant que les animaux supérieurs, mieux défendus par un organisme plus complexe. Il existe certes des milieux ne comportant rien d'anormal et dans lesquels les planorbes ne s'adaptent pas, telle une eau très douce et acide; mais, dans tous les cas où ces mollusques vivaient et se multipliaient, leur mort est l'indice *d'une altération des conditions de vie.* L'aquariophile doit donc considérer leur disparition comme un signe d'alarme et comme une injonction d'avoir à rétablir l'équilibre biologique par l'un des moyens appropriés, depuis le simple siphonnage jusqu'à la réfection. Mais avant de « tout refaire », il peut être judicieux de tenter une cure d'oxygénation purificatrice.

L'oxygénation peut se réaliser à l'aide d'un appareil autonome (Oxydator) et peu encombrant qui fonctionne sans électricité selon le processus suivant. La solution liquide qui le garnit se décompose, sous l'action d'un catalyseur spécial en céramique, en libérant des atomes d'oxygène dits actifs ou naissants. Il résulte de son action une destruction des matières organiques, lesquelles sont décomposées en nitrates et gaz carbonique utile aux plantes. Ce pouvoir d'oxydo-réduction se complète des trois actions suivantes : désinfection douce, régulation des algues, développement des bienfaisantes colonies bactériennes aérobies.

L'emploi de cet appareil se justifie dans le cas d'aquarium souffrant de surpopulation, de suralimentation ou de carence mal définie. Mais en fonction même de son action il paraît sage d'interrompre son fonctionnement pendant l'usage d'un médicament dont il risquerait d'accélerer l'oxydation.

La prolifération des planorbes

Si, au lieu de disparaître, au contraire, les mollusques prolifèrent, on peut, soit les faire manger par un « tetraodon » ou par certains « botias » qui en sont friands (consulter le Mémento des poissons), soit placer dans l'aquarium une feuille d'épinard ou de salade ébouillantée. Une heure plus tard, on enlèvera la feuille sur laquelle nombre de mollusques seront venus festoyer. Quant aux produits chimiques proposés par le commerce aquariophile, ils doivent être utilisés avec circonspection, la dose efficace n'étant pas toujours inoffensive pour les poissons.

Les plantes chétives

○ L'étroitesse de la marge de tolérance des plantes;
○ la négligence des recommandations sur l'enfouissement;
○ le mauvais éclairage;
○ l'oubli du bouturage de certaines, et de la période de repos normale pour certaines autres; sans oublier celles qui ont été dévorées par les poissons ou qui n'ont pas pu reprendre à cause de leur mauvais état lors même de l'achat;
○ dans un bac ancien, l'inévitable concentration de substances qui agissent comme engrais à petite dose, et comme toxique après dépassement de la dose optimale; ou plus fréquemment, alors même qu'il y a surabondance des éléments principaux notamment azotés que nous venons d'évoquer, l'épuisement des oligo-éléments (manganèse, zinc, cobalt, cuivre etc.) qui sont absolument indispensables à la santé des végétaux: voilà la longue liste des causes possibles de déconvenues subies par certains amateurs, dans leur recherche du meilleur équilibre, dans ce domaine de la botanique où il nous reste beaucoup à apprendre.

Personne en effet n'est en mesure de dire pourquoi une plante d'appartement qui se plaît dans une salle à manger périclite dans le salon, alors que les deux pièces jouissent (à nos yeux) d'une orientation semblable. Il est évident, d'une part, que dans de tels cas nous ne pouvons qu'enregistrer les faits; d'autre part, que l'adoption d'un pot plus grand pour la plante d'appartement, ou d'un sol plus riche et d'un engrais miracle pour la plante d'aquarium sont inutiles. Ces solutions ne sont fructueuses que pour une plante « adaptée » mais incapable de s'épanouir dans la luxuriance par suite d'un sol trop pauvre ou d'un habitacle trop petit.

Dans la grande majorité des cas difficiles, le résultat recherché sera atteint par la juxtaposition des observations personnelles (valables pour un cas particulier) aux conditions techniques que nous avons indiquées.

Mais dans le cas où de malheureuses plantes étirent vers la lumière des tiges amaigries, la première mesure à prendre est de tenter une cure régulière d'oligo-éléments sous forme d'une solution liquide en vente chez votre détaillant aquariophile.

Si c'est un simple jaunissement des feuilles qui est constaté ou si la carence se limite à la croissance de feuilles couleur vert jaune, on peut traiter avec de *très petites doses* de perchlorure de fer (le résultat est identique à celui obtenu dans un jardin avec le sulfate de fer).

Les aquariums déplantés

Il arrive que certains amateurs trop pressés introduisent dans leur bac, au lieu de sujets encore petits et de mœurs sûres, des poissons presque adultes dont certains sont herbivores.

Satisfaits de la relative beauté de l'ensemble, ils acceptent un aquarium déplanté, ayant perdu beaucoup de son esthétique et 50 % de ses chances d'équilibre. (Sur un grand volume d'eau, où les autres facteurs — lumière, nourriture, etc. — sont satisfaisants, il s'établit un équilibre précaire, comme dans un organisme sain dont un organe est absent.)

Cette situation contre-indiquée comporte presque toujours un remède, la végétation qui garnit les bacs des muséums abondamment peuplés de sujets adultes le prouve. Il convient dans de tels cas, après avoir éliminé les individus qui coupent les plantes, *de limiter la plantation aux espèces les mieux respectées,* lesquelles seront groupées en massifs compacts, à une époque où certaines des espèces de poissons conservées ne s'emparent pas des jeunes pousses pour en faire leur nid. Enfin, s'il s'agit de poissons qui déterrent les plantes, sachez qu'aucune pierre ne les arrêtera; il faut acheter des morceaux de madrépores (co-

---

Au lieu de verser l'engrais liquide dans l'eau de l'aquarium, une bonne solution consiste parfois à l'infiltrer dans le sol à l'aide d'une vieille seringue hypodermique.

---

rail blanc) cassés, et constituer autour de chaque massif un récif protecteur dont aucun poisson ne pourra s'approcher impunément pour son épiderme. Malheureusement, cette astuce ne constitue une solution que pour des aquariums peuplés de poissons indifférents à la dureté de l'eau, compte tenu du fâcheux pouvoir des coraux d'augmenter la « teneur en calcaire » (Cf. « Les Eaux » p. 134).

L'odeur de fermentation et les taches noires dans le sable

Une odeur putride, sans aucun rapport avec celle qui émane normalement d'un milieu aquatique sain, est l'indice *d'un foyer de fermentation;* il importe de le découvrir. Si la cause n'est pas la présence d'un cadavre de poisson, il peut s'agir d'un rhizome de plante ayant contaminé en profondeur le sable environnant, lequel a noirci et répand une odeur nauséabonde. Cette infection peut gagner progressivement tout le sable; il est donc essentiel d'enlever, en plus de la partie noire, la zone environnante, et de contrôler, quelques semaines plus tard, s'il n'y a pas récidive; dans ce cas le sol devrait être bouilli ou changé.

Cet accident exceptionnel ne doit pas être confondu avec *un noircissement du sable* à la surface, ou contre la glace.

Ce recouvrement du sol, du sable, des roches et des plantes résulte d'une pellicule constituée d'un mélange de micro-organismes où dominent des algues dites cyanobactéries. En langage aquariophile usuel on parle de cyanophycées ou d'algues bleues, même s'il y a des variantes dans la coloration de ces algues.

Quant au traitement, il faut siphonner la pellicule encroûtante et passer une raclette à lame ou un couteau de peintre entre le sable et la vitre pour détacher la pellicule.

La longueur de ce chapitre est inhérente aux précisions fournies et non à des difficultés particulières pour maintenir un bon équilibre dans un bac. En fait, la conduite d'un aquarium est d'autant plus simple que lorsqu'un trouble survient, un diagnostic exact n'est pas nécessaire, puisque le traitement le plus commun se résume aux siphonnages préconisés au chapitre « L'Entretien » (qui aurait pu s'appeler « L'Hygiène de l'aquarium » !)

Sauf cas d'espèce, un aquarium, « ça marche tout seul »; les problèmes sont généralement réservés à ceux qui s'en créent comme le montre l'exemple qui va suivre.

Une sorte de carence, d'anémie difficile à définir est constatée dans un aquarium. Aucune cause précise n'est décelable, et il est décidé, pour remédier à cette menace supposée de rupture d'équilibre, de fortifier le milieu par adjonction de 1 % d'eau de mer. Tel amateur s'en tiendra là, quitte à prendre des mesures logiques le jour où un diagnostic précis deviendra possible. Tel autre, voulant trop bien faire, mesurera son TH et constatera l'augmentation brutale de 8°, consécutive à l'adjonction de 1 % d'eau de mer; pris de panique, le voilà se précipitant chez son détaillant habituel.

Or, que faut-il penser de cette augmentation de TH? Elle résulte de l'apport de chlorure de calcium, principal responsable de la « dureté »; mais comme l'eau de mer contient aussi d'autres sels antagonistes, la dureté effective agissante n'a plus aucun rapport avec la dureté mesurable, qui a effrayé à tort notre chimiste. Son calcul, bien qu'exact, était faux — aquariophiliquement parlant.

Cette anecdote nous incite à nous défier de la règle à calcul et à ne pas abuser de l'éprouvette. L'aquariophile progresse par l'application aux connaissances scientifiques des correctifs qu'impose la lente observation de la nature. Celle-ci garde encore de nombreux secrets; elle n'aime pas être violée.

Les meilleurs remèdes sont ceux qui l'aident à se guérir elle-même, l'intervention de l'aquariophile se bornant autant que possible à lui faciliter les choses, en lui fournissant les éléments de guérison.

L'axiome de Bacon sera toujours la règle d'or : « La nature, pour être commandée, doit être obéie ».

DEUXIÈME PARTIE

Le guide des poissons

Qu'est-ce qu'un poisson ?

Zoologie et anatomie

Vertébré adapté à la vie aquatique, par son corps fusiforme plus ou moins hydrodynamique, le poisson a le corps le plus souvent protégé par des écailles imbriquées — telles les tuiles d'un toit — et recouvertes d'un mucus protecteur contre l'infection. (C'est afin de ne pas décaper cette protection que l'aquariophile doit toujours manipuler ses poissons à l'épuisette et non à la main.)

• **Le mouvement** est assuré par des nageoires qui sont aux poissons ce que les membres sont aux mammifères. Certaines servent à la propulsion, les autres à la direction. Ces nageoires sont tellement spécifiques qu'elles constituent pour l'ichtyologiste (cet homme de science qui s'occupe des poissons) un moyen d'identification des espèces. C'est ainsi que l'on trouve dans les livres de portée scientifique des mentions telles que : DV-VI/8-10, qui signifient que, chez l'espèce en cause, la nageoire dorsale comporte cinq à six rayons épineux pour huit à dix rayons branchus. (Signalons d'autre part que ces ouvrages indiquent les sexes au moyen de signes conventionnels : ♂ pour le mâle et ♀ pour la femelle).

Excepté la présence d'une vessie emplie d'air (dénommée par certains vessie natatoire et par d'autres vessie gazeuse) qui remplit un rôle hydrostatique en facilitant les changements de niveau d'eau qui entraînent des différences de pression : l'organisme des poissons est proche de celui des autres animaux supérieurs.

• **Le système digestif,** notamment, comporte les organes habituels : estomac, foie, rein, intestin avec des fonctions comparables. Les dents buccales sont parfois absentes; quand elles existent, elles jouent davantage un rôle de préhension que de mastication, cette dernière fonction étant dévolue aux dents pharyngiennes. L'originalité alimentaire et digestive des poissons réside dans leur aptitude à supporter de longs jeûnes ce qui en fait les animaux les plus accommodants pour leur propriétaire.

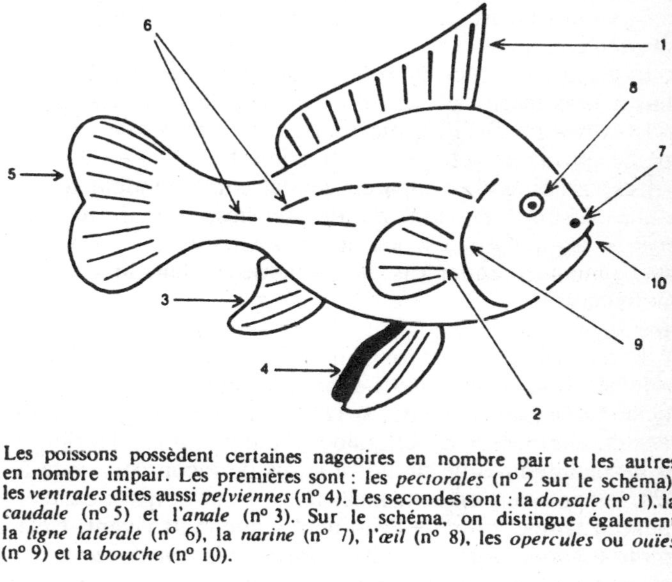

Les poissons possèdent certaines nageoires en nombre pair et les autres en nombre impair. Les premières sont : les *pectorales* (n° 2 sur le schéma), les *ventrales* dites aussi *pelviennes* (n° 4). Les secondes sont : la *dorsale* (n° 1), la *caudale* (n° 5) et l'*anale* (n° 3). Sur le schéma, on distingue également la *ligne latérale* (n° 6), la *narine* (n° 7), l'*œil* (n° 8), les *opercules* ou *ouïes* (n° 9) et la *bouche* (n° 10).

• **La respiration,** tout au moins chez les espèces qui intéressent l'aquariophilie, s'effectue par les branchies, qui prélèvent par osmose l'oxygène de l'eau. De plus, certaines espèces possèdent un appareil respiratoire additionnel, tel que le labyrinthe chez les Anabantidae.

• **Le système circulatoire,** commandé par un cœur formé d'une oreillette et d'un ventricule, est exclusivement veineux.

• **Les sens** sont très développés. Les poissons distinguent les formes et les couleurs et, selon leurs mœurs, ont une acuité visuelle plus grande la nuit ou le jour. Certaines espèces sont dotées, en outre, d'organes tactiles. Leur sensibilité au bruit est très grande, l'organe de perception étant principalement constitué d'un ensemble nerveux nommé « ligne latérale ». Continue ou discontinue, celle-ci transmet toute vibration de l'eau et leur permet de trahir l'émotion : ainsi la peur les fait sursauter, ou modifie leur coloration qui est par ailleurs influencée par un don de mimétisme.

L'odorat leur permet d'effectuer un choix parmi les nourritures inertes et de s'éloigner de celles moisies; il les aide également à l'identification de leurs frères de race et même, probablement, à la distinction des sexes.

Les variantes de l'appareil génital correspondent à des modes de reproduction très différenciés; la majorité des espèces sont ovipares, les autres vivipares*, c'est-à-dire que, dans le premier cas, il y a ponte et dans le second, parturition.

• Enfin, ne quittons pas l'organisme des poissons sans nous souvenir que ceux-ci sont des animaux dits à **sang froid.** Cela veut dire que, si nous humains sommes capables de compenser les effets de la température extérieure et de maintenir celle de notre corps de façon constante à 37°, les poissons en sont incapables. Leur corps a exactement la température de l'eau dans laquelle ils vivent. Cela implique que, ***tout changement brusque de température,*** supérieur à 3°, leur est extrêmement néfaste.

Le propriétaire des poissons doit toujours se souvenir de cette caractéristique particulière, et ne déplacer ses pen-

---

* L'emploi de ces termes ovipares et vivipares, pour être consacré par l'usage, n'en est pas moins très incorrect.

La viviparité étant le propre des mammifères, et l'alevin ne se nourrissant pas au contact du placenta maternel, c'est *ovovivipare* qu'il faudrait dire.

Et c'est le mot *ovulipare* qu'il conviendrait d'employer pour ovipare, la femelle pondant, non des œufs fécondés, mais des ovules qui ne sont fécondés qu'après leur ponte.

sionnaires que dans des eaux de températures comparables.

Ce fait n'empêche pas un ***changement de température progressif*** d'être éventuellement bénéfique. Dans un petit bac où les poissons sont fragilisés par l'exiguïté de leur habitat, les variations sont à éviter. Mais dans un grand bac où les conditions de vie sont plus naturelles, une variation modérée de 3° par exemple, est salutaire. Dans la nature, même si l'eau connaît des variations plus faibles que l'air, elle n'atteint pas le même niveau à midi et à minuit.

Une certaine variation se produit d'ailleurs tout naturellement dans un aquarium lorsque les calories dégagées par un éclairage font monter à 26° la température plafonnée à 24° par le thermostat.

Cette aptitude des poissons à subir sans dommages des écarts de température en fonction des conditions de vie qui leur sont offertes est démontrée par ce fait : il est possible de faire vivre et même se reproduire des poissons exotiques dans des bassins de plein air entre juin et septembre si la température de l'eau évolue entre 15° pendant les nuits fraîches et 30° aux heures d'après-midi quand le soleil darde ses rayons.

Facultés et comportement

• **Les facultés :** ce domaine est aussi mystérieux chez les poissons que chez les autres animaux. Leurs facultés obéissent à des instincts dont certains aspects nous surprendront toujours. Ainsi tous les aquariophiles constatent que, sitôt une épuisette dans l'eau, le poisson convoité se cache, tandis que ses compagnons continuent de vaquer à leurs occupations. Il y a donc une sorte de prémonition, du danger notamment, mais pas le plus élémentaire sens pratique : ainsi un poisson aura rarement l'instinct de reculer pour se dégager d'un obstacle ou sortir d'une épuisette ou d'une nasse; il essaiera inlassablement de la percer sans penser à se retourner.

• **Le comportement** social est en partie fonction des nécessités alimentaires; un poisson que la nature a créé carnassier ressemble aux fauves terrestres : il vit généralement en solitaire ou dans un très petit groupe. Le terme de méchanceté reste vide de sens en matière de sociabilité, car ces espèces, qui doivent tuer pour manger, sont presque les seules à fournir de très bons parents. D'autres, socialement inoffensives, mangent leurs alevins. Ces dernières, en général petites, aiment vivre en groupe; c'est pourquoi il ne faut jamais (sauf exceptions signalées dans le Mémento) acheter un seul poisson, mais deux au minimum si l'on connaît les sexes, ou sinon trois pour avoir ainsi les plus grandes chances de posséder un couple.

• **Le «sentiment»,** au sens où nous l'entendons, semble absent du comportement de la plupart des poissons, avec toutefois des exceptions troublantes. Ainsi quelques Cichlidae sont capables de reconnaître à la vue ou à la marche la personne qui les nourrit, certains couples se forment par un libre choix et chaque partenaire reste alors généralement fidèle à l'autre dans leur vie sexuelle. Il arrive qu'à la mort de l'un, le survivant refuse un autre conjoint et, même, rejoigne le disparu dans la mort.

Enfin, les espèces les plus évoluées prennent volontiers des habitudes; celle de recevoir la nourriture à un endroit précis, de dormir (sans fermer les yeux puisque les poissons n'ont pas de paupières) à l'emplacement qu'ils ont adopté. La notion de territoire est parfois très développée; l'intrus se voit chassé de l'aire que l'occupant considère comme sa propriété. Il n'empêche que, excepté chez les espèces très agressives, l'arrivée d'un nouveau sujet est généralement bien tolérée, s'il ne fait pas figure de concurrent.

L'alimentation

Avec le sommeil, l'alimentation est, pour tout organisme vivant, le moyen de réparer une partie de son usure et de trouver l'énergie nécessaire à son entretien.

Dans la nature, en dehors des poissons carnassiers qui font irrégulièrement un festin sous forme d'une grosse proie, les autres espèces emploient systématiquement une bonne partie de leur temps à rechercher une nourriture qu'ils grignotent au fur et à mesure de sa découverte.

En captivité, il ne peut en être de même. Les poissons prennent très vite l'habitude de recevoir, deux ou même une seule fois par jour, les aliments qui leur sont destinés. Ils finissent même par savoir l'heure à laquelle la manne nourricière va tomber.

En haut : poisson se nourrissant en surface
Au milieu : poisson se nourrissant en pleine eau
En bas : poisson se nourrissant sur le fond

On a écrit des poissons, sous prétexte que c'est le cas de quelques espèces, qu'ils étaient des voraces mangeant tout le temps n'importe quoi. Les fins pêcheurs (ces aquariophiles qui s'ignorent), tout comme les propriétaires d'aquarium, savent qu'il n'en est rien. Inutile d'offrir un grain de chenevis à une truite; inutile d'offrir des daphnies sèches à un combattant.

Il n'en faut pas conclure que les poissons réclament des repas fins, des « petits plats », mais seulement, qu'il convient de leur donner une nourriture adaptée à leurs besoins et à leurs goûts.

L'alimentation des poissons adultes

Les nourritures sèches

Sous des appellations variables selon les pays, les nourritures sèches sont composées de viandes, poissons, crustacés et céréales, qui ont été étudiées et équilibrées; certains de ces mélanges sont accompagnés d'épinard, et autres éléments végétaux pour les nombreuses espèces partiellement herbivores. Toutes contiennent une juste proportion de glucides, lipides et protéines, sans oublier vitamines et oligo-éléments.

Les meilleures de ces nourritures sont présentées en granulés ou en paillettes friables, ce qui est la bonne formule, chaque poisson trouvant un module correspondant à sa bouche. Quant à la forme tablettes, elle est destinée aux poissons de fond répugnant à monter en surface ou même à mi-eau. La version « en poudre » de ces mêmes marques est à réserver aux alevins, car une présentation trop fine multiplie les particules dédaignées, facteurs de pollution et de multiplication des algues indésirables.

A côté de ces excellentes nourritures composées, on vend des daphnies en boîte, petits crustacés séchés d'une valeur nutritive dérisoire*. Une telle alimentation ne répond en rien aux besoins de nos espèces exotiques, et ne doit être donnée (en alternance avec les nourritures composées) qu'aux poissons rouges et aux poissons japonais, dont l'intestin est rendu très sinueux, par la forme ovoïde de leurs corps. Seuls ces gros mangeurs, qui souffrent facilement de constipation, peuvent tirer profit d'une nourriture « de remplissage » partiellement composée de daphnies séchées.

Les nourritures lyophilisées

C'est-à-dire desséchées par congélation puis sublimation sous vide afin de garder le maximum de propriétés nutritives, sont assez estimées par la majorité des poissons. Ce procédé de conservation est utilisé notamment pour les vers de vase et les tubifex. Ainsi présentées, ces proies sont moins excitantes que sous forme congélée, car elles ont perdu la couleur rouge qui les rendait alléchantes.

Les nourritures congelées

Bien qu'elle ne conserve pas la vie et par conséquent le mouvement, la congélation représente la solution presque idéale au problème alimentaire. Elle permet, en effet, de conserver des nourritures dans un état de fraîcheur qui leur garde la saveur de l'aliment frais. Elle satisfait la grande majorité des poissons, à l'exception de ceux qui ne s'emparent d'une proie que si celle-ci bouge.

Pour l'utilisation de ce type d'aliment, l'amateur dispose de deux solutions :

— soit acheter, chez son commerçant en aquariophilie, des aliments congelés du type de ceux évoqués ci-dessous au titre de proies vivantes (notamment des vers de vase et

---

* Nous verrons plus loin qu'il en va tout autrement des daphnies vivantes.

des artémias) et les conserver tout le temps désiré dans son propre congélateur, ou seulement une semaine dans le freezer d'un réfrigérateur;
— soit assurer soi-même la congélation de proies achetées vivantes si l'on habite trop loin du fournisseur pour pouvoir effectuer le transport sans risque de décongélation.

Dans tous les cas, pour la distribution, le meilleur procédé consiste à mettre à flotter, dans le bac, un cube d'aliment non décongelé. Pourquoi ? Parce qu'au lieu de tomber sur le fond, les proies se libèrent au fur et à mesure de la fusion du bloc de glace qui les enserrait. Elles descendent alors d'une façon plus naturelle et donc plus attractive pour les poissons qui les guettent.

Les nourritures végétales

Très appréciées de certaines espèces (Cf. « Le Mémento des poissons »), les nourritures végétales les meilleures sont les épinards cuits (en branches, frais ou congelés) et la laitue crue. Pour la présentation de cette dernière, une bonne solution consiste à piquer dans le sol 1/2 feuille verte dont il sera facile de récupérer la partie non consommée.

Les nourritures vivantes usuelles

• **Les vers de vase (Chironomus)** : cette petite larve d'un moustique parfaitement inoffensif, ce pseudo-ver au corps annelé rouge vif est sans doute le mets le plus apprécié des poissons. Il est en outre très fortifiant par sa teneur en hémoglobine.

Cette nourriture n'est pas disponible toute l'année car il y a une période dite d'envol, au moment de la métamorphose en insecte parfait. En l'achetant dans un magasin spécialisé plutôt que chez un marchand d'articles de pêche, on jouit d'une meilleure hygiène : les vers y sont lavés, nettoyés, incorporés à un peu de poudre de tourbe ou de liège afin d'éviter qu'ils ne s'agglutinent entre eux.

Ils peuvent être conservés quelques jours, en milieu frais et humide, par exemple dans un linge légèrement humecté et situé dans le bas d'un réfrigérateur.

• **Les tubifex**: parce qu'ils sont également à sang rouge, les tubifex qui appartiennent au groupe des « Annelides oligochètes » viennent immédiatement après, dans les nourritures de haute valeur nutritive. Il s'agit de véritables petits vers aquatiques d'un diamètre minuscule, et longs de plus de 1 cm. Ils se présentent sous forme d'une masse grouillante, plus brune que rouge. Certains auteurs conseillent de ne pas en abuser; d'autres expriment davantage de craintes que pour les autres nourritures vivantes, relativement aux risques sanitaires. Quoi qu'il en soit, c'est une nourriture largement utilisée partout où elle est disponible. La conservation s'effectue aisément une semaine sous un filet d'eau ou dans une petite boîte gardée aux environs de 5° et contenant un peu d'eau renouvelée deux fois par jour.

• **Les daphnies**: dénommées communément « puces d'eau », sont des petits crustacés d'eau douce (de l'ordre des Cladocères) collectés dans des eaux stagnantes riches en matières organiques. Ils constituent une nourriture très appréciée par la presque totalité des poissons — surtout la variété Daphnia pulex, petite, de couleur variable selon son alimentation et dont la conservation est meilleure. Les daphnies se nourrissent d'algues, de bactéries et de particules organiques; c'est pourquoi elles possèdent la propriété, non pas de nettoyer, mais d'épurer un bac dans lequel des algues vertes flottantes font une apparition fâcheuse. Dans un aquarium bien aéré, on peut en mettre une certaine quantité: elles ne risquent pas de polluer l'eau, puisqu'elles restent vivantes et ne peuvent pas s'enterrer, comme font les tubifex et même les vers de vase. C'est donc la seule nourriture qui puisse être distribuée en quantité supérieure aux besoins immédiats, et la seule qui, absorbée en excès, ne provoque pas d'indigestions (étant sans doute légèrement laxative).

Usuelles dans certaines régions, sauf en période de gel, et inconnues ailleurs, les daphnies constituent une excellente nourriture. La conservation de ces petites proies chez soi n'est possible que dans un bac bien aéré, et à la condition de les nourrir de quelques matières organiques. Quant à l'élevage, il est illusoire, à moins de disposer d'un bassin dans un jardin. (A noter à leur sujet les deux modes de reproduction : l'un sexué, l'autre parthénogénétique*).

• **Les cyclopes :** ainsi nommés à cause de leur unique œil frontal, sont également de petits crustacés d'eau douce de l'ordre des copépodes. A des tailles supérieures à 3 mm, ils peuvent être dangereux pour les alevins; mais leurs larves, les nauplies de 1 mm, représentent une nourriture excellente, encore plus appréciée que les daphnies, et de meilleure conservation.

Les marchands en reçoivent à la place des daphnies, lorsque les eaux des lieux de pêches sont fraîches.

Toutes ces « bestioles » ne se trouvent pas toujours aisément. Avec tous les résidus : détergents, détersifs, engrais chimiques, pesticides, etc., déversés dans les mares, les ruisseaux et même les rivières. La rareté de toute cette petite faune risque de s'étendre à beaucoup de régions. Heureusement, il y a les *artémias.*

• **Les artémias :** au contraire des proies précédentes, qui sont prélevées dans la nature, les *artémias salina,* originaires de certaines eaux marines et saumâtres, sont élevées dans des stations d'aquaculture spécialisées. On peut s'en procurer chez les détaillants bien achalandés, sous forme de sachets-doses dans lesquels les crevettes ont une survie de trois jours, si l'on prend soin de les conserver au frais. Il s'agit d'une nourriture de tout premier ordre, à la fois d'une absolue sécurité sur le plan sanitaire et d'une grande qualité nutritive. Malheureusement, elle est coûteuse.

---

* La parthénogenèse est un mode de reproduction qui permet aux femelles de perpétuer l'espèce sans avoir été fécondées par un mâle.

Les nourritures inusuelles

Malgré les éminentes qualités des nourritures sèches actuelles, souvent acceptées avec empressement par des espèces réputées pour n'apprécier que ce qui « bouge », il est souhaitable de distribuer parfois des repas composés si possible de proies vivantes ou congelées ou à défaut d'aliments frais.

Ceux-ci peuvent consister soit en un peu de foie ou de cœur de bœuf cru et râpé (la quantité distribuée devant être strictement limitée à ce qui est immédiatement absorbé); soit en fragments de chair de poisson maigre ou mieux encore en quelques œufs de poissons (toujours crus), ou encore en chair de moule. *Voici comment l'utiliser:* après cuisson on prélève le « manteau », cette partie charnue jaune, qui entoure la partie organique du corps de la moule. Pour les poissons d'une taille supérieure à 4 cm, il suffit de le fractionner en morceaux, tandis que pour certaines petites espèces, il est nécessaire de le hacher. Dans ce cas, la dissémination dans l'aquarium de particules albuminoïdes peut provoquer une traînée laiteuse que certains filtres sont longs à résorber.

Outre les nourritures précitées il existe quelques autres proies vivantes utilisables. (Cf. « La santé de l'aquarium » (G.M. 78). Les petits vers de terre ou lombrics entiers ou tronçonnés, sont excellents pour les gros poissons (Chichlidae, gros Barbus, etc.) de même que les insectes tels que : mouches, papillons, sauterelles, etc. pour certaines grandes espèces de surface.

Par ailleurs voici ci-dessous des « bestioles » que l'amateur peut produire lui-même.

Les élevages de l'amateur

Poussés par le désir de varier les menus offerts à leurs hôtes, des amateurs ont cherché à élever eux-mêmes de petites proies; quelques élevages présentent l'avantage d'être faciles à réaliser, même dans un très petit appartement.

• Les **artémias,** qu'avec un matériel relativement réduit, disponible dans le commerce, un particulier peut faire croître jusqu'à une taille proche de 1 cm. Nous évoquons la méthode d'ici quelques pages dans « L'alimentation du premier âge ».

• Les **enchytrées,** petits vers blancs, très prisés de tous les poissons, mais dépourvus d'hémoglobine et gras, que nous considérons et utilisons comme un excellent appoint. Voici comment réaliser leur élevage :

1. prendre une caissette de bois, de 10 cm de hauteur, et l'emplir jusqu'à 2 cm du bord, avec un mélange de terreau et d'un peu de sable pour alléger le milieu : recouvrir l'ensemble d'un carreau légèrement plus petit que la surface de la caisse et ayant un pan coupé pour pouvoir le lever facilement;
2. ensemencer le milieu en plaçant dans trois petites cuvettes, pratiquées dans la terre à quelques centimètres les unes des autres, 3 pincées d'enchytrées. (La souche peut être obtenue soit dans un magasin spécialisé, soit auprès d'une association d'aquariophilie);
3. maintenir le milieu frais en l'humectant de quelques gouttes d'eau quand cela est nécessaire; le tenir à l'obscurité et à une température d'environ 15° (une chaleur supérieure est très certainement la cause des échecs);
4. nourrir la souche de morceaux de biscotte trempés dans du lait (naturel ou en poudre) et placés dans les cavités, ensuite recouvertes du carreau;
5. chaque jour prélever la récolte et renouveler la nourriture, l'enlèvement de la partie éventuellement non consommée empêchant toute fermentation génératrice d'odeur.

Les vers, prélevés dans une coupelle, se libèrent eux-mêmes en peu de temps de la terre qui les entoure : c'est donc une nourriture parfaitement propre qui peut être distribuée. Parfois, la récolte baisse pour une cause inconnue; il convient de continuer comme si de rien n'était, jusqu'au retour à une situation normale.

• Les **vers Grindal** (de Madame Grindal, devrait-on dire, cette dame étant l'instigatrice de leur élevage). Il s'agit de petits vers blancs connus parfois dans la littérature américaine sous le nom de « Houston Worms » (qui seraient d'ailleurs une espèce légèrement plus grande). Ces enchytrées nains en quelque sorte sont capables de constituer un appoint de nourriture vivante, appréciée tant par les plus petites de nos espèces que par les grands alevins.

Voici, après essais comparatifs, la méthode la plus commode :

1. prendre une petite boîte de 20 cm × 10 cm × 10 cm en matière plastique dure munie d'un couvercle. Y percer, si la fermeture semble hermétique, quelques rares trous minuscules pour laisser passer l'air, mais non des intrus tels que moucherons ou acariens;
2. garnir la boîte d'un support convenable : mousse de Java (voir les plantes), sphaignes (Sphagnum) — sans doute le meilleur milieu — sorte de grande mousse lâche, trouvable dans de nombreuses forêts aux endroits humides tels que les bords de mares; enfin à la rigueur de la mousse de perlon;
3. ensemencer le milieu d'une pincée de petits vers qu'on se procure de la manière indiquée pour les enchytrées;
4. placer sur les sphaignes quelques tronçons de pots de fleurs, ou de soucoupes, en terre cuite brute (non vernie) la plus poreuse possible;
5. nourrir cette souche d'un peu de farine de froment usuelle étalée sur les morceaux de terre cuite;
6. le prélèvement (le premier, environ une semaine après l'installation) s'effectue (après avoir, le cas échéant, enlevé le reste de farine non consommé), en agitant légèrement le morceau de terre cuite porteur des vers dans l'eau du bac à nourrir;
7. les deux critères du succès sont : humidification suffisante (les supports de terre cuite doivent toujours être brillants d'humidité) et chaleur de 25 à 28° si possible, les résultats tombant à néant au-dessous de 22°.

Il est sage de posséder deux boîtes au minimum afin de pouvoir éventuellement désinfecter par ébullition (y compris les sphaignes) celle qui serait envahie par des acariens, par exemple, avant de la réensemencer à l'aide d'une souche de l'autre, restée saine.

A remarquer que ces cultures ne sont jamais intégralement vierges de micro-vers mais ceux-ci sont rarement envahissants. Il s'agit d'ailleurs de vers qui peuvent également être élevés, mais la méthode est plus délicate; le produit (minuscule pour des poissons adultes) fait pratiquement double emploi avec les artémias, pour les alevins.

• Les **vers de farine** sont les larves d'un insecte (Ténébrion) souvent présent dans les stocks des boulangers. Ces vers, quelquefois vendus chez des marchands d'oiseaux très approvisionnés, sont consommés par des poissons insectivores de forte taille. Quelques amateurs en font un élevage, très limité, dans une grande boîte couverte garnie de son, de farine, ou de biscotte broyée.

• Les **drosophiles** sont les petites mouches de vinaigre que certains amateurs acharnés élevaient pour les nombreux poissons partiellement insectivores.

Mais l'élevage était très malaisé à cause de la manipulation du mélange nutritif et de la difficulté de la collecte des bestioles volantes. Maintenant, parmi les mutations obtenues, se trouvent des souches inaptes au vol malgré leurs ailes et par conséquent théoriquement plus faciles à manipuler. C'est donc auprès de l'association aquariophile locale ou par la voie du courrier d'une revue d'aquariophilie que l'amateur intéressé peut se procurer la souche de drosophiles intéressante et le mélange nutritif le mieux adapté.

L'alimentation du « premier âge »

• Le micro-plancton

Le micro-plancton est à la majorité des bébés poissons des espèces ovipares ce qu'est le lait au bébé mammifère : une nourriture à peu près irremplaçable pour le bon départ d'une croissance normale. Souvent même, son apport représente une question de vie ou de mort, au point que, dans certaines reproductions, il est plus facile d'obtenir la ponte que de faire « démarrer » les alevins.

Ce micro-plancton se compose du phyto-plancton et du zoo-plancton. Le phyto-plancton, ou plancton végétal, utile à certains alevins d'espèces particulièrement végétariennes, se trouve dans les algues vertes et, spécialement, dans les algues flottantes de l'eau verte, si recommandable pour les jeunes vivipares. Un mélange d'animalcules (crustacés, rotifères et infusoires) compose le zoo-plancton.

• **Les infusoires**

Les infusoires constituent pour les nouveau-nés des espèces omnivores — et a fortiori pour les carnivores — la seule alimentation convenant à la larve qu'est souvent le poisson ovipare nouveau-né. Sitôt résorbé le vitellus contenu dans leur vésicule ombilicale, il convient de fournir le plus rapidement possible ces protozoaires quasiment microscopiques aux alevins, signalés dans le Mémento comme tributaires de cette nourriture. Voilà une des raisons pour lesquelles nous préconisons de placer du riccia dans les bacs de ponte : cette plante de surface est une première pourvoyeuse de ces précieux infusoires dans l'attente de la production issue d'une véritable culture.

Comment se procurer ce plancton ?

Les infusoires

Outre les méthodes naturelles dont nous parlons ci-dessous, le commerce spécialisé offre des comprimés destinés à produire des infusoires. Ce produit, parfois présenté également sous forme liquide, favorise la croissance et la multiplication des infusoires à la seule condition que ces précieux animalcules préexistent dans l'eau, ce qui est généralement le cas.

Les méthodes naturelles

La plus classiquement employée consiste à faire sécher (si

possible au soleil ou, à défaut, au four) des feuilles de laitues, des pelures de banane ou encore une pincée de foin. Ces ingrédients, destinés à ensemencer le milieu, sont placés dans un bocal d'eau exposé au soleil ou, à défaut, à la lumière artificielle. Dans un délai variable suivant les conditions (au minimum 24 heures), si l'ingrédient utilisé contenait bien des infusoires (c'est le cas neuf fois sur dix), vous obtenez une mixture trouble qui constitue parfois un véritable bouillon de culture, mais parfois aussi un milieu peu fréquenté !

La présence des animalcules constatée dans le mélange (à l'œil nu ou à la loupe), on verse celui-ci par cuillerées aux alevins. Une prolifération de bactéries risquant toujours de se produire et de gâcher la culture, deux bouillons d'ensemencement au minimum s'imposent.

Hormis ce procédé, une meilleure « productivité » peut être obtenue par l'utilisation du lait comme ingrédient d'ensemencement. Le rendement est amélioré mais au prix de mixtures, plus ou moins nauséabondes, qui ne peuvent être maniées que par un amateur passionné et entraîné à jongler à la limite de la pollution de ses bacs d'élevage.

Enfin, une très bonne méthode introduite par l'auteur de la préface de cet ouvrage, Monsieur Jacques Arnoult, mérite une mention spéciale : celle du **riz paddy.** Il faut se procurer des grains récoltés depuis moins d'un an chez les bons grainetiers, les « pet shop » d'aquariophilie ou les Associations d'amateurs.

Le **riz paddy,** c'est le riz brut, tel qu'il se présente à la moisson avant la décortication. Ses grains sont toujours non seulement porteurs d'infusoires, mais encore d'infusoires appartenant à plusieurs espèces, de tailles variables, ce qui présente bien entendu beaucoup d'intérêt. Pour l'utiliser, trois méthodes ont été mises au point et il appartient à l'amateur d'y faire son choix, en fonction de ses besoins.

1re méthode : mettre dans le bac contenant les alevins à nourrir une ou plusieurs mangeoires (voir les accessoires de l'alimentation) garnies de grains de riz (germination et production en 24 heures); il suffit d'enlever les mangeoires sitôt les alevins gavés.

2e méthode: dans un petit bac, garni de sable et muni d'un filtre-plaque, semer du riz sur le sol. Il est possible soit de prélever les infusoires, soit de placer des alevins dans le bac. Le fonctionnement du filtre permet d'empêcher à volonté la prolifération excessive ou la formation en surface d'un voile bactérien. Son arrêt oblige les infusoires à sortir du sol pour trouver l'oxygène dans la couche d'eau supérieure.

3e méthode: emplir avec de l'eau contenant les infusoires un ballon de verre jusqu'à la base du long goulot étroit. Mettre un tampon de coton hydrophile et compléter le remplissage à l'eau pure: les infusoires, poussés par le besoin d'oxygène, traversent le coton en deux heures, et sont réunis dans la partie eau propre du dessus.

• Les artémias (Artemias salina)

Ces petits crustacés d'eau saumâtre, que nous venons d'évoquer sous leur forme adulte, représentent une nourriture miracle; au point que l'on peut presque considérer comme sauvés les alevins qui ont commencé de l'absorber.

Il s'agit de petites crevettes, répandues surtout aux Etats-Unis et dont les œufs (de très bonne conservation sous l'emballage adéquat) se trouvent en vente chez tous les détaillants spécialistes où l'on peut se procurer également différents types d'«éclosoirs». Ces derniers évitent l'essentiel des opérations qui sont décrites ci-dessous. Dans une carafe, verser un litre d'un mélange composé de 1/3 d'eau douce et de 2/3 d'eau de mer ou, à défaut, un litre d'eau du robinet additionnée de 30 g de sel marin. Placer un diffuseur et une ou plusieurs pincées d'œufs d'artémias, suivant les besoins. L'éclosion a lieu au bout de 24 heures à 25° ou de 36 à 48 heures à température d'environ 20°. Avec un tuyau plastique (tel celui vendu pour l'aération), siphonner dans un tamis fin, vendu à cet effet, les jeunes artémias nouveau-nés : visibles à l'œil nu, ils sont situés au milieu de la carafe, le niveau inférieur étant occupé par les œufs non éclos plus lourds et le niveau supérieur par les coquilles vides des œufs éclos. Les jeunes artémias souvent appelées nauplius ou nauplies peuvent vivre deux heures dans l'eau douce. Par ailleurs, indiquons qu'une certaine croissance est possible. Il suffit de nourrir les nauplies avec les nourritures destinées à cet effet et qui sont en vente chez votre détaillant.

Cet aliment de premier ordre s'adresse : aux petits alevins d'ovipares, dès qu'ils sont assez grands pour cesser de se nourrir d'infusoires; aux alevins des espèces ovipares assez fortes à la naissance pour absorber directement cette nourriture; aux alevins de vivipares, qui peuvent s'en passer, mais dont la croissance est plus rapide et la coloration plus belle s'ils bénéficient pendant un certain temps de cette alimentation.

L'appétit

Plusieurs facteurs conditionnent l'appétit des poissons, notamment la température, qu'elle soit insuffisante ou excessive. S'il a froid, un poisson cesse de s'alimenter pour ensuite tomber malade ou sombrer dans un engourdissement : sauf accident, cela ne peut pas survenir dans un aquarium. Par contre, deux types d'excès de chaleur peuvent s'y produire : le premier consiste simplement en une température supérieure aux exigences de l'espèce; le second vient de ce que la chaleur, sans être excessive, est « mauvaise », c'est-à-dire quand le temps est lourd et que les aliments « tournent ». Ce phénomène de pression atmosphérique incommode encore plus les êtres évoluant dans l'eau que ceux vivant dans l'air. Dans ce cas, l'aquariophile n'a pas à s'inquiéter d'une baisse d'appétit temporaire chez ses pensionnaires.

Dans des conditions normales, l'appétit des poissons en captivité est assez régulier et la question qui préoccupe l'amateur est de savoir la quantité de nourriture à leur distribuer.

D'une façon générale, leurs besoins correspondent à ceux des autres êtres vivants. Les alevins pour pousser doivent « baigner dans la nourriture », presque à la limite du danger de pollution. Les poissons « adolescents » ou en instance de reproduction doivent être bien nourris d'aliments de qualité. Les poissons adultes ne font pas de vieilles arêtes, s'ils sont gavés.

Pour ces derniers, qui constituent la population normale d'un aquarium d'ensemble, il existe en conséquence un principe et sa modalité d'application :

— le principe, c'est de ne pas nourrir suffisamment plutôt que de nourrir trop;

— l'application de ce principe veut que, à la seule exception des daphnies vivantes, toute nourriture soit consommée dans les deux minutes qui suivent sa distribution, étant entendu que la rapidité de consommation et non la quantité distribuée constitue le critère valable.

Si tout a été englouti en quelques secondes, et que les poissons nagent en tous sens à la recherche « des restes », il est normal d'effectuer une nouvelle distribution, immédiatement, ou mieux encore, un peu plus tard.

Si, au contraire, un quart d'heure après la délivrance du repas, des vers jonchent le sol ou que des particules de flocons nagent dédaignées en surface, il y a eu excès. *Cet abus coupable constitue non seulement un facteur de pollution, mais aussi une nourriture pour les algues indésirables dont la prolifération est ainsi favorisée.*

L'alimentation étant un des fondements de la santé, le sujet est largement traité dans « La santé de l'aquarium » (GM 78). Nous vous conseillons de vous y reporter.

Les accessoires de l'alimentation

L'usage de la fourchette étant encore inconnu chez la gent aquatique, les « gadgets » relatifs à l'alimentation sont peu nombreux. Les éventaires des magasins spécialisés vous proposent cependant :

— des mangeoires destinées à recevoir les vers de vase. Il s'agit d'un tamis dont les vers s'échappent par les trous pour être happés à la sortie par les poissons... si ceux-ci, qui connaissent l'astuce, n'ont pas tout bousculé auparavant ! Cet accessoire, quand on en trouve un modèle bien conçu avec des trous au diamètre correct, offre l'avantage de ralentir le rythme de descente des vers; il permet ainsi à des poissons de surface d'avoir davantage de temps pour s'alimenter. Il en est de même pour les mangeoires à tubifex qui se présentent sous forme conique et percées de trous d'un calibre plus étroit.

Les vacances : petits problèmes de l'absence

Le mot magique « vacances » provoque toujours une inquiétude chez le nouvel aquariophile : il faut dire tout de suite qu'elle n'est que partiellement motivée au sujet des poissons, ces animaux ayant la possibilité de subir sans réels dommages un jeûne prolongé. Si bien que vos poissons peuvent, sans trop de crampes d'estomac, vous donner congé pour un maximum d'un mois. Il est cependant souhaitable que vous leur fassiez bonne chère avant votre absence, afin de les laisser « en pleine forme » !

Ceci étant observé, il est évident que les vacances n'ont pas les mêmes conséquences pour des poissons rouges dans une boule et des poissons exotiques dans un aquarium.

• **Dans une boule nue,** ne possédant ni plante ni filtre, on ne peut envisager de laisser des poissons sans nourriture dans une eau non renouvelée. Par conséquent, si aucune voisine n'accepte de leur prodiguer ses soins, il n'y a qu'une solution : transférer les poissons rouges dans un grand récipient (une baignoire en plastique pour bébés par exemple), dans lequel on aura introduit une « boule vacances » qui est en vente chez votre détaillant. Ce bloc, qui mettra 15 jours à se désagréger sous le mordillement des poissons, constitue la seule nourriture que vous puissiez distribuer d'avance. En effet, les poissons ne disposent d'aucun garde-manger autre que leur ventre; aussi tout aliment se trouvant en quantité supérieure aux besoins immédiats devient un facteur de fermentation, générateur de pollution.

• **Dans un aquarium,** il en va tout autrement. Il ne s'agit pas d'un quelconque récipient contenant de l'eau, mais d'un univers en réduction dans lequel il subsiste toujours un petit quelque chose à grignoter : de jeunes pousses de plantes par exemple. Il est cependant évident que, en cas d'absence de plusieurs semaines, il est préférable de prendre des dispositions :

○ *depuis la plus simple* qui consiste en l'introduction, dans le bac, d'une touffe de plante tendre du type Myriophyllum ou Cabomba, éventuellement complétée d'un « bloc vacances », comme indiqué ci-dessus pour les poissons rouges (mais il faut alors savoir qu'un changement d'eau total devra être effectué au retour : en effet, ces boules alimentaires ont le gros inconvénient, en se dissolvant, d'augmenter *considérablement* la teneur en calcaire de l'eau);

○ *jusqu'à la plus sophistiquée* consistant à placer l'ensemble des fonctions de l'aquarium sur un mini-ordinateur;

○ *en passant par le moyen terme* qui réside dans l'emploi d'un distributeur automatique de nourriture lequel, régi par une pendule, réglera l'éclairage du bac et l'alimentation de ses occupants, en fonction d'un programme que vous aurez déterminé.

Reste le problème de l'ensemble de l'aquarium.

Il est certain que « tout couper » n'est pas la solution rêvée. Il est bien préférable de laisser branchée l'installation normale, et d'intercaler sur la ligne qui alimente l'aquarium un petit disjoncteur ultra-sensible apte à vous protéger en permanence contre tout risque d'électrocution. Nous avons d'ailleurs déjà mentionné cet appareil à la fin du chapitre « L'Eclairage ».

Un des modèles de pendules permettant l'éclairage automatique de l'aquarium (dessin de droite).

Certains types d'horloges peuvent être couplés avec un distributeur de nourriture, effectuant le nombre de distributions programmées.

D'autres horloges sont incorporées à des appareils électroniques multi-fonctions (dessin de gauche).

Un dernier mot s'il s'agit de *vacances hivernales* : il faut tenir compte, si vous disposez d'un chauffage individuel, de ce que, celui-ci éteint, la température ambiante risque de tomber très sensiblement, de 8° par exemple. Dans ce cas, le plus simple consiste à brancher directement (sans passer par le thermostat) une résistance correspondant à 1 W par litre. Cette puissance compensera l'absence de chauffage dans la pièce, et la climatisation normale du bac continuera à s'effectuer normalement par l'équipement d'origine.

Ennemis et maladies

A raison de milliards d'œufs pondus, il n'y aurait depuis longtemps plus de place pour l'eau dans les mers et les rivières, si les poissons n'y étaient décimés. L'eau est un milieu où, plus encore que dans les autres, une espérance de vie n'est possible que pour « les plus costauds des plus chanceux ». C'est la sélection naturelle.

La loi que nous faisons régner dans nos aquariums est heureusement moins cruelle; l'aquariophile offre à ses poissons, moyennant il est vrai une certaine privation de liberté, une bonne protection contre les ennemis et les maladies.

Les ennemis

Les poissons connaissent d'autres ennemis que certains propriétaires d'aquarium trop ignorants ou trop désinvoltes, et certains compagnons de bac très méchants. Ce sont les **tortues** aquatiques qui, carnivores et prédatrices, ne peuvent pas cohabiter avec des poissons sans danger pour ces derniers. Ce sont également, pour n'évoquer que les principaux : les *Notonectes,* les *Dytiques* et leurs larves ainsi que celles de la si jolie libellule. Puis les **sangsues** piscicoles qui se fixent sur les poissons au même titre que les « poux » que sont en fait les *Argulus* ou encore les *Lernaea* qui sont également des crustacés mais en forme de vers. Ces deux derniers parasites sont évoqués ci-après dans le chapitre « Maladies » au paragraphe C des parasitores à crustacés, p. 197.

Enfin, outre ces « suceurs », il faut encore citer, parce qu'ils sont plus fréquents, les *Hydres* et les *Planaires*.

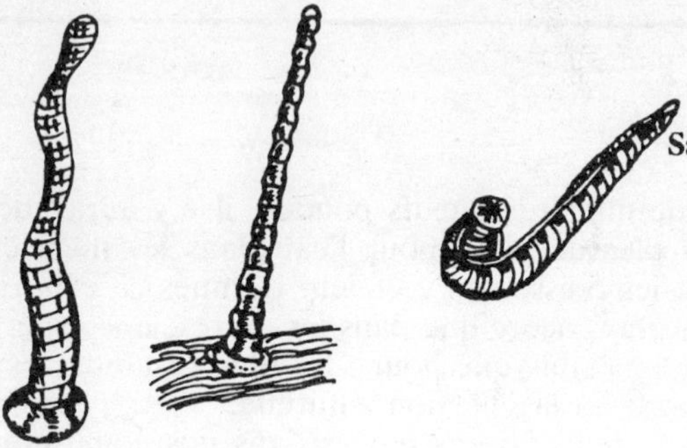

Sangsue

Les hydres

Nommés aussi polypes d'eau douce, ces animaux possèdent un corps long au maximum d'un centimètre, presque transparent, en forme de cylindre rétractable; une extrémité est fixée sur un support — tel qu'une plante — tandis que l'autre se trouve dotée de fins tentacules qui paralysent les proies capturées, un peu à la manière des anémones de mer.

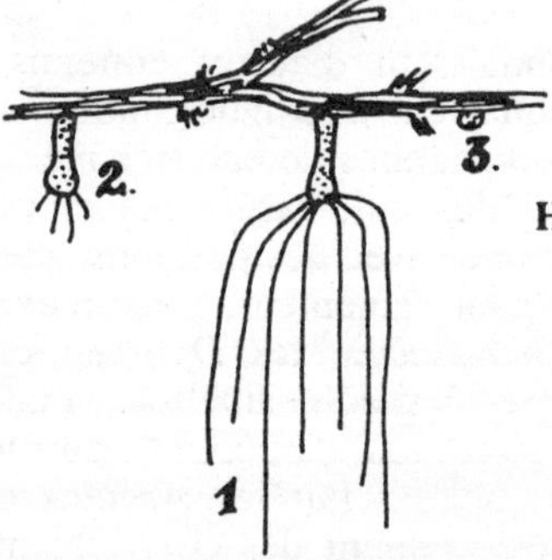

Hydre

Hydre en extension complète (1), à demi-contracté (2), complètement rétracté (3). D'après F. Brocher.

Les planaires

Ces autres bestioles sont des verts plats rampants, des sortes de minuscules limaces passées au pressing. Leur taille atteint jusqu'à 20 mm tandis que leur nuance va du blanchâtre au gris-noir. La reproduction s'effectue au printemps sous forme d'œufs, groupés en cocons dans le bas de l'aquarium.

Ces hôtes indésirables ne constituent un danger que pour les alevins mais sont, par contre, difficiles à détruire. Ils opposent une grande résistance, aussi bien aux désinfectants qu'à la chaleur (jusqu'à plus de 40°), et le moyen de destruction le plus simple consiste à les faire consommer par un poisson nommé « Trichogaster trichopterus » (voir le Mémento).

En vérité sans une grande accoutumance de l'œil, il est malaisé pour le profane de distinguer les « bestioles » inoffensives de celles qui ne le sont pas. Aller en forêt prendre de l'eau, collecter des plantes et y pêcher des daphnies, constitue une manière de faire intéressante mais dangereuse pour le profane. Elle doit être laissée à ceux qui possèdent des connaissances et une expérience pratique dans ce domaine. En fait, comme dans un bac installé sainement les ennemis n'existent pas si l'on prend garde de ne pas les y introduire, autrement plus sérieux que les risques de parasites, sont ceux de maladies. La santé étant, selon un humoriste, un état précaire ne présageant rien de bon, il y a lieu de veiller sur elle; dans l'aquarium, comme ailleurs, mieux vaut prévenir que guérir.

Cela se résume en quelques points : se défier de la suralimentation, qui cause plus de mortalité que toutes les maladies réunies; ne pas placer ses poissons dans un état de moindre résistance par des jeûnes injustifiés, par des nourritures non adaptées et jamais variées, par des changements trop brusques de milieu, notamment de la température : enfin, ***ne pas acheter de poissons dans des maisons qui présentent des bacs mal tenus, garnis de sujets au ventre creux.***

Bien sûr, si vous êtes un « mordu amateur de raretés », il vous arrivera d'être contraint d'acheter ailleurs que chez votre détaillant habituel une espèce convoitée. Il conviendra alors de vous entourer de précautions. C'est-à-dire d'observer votre acquisition pendant une « quarantaine » d'au moins une dizaine de jours dans un petit bac hôpital avec un bon désinfectant et une nourriture saine comportant des artémias adultes.

Les maladies

Les poissons ne parlent pas pour nous dire où ils souffrent; on ne peut pas leur faire de radios, ni procéder à des analyses (de leur vivant tout au moins), on ne peut pratiquement pas leur faire de piqûres (bien que cela ait été fait avec succès même sur des mâles « guppys » de 2 cm), ni même leur faire avaler une potion ou un comprimé.

Dans ces conditions, force est bien d'admettre que la branche particulière de la médecine vétérinaire qui s'occupe des poissons ne pouvait pas faire de miracles. Or, elle en a presque fait, dans ce sens que nous disposons d'armes efficaces pour bon nombre de cas parmi les plus usuels. Quant aux maladies réputées incurables ce jour, elles peuvent parfaitement être guérissables demain. Demandez donc toujours à votre détaillant s'il existe un remède pour un mal déclaré inguérissable aujourd'hui.

Les aquariophiles d'autrefois avaient tenté de classer les maladies chez les poissons exotiques d'aquarium en fonction des comportements et des signes qu'ils observaient à l'œil nu. C'est ainsi que l'on a longtemps vu décrit dans les livres comme maladies autonomes : l'**exophtalmie,** l'**hydropysie** (gros ventre avec hérissement des écailles), le **shimmy** (nage saccadée et tournante), l'**entérite** (selles abondantes et filamenteuses), l'**asphyxie** (pipage de l'air à la surface). En fait, toutes ces manifestations ne sont le plus souvent que des **symptômes de maladies diverses ayant des causes variées.** Ainsi, les *exophtalmies* peuvent être aussi bien infectieuses que liées à des troubles métaboliques, de même que l'hydropysie peut accompagner une infection bactérienne ou parasitaire ou exprimer une dégénérescence hépatique ou rénale. Le *shimmy* et l'*entérite* ont souvent comme origine une alimentation inadaptée entraînant des troubles de transit digestif mais peuvent aussi avoir une origine infectieuse ou parasitaire intestinale. L'*asphyxie* se manifeste par la présence en surface des poissons qui cherchent une eau à grande teneur d'oxygène dans la couche en contact avec l'air, appelée justement « la fenêtre de l'aquarium ». L'asphyxie résulte d'un arrêt de l'aération, d'un surpeuplement du bac ou d'une pollution du bac. La guérison réside évidemment dans la suppression de la cause.

Des symptômes atténués d'asphyxie peuvent également être enregistrés par temps caniculaire très orageux. Dans ce cas, les symptômes causés par la diminution provisoire de pression atmosphérique cessent avec le retour à la normale. L'asphyxie peut donc avoir pour cause une baisse de l'oxygène dissous dans l'eau. Mais elle peut également résulter d'une diminution de la surface fonctionnelle d'échange respiratoire due à un envahissement des branchies par un processus infectieux ou parasitaire ou encore d'une inflammation d'origine toxique, voire même de perturbations sanguines au niveau de l'hémoglobine. Tous ces symptômes peuvent donc apparaître dans les manifestations diverses des quelques maladies principales bien connues que nous allons passer succinctement en revue.

Les hommes de science ont la possibilité d'identifier ces diverses maladies par des examens de laboratoire plus ou moins complexes. L'aquariophile amateur n'a pour l'aider que son expérience et la bonne observation des signes cliniques. C'est pour cette raison que nous donnons dans le tableau ci-dessous les possibilités d'orientation du diagnostic en fonction de symptômes facilement visibles à l'œil nu.

Les symptômes

Les symptômes des maladies sont suivis d'un code composé de lettres et de chiffres.

Les lettres renvoient à la description des maladies en fin de tableau. Elles indiquent la nature du mal à savoir :

P pour les maladies parasitaires causées par des Protozoaires.

H pour les maladies parasitaires causées par des vers dits Helminthes.

C pour les maladies causées par des Crustacés.

V pour les maladies parasitaires causées par des Virus.

B pour les maladies dites bactériennes causées par des Bactéries.

M pour les maladies causées par des champignons parasites dites Mycoses.

A pour les maladies parasitaires causées par une mauvaise Acclimatation.

D pour les maladies parasitaires causées par des troubles Digestifs.

T pour les maladies Tumorales (cancers).

L pour les blessures causées par les Lésions.

Quant au chiffre, il indique le (ou les) paragraphe concerné. Exemple, pour le premier de la liste du tableau ci-dessous, on lit : Points blancs, Cf. P1, P2. Cela signifie que le symptôme des points blancs est commun à la maladie décrite en P1 comme à celle décrite en P2 dans la « Description et le traitement des maladies ».

Tableau des symptômes principaux

— Points blancs (P1 P2)
— Enduit blanc gluant sur téguments et nageoires (P3)
— Plaques décolorées (P5)
— Petites ulcérations (P6)
— Petits fils blancs fourchus incrustés sur les téguments (C)
— Excréments filamenteux (H1)
— Œil trouble (cataracte) (H3)
— Duvet filamenteux (M1)
— Duvet cotonneux épais avec atteinte de la bouche (fungus) (B2)
— Grosses ulcérations (B2)
— Kystes blanchâtres arrondis (B6)
— Kystes blanchâtres irréguliers (Y)
— Bourgeons irréguliers en « chou-fleur » (T)
— Trous arrondis prédominant sur la tête (M2)
— Plaques hémorragiques (H5 P3 P5 B3 B4)
— Congestion hémorragique des nageoires (érythrurite) (P3)
— Nageoires collées; queue serrée (B1 A)
— Pipage d'air en surface (asphyxie) (A P1 P2 P3 B1 B2 B3 B4 B5)
— Attitudes de grattage (H5 P3 P6)
— Nage en rotation (P4)
— Nage louvoyante tremblante (shimmy) (A B1)
— Nage tête en bas après le repas (D)
— Ventre ballonné (D)
— Gros ventre avec hérissement des écailles (hydropysie) (P7 B1 B3 B4)
— Yeux saillants (exophtalmie) (A P7 B1 B3 B4)

Description et traitement des maladies

Nous donnons en fin de tableau, pour chacune des maladies, les remèdes qui nous semblent les mieux adaptés. Ceux-ci sont indiqués, en principe, par ordre de préférence. Chacun d'eux correspond à un chiffre qui renvoie à la liste des remèdes p. 205.

Maladies parasitaires dues à des protozoaires (P)

Les protozoaires sont des animaux très primitifs constitués d'une seule cellule. Ils vivent en milieu aquatique, ce qui explique que certains soient devenus parasites des poissons. On peut dire que presque tous les poissons, comme l'ensemble des êtres vivants y compris l'homme en hébergent sans être gênés le moins du monde (porteurs sains). Ce n'est que lors d'un déséquilibre du milieu entraînant une fragilisation des défenses immunitaires (stress, blessures, transport, refroidissement brusque, etc.) que les protozoaires envahissent nos hôtes donnant des maladies plus ou moins sévères, plus ou moins contagieuses.

P1. Fréquente mais aisée à soigner, l'**ichthiophthirius,** que les aquariophiles appellent l'ichtio, est la fameuse maladie des « points blancs » (« white spot » en anglais) qui se manifeste par un semis de points blanchâtres ressemblant à des perles minuscules bien visibles à l'œil nu sur le corps et les nageoires. C'est la plus courante des maladies d'aquarium et tout aquariophile en a vu ou en verra un jour. Chaque point blanc est un petit kyste formé par la réaction de la peau autour du parasite *ichthiophthirius*. Lorsque ce parasite y est arrivé à maturité, il sort du kyste et nage pour se fixer sur un support quelconque (plantes, sable). Là, il s'entoure d'une coque glaireuse à l'intérieur de laquelle il se multiplie par division cellulaire pour donner de nombreuses cellules filles qui, libérées au bout de quelques jours, vont nager à la recherche d'un nouvel hôte. Les parasites sont insensibles à tous traitements quand ils sont fixés sur l'hôte. Il faut donc prévenir le cycle des réinfestations en tuant les parasites lors de leur nage libre dans l'eau, seul moment de leur existence où les agents thérapeutiques peuvent les atteindre.

Dans l'ensemble, il s'agit d'une maladie souvent bénigne lorsque les poissons sont sains et qui disparaît spontanément avec un bon désinfectant éventuellement accompagné d'une élévation de la température de l'eau pendant quelques jours. Les formes graves touchent surtout les nouveaux poissons fatigués par les transports et encore mal acclimatés. Les médicaments du commerce aquariophile sont très actifs (produits 1). Les produits 7, 8 et 9 sont également efficaces.

P2. Relativement peu fréquente et assez facile à soigner, l'**oodiniose** ou Velvet des Anglo-saxons, essentiellement responsable de maladies graves chez les poissons marins est rare en eau douce.

C'est aussi une maladie à points blancs mais très petits, à la limite de la visibilité, ce qui donne un aspect finement velouté, poussiéreux, aux téguments et aux nageoires. Les protozoaires responsables sont soit *Oodinium limneticum*, soit *Oodinium pillularis*. Ce sont des phyto-flagellés dits facultatifs, c'est-à-dire que, contrairement à l'ichthyophtirius, ils peuvent vivre sans hôte, d'où la longue survie dans les aquariums vides de poissons, avec risque de reprise de la maladie à chaque tentative de repeuplement.

L'oodiniose réagit bien en eau douce aux médicaments du commerce (produits 1). En cas d'échec, essayer les remèdes 6-17-17bis.

P3. Relativement rare et curable, la **costiose** est due au protozoaire *Costia necatrix*. La maladie, moins fréquente que les précédentes, se traduit par des voiles blanchâtres et visqueux sur la peau et les nageoires.

Proche de la costiose, la **chinodellose** liée au protozoaire *Chilonodella cyprini* plus spécifique des cyprinidés attaque surtout les poissons japonais chez lesquels elle donne une irritation congestive sanguinolente des nageoires (érythurite).

Ces maladies se traitent par les produits 1, et, en cas de résistance, avec les remèdes 6-8-9-17 et 17bis.

P4. Peu d'espèces sont frappées par la **myxosomiose** ou maladie du tournis. L'agent parasitaire est un sporozoaire de la famille des Myxosporidés (**Myxosoma cerebralis**). La forme adulte du parasite franchit la barrière intestinale et va se fixer dans les centres nerveux entraînant une nage d'abord saccadée, puis en rotation tête en l'air autour d'un axe imaginaire. Le poisson meurt d'épuisement. L'affection qui se rencontre notamment chez les Discus est contagieuse, l'incubation est d'une quarantaine de jours.

Pas de médicament spécifique. Cependant certains auteurs ont signalé de bons résultats avec des bains d'eau salée, 5. Le plus souvent, il faudra sacrifier le poisson bien que l'on puisse essayer les remèdes 7, 8, 9, 17 et 17bis.

P5. Une seule famille est concernée par la **pléistophorose** ou maladie de la décoloration des néons. Le sporozoaire parasite *Pleistophora hyphessobryconis* s'inscrute dans les muscles des characoïdes, de préférence les Tétra-néons. Là où les muscles sont envahis, les téguments paraissent décolorés. C'est une maladie peu contagieuse.

On peut essayer une spécialité des remèdes 1 ou l'un des médicaments 17, 17bis ou 20bis. Attention, ces produits semblent plus toxiques pour les Characoïdes que pour d'autres familles de poissons; ne pas dépasser les doses. La guérison n'est pas certaine.

Les autres maladies à Protozoaires sont de plus en plus rarement rencontrées en aquariums et nous les citons pour mémoire, le diagnostic étant très difficile à faire au niveau de l'amateur, faute de possibilités d'examens microscopiques précis.

P6. Rare et pouvant être traitée efficacement , la **trichodinose** est due au protozoaire *Trichodina* qui est muni de crochets lui permettant de creuser la peau des poissons, ce qui cause des micro-ulcérations cutanées avec démangeaisons que les poissons essaient de calmer en se frottant sur le sol et les rochers.

Les traitements 4, 7, 8, 9, 17 et 17bis sont efficaces.

P7. Seules quelques espèces de Cichlidae sont parfois atteintes par l'**hexamitose** due à un parasite protozoaire flagellé *Hexamita* (anciennement *Octomitus*) qui envahit les voies digestives, en particulier les voies biliaires. Il provoque une altération de l'état général avec cachexie* progressive. Ce parasite peut se développer en abondance dans les voies digestives des Discus (*Hexamita symphysodonis*).

Très voisine est la **spironucléose** longtemps confondue avec la maladie précédente due à l'infestation intestinale par un protozoaire flagellé le *Spironucleus elegans*. Elle touche aussi avec prédilection les Discus lesquels, compte tenu de leur tolérance à la grande chaleur, peuvent être soignés par l'élévation de l'eau de leur bac à 37°C précis (contrôler avec un thermomètre médical car on est très proche du seuil mortel). En cas d'échec, les traitements spécifiques sont les remèdes 17 et surtout 17bis en bains, ou mieux encore, mélangés en petites doses à la nourriture.

D'autres protozoaires ont été décrits comme responsables de maladies piscicoles en pisciculture et aquaculture, d'eau douce et marine mais ils ne semblent pas sévir en aquarium d'eau douce tropicale.

---

* Affaiblissement progressif et irréversible.

Maladies parasitaires dues aux vers parasites dits Helminthes (H)

Les infestations des poissons par des vers sont fréquentes. La plupart du temps, il s'agit de vers ronds ou trématodes. Ces vers sont hébergés dans l'intestin où il se crée un état d'équilibre entre le parasite et l'hôte. Ce n'est qu'à la longue, lorsque ces vers deviennent trop gros ou trop nombreux, que des signes de souffrance apparaissent chez le poisson, avec amaigrissement progressif et affaiblissement des défenses générales. Un grand nombre de ces vers ont un cycle de développement qui nécessite la présence d'hôtes intermédiaires spécifiques (escargots, crustacés, oiseaux, mammifères) dont l'absence dans l'environnement de l'aquarium supprime les risques de réinfestation.

H1. Une petite partie des membres d'une seule famille peut éventuellement souffrir de **capillariose.** Le ver **Capillaria cuticola** envahit surtout l'intestin des Cichlidés américains et principalement des Discus. C'est un ver long et fin. Il attaque la paroi intestinale. Le poisson atteint présente des excréments blancs longs et floconneux. Leur examen à la loupe permet de voir des œufs. En général peu dangereux lorsqu'il est seul, sa présence s'accompagne malheureusement souvent d'autres parasitoses diverses.

Traitement : nourriture sèche ou proies vivantes imprégnées du remède 11.

H2. Quelques cichlidés américains et certains « poissons-chats » sont parfois atteints de **diplozoonose.** *Diplozoon pardoxum* est un petit ver parasite des branchies. On le redoute chez les Discus, animaux toujours très sensibles aux diverses parasitoses.

Pour le traitement, utiliser les remèdes 9 et 10.

H3. De par son mode de transmission, rare est la **diplostomose.** *Diplostomum cuticola* est un petit ver trématode dont le cycle de reproduction passe obligatoirement par certains escargots d'eau douce tropicale. Il touche certains poissons sauvages récemment importés, surtout d'origine sud-américaine. Il envahit les branchies, muscles, viscères et les yeux (cataracte des Discus et Scalaires sauvages). Eviter les introductions de gastéropodes importés.

Traitement spécifique avec le produit 10.

H4. Relativement fréquente mais curable est la **gyrodactyliose.** Les *Gyrodactylus* et *Dactylogirus* sont des vers nématodes voisins des douves qui se fixent à l'aide de crochets sur les branchies et les téguments des poissons. Les vers de 1 mm environ se distinguent aisément à la loupe. Les premiers symptômes sont une nage frissonnante sur place et un comportement de grattage. Les poissons cherchent une pierre, une branche ou une simple feuille pour s'y frotter d'un mouvement bref consécutif à une démangeaison. Les sujets les plus atteints présentent une hypersécrétion du mucus, des petites taches de sang cutanées et ont souvent les ouies écartées avec difficulté respiratoire.

Essayer en premier un remède du 1. Les bains 4 ou 5 sont efficaces, de même que le 7. En cas d'échec, le produit le plus actif est le 10. Ce ver n'ayant pas d'hôte intermédiaire nécessaire à son cycle reproducteur, les poissons doivent être isolés pour éviter l'épidémie.

Parasitoses à crustacés (C)

Certains crustacés se sont adaptés au parasitisme piscicole et se fixent à la manière des tiques sur les téguments et surtout les branchies des poissons où il est parfois difficile de les mettre en évidence car ils restent bien cachés sous les opercules. Les principaux crustacés parasites que l'on peut rencontrer sont les *Argulus* qui ressemblent à des poux et se déplacent uniquement la nuit et les *Lernaea* qui ressemblent à des petits vers blancs fourchus. Le traitement de référence est le produit 10.

Maladies virales (V)

Il existe de nombreuses affections virales graves chez les poissons (nécrose aiguë hémorragique, nécrose hémato-poïétique infectieuse) qui déciment parfois les piscicultures de salmonidés. Mais ce sont des maladies d'eaux très froides qui ne peuvent qu'être ultra-exceptionnelles voire inexistantes en aquariophilie.

V1. Heureusement fort rare est la **lymphocystose.** Elle se traduit par des kystes blanchâtres pouvant atteindre quelques mm, implantés sur les téguments et surtout les nageoires. A la loupe, ils ont l'aspect de petites grappes. Cette maladie est souvent rapidement mortelle mais peu contagieuse. On peut obtenir certains résultats au début par excision ou cautérisation des nodules ou par la cautérisation des kystes par attouchement bref à l'aide d'une tête d'épingle chauffée au rouge. Pas de traitement médicamenteux. Le poisson malade doit être éliminé.

Maladies bactériennes (B)

Elles sont le plus souvent dues à des bactéries Gram−* et à des mycobactéries. Evidemment, dans la plupart des cas, en l'absence de possibilités d'analyse de laboratoire, les aquariophiles ne pourront se fier qu'à leur bon sens d'observation clinique.

B1. Exceptionnelles chez les poissons acclimatés mais assez fréquentes chez certaines espèces parmi les poissons importés d'Asie les **mycobactérioses** sont difficiles à traiter. Dues à des mycobactéries aquatiques (la plus fréquente étant *Mycobacterium marinum*), bacilles acido-alcoolo-résistants, elles sont la cause des tuberculoses pis-

* Les bactéries Gram− sont des microbes qui ne prennent pas dans les techniques de préparations microscopiques de laboratoire la coloration de Gram alors que les bactéries dites Gram+ la prennent.

cicoles. Ces bactéries peuvent être responsables de fortes mortalités en aquarium, ayant même entraîné quelquefois de vraies hécatombes en aquariums publics. On les rencontre plus fréquemment chez les Vivipares et les Anabantidae fragilisés par l'élevage intensif et les sélections abusives des mauvais élevages asiatiques. Elles se traduisent parfois par une nage louvoyante avec tremblement sur place, le shimmy, puis par un amaigrissement et une cachexie progressifs avec souvent gros ventre (ascite) et exophtalmie. Les poissons atteints ont le dos voûté et respirent péniblement sur le fond n'ayant plus la force de nager. Ces affections posent de difficiles problèmes thérapeutiques car le microbe résiste bien souvent aux antibiotiques courants. Le médicament 15 serait le produit idéal s'il n'y avait le double inconvénient de son prix et de sa couleur rouge. De nombreuses publications ont cependant montré que le produit 16 était souvent efficace à condition d'être utilisé précocément.

B2. Les Cichlidae dans leur ensemble sont des poissons robustes mais, par exception, quelques espèces fragiles souffrent parfois de **columnarioses.** Elles sont dues à une bactérie Gram− extrêmement contagieuse *Flexibacter columnaris.* Cette bactérie se multiplie surtout à températures élevées au-dessus de 25°, ce qui explique la fréquence de son rôle pathogène en aquarium tropical, surtout chez les Discus qui sont élevés en eau très chaude. La maladie commence souvent par de petites ulcérations recouvertes d'une masse cotonneuse (à ne pas confondre avec la Saprolégniose où les bouquets de filaments sont plus fins et plus longs). Les ulcérations s'étendent et se creusent en quelques jours, devenant hémorragiques, purulentes et nécrosées. L'animal meurt de cachexie progressive. Quelquefois l'affection revêt la forme d'une septicémie foudroyante avant que les ulcères aient le temps de s'étendre. Si l'on intervient précocement, des résultats thérapeutiques peuvent être obtenus avec les produits 16, 13 et 14.

B3. Le cas est identique à celui du B1 ci-dessus. C'est-à-dire que, chez les sujets acclimatés dans des aquariums bien tenus, rares sont les **pseudomonioses** et **aéromonioses.** Par contre, ce sont les maladies bactériennes le plus souvent rencontrées en aquarium négligés ou peuplés de poissons de provenance douteuse. Difficiles à guérir, ces maladies sont dues à des bactéries Gram− du type *Pseudomonas* ou *Aeromonas.* Elles entraînent des septicémies rapides souvent accompagnées de furoncles et d'hémorragies cutanées. Très contagieuses, elles sont susceptibles de tuer en quelques jours tous les poissons d'un aquarium. Lorsque la virulence est atténuée, elles peuvent donner la maladie de la « pourriture des nageoires », et l'on assiste à la nécrose progressive des membranes et même des rayons des nageoires. Là encore, utiliser les remèdes 13-14 ou 15.

B4. Graves mais non contagieuses et rares, telles apparaissent les **corynébactérioses.** Ici, ce sont des bactéries Gram+ qui sont responsables, les *Corynebacterium.* Il y a toutes les malchances qu'un poisson en soit atteint lorsqu'il présente à la fois un gonflement de l'abdomen (liquide d'ascite) et une exophtalmie bilatérale (saillie des yeux). En effet, ce type de microbe atteint surtout les reins, donnant une rétention de sels et d'eau. Cette maladie lentement mortelle réagit bien aux médicaments 16 mais aussi 12 ou 12bis.

B5. Très rares dans les aquariums tenus à plus de 20°C sont les **autres bactérioses.** Une foule de bactéries peuvent être responsables de maladies infectieuses donnant septicémies plus ou moins épidémiques, cachexie, exophtalmie, ulcérations. On peut incriminer ainsi des microbes comme *Flavobacterium, Haemophilus, Pasteurella, Yersina.* Cependant, la plupart de ces bactéries se multiplient avec prédilection à basse température et n'intéressent donc que les piscicultures d'eau froide. De toute façon, les traitements antibiotiques sont les mêmes, à base de 12, 12bis, 13, 14 ou 16.

B6. Très peu fréquente dans les aquariums bien tenus la **chlamydiose** est due à des agents pathogènes originaux proches des bactéries (Chlamidiacées). Elle se signale par de petits kystes blancs nacrés sphériques, bien isolés les uns des autres, implantés en petit nombre sur les téguments et les nageoires. Cette maladie qui porte le nom de **lymphokystose** ne doit pas être confondue avec l'Ichtio ou avec la lymphocystose virale où les nodules kystiques ont à la loupe un aspect en grappe. Cette affection qui dure parfois plusieurs semaines, s'éteint souvent spontanément. En cas d'extension trop importante, utiliser les produits 12 ou 16. A signaler également l'efficacité sur ces micro-organismes des antibiotiques 12bis.

Maladies mycosiques (M)

Elles sont dues à des infestations par des levures ou des micro-organismes de la famille des champignons.

M1. Relativement fréquentes, les **saprolégnioses** sont curables si on ne les néglige pas à leur début. Elles sont dues à des champignons Oomycètes de la famille des Saprolegniacés dont les spores, présentes dans l'eau, se greffent sur les téguments de poissons *blessés ou affaiblis*. Le mycelium observé sur les animaux atteints donne des touffes cotonneuses blanchâtres finement ramifiées. Prise à temps et traitée par les médicaments 1-5 et en cas d'échec 17bis, 18, 19 ou 20bis, le plus souvent la maladie guérit. Si l'on attend, les viscères sont envahis, rendant toute guérison impossible du fait de la mauvaise pénétration tissulaire des médicaments spécifiques.

M2. Grave mais peu fréquente est l'**ichthyosporidiose** ou **ichthyophoniose.** Due à *Ichthyophonus offeri,* micro organisme classé par les auteurs soit comme champignon Phycomycète, soit comme protozoaire (Microsporidie). Il envahit l'intestin dont il franchit la paroi pour diffuser dans tous les organes. Sa virulence semble variable selon les espèces et les résistances naturelles du poisson. Il peut donner une maladie extrêmement sévère, heureusement rare en aquarium, par envahissement rapide de tous les organes vitaux. Le plus souvent, les lésions restent localisées, donnant au niveau de la peau la célèbre « maladie des trous » qui se traduit par des trous ronds bien circonscrits prédominant au niveau de la tête chez certains Cichlidés. Traitement 17, 17bis et 20bis.

De nombreuses autres mycoses ont été décrites mais là encore diagnostic et traitement sont l'objet des études de spécialistes. Elles intéressent en fait surtout les poissons de pisciculture d'eau froide.

Maladies d'acclimatation (A)

Il est très difficile de reproduire en aquarium les multiples compositions des divers milieux aquatiques naturels auxquelles (excepté pour les sujets issus d'élevage) les poissons se sont adaptés depuis des millions d'années. Avant de peupler un aquarium, il faut se renseigner sur les exigences des diverses espèces (pH, dureté de l'eau, température, nourriture, comportements intra et extra-spécifiques). En effet, dans de mauvaises conditions d'acclimatation, l'état général des poissons s'altère progressivement. Ils ne peuvent plus se reproduire et surtout, ils maigrissent et offrent un terrain propice au développement des diverses maladies infectieuses ou parasitaires ci-dessous décrites.

Outre ces principes généraux valables en toutes circonstances il faut évoquer deux cas de non-acclimatation.

Le premier est la **non-adaptation.** Elle consiste en un état de déséquilibre physiologique constaté surtout avec certains Vivipares (Xiphos et Blacks mollys notamment) qui vivent fort bien dans un bac et fort mal dans un autre bac identique empli de la même eau et situé dans la même pièce... mais orienté différemment. (Le cas est comparable à celui de la plante d'appartement qui perd ses feuilles si on l'éloigne de l'endroit précis où elle se plaît.) Dans une telle situation, il faut savoir se passer de certaines espèces.

Le second cas est le **stress.** Est stressé le poisson qui doit vivre en couple et que l'on laisse seul, ou qui doit vivre en banc et que l'on fait vivre en couple. Est stressé tout poisson dominé qui a peur, et notamment le sujet le plus faible d'un groupe qui le rejette, etc. L'aquariophile doit donc veiller au bon équilibre de la population de son aquarium.

Un stress prolongé provoque une hypersécrétion hormonale qui désorganise le système immunitaire des poissons et conduit à la maladie.

Troubles digestifs (D)

Une nourriture mal adaptée ou trop monotone ou insuffisante peut entraîner un grave affaiblissement progressif par carence énergétique et vitaminique. Attention aux Daphnies séchées (cf. «Les nourritures sèches», p. 168) et souvenons-nous qu'il ne faut jamais nourrir avec excès.

Une bonne règle d'hygiène consiste à ne distribuer aucun aliment un jour par semaine. Une nourriture trop abondante et trop riche peut entraîner des fermentations intestinales avec constipation et ballonnement.

Ceci étant rappelé, constatons que la qualité actuelle des aliments spécialisés du commerce et des nourritures surgelées a permis de réduire ces incidents digestifs, malgré quelques cas particuliers. Par exemple la constipation chez de gros poissons japonais qui y sont prédisposés par la grande longueur de leur intestin (particularité propre à tous les poissons en grande partie herbivores). En cas de nécessité, on peut sortir le poisson de l'eau, le maintenir avec l'épuisette en évitant les contacts manuels directs, et, avec un compte-gouttes, lui faire avaler quelques gouttes d'huile alimentaire. Il faut attendre la deuxième respiration l'obligeant à déglutir avant de le remettre dans l'eau et veiller ensuite à son alimentation obligatoirement partiellement végétale. Le second incident est lié à la goinfrerie notamment de beaucoup de Barbus et de certains Cichlidae et Vivipares. On constate alors une nage hésitante en biais, la tête en bas. Le symptôme est provisoire.

Il cesse avec le déroulement du processus de digestion du repas trop copieux.

Maladies tumorales (T)

Comme tous les vertébrés, les poissons peuvent être victimes de cancer. Nous ne les citerons que pour mémoire car ce sont heureusement des maladies rares, excepté chez les Labyrinthidés, comme les combattants, qui présentent parfois, lorsqu'ils sont âgés, des tumeurs de la glande thyroïde qui se traduisent par un gonflement bourgeonnant du cou. Il n'existe aucun traitement et les poissons doivent être sacrifiés.

Les blessures ou lesions (L)

Les lésions peu importantes et immédiatement traitées sont sans gravité, mais toute blessure, fût-ce une petite excoriation, devrait par prudence être soignée pour éviter que la plaie n'ouvre la porte à une infection. La bonne méthode consiste à sortir le blessé de l'eau et, à l'aide d'un coton-tige, de faire un attouchement au mercurochrome. Mais la plus simple est de traiter le bac avec un remède 1. Un échec aurait sans doute pour signification que la plaie est en fait une ulcération ou un abcès ayant une origine mycosique ou bactérienne. (Consulter *Le Guide Marabout de la santé de l'aquarium,* GM 78.)

Afin de le traiter ou de l'isoler il est parfois nécessaire de pêcher un poisson dans un bac décoré. La meilleure solution consiste à préparer épuisette et récipient le soir, et à pêcher le lendemain matin au moment précis où l'on allume la lumière. Les poissons dorment pratiquement toujours au même endroit — et les espèces diurnes y restent partiellement amorphes tant que règne l'obscurité.

Les remèdes et leur mode d'emploi

Avant d'aborder la liste des médicaments, il convient de faire une remarque générale.

Pour assurer une meilleure répartition d'un remède, et aider le poisson à le supporter, il convient de renforcer l'alimentation du diffuseur. Par contre, il est indispensable de stopper le filtrage pendant toute la durée du traitement afin que le ou les matériaux filtrants (même s'il s'agit de sable) n'absorbent pas une partie non contrôlable du médicament. La cure terminée, si le produit employé n'est pas signalé comme se dégradant au point de disparaître, on siphonne la moitié de l'eau que l'on remplace par de la neuve; puis l'on remet le filtre en fonctionnement pour débarrasser le bac des dernières traces du remède. Bien entendu à chaque fois que la chose paraît possible, nous conseillons d'effectuer les traitements dans un bac à part. C'est notamment souhaitable dans le cas où il est évident qu'une seule espèce de poisson est atteinte.

Enfin l'emploi de remèdes appelle la mise en garde suivante : sauf si le conseil vous en a été donné par quelqu'un digne de confiance, n'utilisez jamais un médicament sans vous être assuré que l'aquarium est vierge de tout autre produit médicamenteux utilisé avant. Ne mélangez jamais deux médicaments sans vous être entouré des mêmes précautions. Il existe parfois des incompatibilités, souvent des interactions, dont les effets peuvent être désastreux.

1. Les spécialités disponibles chez votre détaillant. Celles-ci, de mieux en mieux étudiées, de plus en plus efficaces, ne sont pas constituées d'un produit simple dilué dans un excipient mais de l'addition de plusieurs substances ayant chacune démontré leur efficacité envers le mal à combattre. Tout aquariophile prudent devrait avoir en permanence chez lui : un désinfectant général à utiliser à titre préventif ou curatif : un remède spécifique des « points blancs », destiné seulement à l'usage curatif. Toutes les spécialités doivent être utilisées suivant le mode d'emploi indiqué par le fabricant.

2. Le bleu de méthylène est très controversé quant à son efficacité curative; par contre il est capable d'éviter la contagion. Son rôle surtout préventif le rend utile lors d'une mise en quarantaine de poissons suspects.

Il s'emploie en solution aqueuse de 5 %. Des auteurs préconisent deux gouttes pour 10 l d'eau et certains donnent cette dose pour toxique après 24 heures. En nous fiant seulement à la coloration bleu foncé et en renforçant la dose sitôt édulcoration de la nuance, nous avons eu des échecs avec ce remède mais jamais d'accidents. Son emploi en bac de décoration provoque une coloration grise du sable et des pierres, ce qui est ennuyeux; en outre la tolérance des plantes est médiocre.

3. La mercurochrome, désinfectant également apprécié pour plusieurs affections, s'emploie, soit par attouchement sur les plaies et ulcères, soit en solution aqueuse à 2 %. On utilise jusqu'à un maximum de 10 gouttes pour 10 l. La coloration donnée à l'eau (jaune-vert) est tenace et nécessite pour disparaître des siphonnages successifs. Des doses de 3 gouttes pour 10 l peuvent être utilisées pour soins préventifs, à défaut du désinfectant cité en 1. La tolérance des plantes est très bonne.

4. Le permanganate de potassium est le seul remède simple qui continue à rivaliser avec les spécialités dans les cas de gyrodactylite. Nous déconseillons les bains longs avec ce produit car, d'une part, *il est rapidement toxique,* et d'autre part, il précipite et perd son efficacité presque aussi rapidement; on ne sait jamais où l'on en est. Nous préconisons la méthode suivante dont nous garantissons l'efficacité. Dans une bouteille graduée de 250 cm^3, faites dissoudre 1 g de permanganate : utilisez 40 g ou millilitres de cette solution pour 10 l d'eau. Placez-y les poissons, une demi-heure montre en main, sauf les gouramys qui ne supportent pas ce traitement et les japonais qui ne doivent être laissés que 20 minutes. Remettez les poissons dans leur bac et, si c'est nécessaire, renouvelez le bain après 48 heures. A cette dose et pendant cette durée, les plantes tolèrent très bien le traitement.

La solution ci-dessus (1 g pour 250 cm^3 d'eau) peut être employée également telle quelle, sans dilution, pour l'attouchement des plaies et ulcères. (Attention aux taches lors des manipulations, celles-ci sont très rebelles sur les doigts et le linge; on les enlève au bisulfite de soude.)

5. Le chlorure de sodium, est toujours efficace contre certains parasites externes. On peut donc utiliser le sel à défaut d'un produit plus approprié.

Ce remède simple, aussi vieux que l'aquariophilie elle-même, s'emploie ainsi : on verse d'abord du gros sel de mer, qui va fondre lentement, jusqu'à concurrence de 5 grammes par litre puis, toutes les deux heures, on ajoute une faible dose jusqu'à atteindre le maximum de 10 grammes par litre.

La guérison obtenue, avant de replacer le sujet en eau normale, il faut diminuer la concentration progressivement, c'est-à-dire : enlever 1/3 de l'eau pour passer de 10 g/l à 6,6 g/l, puis 50 % pour descendre à 3,3 g, puis encore 50 % pour descendre à 1,6 g. Le tout échelonné sur plusieurs heures. Attention ! Le chlorure de sodium n'est pas du tout apprécié par les plantes : la cure doit donc être appliquée dans un bac démuni de végétation.

6. Le sulfate de cuivre, produit extrêmement toxique, ne s'utilise pratiquement plus en eau douce. Par contre, à titre préventif contre l'oodinium ou pour aider à l'acclimatation en eau non salée de sujets d'eau saumâtre tels que des *Scatophagus,* par exemple, le cuivre peut être employé d'une manière douce de la façon empirique mais efficace suivante : placer dans le bac un copeau ou morceau de cuivre rouge (quelques centimètres de fil de cuivre électrique dénudé) et mettre 1 % d'eau de mer ou 1/2 g de sel par litre pour produire une oxydation lente du métal. (Tout emploi de cuivre à une certaine dose est mortel pour les limnées et planorbes, mais c'est un des moyens de lutte contre les algues.)

7. Le formol est efficace en bains contre certains parasites *(Costia, Gyrodactyle)*. Diluer dans 1 litre d'eau 100 ml d'une solution de formol du commerce à 32 %. Traiter les poissons par bains de 15 à 20 minutes à raison de 5 ml de cette solution pour 10 litres d'eau. Répéter au besoin.

8. Le vert malachite, oxalate de cuivre, est très efficace uniquement sur les mycoses externes dont il reste un des traitements spécifiques. Il faut absolument faire préciser à l'achat si le produit est exempt de zinc, car sinon il est très toxique. C'est un produit malheureusement cher, son prix dépendant de sa pureté. Il s'utilise en bains d'une à quelques heures d'une solution à 1 mg pour 10 litres d'eau à traiter. La solution de mauvaise conservation, ne doit être préparée qu'en vue d'une utilisation immédiate. Et la dose indiquée ne jamais être dépassée.

9. Mélange formol-vert malachite. Il donne des résultats meilleurs qu'avec chacun des produits utilisés séparément, permettant d'agir à la fois sur les protozoaires (Ichthyo) et les mycoses externes. Mélanger 4 g de vert de malachite dans 1 litre de formol à 32 %. Utiliser pour les traitements une solution diluée au dixième à raison de 5 ml pour 10 litres d'eau, en bains de 1/4 d'heure à 1/2 heure. En prévention, 5 à 10 gouttes pour 100 litres de cette solution dans l'aquarium tuent les larves nageantes des parasites et les spores en suspension.

Outre les produits ci-dessus, certains médicaments, notamment parmi les antibiotiques et les sulfamides, constituent de remarquables remèdes utilisables en aquariophilie et c'est bien entendu la raison pour laquelle nous les citons. Malheureusement, leur emploi se heurte à des difficultés. Sauf pour le Furanace classé ci-dessous n° 14 et disponible chez votre détaillant, vous ne pourrez les obtenir que de votre pharmacien pour la plupart, ou d'un vétérinaire pour quelques autres.

Et c'est en partie pour éviter cet écueil que nous indiquons, quand cela est possible, des présentations en comprimés gynécologiques plus faciles à obtenir. Cependant, même sous cet aspect, ces produits étant manufacturés pour l'usage humain, ils sont dilués et enrobés ou colorés d'une manière qui n'est pas forcément neutre pour les poissons.

L'utilisation de ces médicaments doit donc s'entourer de prudence, bien que nous ayons à titre de test pendant 48 heures et apparemment sans dommages, placé des poissons dans des bains préparés aux doses indiquées (excepté pour les sujets visés par l'* relative aux remèdes 17-17bis et 20bis).

Dans leur grande majorité, les produits puissants détruisent la flore bactérienne utile dont les bactéries nitrifiantes. C'est pourquoi nous conseillons le traitement en petit bac hôpital. Quand c'est l'aquarium communautaire lui-même qui a dû être traité il faut dès la fin de la cure :

1. Opérer un large changement d'eau au moins égal à 50 % si le remède n'est pas signalé comme dégradable.

2. Réensemencer impérativement en bactéries nitrifiantes lyophilisées, en vente chez votre détaillant, et en bactéries vivantes, sous forme d'un peu de sol de surface ou de charge filtrante issus d'un bac sain en fonctionnement depuis plus d'un mois afin de retrouver un niveau correct des nitrates (cf. p. 145 et 149).

Antibiotiques et sulfamides

10. Trichlorfon (*Neguvon* ou *Masoten*) est un produit très utilisé en pisciculture. Il est très actif en aquariophilie contre les vers dont le *Gyrodactyle* et le *Diplozoon* ainsi que sur les crustacés parasites comme *Argulus* et *Lernaea*. Il s'utilise à la dose de 0,4 mg par litre d'eau en bains de 24 à 48 heures, si possible en bac hôpital.

11. La Pipérazine et surtout son dérivé le **concurat** (produit fourni sur ordonnance vétérinaire) sont des antihelminthiques puissants qui sont très actifs à faible dose, mélangés aux aliments contre les vers intestinaux trématodes. On lui préférera le Flubendazole (*Fluvermal*) moins toxique, à raison de quelques gouttes de suspension buvable imprégnant la ration alimentaire de la journée.

12. Tétracycline et dérivés. Ce sont des antibiotiques couramment utilisés en médecine humaine. Ils sont très efficaces en milieu aquatique sur toutes les infections bactériennes à bactéries Gram+. Malheureusement, la plupart des maladies des poissons d'aquarium sont dues, nous l'avons vu ci-dessus, à des bactéries Gram−. De plus, ils colorent l'eau en jaune. On peut les utiliser mélangés à la nourriture à raison de 2 mg par gramme d'aliment pour un poisson de 100 g ou en bains à raison de 10 à 50 mg, selon la taille et l'espèce, pour 10 litres d'eau.

Les plus actifs des dérivés que nous groupons sous le numéro **12bis** sont la Minocycline (*Mynocine*) et la Doxycycline (*Vibramycine*) aux mêmes doses.

13. Aminosides et dérivés. Ce sont des antibiotiques très efficaces sur les bactéries Gram− qui constituent la grande majorité des maladies bactériennes en aquarium. Les plus anciennement utilisés sont la Streptomycine et le sulfate de Kanamycine en bain, à la dose de 1 g pour 100 litres. On préférera des aminosides plus modernes et plus puissants telle la Gentamycine (*Gentaline*) ou la Tobramycine (*Nebcine*) en bains de 24 à 48 h jusqu'à la dose maximale, selon la taille et l'espèce, de 1 g pour 100 l. Bains administrés, si possible, en bac hôpital.

14. Quinolones. Cette famille d'antibiotiques est très intéressante car très active sur les bactéries Gram− que l'on rencontre en pathologie piscicole. Le plus utilisé en pisciculture est la Furaltadone commercialisée en aquariophilie sous le nom de Furanace. Utiliser en bains à raison de 1 sachet de 500 mg pour 50 litres d'eau. Ce produit reste actif au moins 4 jours. Actuellement, on emploie de plus en plus en pisciculture la Fluméquine (Apurone), incorporée dans les aliments de façon à ce que les poissons malades puissent absorber 1,5 mg de ce produit pur pour un sujet de 100 g. Le plus puissant utilisable seulement en aquarium vu son prix, n'est délivré que sur ordonnance médicale; il s'agit de la *Peflaxine 1000* à raison de 1 comp. pour 100 litres d'eau, en bains de 24 à 48 h administrés si possible en bac hôpital.

15. Rifampicine *(Rifadine - Rimactan)* et *Rifocine* sont des antibiotiques qui traitent spécifiquement les mycobactérioses. Très actives, elles s'utilisent en bains (30 mg pour 10 litres d'eau) ou mélangées aux aliments (1 mg pour un poisson de 100 g) en bac hôpital seulement, car ces produits colorent l'eau en rouge foncé indélébile.

16. Sulfamides. On utilise surtout le mélange Trimethoprime + Sulfamétoxazole (*Bactrim - Eusaprim).* C'est actuellement **l'antibiotique de base en aquariophilie** car il a un large spectre tant pour les bactéries Gram+ que Gram− avec, en plus, une action sur les mycobactéries. En outre, il est bon marché, peu toxique, ce qui permet de forcer au besoin la posologie en bains au-delà de 0,5 g pour 10 litres d'eau habituellement recommandés. Comme toujours, si ce n'est pas l'ensemble de l'aquarium qui est contaminé, il faut préférer le petit bac hôpital.

17. *Métronidazole et dérivés. Le plus couramment employé reste celui qui est commercialisé sous le nom de *Flagyl.* Il est extrêmement intéressant car il combat à la fois les infections bactériennes à germes Gram− mais aussi les maladies parasitaires à protozoaires comme l'Ichthyo. Il s'utilise en bains à la dose de 1 g pour 100 litres qui peut être doublée en cas de résistance. Il ne se dégrade que lentement en 4 à 6 jours. Il faut préférer si possible le bac hôpital.

17bis.* Les autres dérivés plus modernes comme le Miconazole (*Daktarin),* le Kétoconazole (*Nizoral*) et le Ténonitrinazole (*Atrikan*) s'utilisent de la même façon pour les

* Les remèdes 17-17bis et 20bis doivent être utilisés avec la plus grande prudence en ce qui concerne certaines petites espèces de moins de 5 cm, notamment avec celles appartenant à la famille des Characidae (Cf. p. 240).

mêmes indications. Ils sont cependant plus puissants et ont surtout, en plus, une forte action antifungique; malheureusement leur solubilité est souvent faible en eau douce à pH bas.

18. La Nystatine commercialisée sous le nom de *Mycostatine* est un antifungique actif sur les maladies à champignons comme la Saprolégnose. On utilisera par exemple les comprimés gynécologiques achetés en pharmacie à raison de 1 à 2 comprimés pour 100 litres d'eau. La toxicité est faible. On considère qu'il y a en 4 jours une biodégradation, ce qui permet l'utilisation *éventuelle* dans le bac d'ensemble.

19. Amphothéricine *(Fungizone)*. C'est aussi un antifungique puissant qui peut être utilisé de la même façon en capsules que l'on ouvrira à raison de 1 à 2 pour 100 litres d'eau.

20. Associations. On voit l'intérêt d'associer, pour augmenter l'efficacité, 2 produits pour additionner leur spectre d'action. On comprendra aisément que l'association *Bactrim* + *Flagyl* soit la plus recommandée. Chacun des composants s'utilise à la même dose que s'il était seul.

20bis*. Une autre association intéressante que l'on trouve en pharmacie est le *Venugyl* en comprimés gynécologiques à la dose de 1 à 2 comprimés pour 100 litres d'eau. Ce produit associe en effet un antiprotozoaire (nimérazole) à un antifungique (nystatine) et un antibiotique antibactérien (tétracycline). C'est un remède que l'on choisit lors-

---

On ne doit renouveler une dose que :
1° si l'on n'a constaté aucune toxicité, c'est-à-dire une parfaite tolérance du poisson au traitement;
2° si l'on est certain que le produit est bien celui qui convient, c'est-à-dire si l'on a obtenu une incontestable amélioration sans avoir pour autant acquis une guérison.

---

qu'on ne peut déterminer si la maladie en cause est parasitaire, mycosique ou bactérienne. En raison de sa puissance, ce produit sera de préférence utilisé en bac hôpital, en bains de 24 à 48 h. Et en cas de traitement en bac d'ensemble, nous rappelons la nécessité, en fin de cure, d'opérer un changement d'eau d'au moins 50 % et de réensemencer en bactéries nitrifiantes.

Malgré sa longueur, ce chapitre des maladies est loin d'avoir épuisé le sujet. C'est pourquoi nous recommandons à l'amateur de consulter « Le guide Marabout de la santé de l'aquarium » (GM 78), ainsi que « Les règles d'or de la réussite de l'aquarium » (GM 98). Les problèmes de santé étant traités dans un contexte différent dans ces ouvrages.

Enfin, ce domaine des soins ne peut pas être conclu sans avoir rappelé que, malgré l'aspect apocalyptique que revêt tout exposé sur les maladies : *les problèmes sanitaires sont rares ou même très rares dans un aquarium peuplé de poissons achetés avec discernement chez un fournisseur de confiance et bien tenu sur le plan hygiène.*

Quand survient une maladie, les thérapeutiques chimiques sont nécessaires comme recours rapide contre une épidémie, mais souvent elles portent atteinte à l'équilibre du milieu. Par contre-coup, elles contribuent à maintenir les conditions défavorables qui ont été la cause des épidémies qu'elles sont chargées d'enrayer. C'est pourquoi, sitôt la guérison intervenue, il faut reprendre les strictes règles d'hygiène.

Le mémento des poissons

Par l'étude des caractères morphologiques, la science a classé les 30 000 poissons connus en classes et sous-classes, ordres et sous-ordres, familles et sous-familles, genres et sous-genres et enfin espèces suivies du nom de l'auteur ayant décrit en premier le poisson dont il s'agit, la date indiquée étant celle de l'identification et la parenthèse éventuelle indiquant que cette identification fut ensuite contestée.

Malgré ce compartimentage universellement admis et respecté, des problèmes subsistent. Certains poissons refusent d'entrer dans les catégories prévues; d'autres sont l'objet de désaccords entre naturalistes, comparables aux désaccords entre botanistes pour les plantes; presque tous enfin voient leur fiche signalétique latine ou pseudo-latine complétée par des surnoms populaires locaux.

La carte d'identité

Dans le Mémento qui suit, afin d'allier la simplicité à la précision, la carte d'identité de chaque poisson a été rédigée ainsi :

- *Famille*, avec mention d'une « sous-famille » aussi rarement que possible.
- *Nom scientifique* composé du nom de genre suivi du nom d'espèce. (Ces appellations n'ont été doublées d'un synonyme qu'en cas d'absolue nécessité.)
- *Noms communs*, enfin, aussi souvent que l'usage y contraint, en langue française et anglaise.

Illustrations en couleurs

Quand le nom d'un poisson est suivi d'un astérisque et d'un numéro, le lecteur trouvera sa reproduction dans les planches en couleurs numérotées 1 à 51.

Le milieu idéal

Le Mémento comporte par ailleurs des chiffres se rapportant aux températures ou même aux eaux préférentielles. Il importe, grâce à un regard jeté sur le milieu aquatique, que l'amateur connaisse la valeur qu'il convient de donner à ces indications.

Les zones géographiques dont sont originaires nos poissons d'aquarium se trouvent parfois étroitement délimitées, mais le plus souvent immenses. Dans le premier cas, il est logique de supposer que les exigences de l'espèce sont strictes, alors que dans le second, le milieu étant obligatoirement diversifié par son étendue, les exigences deviennent beaucoup plus lâches. Nous nous trouvons en présence de poissons ayant une plus grande adaptabilité, et parlant de ceux-ci l'aquariophile dira alors « qu'ils ne sont pas fragiles ».

Outre ces fluctuations nées du facteur géographique, il y a celles liées au facteur climatique. Plus encore que dans nos régions tempérées, ces fluctuations sont énormes dans les territoires intertropicaux où la température et la composition de l'eau subissent des variations considérables : la chute éventuelle des feuilles a, par exemple, un effet acidifiant, tandis que la saison des pluies amène un énorme volume d'eau de dureté zéro, ayant une action adoucissante.

Ces deux considérations à elles seules, et il y aurait d'autres remarques intéressantes à faire, expliquent que les indications — même exactes et précises — communiquées par les voyageurs s'infiltrant dans ces régions aux époques où elles sont pénétrables et par les collecteurs de poissons à celles où la pêche se montre fructueuse, ne peuvent donner que des renseignements ayant un caractère aléatoire et relatif.

Il paraît donc présomptueux de vouloir indiquer à l'amateur le milieu habituel ou normal d'une espèce alors que de toute évidence dans l'immense majorité des cas, celui-ci n'est pas immuable. D'autant plus que bon nombre des sujets proposés aux amateurs sont issus d'élevages parfois fort éloignés des lieux d'où les poissons sont originaires. Pour l'aquariophile, la grande valeur de ces renseignements réside, avant tout, dans une meilleure connaissance des conditions propres à favoriser la reproduction, chez toutes les espèces où la vie en captivité n'est pas incompatible avec la maturité sexuelle.

Autour des zones préférentielles indiquées, de température et de nature d'eau, il y a donc de toute évidence une marge d'adaptabilité sur laquelle est d'ailleurs basée l'aquariophilie. Cette marge est souvent assez grande, à condition qu'il y ait acclimatation.

En général, l'amateur n'a pas à se préoccuper de celle-ci lors de l'installation dans son aquarium de poissons achetés chez un détaillant compétent. Les poissons sont vendus, dans les maisons sérieuses, adaptés à l'eau régionale.

Par contre, cette nécessité de l'adaptation ne doit pas être oubliée lorsqu'on introduit des poissons dans un milieu de ponte créé de toutes pièces (voir « Les Eaux », ni lorsqu'il s'agit de les replacer ensuite en bac d'ensemble. Il est alors prudent de faire des apports successifs de l'eau d'où ils viennent et dans laquelle ils doivent retourner. (Exemple de réadaptation : ne laisser qu'un tiers de l'eau dans laquelle le poisson se trouvait pour sa reproduction, puis échelonner le remplissage des deux derniers tiers sur 12 heures en utilisant alors l'eau du bac dans lequel le sujet sera réinstallé.) Quant à l'adaptation à une température légèrement différente de celle dans laquelle le sujet vivait, elle peut s'effectuer en un laps de temps assez court dès l'instant qu'il n'y a pas un écart brusque, mais une évolution progressive.

La reproduction

Les « données techniques » fournies pour chacun des poissons du Mémento, à chaque fois que les connaissances acquises le permettent, possèdent donc rarement un caractère impératif strict. Ces bases chiffrées sont intéressantes pour l'amateur, d'une part, comme élément de compréhension et de solution quand il se trouve confronté avec un problème, d'autre part et surtout, comme indication du « milieu optimum » prouvé ou supposé propre à favoriser ses essais de reproduction.

La reproduction constitue en effet, aux yeux de certains aquariophiles, l'aboutissement logique de leur hobby. Aussi nous sommes-nous efforcés, dans ce domaine plus encore que dans les autres, de ne pas nous satisfaire des principes généraux aussi faciles à énoncer que difficiles à pratiquer.

les procédés indiqués représentent plutôt « une manière de faire » aussi précise que possible. Ce sont les fruits, parfois d'expérience personnelle, parfois d'expérience d'amateurs, souvent membres d'Associations d'aquariophilie et le plus rarement possible la synthèse de méthodes préconisées par les auteurs, que nous avons retenus.

Quant à la meilleure garantie de succès, elle réside dans l'observation d'une hiérarchie des difficultés et, en ce domaine, nous proposons l'ordre suivant :

— d'abord les « vivipares » (cf. p. 356 la famille des Poeciliidae) parce que le petit naît « tout à fait » et assez vigoureux. Il n'y a ainsi de problème : ni de ponte, ni d'éclosion d'œufs, ni de nourriture microscopique;

— ensuite un « Cichlidae » parmi ceux signalés comme absorbant, dès leur naissance, une nourriture assez grosse;

— enfin un « Danio », espèce robuste et facile « à faire pondre », afin de se familiariser avec le maniement des proies vivantes : infusoires et artemias.

Parvenu à ce stade, l'amateur intéressé peut continuer sa progression, jusqu'aux reproductions précisées pour amateurs chevronnés.

Pour chaque « famille », les caractéristiques relatives à sa reproduction se trouvent décrites de façon détaillée dans l'exemple type, choisi comme sujet témoin, alors que pour les autres membres de la famille, c'est dans le texte consacré à chaque espèce que les différences éventuelles de mœurs et de conditions sont autant que possible précisées. Moins, toutefois que dans « Les règles d'or de la réussite de l'aquarium » (GM 98), ouvrage dans lequel une large place est réservée à la reproduction.

• Qui veut la fin veut les moyens

Ce vieil adage vaut pour la reproduction; il est illusoire d'espérer un résultat valable, sans le respect d'un minimum de conditions. Certes, chez certains vivipares auxquels nous faisions allusion, il est aisé de recueillir des alevins dans un « pondoir » mais chimérique d'escompter les élever sans leur fournir ni la place, ni le minimum d'hygiène requis.

Par ailleurs, il faut signaler que si des alevins peuvent naître en bac d'ensemble, ils ne peuvent généralement pas s'y élever, exception faite de quelques aquariums souvent immenses et toujours surplantés dans lesquels une certaine écologie naturelle se trouve reconstituée.

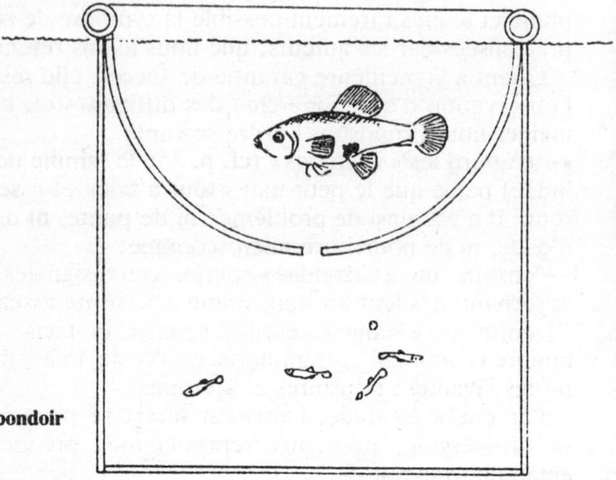

Type de pondoir

• L'équipement minimum de l'amateur

Représentant le strict minimum des conditions à la fois nécessaires et suffisantes, voici une installation réalisable aux moindres frais avec une surface occupée restreinte. Excepté pour les espèces qui affectionnent de pondre aux premiers rayons du soleil matinal, cette nursery peut très bien être montée dans une pièce quelconque, fût-ce un débarras obscur.

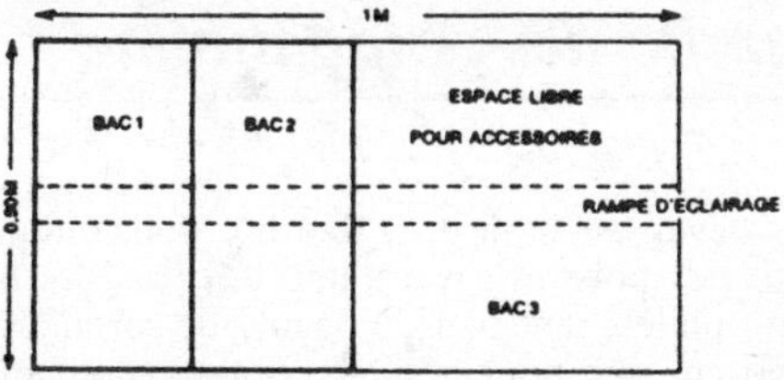

Installation pour la reproduction

Grouper trois bacs de 50 × 25 cm sur une même planche de 1 m × 50 cm. Utiliser un seul thermostat pour les trois résistances de puissance identique, chacune climatisant un des bacs. Utiliser une seule petite pompe d'aération pour les trois filtres sous sable, chacun d'eux assurant à la fois l'aération et le filtrage du bac où il se trouve. Eclairer l'ensemble par un seul tube fluo de 90 cm, logé dans une rampe de 1 m coiffant les trois bacs. Couvrir chaque bac d'un verre simple non dépoli.

Ces trois bacs permettront de disposer d'un bac de reproduction, tandis que les deux autres donneront la possibilité d'opérer, parmi les jeunes, un tri salutaire des tailles par trop disparates ou un tri des sexes qu'il serait prématuré de laisser réunis. Ce laboratoire miniature est apte à fournir un confort suffisant pour de nombreuses espèces.

Enfin, signalons que pour certaines des espèces ayant l'habitude de pondre dans les plantes, on peut remplacer ces dernières par un « mop ». C'est-à-dire un écheveau de fibres synthétiques fixé par exemple à un bouchon de liège.

Mop monté sur un bloc de liège

Famille des Anabantidae

Vous devez au hasard de l'ordre alphabétique d'ouvrir le Mémento des poissons avec l'une des familles les plus chères aux aquariophiles, tant pour la beauté de certaines des espèces qui la composent que pour certains aspects captivants du mode de reproduction, le plus spectaculaire de l'aquariophilie.

Le caractère particulier aux *Anabantidae* (parfois désignés sous le terme synonyme de *Labyrinthidae)* réside dans leur système respiratoire qui consiste en l'adjonction, à la respiration branchiale normale, d'un organe situé dans le crâne et appelé « labyrinthe ». Il se compose de sortes de sinus, tapissés de membranes généreusement irriguées de minuscules vaisseaux.

Répartition géographique des Anabantidae

Cet organe auxiliaire permet aux membres de la famille d'utiliser pour leur respiration aussi bien l'oxygène de l'air pur que celui dissous dans l'eau. De ce fait, ces poissons peuvent vivre dans des eaux stagnantes, quelquefois boueuses, très pauvres en oxygène, telles que celles des rizières. Les autres caractères principaux de la famille sont : des nageoires dorsales et anales soutenues par des rayons épineux, des nageoires pelviennes transformées chez beaucoup d'espèces en deux antennes filamenteuses, et enfin, des mâchoires garnies de dents coniques.

Nous l'avons déjà écrit, quand l'aquariophile décide l'acquisition d'un poisson, la beauté constitue le premier motif de son choix, l'originalité de sa reproduction le second.

Les opinions divergent sur le point de savoir avec quel membre de la famille cette reproduction est la plus facile : du *Betta,* du *Macropode* ou du *Gourami bleu.* En fait, nous sommes enclin à considérer comme le plus facile celui avec lequel nous avons eu le plus de chance. Aussi, en tout bien tout honneur, est-ce le *Betta,* également dénommé *combattant,* que nous allons choisir comme sujet témoin du type de reproduction particulier aux *Anabantidae.*

Pour son habitat, le *combattant* n'est pas exigeant : il peut vivre plusieurs semaines dans un pot de yaourt. Mais pour la reproduction, compte tenu qu'il faudra à certains moments utiliser une épuisette sans risquer de détériorer le nid, un bac de 50 cm × 25 cm est souhaitable.

Le sol sera garni de quelques centimètres de sable, dans lequel on installera 3 ou 4 massifs de plantes aquatiques avec autant de pierres, afin de constituer des cachettes devenant éventuellement des lieux de refuge. Un peu de *riccia* sera également le bienvenu.

On remplira ce bac jusqu'à une hauteur d'environ 15 cm d'eau du robinet, donc généralement alcaline et dure au pH voisin de 7.

Le filtrage n'est pas indispensable. Il convient par contre de ne pas avoir la surface de l'eau voilée d'un film gras ou poussiéreux : un diffuseur faiblement alimenté sera donc le bienvenu, mais placé sous le riccia, par exemple, afin de ne pas créer un courant perturbateur pour le nid. La séparation du bac, à l'aide d'une cloison de verre, complétera le logis nuptial. Enfin, une autre plaque de verre, légèrement inclinée afin de diriger les gouttelettes de condensation hors de la zone du nid, devra toujours couvrir l'aquarium.

Leur home installé, les conjoints sont introduits, le mâle côté eau libre et la femelle côté plantes et diffuseur. N'ignorant rien de son charme, le séducteur, nageoires déployées, s'en va nageant avec une souplesse féline tout le long de la vitre de séparation. Dès qu'il cesse sa nage triomphale, c'est pour se muer en bâtisseur : il agglutine, les unes aux autres, des bulles d'air enrobées de mucus salivaire, ce qui les rend adhésives jusqu'à former une sorte de nacelle flottante d'un diamètre de 8 cm pour une épaisseur allant jusqu'à 2 cm. Le nid achevé, la parade ayant repris toutes voiles déployées, vous pouvez enlever la glace de séparation. Le mâle va droit au fait : si la femelle consent à recevoir les hommages de son admirateur, tout est parfait. Mais il arrive qu'elle les refuse : dans ce cas, les opercules dressés par la colère, un combat s'engage, la femelle sortant souvent en piteux état de la joute — le mâle, quant à lui, étant beaucoup plus rarement dominé.

Que s'est-il passé ? On a dit : il faut que le couple se plaise ! C'est sentimental, émouvant, mais ne paraît pas conforme à la vérité. Il faut en fait pour mener les choses à bien que l'eau atteigne une température de 28°, que le mâle âgé au moins de 10 mois soit de taille suffisante (le double de celle de la femelle) et surtout... que cette dernière soit prête à pondre : qu'elle soit bien rebondie, une petite papille anale blanche visible; en un mot, qu'elle soit désireuse de l'étreinte du mâle, afin de soulager ses ovaires gonflés d'œufs. Alors vous verrez, par l'intérêt qu'elle prête à la parade du mâle, et par sa propre parade de coquette, qu'elle souhaite autant que son partenaire la suppression de la glace de séparation.

Sitôt l'obstacle levé, le couple se rend sous le nid et vous assistez à un spectacle sans égal dans la vie aquatique. Le mâle s'incurve de toute la longueur de son corps, queue comprise, afin d'enlacer la femelle; l'ayant alors basculée ventre en l'air, il peut lui presser les flancs par étreintes successives. Bientôt, ces pressions sont suivies d'émissions d'œufs accompagnées d'éjaculation de sperme en pleine eau. Entre chaque accouplement, tandis que la femelle se laisse retomber sur le sol pour y reprendre des forces (ou essayer de manger ses propres œufs), le mâle se précipite, happe les œufs et les remonte un par un dans le nid où il les amarre solidement, d'un coup de museau si besoin est. Sous votre regard justement admiratif, cette scène va se répéter jusqu'à épuisement du chapelet ovarien (ce qui demande parfois plusieurs heures).

La ponte terminée, la femelle se sentirait volontiers un appétit particulier pour ses œufs ! Sitôt que le mâle s'en aperçoit, il s'empresse de la conduire « manu militari » hors de la zone du nid.

C'est à ce moment qu'il vous appartient, à l'aide de l'épuisette, d'enlever la femelle qui n'est plus d'aucune utilité, jusqu'à une nouvelle ponte; celle-ci redeviendra possible, dans les meilleures conditions de température et de nourriture, dans un délai d'un mois (le maximum de pontes successives pour une femelle étant d'une dizaine environ).

Pendant ce temps, le mâle veille seul sur sa progéniture. Ne prenant pas même de nourriture, il répare le nid, colmatant une brèche à gauche, soufflant quelques nouvelles bulles à droite. Après une trentaine d'heures de délai d'incubation, ce sont des alevins nouveau-nés qui pendent du nid, tels de minuscules virgules. D'abord calmement occupés à résorber le sac vitellin qui constitue leur première nourriture, ils ne tardent pas à commencer leurs espiègleries, sans aucune considération pour leur père. Celui-ci doit inlassablement se précipiter sur eux, les happer, et remonter les effrontés pour les ressouffler sans ménagements dans le nid. Deux jours après l'éclosion, parfois moins, il risque pourtant de se sentir en appétit et de manger ses alevins : il faut donc le retirer à son tour.

Sitôt que leur vésicule vitelline a été résorbée, les alevins partent à la recherche de leur première nourriture. Celle-ci est constituée des infusoires présents dans le bac, grâce aux plantes et notamment au *riccia*. La quantité disponible risque cependant d'être très vite insuffisante : aussi, contrôlez avec une forte loupe si la peau de leur ventre ne fait pas de plis ! Dès que cela devient nécessaire, augmentez la quantité d'infusoires et préparez des *artémias*. Les nauplies d'artémias nouveau-nés prendront le relais des infusoires dès que vos alevins auront atteint 4 ou 5 jours. Vous y ajouterez progressivement d'autres proies.

A ce régime, les alevins atteindront très bien la période critique de la troisième semaine, celle de la formation du labyrinthe. Pour tous les membres de la famille, c'est en quelque sorte l'âge ingrat !, celui où ils apprennent à venir gober en surface la bulle d'air utilisée par leur second mode de respiration. Le moindre coup de froid, le moindre courant d'air, sont alors mortels. Grâce à votre couvercle, la couche d'air comprise entre celui-ci et la surface de l'eau reste bien climatisée; il importe que pendant cette période, vous ne fassiez glisser le verre protecteur que de ce qui est nécessaire pour les indispensables distributions de nourriture.

Ce mauvais cap franchi, les très nombreux survivants que vous pouvez espérer grossiront très vite, s'ils ont toujours à leur disposition la nourriture qu'ils réclament.

BETTA SPLENDENS *3

Synonyme : néant.
Nom commun français : Combattant.
Nom commun anglais : Siamese fighting fish.
Origine : Malaisie, Thaïlande.
Taille : jusqu'à 12 cm pour les mâles; femelle nettement plus petite.
Différences sexuelles : les nageoires du mâle sont incomparablement plus développées et la coloration générale est plus intense.

Comportement social : spécial (consulter le texte).
Température requise : de 20° à 32°*.
Nourriture : pratiquement exclusivement carnivore (vers de vase, tubifex, enchytrées, etc.). Accepte parfois la nourriture sèche mais on admet généralement qu'il ne l'assimile pas.

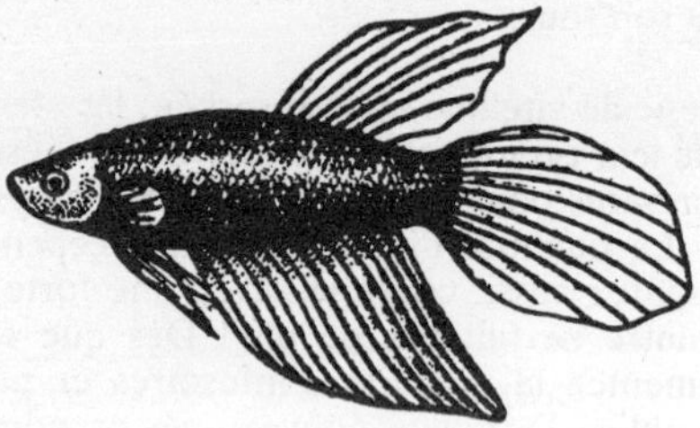

Betta splendens (12 cm)

Ce somptueux poisson n'usurpe pas son nom de *combattant*. Les mâles doivent être séparés sous peine de matches dont les Orientaux ont fait prétextes à paris et à spectacle, au même titre que pour les combats de coqs. Leur coloration rehaussée par l'excitation, les nageoires déployées, les opercules écartés, utilisant leur tête comme un bélier, les adversaires, en passes rapides, se déchiquettent les nageoires jusqu'à ce que l'un des antagonistes, épuisé, refuse le combat. Le vaincu s'il n'est pas tué, peut voir ses nageoires, momentanément réduites en lambeaux, se régénérer en quelques semaines. Les femelles, quant à elles, se supportent généralcment assez bien, surtout si elles ont été habituées à vivre ensemble. Les aquariophiles conservent les mâles dans des aquariums cloisonnés en plusieurs cases, tandis qu'un mâle seul (généralement très pacifique avec les autres espèces) peut être placé dans un aquarium d'ensemble où il mène une vie indolente à l'ombre des feuillages. Souvent cette verdure rend même possible la cohabitation du couple. La vie des *Bettas* en aquarium dépasse rarement deux ans, sans doute leur longévité est-elle accrue dans la nature, du fait de leur enfouissement dans la vase où ils mènent une vie ralentie pendant les périodes d'assèchement partiel de leur habitat.

Par suite de patientes sélections, à partir du type original assez terne (reçu par Carbonnier dès 1868, dans un lot de Macropo-

---

* Température en degrés centigrades dits aussi degrés celsius.

19. Hyphessobrycon serpae (4 cm)

20. Moenkhausia oligolepis (6 cm).

21. *Nannostomus marginatus* (3 cm 1/2)

22. *Thayeria boehlkei* (*obliqua*) (7 cm)

23. *Nannobrycon eques (5 cm)*

24. *Cichlasoma meeki mâle (12 cm).*

25. *Cichlasoma festivum* (15 cm)

26. *Cichlasoma nigrofasciatum* (12 cm)

27. Discus royal.

28. En haut, groupe de Phenacogrammus interruptus. Plus bas au centre, Nematobrycon palmeri dit Tetra empereur entouré d'un groupe de Hemigrammus rhodostomus sur fond de Cabomba (plante).

29. *Labeotropheus fuelleborni* (12 cm)

30. *Labeotropheus trewavasae* (10 cm)

31. *Julidochromis ornatus (7 cm)*

32. *Pseudotropheus zebra (10 cm)*

33. *Pelvicachromis pulcher* (*Pelmato kribensis*) mâle (10 cm)

4. *Pelvicachromis pulcher* (*Pelmato kribensis*) femelle (7 cm)

des), les éleveurs offrent une grande palette de coloris y compris des spécimens bicolores, tel le classique bleu et rouge.

COLISA LALIA *4

Synonyme : néant.
Nom commun français : Colisa lalia.
Nom commun anglais : Dwarf Gouramy.
Origine : Indes.
Taille : 6 cm.
Différences sexuelles : le mâle est incomparablement plus coloré.
Comportement social : très bon, cette espèce calme et timide aime vivre en couple.
Température requise : de 23° à 30°.
Nourriture : ce poisson omnivore accepte toutes les nourritures qu'il peut absorber avec sa bouche, très petite.

C'est le plus beau des *Colisa* et l'un des plus colorés de tous les poissons d'aquariums. La robe du mâle est somptueuse avec ses striures alternées rouge vif et bleu turquoise, aux reflets métalliques.

Il s'agit d'un poisson très désirable dans un aquarium peuplé de petites espèces mais, si la crainte s'ajoute à la timidité, non seulement il vit caché, mais encore il risque de ne pas oser venir s'alimenter. Il affectionne une eau sans excès de calcaire et un bac très bien planté. La reproduction est possible pour un aquariophile initié, suivant les règles propres à la famille avec les particularités suivantes : des morceaux de plantes sont incorporés au nid, à la confection duquel la femelle participe. Il convient de retirer celle-ci sitôt la ponte terminée, le mâle devenant alors brutal. A 26°, l'éclosion des œufs demande environ 36 heures.

COLISA LABIOSA

Cette espèce, très voisine de la précédente, possède une coloration beaucoup moins brillante. Une bande brune raye le corps. Dans le processus de la reproduction, la femelle ne participe pas à la confection du nid et, d'après Sterba, les œufs sont plus légers que l'eau.

COLISA CHUNA

Au contraire du *C. labiosa* ci-dessus, le mâle de *C. chuna* est brillamment coloré : de jaune quant à la dorsale, de brun-orangé selon une diagonale allant de la tête à la pointe de la nageoire anale, et de noir-violacé à la base du corps. Malheureusement, cette brillante livrée n'apparaît qu'entre 9 et 12 mois. C'est pourquoi les jeunes sujets ne sont guère remarqués chez les détaillants. Les mœurs et la taille sont celles de C. lalia.

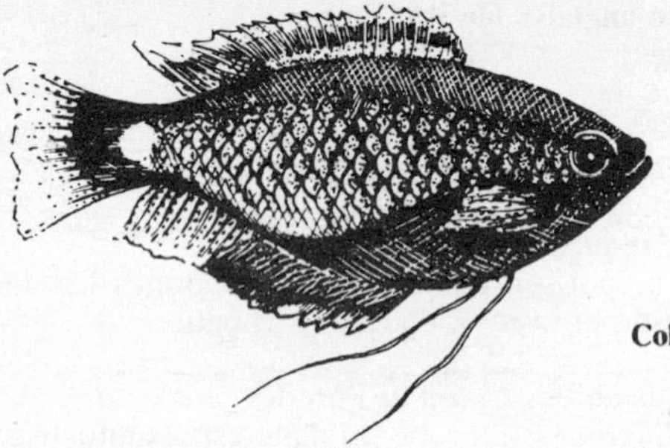

Colisa chuna

HELOSTOMA TEMMINCKI

Synonyme : néant.
Noms communs français : Kissing Gourami. Gourami embrasseur.
Nom commun anglais : Kissing Gourami.
Origine : Indonésie, Malaisie, Thaïlande.
Taille : elle atteint plus de 10 cm en aquarium et jusqu'à 30 cm dans la nature.
Différences sexuelles : il n'en existe pas, sauf un certain embonpoint chez la femelle, discernable seulement chez le sujet adulte vu par le dessus de l'aquarium.
Comportement social : satisfaisant.
Température requise : de 23° à 30°.
Nourriture : ce poisson accepte toutes les nourritures usuelles, mais il ne peut absorber que des proies trois fois plus petites que la taille de sa bouche ne le laisserait supposer. Il faut croire que le gosier est très étroit alors que la bouche est énorme. Il adore les algues et en captivité, sitôt atteinte une certaine taille, il fait une grosse consommation d'épinards cuits.

Ces poissons curieux, plats, démunis d'antennes, de couleur absolument rose chez la seule variété commercialisée, amusent les aquariophiles, par les longs baisers qu'ils aiment se donner sans que l'on en connaisse la raison, puisqu'ils ne sont pas liés à une activité sexuelle.

Le Kissing, qui aime les algues, ne peut cependant pas être classé parmi les *nettoyeurs,* la nature ne l'ayant pas armé pour cela. Sa reproduction, au cours de laquelle il n'est pratiquement pas construit de nid de bulles, est très aléatoire.

Helostoma temmincki

MACROPODUS OPERCULARIS

Synonyme : Macropodus viridi auratus.
Nom commun français : Macropode ou Poisson du paradis.
Nom commun anglais : Paradise fish.
Origine : Chine du Sud, Formose, Viêt-Nam (marais et rizières).
Taille : 8 cm.
Différences sexuelles : le mâle est plus coloré et toutes ses nageoires impaires sont plus développées que chez la femelle.
Comportement social : mauvais, surtout s'il ne vit pas en couple.
Température requise : de 14° à 30°.
Nourriture : malgré une préférence très marquée pour les proies vivantes, il accepte certaines nourritures sèches.

Le Macropode, l'un des premiers poissons exotiques introduits en Europe il y a plus d'un siècle, possède un corps d'un fond brun orangé sur lequel se détachent des bandes verticales brunes à reflet vert. Sensible aux brusques écarts de température, comme tous les poissons, il est par contre capable de résister à des températures très basses. Si l'on ajoute qu'il ne se montre pas exigeant sur le volume du bac, ni sur la nature de l'eau et que, de plus, sa reproduction est facile, identique et aussi spectaculaire que celle du *Betta,* ce devrait être le poisson exotique le plus populaire. Ce n'est toutefois pas le cas, à cause de sa sociabilité souvent trop mauvaise pour qu'on puisse lui adjoindre des compagnons de tailles inférieures à la sienne.

Il existe d'autres variétés telles que le *Macropode bleu*, une variété albinos, et le *Macropodus cupanus*, espèce plus petite que la précédente, originaire des Indes et de Ceylan.

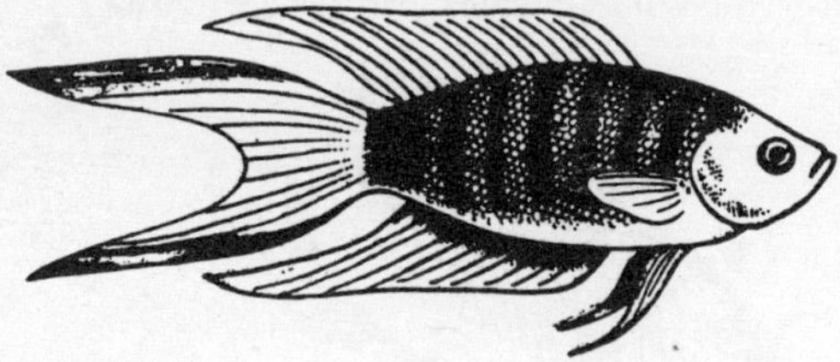

Macropodus opercularis (8 cm)

TRICHOGASTER LEERI

Synonyme : Trichopodus leeri.
Noms communs français : Leeri, Gourami mosaïque, Gourami perlé.
Noms communs anglais : Pearl Gourami, Leeri, Mosaic Gourami.
Origine : Malaisie, Indonésie, Thaïlande.
Taille : elle atteint 12 cm.
Différences sexuelles : la livrée du mâle est plus brillante et la nageoire plus développée, plus effilée que chez la femelle.
Comportement social : très satisfaisant, plutôt timide. Aime vivre en couple.
Température requise : de 23° à 30°.
Nourriture : C'est un poisson omnivore, mais il a une petite bouche comme toute la famille.

Le *leeri* est aux *Trichogaster* ce que le *lalia* est aux *Colisa* : la plus belle espèce du groupe. Ce poisson magnifique, aux perles multicolores scintillantes sur le corps et les nageoires, serait très apprécié dans un aquarium peuplé d'espèces assez grandes mais pacifiques, sans la propension de certains sujets à brouter les plantes tendres.

Cette espèce, tout en préférant une eau sans excès de calcaire, vit bien en aquarium d'ensemble normal, à condition que lui soient épargnés les brusques écarts de « nature d'eau », spécialement en cours de croissance. (C'est pourquoi, il convient de n'acheter que des sujets bien ronds et d'une taille voisine de 5 cm.)

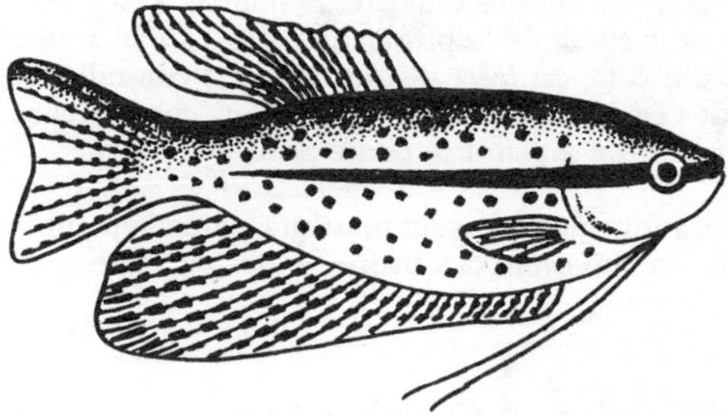

Trichogaster leeri (12 cm)

Le reproduction (moins facile que celle des *Trichogaster trichopterus)* se déroule selon le processus indiqué pour la famille, avec les correctifs suivants : le mâle est beaucoup plus doux avec sa compagne; des débris végétaux et des algues sont utilisés pour la confection du nid; les œufs plus légers que l'eau montent seuls sous le nid au lieu de tomber sur le sol.

TRICHOGASTER TRICHOPTERUS *5

Synonyme : Osphronemus trichopterus.
Nom commun français : Gourami bleu.
Noms communs anglais : Three spot Gourami, Blue Gourami.
Origine : Indes, Birmanies, Viêt-Nam.
Taille : jusqu'à 15 cm en grand aquarium.
Différences sexuelles : nageoires impaires plus développées et plus effilées chez le mâle, plus arrondies chez la femelle.
Comportement social : satisfaisant jusqu'à 8 cm, douteux au-dessus de cette taille. Préfère vivre en couple.
Température requise : de 22° à 30°
Nourriture : omnivore, y compris les hydres et les planaires.

Avec ses deux points noirs (les Américains comptent l'œil pour en trouver trois) sur un corps bleu pâle, ce *Gourami* est avec la variété *« species »*, dite en France *« crosby »*, le plus populaire de toute la famille. Pour deux raisons sans doute : 1) sa résistance plus grande que celle des autres membres de son groupe, excepté sa sensibilité aux formes d'ulcères communs à tous les *Anabantidae*; 2) sa facilité de reproduction plus aisée à obtenir mais semblable à celle du *leeri* — sauf qu'il est conseillé d'enlever le père sitôt l'éclosion des œufs après avoir, comme chez le *Betta*, enlevé la femelle aussitôt la ponte achevée.

Il s'agit pratiquement du seul poisson éventuellement susceptible de purger un aquarium des hydres et des planaires.

Famille des Atherinidae

Cette grande famille n'en représente qu'une petite partie pour l'aquariophilie d'eau douce, la plupart de ses membres étant des poissons d'eau de mer. Les petits poissons adaptés à l'eau douce qui s'y rattachent se reconnaissent à leur dorsale constituée par deux nageoires distinctes, la première étant par ailleurs épineuse.

De leur ascendance marine, ils gardent, sinon un besoin d'eau saumâtre, tout au moins une préférence pour l'eau dure. La plupart de nos eaux urbaines se trouvant dans ce cas, *Bedotia* et *Melanotaenia* sont des poissons sans problème pour l'aquarium d'ensemble.

La reproduction ne présente pas de difficultés particulières, mais n'offre pas l'intérêt des précédentes sur le plan du spectacle et de l'étude des mœurs. Elle peut être tentée par l'amateur chevronné pour *Bedotia*. Voici les bases valables pour la reproduction de ce dernier.

Utilisez un bac assez grand, d'un volume brut de 100 l si possible. Comme pour beaucoup de poissons, l'exposition aux premiers rayons du soleil constitue un facteur favorable. Il convient d'emplir l'aquarium jusqu'à une hauteur de 25 cm avec une eau à 26° d'un pH nettement alcalin autour de 7,5 et d'un TH de 25. Ces conditions sont proches de la moyenne des eaux de conduite qui possèdent toutefois un pH plus bas. Un apport de 1 % d'eau de mer est souvent utile.

Plantez assez abondamment et ajoutez des plantes de surface (*riccia*) ou, à défaut, des fougères flottantes. Installez un filtrage sous sable débouchant en eau libre, c'est-à-dire dans la vaste partie à laisser dégagée de toute plante. La cour du mâle est assez remuante tandis que les noces et la ponte se déroulent de façon plus discrète dans les plantes, notamment celles de surface. Les œufs transparents, d'environ 1,5 mm, restent collés au feuillage comme suspendus à une sorte de fil et leur maturation s'effectue en 5 à 6 jours. Il convient de bien nourrir les parents, afin qu'ils soient moins tentés de dévorer les œufs ou les alevins. Ces derniers doivent être prélevés avec l'épuisette à mailles fines dans la zone dégagée de plantes (autour du filtre) au fur et à mesure de leur naissance car, chose assez exceptionnelle, celle-ci peut s'échelonner sur trois semaines. Dès qu'ils s'alimentent, les alevins assez gros sont, en général, capables d'absorber directement des artémias nouveau-nés sans passer par le stade des infusoires.

BEDOTIA GEAYI

Synonyme : néant.
Nom commun français : Bedotia.
Nom commun anglais : Madagascar rainbow.
Origine : Madagascar (rivières et lacs).
Taille : 9 cm.
Différences sexuelles : les bords de la deuxième dorsale, de l'anale et de la caudale sont teintés de rouge chez le mâle.
Comportement social : satisfaisant.
Température requise : de 22° à 28°.
Nourriture : omnivore (dans la nature, y compris les insectes).

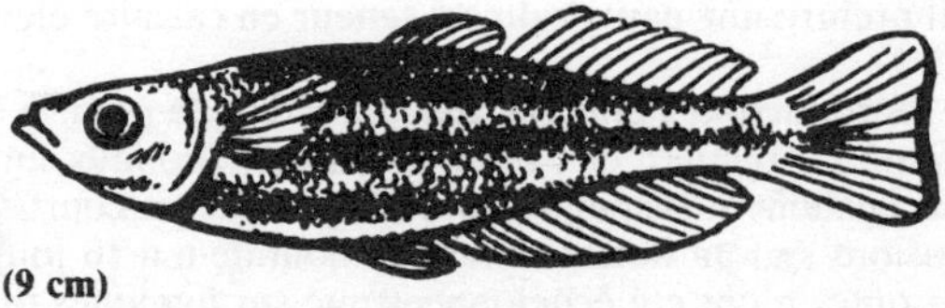

Bedotia geayi (9 cm)

Hormis la teinte des nageoires, qui comportent de jolis liserés rouges, la couleur dominante de ce sujet est verdâtre avec une raie sombre de la tête à la queue; cette bande, rendue très chatoyante par les écailles à reflets argent métallisé, contribue à la belle allure générale de ce poisson de grande classe.

Les *Bedotia* aiment vivre par bancs, il paraît donc indiqué d'en mettre au moins quatre dans un bac d'ensemble, où il est souhaitable que certaines zones soient agitées par un léger courant. Ces poissons aimeront s'y tenir.

Cette espèce a été prise comme témoin de reproduction dans le texte ci-dessus de présentation de la famille.

MELANOTAENIA MACCULLOCHI *7

Synonyme : néant.
Nom commun français : Melanotaenia.
Nom commun anglais : Black-lined rainbowfish.
Origine : Australie du Nord (mares et ruisseaux).
Taille : 8 cm.
Différences sexuelles : le mâle est plus coloré, plus petit et plus longiligne que la femelle.
Comportement social : satisfaisant, aime vivre en groupe.
Température requise : 22° à 28°
Nourriture : omnivore

Certains auteurs ont classé ce poisson dans un sous-groupe de la famille, dénommé *Melanotaeniinae*. Quoi qu'il en soit, il s'agit d'un très beau poisson qui mériterait, dans les bacs peuplés de tailles moyennes, une meilleure place que celle qu'il occupe. Ses flancs brillants, ornés de fines bandes longitudinales noires, et ses très belles nageoires à dominante rouge le font tout de suite remarquer quand il est adulte (jeune, il est souvent dédaigné car sa livrée est plus pauvre).

Il préfère une eau alcaline à teneur en calcaire élevée (25 TH).

La reproduction s'effectue telle qu'indiquée pour la famille, avec comme correctifs : des œufs plus petits pondus en pleine eau, mais également suspendus aux feuilles par un court filament. Les éclosions se font normalement au bout de 6 à 10 jours tandis que les pontes n'ont été échelonnées que sur quelques matins, et non pas dans des laps de temps invraisemblables comme chez les *Bedotia* ou, pire encore, chez les *Telmantherina*. (Une ponte qui se ferait attendre peut être stimulée par un apport d'eau neuve.)

TELMATHERINA LADIGESI

Synonyme : néant.
Noms communs français : Telmatherina, voilier des Célèbes.
Nom commun anglais : Celebes rainbowfish.
Origine : Iles Sulawesi, ex-Célèbes et l'Asie du Sud-Est.
Taille : 7 cm.
Différences sexuelles : les rayons de la deuxième dorsale sont très sensiblement plus longs chez le mâle.
Comportement social : bon, plutôt timide, aime vivre en banc.
Température requise : de 23° à 30°.
Nourriture : omnivore.

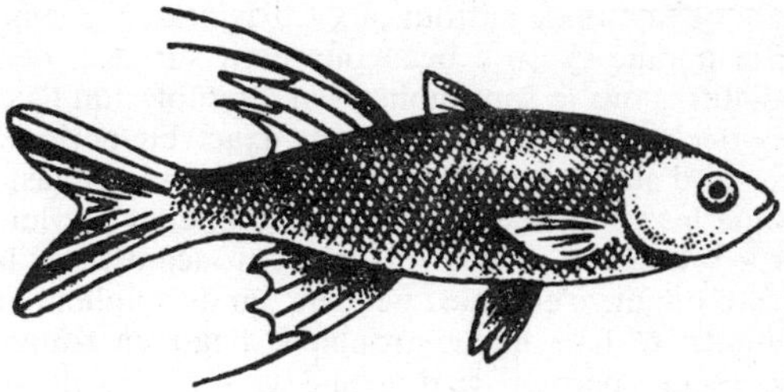

Telmatherina ladigesi (7 cm)

Avec ses nageoires d'un très joli jaune citron sur un corps presque transparent où la tonalité jaune domine, ce magnifique poisson possède une personnalité qui ne laisse indifférent aucun de ceux qui l'ont vu.

Les « voiliers des Célèbes » vivent bien en aquarium à condition qu'ils y disposent de place pour nager dans une eau au pH au-dessus de 7 et au TH au-dessus de 25. L'obtention de ces valeurs étant éventuellement obtenue par un apport de 2 % d'eau de mer. En outre, un renouvellement hebdomadaire de 10 % de l'eau est très apprécié. Malgré le goût des parents pour leurs œufs, en bac spécifique il advient d'obtenir des alevins. Ils doivent recevoir dès leur nage libre plancton d'étang ou microfaune du riz paddy.

Famille des Callichthydae

Rattachée au sous-ordre des *Silurodei,* cette famille comporte ses propres caractéristiques anatomiques bien précises: tête massive avec une ou plusieurs paires de solides barbillons, corps à base plate, beaucoup mieux conçu pour errer sur le sol que nager en eau libre; la protection de la peau est assurée, non par les écailles habituelles, mais par de véritables plaques osseuses (les Allemands les surnomment « *Panzer* » !).

Cette carapace protectrice est bien mise en évidence chez *Callichthys,* c'est pourquoi nous citons ce poisson, alors que l'aquariophile s'intéresse surtout aux *Corydoras.* Ce sont les vedettes de la famille et on a beaucoup écrit sur eux, des choses justes et d'autres qui le sont moins. Par exemple, qu'ils consommaient les déchets: c'est relativement exact en période de disette, mais en d'autres temps, ils préfèrent les repas gastronomiques tels que les vers de vase. Ils n'ont d'ailleurs pas leur pareil pour aller les chercher dans le sol, en y enfonçant toute la tête si nécessaire. L'ennui, c'est que, pendant qu'ils fouillent le sable, les battements de leur queue troublent l'eau en soulevant les impuretés, ce qui permet de dire que ce sont des poissons qui nettoient dans les livres mais salissent dans les aquariums! Ils présentent également un autre défaut majeur: niveler le relief du décor que vous vous êtes escrimé à créer. Sous l'effet de leurs longues promenades exploratoires au ras du sol, vos pentes escarpées deviennent une plaine rectiligne.

N'en concluez pas que nous n'aimons pas les *Corydoras* ou qu'ils ne présentent aucune utilité. S'ils n'ont rien de séduisant au premier abord sous leur air bourru, ils deviennent vite sympathiques, ne serait-ce que par le côté cocasse de leurs poses acrobatiques. Quand, perchés sur une feuille, ils vous regardent de leur petit œil rond mobile (caractère exceptionnel chez les poissons), on ne peut que les trouver drôles. Par contre, pour ce qui est de leur utilité, il n'en ont qu'une: celle d'éponger sur le sol les excédents d'une nourriture que certains possesseurs d'aquarium ne peuvent pas s'empêcher de distribuer avec une libéralité coupable. A ce titre seulement, le terme de nettoyeurs peut leur être octroyé.

Par ailleurs les *Corydoras* sont doués d'un caractère paisible et ignorent complètement les autres occupants de leur bacs, qui, de leur côté, ne les attaquent jamais; sans doute savent-ils qu'outre leur cuirasse, ils possèdent à leur nageoire dorsale et à leurs pectorales trois piquants redoutables. (N'oubliez pas de faire saigner la plaie s'il vous arrive de vous faire piquer. Toujours à cause des piquants, pensez, d'autre part, à mettre en double le sac en plastique de leur transport; ce sac ne doit par ailleurs jamais être gonflé à l'oxygène pur : vous pourriez perdre vos *Corydoras* d'accidents gazeux consécutifs à leur faculté de déglutir de l'air en surface.)

Répartition géographique des Callichthydae

La reproduction, curieuse, est possible, pour un amateur expérimenté, avec l'espèce *paleatus* : il convient alors d'utiliser un bac de 50 cm, contenant de 25 à 50 cm d'eau et garni de plantes à feuilles dures telles les anubias, sagittaria, vallisneria. On peut également installer un filtrage discret sous sable, surtout si le sol comporte des sédiments. L'eau préférentielle est d'un pH de 7,2 à 7,6 pour un TH assez indifférent et une température de 26°.

Dans ce bac, introduisez, soit un couple, soit deux mâles pour une femelle (à noter qu'en plus des signes distinctifs du sexe, une femelle prête à pondre se reconnaît aux tâches rougeâtres, que vous pouvez observer sous son ventre en la retournant). Nourrissez-les de proies vivantes : de préférence vers de vase ou tubifex. De légers écarts de température, et de faibles apports d'eau neuve aident souvent à provoquer la ponte. Celle-ci n'est proche que lorsque, aux habitudes paisibles, succède une grande agitation s'échelonnant sur deux jours ou même davantage et au cours de laquelle ont lieu des poursuites, suivies de caresses des barbillons du mâle sur le dos de la femelle.

Les accouplements ont lieu ventre à ventre : la femelle recueille dans ses nageoires pelviennes les quelques œufs résultant de chaque étreinte et les dépose soit sur les plantes, soit sur les parois du bac. Le long processus se poursuit jusqu'à épuisement des œufs. Chose étrange, la femelle paraît transporter à l'aide de sa bouche, le sperme fécondant, car il semble bien qu'elle le dépose aux endroits choisis, avant d'appliquer les œufs, très adhésifs, blancs et assez gros. L'éclosion ayant lieu après un délai minimum d'incubation de 3 jours, la naissance (on a signalé jusqu'à 250 alevins) sera suivie de distribution d'infusoires, ou même de nauplies d'artémias dès le lendemain.

A un certain stade de leur croissance, quand ils atteignent de 1 à 3 cm, les *Corydoras* sont très sensibles au changement de milieu. Des cas de non-adaptation se produisent alors si un brusque changement leur est imposé. Par contre, s'ils s'adaptent bien, les fouilleurs montrent une grande résistance et peuvent vivre jusqu'à sept ans !

Souvenons-nous que les Callichthydae ne sont pas à leur aise quand le sol est constitué de grains abrasifs ou coupants qui blessent leur bouche et usent leurs barbillons.

CALLYCHTYS CALLYCHTYS

Synonyme : néant.
Nom commun français : Callichtys.
Nom commun anglais : Armored catfish.
Origine : Uruguay et régions proches du Brésil et de l'Argentine.
Taille : atteignant jusqu'à 18 cm dans la nature, il dépasse rarement 12 cm en l'aquarium.
Différences sexuelles : elles sont inexistantes, si ce n'est l'embonpoint chez la femelle gravide.
Comportement social : bon à douteux avec les petits poissons.
Température requise : de 22° à 30°.
Nourriture : omnivore.

La robe est gris foncé avec marbrures à reflets vert olive, brun foncé et même bleu-mauve chez certains sujets qui possèdent en outre des yeux plus grands et cerclés; il existe donc au moins deux variétés. La reproduction de ce véritable cuirassé aurait été réussie en aquarium; il y a construction d'un nid comme chez les *Anabantidae*.

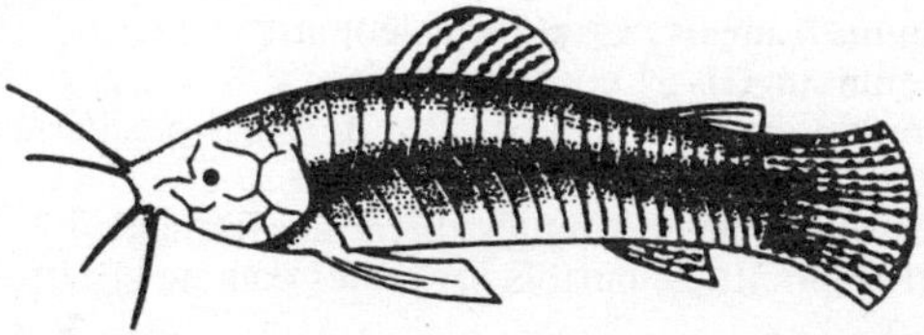

Callychtys callychtys (8 cm)

CORYDORAS AENEUS

Synonyme : néant.
Noms communs français : Corydoras, Fouilleur, Femme de ménage, etc.
Noms communs anglais : Bronze Corydoras, Aeneus catfish.
Origine : Est de l'Amérique du Sud depuis le Venezuela jusqu'à La Plata.
Taille : jusqu'à 10 cm.
Différences sexuelles : la nageoire dorsale ainsi que les pectorales sont pointues chez le mâle, arrondies chez la femelle.
Comportement social : très bon.
Température requise : de 20° à 28°.
Nourriture : omnivore.

Corydoras aeneus (10 cm)

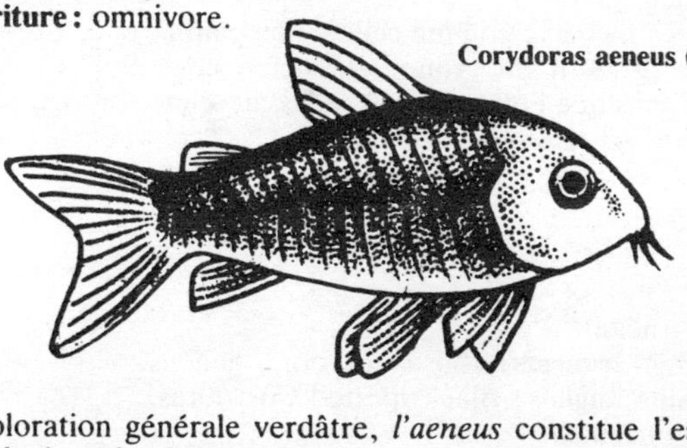

De coloration générale verdâtre, *l'aeneus* constitue l'espèce qui possède la robe la plus modeste. Comme tous ses frères du genre, il préfère une eau neutre à alcaline. La reproduction de cette espèce très robuste se déroule selon un processus proche de celui observé chez le *paleatus* mais elle est considérée comme plus difficile.

CORYDORAS JULII

Synonyme : néant.
Nom commun français : Corydoras léopard.
Nom commun anglais : Leopard catfish.
Origine : partie est du Brésil (de Rio de Janeiro à Pernambouc).
Taille : 6 cm.
Différences sexuelles : inconnues, bien que les nageoires dorsales soient parfois pointues, parfois arrondies comme chez le *Corydoras aeneus.*
Comportement social : très bon.
Température requise : de 20° à 28°.
Nourriture : omnivore.

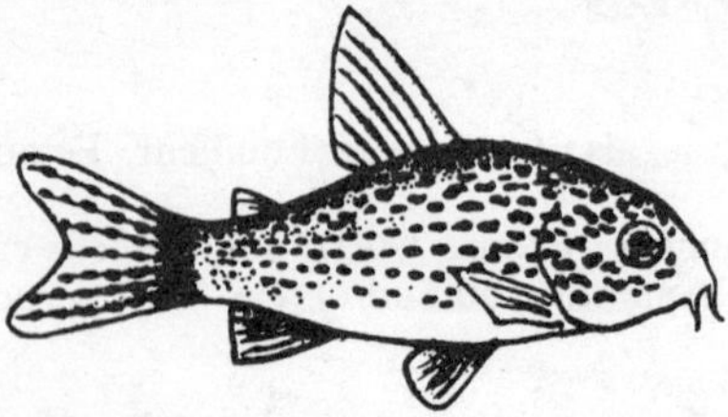

Corydoras julii (6 cm).

Avec sa robe tachetée comme celle d'une panthère, ce *Corydoras* est le plus attractif du groupe. L'ancien nom était *Corydoras leopardus,* sans que l'on sache s'il s'agissait d'une sous-espèce. La reproduction est très aléatoire.

CORYDORAS MELANISTIUS

Synonyme : néant.
Nom commun français : voir à Corydoras aeneus.
Nom commun anglais : Black spotted Corydoras.
Origine : Venezuela.
Taille : 6 cm.
Différences sexuelles : inconnues.
Comportement social : très bon. Aime vivre en groupe.
Température requise : de 22° à 28°.
Nourriture : omnivore.

Excepté les taches noires au-dessus des yeux et à la base de la dorsale, la robe de ce sujet est tachetée comme celle du précédent. Il existe une espèce très proche sous le nom de *Corydoras punctatus,* en langue anglaise *Spotted catfish.*

On a relaté des reproductions réussies dans des bacs où plusieurs individus étaient réunis.

Corydoras melanistius (6 cm).

CORYDORAS PALEATUS

Synonyme : néant.
Nom commun français : voir à Corydoras aeneus.
Nom commun anglais : Peppered Corydoras.
Origine : Sud du Brésil, Paraguay, Nord de l'Argentine.
Taille : 7 cm.
Différences sexuelles : nageoire dorsale et nageoires pectorales plus effilées et terminées en pointe chez le mâle.
Comportement social : très bon.
Température requise : de 18° à 28°.
Nourriture : omnivore.

Corydoras paleatus (7 cm)

Des marbrures foncées parsèment la robe de tonalité brune (il existe en outre une variété albinos). Ce *Corydoras* est le seul à accepter des températures inférieures à 20°. Sa reproduction, possible, a été traitée dans le texte de présentation de la famille.

Famille des Characidae

Cette famille est, sinon la plus grande, tout au moins l'une des plus grandes du monde. Elle comporte sans doute 1 000 espèces; on en compte plus de 100 d'identifiées pour l'Afrique et plus dc 800 pour les Amériques, centrale et du sud.

Une bouche garnie d'une dentition solide et la présence d'une petite nageoire dite adipeuse — c'est-à-dire molle (absence de rayons rigides) — entre les nageoires dorsale et caudale, constituent les deux caractères propres à cette famille. Certains genres de la famille ne comportant qu'un seul de ces deux signes distinctifs, la systématique distingue des sous-familles et des sous-genres, mais ces distinctions ne présentent pas d'intérêt direct pour l'aquariophile.

Répartition géographique des Characidae

A l'exception des terribles *Piranha*, les nombreux membres de la famille, que nous plaçons avec joie dans nos aquariums, possèdent en général des dents qui ne sont redoutables que pour leurs petits : les plus inoffensifs de ces poissons s'empressent en effet de les dévorer à l'état d'alevins... à défaut d'avoir d'abord pu les gober sous forme d'œufs.

Ce regrettable état de chose ne facilite pas leur reproduction qui s'avère, en général, difficile et ne comporte pas l'attrait spectaculaire de mœurs curieuses. Elle est intéressante, pour des amateurs rompus aux reproductions faciles, non seulement parce qu'elle demande du doigté, mais parce qu'elle procure des poissons de toute petite taille, ravissants à voir en bancs, dans des bacs qui n'ont pas besoin d'être immenses.

Une grande partie de ces poissons demande, sinon pour vivre, tout au moins pour se reproduire, une eau douce ou même très douce, d'un pH stable plus ou moins acide.

A mi-chemin des « poissons-problèmes » et des espèces plus faciles, voici l'excellente méthode appliquée avec succès par un amateur, M. Dissard pour le très beau *gracilis* justement réputé assez difficile...

Dans un bac de 50 cm fut installé un petit filtre artisanal ainsi conçu : dans le fond d'un réceptacle constitué par un pot en verre, on place une fine couche de perlon. Sur cette base, en position retournée on dispose un entonnoir en plastique, dans lequel — avec une mèche ou une vrille — un trou est pratiqué pour permettre le passage d'un petit diffuseur. De la tourbe comble la partie libre, jusqu'à 2,5 cm du bord supérieur. Dans cet espace, M. Dissard plaça un léger lit de mousse de perlon surmonté de 1 cm de sable. Enfin, ce qui est facultatif mais améliore le débit du filtre, grâce à un petit tube placé sur l'entonnoir, on prolonge l'évacuation jusqu'à affleurer le ras de l'eau. La partie non occupée du solde de l'aquarium fut ensuite tapissée d'un lit de billes de verre, semblables à celles que les enfants utilisent dans leurs jeux (voir schéma).

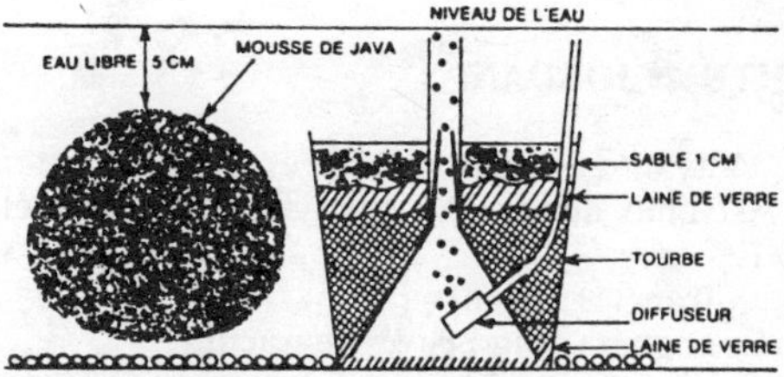

L'eau à utiliser résulte d'un mélange d'eau minérale du plateau de Volvic et d'eau bi-permutée afin d'obtenir après filtrage de 24 h sur tourbe un TH inférieur à 4 pour un pH de 5,5 à 6,5.

L'élévation à 24° de la température et la mise en place d'un milieu de ponte destiné à recevoir la plus grande partie des œufs, semi-adhésifs — les autres allant se loger entre les billes — complètent l'installation du home. Le « substrat » choisi dans l'opération relatée était de la mousse de Java, lavée à l'eau bouillie tiède; son volume laissait subsister une hauteur d'eau libre, d'environ 5 cm, réservée aux ébats des poissons. Il fut introduit une femelle et deux mâles dans le bac, partiellement obscurci par du papier noir habillant les glaces du fond et des côtés.

La ponte s'effectua dans la mousse de Java, le surlendemain vers midi, et s'échelonna sur deux heures environ. Après quoi, le trio fut prestement retiré.

Par prudence, il fut ajouté du bleu de méthylène à raison de 2 gouttes par 10 l, pour protéger les œufs, petits et transparents, d'un risque de moisissure. La glace frontale et le dessus de l'aquarium furent obscurcis à leur tour, car ces *characidae* sont des espèces dites lucifuges, c'est-à-dire dont les alevins craignent la lumière.

Un coup d'œil furtif, trois jours plus tard, permit de découvrir les premiers nouveau-nés, fixés aux glaces près du fond ou se déplaçant avec maladresse entre les billes : à partir de ce moment, et à raison d'un par 24 heures, on enlève les papiers noirs qui obscurcissaient le bac, en commençant par celui du dessus.

Quarante-huit heures après l'éclosion des œufs, on nourrit les minuscules bébés poissons à l'aide du riz paddy suivant le système des grains mis dans deux mangeoires flottantes. (Un examen microscopique effectué en début de germination confirmait la diversité du microplancton fourni : vers, rotifères, infusoires.) Les artémias prennent le relais à compter du 10e jour.

ANOPTICHTHYS JORDANI

Synonyme : Astyanax jordani. (D'après certains auteurs Anoptichthys et Astyanax ne seraient pas synonymes mais étroitement apparentés.)
Nom commun français : néant.
Nom commun anglais : Blind cave Characin.
Origine : Mexique, grottes et lacs souterrains.

Taille : 8 cm.
Différences sexuelles : non apparentes, et inexistantes, si ce n'est l'embonpoint de la femelle gravide.
Comportement social : satisfaisant chez les jeunes sujets, très douteux sitôt atteint la taille adulte.
Température requise : de 20° à 28°.
Nourriture : omnivore.

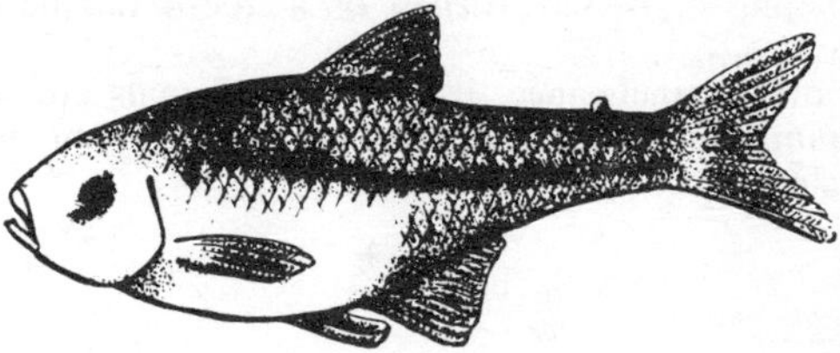

Anoptichthys jordani (8 cm)

De coloration rosée, ce poisson paraît ne pas posséder d'yeux, une membrance opaque les recouvrant. Le sentiment de pitié que sa vue inspire ne dure pas devant son agilité à contourner les obstacles ou à saisir de la nourriture : c'est un extraordinaire exemple de l'adaptation de la nature aux besoins.

La reproduction peut être tentée en apportant certaines modifications aux règles fixées pour le *gracilis*. L'eau doit être légèrement alcaline (environ 7,2 de pH pour une température de 23°) : aussi convient-il d'utiliser celle du robinet, un peu ancienne et filtrée exclusivement sur du sable, dans un bac de 50 l ou plus. Les parents enlevés aussitôt la ponte terminée, les œufs éclosent en 3 ou 4 jours. La résorption de la vésicule vitelline s'effectue en 4 jours; on la fait suivre de distributions d'infusoires.

ANOSTOMUS ANOSTOMUS ***8**

Synonyme : néant.
Nom commun français : néant.
Nom commun anglais : Striped Anostomus.
Origine : Guyanes, Nord de l'Amazonie.
Taille : jusqu'à plus de 15 cm, en très grands bacs.
Différences sexuelles : non apparentes et inconnues.
Comportement social : généralement satisfaisant, parfois mauvais.

Température requise : de 22° à 30°.
Nourriture : omnivore. Ne dédaignant pas la verdure.

L'allure de ce poisson est très élégante grâce au parfait fuseau que sa ligne constitue. Le corps, de teinte générale brun-rouge, est rayé longitudinalement de noir et or. Pour lui et certains parents plus ou moins proches, on a créé la famille des *Anostomidae.*

A notre connaissance, il n'a encore jamais été reproduit en aquarium. Ses préférences vont à une eau allant du neutre au faiblement acide, et plutôt douce.

APHYOCHARAX RUBRIPINNIS *9

Synonyme : Aphyocharax rubropinnis.
Nom commun français : Aphyocharax.
Nom commun anglais : Blood fin.
Origine : Argentine.
Taille : 5 cm.
Différences sexuelles : ligne rebondie pour la femelle, mâle plus longiligne.
Comportement social : très bon. Aime vivre en groupe.
Température requise : de 17° à 26°.
Nourriture : omnivore.

Avec son corps vert foncé, dégradé en clair vers les flancs, et ses nageoires rouges, ce petit poisson vif, remuant, qui aime vivre en groupe, convient parfaitement pour les aquariums à température ambiante, grâce à sa tolérance aux basses températures.

La reproduction est possible pour l'amateur expérimenté en se conformant aux règles fixées pour les *gracilis,* sauf les modifications suivantes : l'eau devant être proche de la neutralité (ce poisson accepte un pH de 6,6 à 7,2), il faut utiliser celle du robinet, laissée « vieillir » quelque peu, et portée à 25° ; ensuite, assurer un bon filtrage. Les œufs à féconder peuvent dépasser 300 ; il est donc préférable, cette fois encore, d'introduire deux mâles pour une femelle.

Le bac n'a pas à être obscurci. La ponte a lieu surtout le matin. Les œufs éclosent au bout de 36 heures et les alevins sont minuscules.

CARNEGIELLA STRIGATA

Synonyme : néant.
Nom commun français : Strigata.
Nom commun anglais : Marble hatchetfish.
Origine : Guyanes et Nord du bassin de l'Amazone.
Taille : jusqu'à 5 cm.
Différences sexuelles : non apparentes et inconnues.
Comportement social : très bon. Aime vivre en groupe.
Température requise : de 24° à 30°.
Nourriture : omnivore : dans la nature, friand d'insectes.

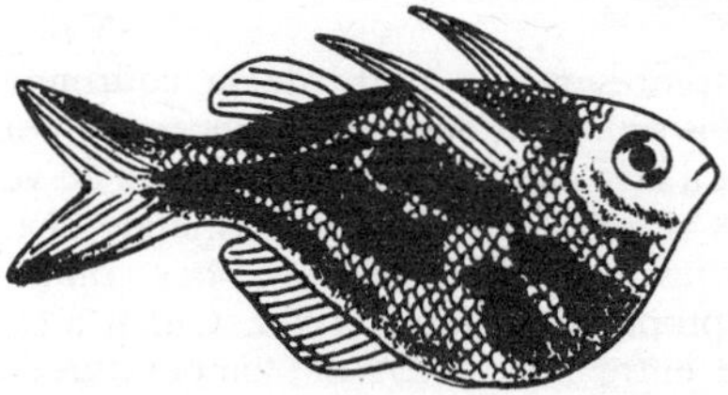

Carnegiella strigata (5 cm).

La tonalité générale du corps de ce poisson est beige, avec des marbrures marron foncé. Il fait partie de ce que les Anglo-Saxons nomment les poissons-hachettes que certains auteurs groupent dans la sous-famille des *Gasteropelecidae*. Tous vivent en surface, spécialement cette espèce, timide à un tel point que, s'ils sont effrayés, quand la nourriture flotte au-dessus du bac, ils n'osent pas s'en approcher et ne se nourrissent pas.

C'est donc un poisson à mettre par groupe, avec de petites espèces calmes. D'après certains auteurs, des reproductions auraient été obtenues. Ses préférences vont à une eau douce faiblement acide.

CARNEGIELLA MARTHAE

Synonyme : néant.
Nom commun français : néant.
Nom commun anglais : Black winged hatchetfish.

Cette espèce est très proche de la précédente.

CHEIRODON AXELRODI *15

Synonyme : Hyphessobrycon cardinalis.
Noms communs français : Néon cardinalis. Néon rouge.
Nom commun anglais : Cardinal Tetra.
Origine : région du Rio Negro du bassin de l'Amazone.
Taille : près de 5 cm.
Différences sexuelles : peu apparentes, si ce n'est l'embonpoint d'une femelle gravide.
Comportement social : très bon. Aime vivre en groupe.
Température requise : 23° à 28°.
Nourriture : omnivore.

Cette espèce représente la perle de la couronne ou, si vous préférez, le plus séduisant des petits princes; au point d'en ternir la renommée du Néon. Cette fois, il n'y a pas de ventre blanc, la ligne bleu-vert se prolonge jusqu'à la caudale et toute la partie située au-dessous a revêtu la pourpre. Les conditions optimum restent celles propres aux autres *Tetra.* Quant à sa reproduction elle s'effectue entre 23° et 25° de température, avec des pH compris entre 6,1 et 6,5 et des TH de 1° à 5°; on a même cité des valeurs plus élevées. L'éclosion se produit en 24 heures et la nage libre, au début du 5e jour. Infusoires, rotifères et artémias constituent la première alimentation.

CHILODUS PUNCTATUS

Synonyme : néant.
Nom commun français : Chilodus.
Nom commun anglais : Spotted head stander.
Origine : Guyanes, nord du bassin de l'Amazone. Eau stagnante ou à faible courant.
Taille : 9 cm.
Différences sexuelles : inconnues, mais il est probable que la ligne abdominale creuse, observée sur certains spécimens, identifie les mâles.
Comportement social : très bon, plutôt timide. Aime vivre en groupe.
Température requise : de 22° à 28°.
Nourriture : omnivore, plutôt végétarien. Distribuer une fois par semaine un morceau de feuille d'épinard pochée ou de la laitue.

Classé parfois dans la famille des *Curimatidae* proche des *Anostomidae,* ce très beau poisson à reflet général argenté affectionne la position inclinée tête en bas. Il convient pour des aquariums assez grands, peuplés de poissons de taille moyenne à tempérament calme. Ses habitudes alimentaires le rendent susceptible de s'attaquer aux plantes. Sa reproduction en aquarium est très aléatoire. Ses préférences vont à une eau douce, de neutre à faiblement acide.

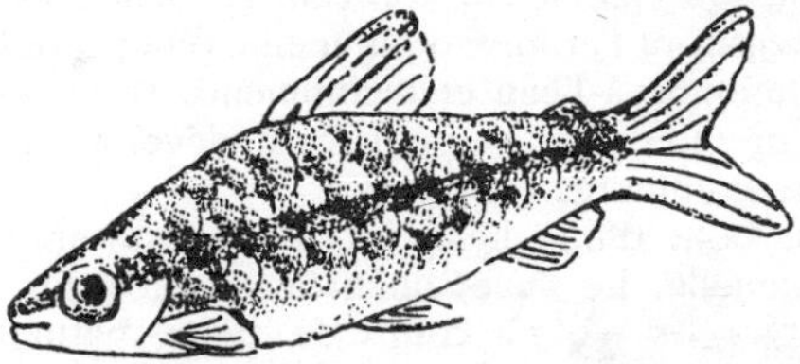

Chilodus punctatus (9 cm)

COPELLA ARNOLDI

Synonyme : Copeina arnoldi.
Nom commun français : néant.
Noms communs anglais : Spraying Characin, Splash Tetra, Jumping Characin.
Origine : bassin de l'Amazone.
Taille : jusqu'à 8 cm pour le mâle et 6 cm pour la femelle.
Différences sexuelles : dorsale plus longue et pointue chez le mâle.
Comportement social : satisfaisant.
Température requise : de 22° à 28°.
Nourriture : omnivore, mais préférence très marquée pour de petites proies vivantes.

Classé maintenant comme *Lebiasinidae*, ce poisson fragile, grand sauteur, très racé de ligne, est brun, virant au jaune vers l'abdomen; ses nageoires sont rouges. Ses mœurs de reproduction, uniques, ont de quoi tenter l'amateur chevronné qui peut essayer de l'obtenir en respectant les bases suivantes. Il faut de 15 à 20 cm d'une eau à 28°, au pH de 6,8 pour un TH de 5 à 10 dans un bac de 60 cm ou davantage situé en éclairement faible. Ce bac contiendra soit une ardoise disposée en biais contre la cornière supérieure (de telle sorte que la moitié émerge de l'eau), soit une large feuille en plastique munie d'une ventouse (dite repose-tortue) et fixée quelques centimètres au-dessus de l'eau. Quelques plantes dans un lit de sable compléteront l'installation du bac bien couvert, où un couple sera introduit. Dans la nature, ces poissons, après les arabesques rituelles, sautent ensemble, tenus par les nageoires, pour aller pondre et féconder une dizaine d'œufs... sous une feuille surplombant la surface de l'eau. Dans le bac, ils choisiront l'ardoise ou la feuille ou encore le couvercle. Le couple retombe à l'eau et recommence sa performance une dizaine de fois. Les œufs ne peuvent se développer que hors de l'eau, tout œuf immergé est perdu.

Lorsqu'au bout d'une heure la ponte est terminée, il faut enlever la femelle. Le mâle, quant à lui, va venir, de temps à autre, asperger les œufs à coups de queue battant l'eau, afin d'empêcher ceux-ci de se dessécher!... A l'éclosion (2 jours environ), les jeunes se laissent glisser dans l'eau. Si vous avez réussi... sautez sur les infusoires et les artémias.

Copella arnoldi (8 cm)

GASTEROPELECUS LEVIS *10

Synonyme : néant.
Nom commun français : néant.
Nom commun anglais : Silver hatchetfish.
Origine : bassin de l'Amazone.
Taille : 4 à 6 cm.
Différences sexuelles : non apparentes.
Comportement social : très bon.
Température requise : de 24° à 28°.
Nourriture : omnivore; dans la nature, friand d'insectes.

Excepté le haut du dos, vert olive, le reste du corps de ce sujet est blanc argenté. Son aspect (légèrement différent par la taille et la coloration du *Carnegiella strigata)* approche fortement celui du *Pterodiscus levis* et des *Thoracocharax.* Seuls, les aquariophiles érudits parviennent à effectuer la distinction. Tous font partie de ces poissons capables, pour s'emparer d'un insecte, de sauts du style vol plané, rendus possibles par la position en ailerons de leurs nageoires pectorales. Moins timides que le *Carnegiella strigata,* ces poissons descendent jusqu'à mi-eau pour s'alimenter. A notre connaissance, leur mode de reproduction est inconnu. Ils préfèrent une eau assez douce et légèrement acide.

GYMNOCORYMBUS TERNETZI

Synonyme : néant.
Noms communs français : Tetra noir, Veuve, Petite jupe.
Noms communs anglais : Black Tetra, Blackamoor, Petticoatfish.
Origine : Paraguay et zone environnante. Petites rivières ombragées à cours lents.
Taille : 4 cm en aquarium, jusqu'à plus de 7 cm dans la nature.
Différences sexuelles : non apparentes, si ce n'est l'embonpoint d'une femelle gravide.
Comportement social : satisfaisant.
Température requise : de 20° à 28°.
Nourriture : omnivore.

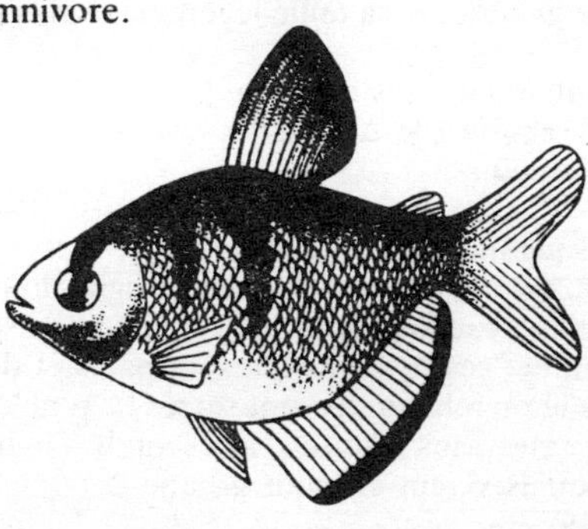

Gymnocorymbus ternetzi (4 cm)

Des lignes verticales noires se dessinent sur un corps presque noir, quand le poisson est jeune, mais la tonalité vire au gris avec l'âge. Il s'agit d'un poisson extrêmement robuste, si ce n'est une sensibilité à l'ichtyo qui oblige à le tenir vers 25°, alors qu'il semblerait préférer des températures légèrement plus basses. Ce poisson se plaît dans une eau jusqu'à 20 de TH et autour de 7 pour le pH. C'est pourquoi il convient d'apporter aux conditions préconisées pour le *gracilis* les modifications suivantes : l'eau utilisée sera celle du robinet, légèrement vieillie, filtrée exclusivement sur sable.

Les œufs éclosent en 36 heures environ, à 26°. Il n'y a pas lieu de prendre de sévères mesures d'obscurcissement du bac et l'on peut procéder à un apport d'eau neuve pour stimuler une ponte qui se fait attendre. Dès la nage libre, les alevins doivent recevoir les petites proies usuelles.

Il existe une variété d'élevage aux longues nageoires dite Tetra noir voile.

HEMIGRAMMUS GRACILIS *16

Synonyme : Hyphessobrycon gracilis.
Noms communs français : Gracilis, Néon rose.
Nom commun anglais : Glowlight Tetra.
Origine : partie nord du bassin de l'Amazone.
Taille : 4 cm.
Différences sexuelles : peu apparentes, si ce n'est l'embonpoint d'une femelle gravide, et sa taille légèrement plus petite que celle du mâle.
Comportement social : très bon.
Température requise : de 23° à 27°.
Nourriture : omnivore.

Le corps presque incolore est à la limite de la transparence, alors que la partie supérieure de l'œil et la ligne longitudinale, qui s'étend jusqu'à la caudale, sont d'un rose luminescent.

Il s'agit d'un de ces poissons qui sont pâles et dénués d'intérêt lorsque, chez le marchand, ils sont serrés trop nombreux dans un petit bac presque sans plantes, alors qu'il s'agit de véritables joyaux sitôt qu'ils vivent en petit groupe dans un aquarium très bien planté.

Représentant le petit *Characin* type, cette espèce a été prise comme témoin de reproduction dans le texte de présentation de la famille. Hormis cette période, il se satisfait fort bien d'une dureté dépassant le moins possible 15 TH. (Un poisson presque similaire, quoique moins joli, est connu sous le nom de *Hemigrammus erythrozonus.*)

HEMIGRAMMUS OCELLIFER *11

Synonyme : néant.
Nom commun français : Feux de position.
Nom commun anglais : Head and tail light.
Origine : bassin de l'Amazone.
Taille : 4 cm.
Différences sexuelles : peu apparentes, si ce n'est l'abdomen plus rebondi chez la femelle et la présence, chez certains mâles, d'un petit trait blanc au début de l'anale.
Comportement social : très bon.
Température requise : de 21° à 28°.
Nourriture : omnivore.

Les taches lumineuses jaunes orangées, du dessus de l'œil et de la caudale, justifient les appellations usuelles française et anglaise. Le reste du corps est argenté, partiellement transparent. Ce petit poisson vif et robuste présente toutefois une sensibilité à l'ichtyo.

La reproduction possible pour l'aquariophile expérimenté s'effectue sur les bases données pour le *gracilis* avec le seul correctif suivant : la tolérance en eau est assez large. Il est donc généralement possible d'utiliser celle du robinet, légèrement vieillie et diluée avec 25 % d'eau très douce (TH inférieur à 5), et filtrée exclusivement sur sable. Les œufs éclosent à 26° dans un délai de 48 à 60 heures. La ponte a généralement lieu le lendemain matin de l'installation et l'obscurcissement du bac peut être moins strict que pour le *gracilis*.

HEMIGRAMMUS PULCHER *12

Synonyme : néant.
Nom commun français : Pulcher.
Nom commun anglais : Garnet Tetra.
Origine : ouest du bassin de l'Amazone.

Taille : 5 cm.
Différences sexuelles : peu apparentes, si ce n'est l'embonpoint d'une femelle gravide.
Comportement social : très bon.
Température requise : de 23° à 28°.
Nourriture : omnivore.

Ce poisson ressemble beaucoup à l'*ocellifer* mais, habillé d'une livrée plus somptueuse, il est estimé des amateurs qui recherchent des hôtes de classe. Sa reproduction est considérée comme très difficile à obtenir.

HEMIGRAMMUS RHODOSTOMUS *28

Synonyme : néant.
Nom commun français : Rhodostomus.
Nom commun anglais : Rummy nose Tetra.
Origine : partie sud du bassin de l'Amazone.
Taille : 5 cm.
Différences sexuelles : non apparentes, si ce n'est l'embonpoint d'une femelle gravide.
Comportement social : très bon. Aime vivre en groupe.
Température requise : de 23° à 28°.
Nourriture : omnivore.

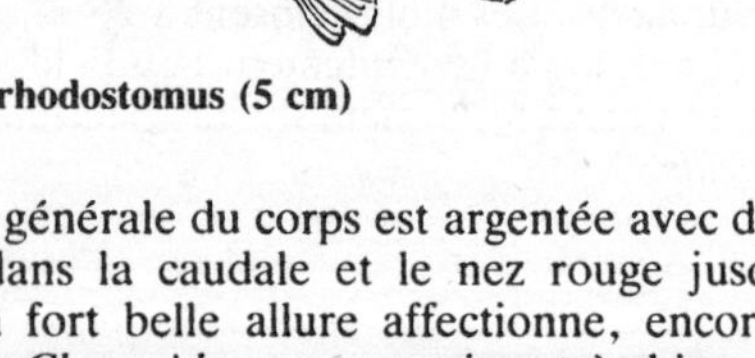

Hemigrammus rhodostomus (5 cm)

La coloration générale du corps est argentée avec des raies noires et blanches dans la caudale et le nez rouge jusqu'à l'œil. Ce poisson qui a fort belle allure affectionne, encore plus que la généralité des *Characidae*, un aquarium très bien planté. Il préfère une eau douce légèrement acide. Sa reproduction, rarement réussie, peut être essayée seulement par un aquariophile chevronné, sur les bases strictes indiquées pour le *gracilis*.

Une espèce très proche d'aspect porte le nom de *Petitella Georgiae*.

HEMIGRAMMUS ULREYI

Synonyme : néant.
Nom commun français : Drapeau belge.
Nom commun anglais : Tetra ulreyi.
Origine : Paraguay.
Taille : 4 cm.
Différences sexuelles : peu apparentes; le mâle, plus élancé, est en principe plus petit.
Comportement social : très bon. Aime vivre en groupe.
Température requise : de 23° à 28°.
Nourriture : omnivore.

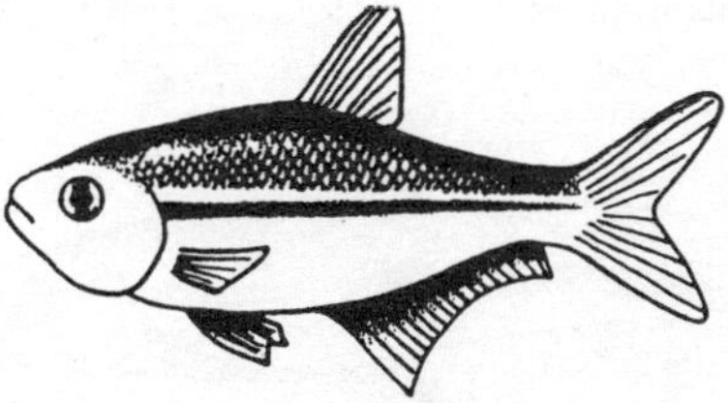

Hemigrammus ulreyi (4 cm)

Ce joli petit poisson traversé par trois lignes noire, jaune, rouge (qui lui ont valu le surnom sous lequel on le désigne parfois en français) se confond pratiquement avec *Hyphessobrycon heterorhabdus,* tellement les deux espèces sont proches. Certes, elles n'appartiennent pas au même genre, mais la différenciation entre les genres n'est qu'une subtilité de la systématique (écailles à la base du pédoncule caudal, présentes chez *Hemigrammus,* absentes chez *Hyphessobrycon*). La reproduction est réalisable par l'amateur expérimenté sur les bases indiquées pour *Hemigrammus gracilis.*

HEMIODUS SEMITAENIATUS

Synonyme : néant.
Nom commun français : Hémiodus.
Nom commun anglais : Half lined Hemiodus.
Origine : Guyanes, et partie nord du bassin de l'Amazone.
Taille : 8 cm.

Différences sexuelles : non apparentes et inconnues.
Comportement social : satisfaisant.
Température requise : de 23° à 28°.
Nourriture : omnivore, en partie végétarien. Distribuer de temps à autre un peu d'épinard ou de laitue pochée.

Le corps est gris-blanc à reflets très argentés, avec la raie et le point noir. Cet élégant poisson, sauteur et nageur rapide, demande un grand aquarium. L'eau préférée reste mal définie et, par voie de conséquence, la reproduction n'a jamais été réalisée en aquarium.

Hemiodus semitaeniatus (8 cm)

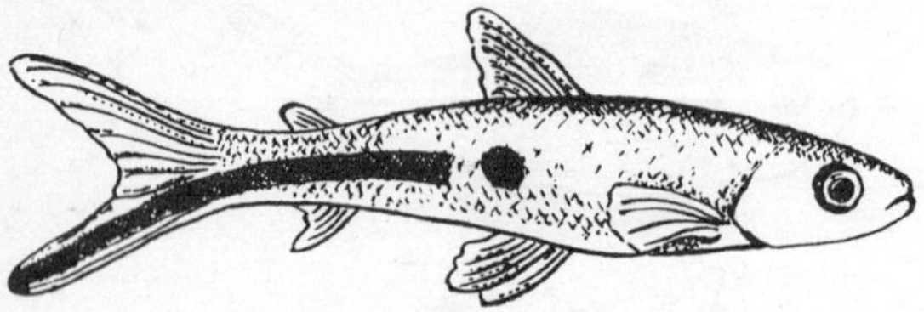

HYPHESSOBRYCON ERYTHROSTIGMA ***18**

Synonyme : Hyphessobrycon rubrostigma.
Noms communs français : Cœur saignant, Tetra Perez.
Nom commun anglais : Blooding heart Tetra.
Origine : Colombie.
Taille : 7 cm.
Différences sexuelles : les mêmes que pour *rosaceus* mais beaucoup moins accentuées, demandent un œil exercé.
Comportement social : satisfaisant. Aime vivre en groupe.
Température requise : 23 à 26°.
Nourriture : omnivore.

Les caractéristiques de ce très beau poisson peuvent être résumées en disant qu'il s'agit d'un *Hyphessobrycon rosaceus* géant, orné d'un point rouge justifiant son surnom.

Cette magnifique espèce est recommandée aux possesseurs de grands aquariums peuplés de poissons pacifiques de taille moyenne, reste d'introduction récente et ses préférences exactes n'ont pu être encore définies. Il est cependant certain qu'en bon

Hyphessobrycon qui se respecte, il préfère l'eau légèrement acide à faible teneur en calcaire.

La reproduction, difficile, n'a été que très rarement réussie.

HYPHESSOBRYCON HERBERTAXELRODI

Synonyme : néant.
Nom commun français : Néon noir.
Nom commun anglais : Black neon Tetra.
Origine : région du Rio Paraguay, du Matto Grosso brésilien.
Taille : 4 cm.
Différences sexuelles : peu apparentes, si ce n'est l'embonpoint de la femelle gravide.
Comportement social : très bon. Aime vivre en groupe.
Température requise : 25° environ.
Nourriture : omnivore.

Issu de l'inépuisable pépinière que représente pour l'aquariophilie le bassin de l'Amazone et les régions limitrophes, ce poisson constitue l'une des plus belles espèces. Il se plaît dans des aquariums bien plantés emplis d'une eau légèrement acide et douce. Le corps gris-vert sur le dos devient noir sous la ligne médiane dorée, tandis que le ventre est blanc et la partie supérieure de l'œil rouge. Sa reproduction est réussie par des amateurs, selon des principes conformes à ceux indiqués pour le *gracilis*, mais avec des modalités d'application moins strictes, c'est-à-dire un pH inférieur à 7 pour un TH de 5 à 10°.

Il est à noter que la relative latitude offerte par ce poisson, quant à sa reproduction, peut s'expliquer par le fait que ses eaux d'origine sont plus minéralisées que celles du centre de l'Amazonie.

Hyphessobrycon herbertaxelrodi (4 cm)

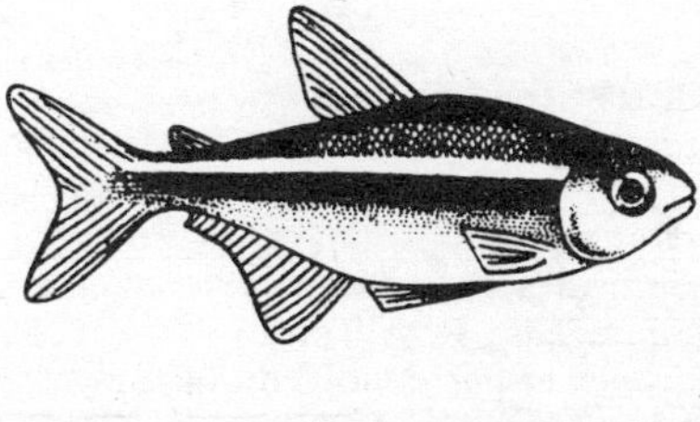

HYPHESSOBRYCON CARDINALIS

Cf. Cheirodon axelrodi.

HYPHESSOBRYCON INNESI

Cf. Paracheirodon innesi.

HYPHESSOBRYCON PULCHRIPINNIS *14

Synonyme : néant.
Nom commun français : Tetra Citron.
Nom commun anglais : Lemon Tetra.
Origine : bassin de l'Amazone, Brésil, région de Para.
Taille : 5 cm.
Différences sexuelles : chez le mâle, la nageoire anale est bordée de noir.
Comportement social : satisfaisant. Aime vivre en groupe
Température requise : de 22° à 27°.
Nourriture : omnivore.

Le Tetra citron ne possède à aucun titre l'acidité du fruit dont il porte le nom. Ce joli poisson actif et facile à acclimater se déplace en bancs comme tous les petits *Characidae.* Son corps montre des reflets jaune-vert, tandis qu'un clair jaune citron vif borde la base de la nageoire anale et orne la pointe de la nageoire dorsale. L'éclat de l'œil est rehaussé de rouge.

Les préférences de l'espèce vont à une eau de pH légèrement acide et de TH autour de 10°.

La reproduction s'effectue selon les indications fournies pour *Hyphessobrycon herbertaxelrodi.*

HYPHESSOBRYCON ROSACEUS *17

Synonyme : voir texte.
Nom commun français : Rosaceus.
Nom commun anglais : Rosy Tetra.
Origine : Guyanes et partie nord du bassin de l'Amazone.
Taille : 5 cm.

Différences sexuelles: la dorsale du mâle, plus haute, forme une sorte d'étendard incliné vers la queue.
Comportement social: satisfaisant. Aime vivre en couple ou en groupe.
Température requise: de 23° à 30°.
Nourriture: omnivore.

Extrêmement gracieux: voilà l'impression ressentie à la vue de ce corps délicatement rosé, encadré par le noir et blanc de la dorsale et le rouge des autres nageoires. Cette impression de délicatesse racée résulte aussi des petits frémissements fréquents chez ce poisson. Ses besoins coïncident tout naturellement avec ceux de ses petits compagnons amazoniens. Quant à la reproduction, les mille arabesques des préludes représentent bien le ballet que l'on attendait d'autant de grâce, mais elle est difficile.

Le plus sûr moyen de réussite consiste à suivre en tous points la méthode préconisée pour le *Gracilis* mais dans une eau dont le pH peut atteindre 6,8 et le TH autour de 8.

Cette espèce est souvent confondue avec *Hyphessobrycon ornatus* très proche d'aspect, ou même avec *Hyphessobrycon roberti* qui se présente sous forme d'un super *rosaceus* tant du point de vue délicatesse de nuance qu'élégance de forme, sans que l'on sache si ce nom de commercialisation cache une nouvelle espèce ou une nouvelle variété.

HYPHESSOBRYCON SERPAE *19

Synonyme: voir texte.
Nom commun français: Serpae.
Nom commun anglais: Tetra serpae.
Origine: Paraguay et région proche.
Taille: 4 cm.
Différences sexuelles: peu apparentes, mâle généralement plus foncé, femelle plus rebondie.
Comportement social: satisfaisant à douteux.
Température requise: de 21° à 28°.
Nourriture: omnivore.

Le commerce offre indifféremment, sous le nom de *Serpae*, plusieurs espèces telles notamment: *callistus* et *minor;* la première est d'un médiocre marron, tandis que la seconde est plus petite que le véritable *Serpae*, ce dernier étant le seul à posséder une nuance carmin réellement agréable.

Ces poissons qui préfèrent une eau neutre de pH pour 10 à 15 de TH ont l'avantage d'avoir la coloration rouge, toujours recherchée, ils ont aussi l'inconvénient (surtout le *minor*) d'aimer mordiller les nageoires de leurs compagnons, pour peu qu'ils soient trop serrés ou mal nourris, ou tenus par groupes de moins de 6 individus. Leur reproduction, qu'il convient d'essayer sur les mêmes bases que pour l'*Hyphessobrycon rosaceus*, est justement considérée comme délicate.

LEPORINUS FASCIATUS

Synonyme : néant.
Nom commun français : Leporinus.
Nom commun anglais : Black banded Leporinus.
Origine : tout le bassin de l'Amazone.
Taille : jusqu'à 30 cm.
Différences sexuelles : non apparentes et inconnues.
Comportement social : satisfaisant.
Température requise : de 22 à 30°.
Nourriture : omnivore, plutôt végétarien. Une distribution d'épinard ou de laitue pochée risque de ne pas empêcher la détérioration des plantes.

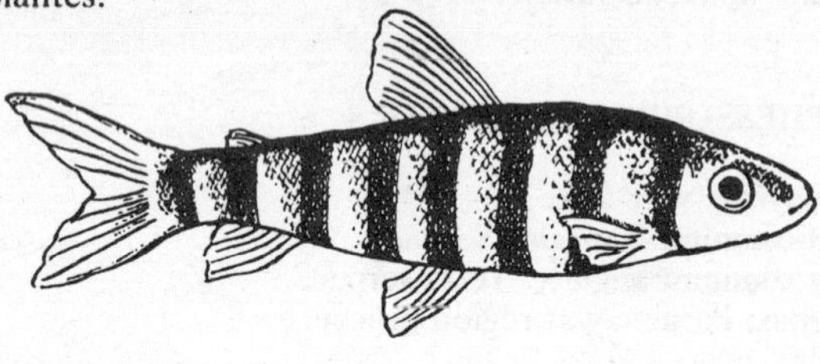

Leporinus fasciatus (30 cm)

Il s'agit d'une magnifique torpille dont la vitesse et la coloration jaune et noire font irrésistiblement penser au zèbre. Ce poisson est également un très bon sauteur, comme nous avons personnellement pu le contrôler le jour où celui placé dans l'aquarium d'une grande pâtisserie parisienne fit un plongeon, pour se retrouver deux étages plus bas nageant dans un immense récipient de crème Chantilly. Les besoins sont semblables à ceux de *Anostomus anostomus* et la reproduction n'a jamais été réalisée en aquarium à notre connaisance.

MEGALAMPHODUS MEGALOPTERUS

Synonyme : néant.
Nom commun français : Tetra fantôme.
Nom commun anglais : Black phantom Tetra.
Origine : bassin de l'Amazone, région du Matto Grosso au Brésil.
Taille : 5 cm.
Différences sexuelles : la nageoire dorsale du mâle plus haute flotte en étendard incliné vers la queue.
Comportement social : très bon. Aime vivre en groupe.
Température requise : de 22° à 28°.
Nourriture : omnivore.

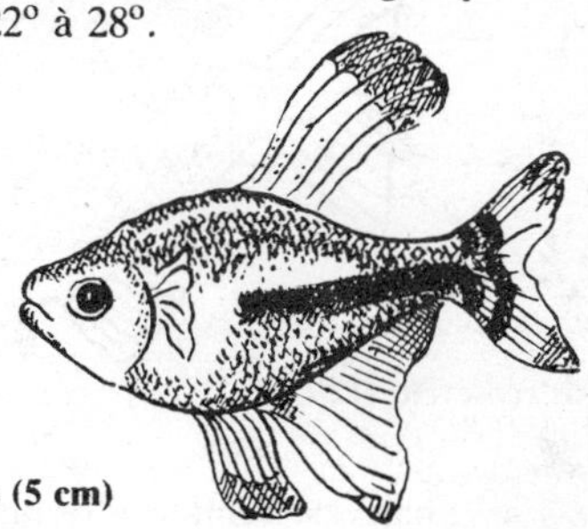

Megalamphodus megalopterus (5 cm)

Bien qu'il appartienne à un genre différent, ce poisson s'apparente fort quant à la silhouette à l'*Hyphessobrycon rosaceus.* La robe de nuance gris-noir, agréablement dégradée et ponctuée d'un ovale allongé à l'arrière de l'opercule, est très distinguée. Chez la femelle du rouge rehausse certaines nageoires.

Ce magnifique poisson fraie difficilement en eau très douce filtrée sur tourbe. A 26°, les œufs éclosent en 24 heures. Nauplies de cyclopes et rotifères sont acceptés au bout de 6 jours.

Une autre espèce proche d'aspect mais d'une livrée plus sobre, porte le nom de : *Megalamphodus sweglesi.*

METYNNIS ROOSEVELTI

Synonyme : consulter le texte.
Nom commun français : Metynnis.
Nom commun anglais : Metynnis.
Origine : bassin de l'Amazone.

Taille : jusqu'à 12 cm.
Différences sexuelles : non apparentes et inconnues.
Comportement social : très bon avec tous les poissons supérieurs à 5 cm.
Température requise : de 22° à 30°.
Nourriture : omnivore, plutôt végétarien. Distribuer épinard ou salade.

Metynnis roosevelti (12 cm)

La nageoire anale est teintée d'orangé, le corps blanc argenté uniformément. L'espèce voisine *maculatus* possède au contraire des points apparents plus foncés, alors que ce sont des bandes également diffuses qui identifient l'espèce *schreitmuelleri.*

Les *Metynnis* sont de beaux poissons pour grands aquariums; malheureusement ils ne respectent qu'à contrecœur les plantations, en général, et pas du tout les *vallisneria* ni les *sagittaria.*

Très robustes, ils vivent en tous milieux, bien qu'ils préfèrent une eau légèrement acide et relativement douce (TH 15).

On a signalé récemment quelques reproductions réussies.

MOENKHAUSIA OLIGOLEPIS *20

Synonyme : néant.
Nom commun français : Moenkhausia.
Nom commun anglais : Glass Tetra.
Origine : Guyanes et partie est du bassin de l'Amazone.
Taille : jusqu'à 10 cm (rarement atteints en aquarium).
Différences sexuelles : non apparentes.

Comportement social : très bon jusqu'à 5 cm, satisfaisant ensuite avec tous les poissons supérieurs à 4 cm.
Température requise : de 20° à 30°.
Nourriture : omnivore.

Avec sa tache noire à la caudale, le dessus de son œil rouge et l'ensemble du corps bien habillé de belles écailles argentées, le *Moenkhausia* est un charmant petit poisson résistant. Malheureusement sa livrée s'appauvrit au fur et à mesure qu'il grandit. D'autre part, son solide appétit le pousse à consommer les plantes.

Sa reproduction, couramment réalisée par les éleveurs de profession, a rarement tenté les amateurs. Les eaux préférées sont assez douces, très modérément acides, mais ce que le *Moenkhausia* aime avant tout, c'est avoir de la place.

NANNOBRYCON EQUES *23

Synonymes : Nannostomus eques, Poecilobrycon Eques.
Nom commun français : Eques.
Nom commun anglais : Pencil fisch.
Origine : bassin de l'Amazone.
Taille : 5 cm.
Différences sexuelles : peu apparentes, profil abdominal presque droit chez le mâle, plus convexe chez la femelle.
Comportement social : très bon, plutôt timide.
Température requise : de 23° à 28°.
Nourriture : omnivore, mais composée de petites proies, la bouche étant petite.

Avec leur proche parent, *Nannobrycon unifasciatus,* ces très beaux poissons fusiformes ressemblent aux *Nannostomus,* tant par leur robe que par leur préférence en eau, ou leurs très grandes difficultés de reproduction. Leur originalité réside dans la position toujours en biais qu'ils affectionnent. Comme toutes les espèces de petite taille vues avec cette famille, ces poissons timides permettent de constituer des aquariums merveilleux, dès qu'ils sont dans des conditions relativement favorables.

C'est-à-dire : par groupe de 5 au minimum, dans un bac très bien planté, avec des zones ombragées et des parties d'eau libre bien dégagées. Cette eau sera toujours de pH à la rigueur neutre ou mieux encore légèrement acide; sa teneur en calcaire n'excédera jamais le grand maximum tolérable de 20 TH,

NANNOSTOMUS ANOMALUS

Synonyme : néant.
Nom commun français : Anomalus (espèce qualifiée d'anormale à cause de l'absence de nageoire adipeuse).
Nom commun anglais : Anomalus pencil fish.
Origine : Guyanes et partie nord du bassin de l'Amazone.
Taille : 5 cm.
Différences sexuelles : le lobe inférieur de la caudale et l'anale sont rouges chez le mâle.
Comportement social : très bon, plutôt timide. Aime vivre en groupe.
Température requise : de 23° à 28°.
Nourriture : omnivore mais composée de petites proies, la bouche étant petite.

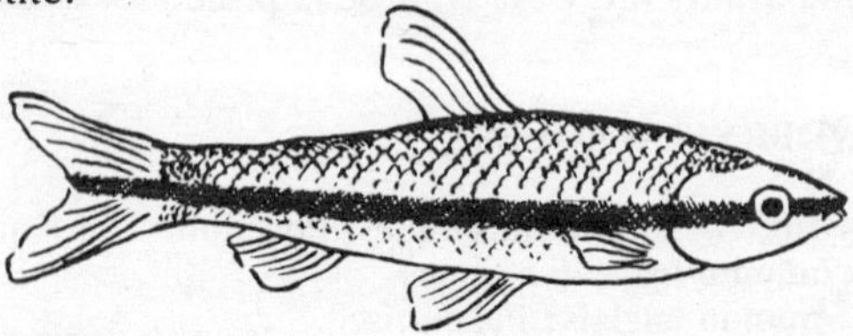

Nannostomus anomalus (5 cm)

Le corps brun rougeoyant est rayé par une ligne noir et or, le ventre blanc.

Tous les *Nannostomus* apparaissent comme de petits poissons très élégants de forme; ce sont des hôtes tout indiqués pour des aquariums très plantés et peuplés de toutes petites espèces; c'est à cette condition, d'ailleurs complétée par un respect relatif de leur préférence d'eau, c'est-à-dire une dureté raisonnable (TH égal ou inférieur à 15°), que l'on peut les conserver de façon satisfaisante. Seuls, des amateurs très chevronnés ont réussi leur reproduction, très rarement tentée d'ailleurs. Voici, en ce domaine, ce que nous pouvons conseiller :

Appliquer aux conditions préconisées pour le *gracilis* les modifications suivantes : 1) introduire soit un couple, soit un mâle et deux femelles; 2) ajouter au bac, dont on aura laissé vieillir l'eau pendant 4 semaines, du riccia ou d'autres plantes de surface. Il est pondu de 1 à 4 œufs par étreinte et le total de la ponte dépasse rarement 30 œufs. L'éclosion a lieu en 24 heures à 27°, et la résorption de la vésicule vitelline se fait en 4 jours.

Une espèce très proche (au point que des croisements se produisent) porte le nom de *Nannostomus aripirangensis*.

NANNOSTOMUS MARGINATUS *21

Synonyme : néant.
Nom commun français : Marginatus.
Nom commun anglais : Dwarf pencil fish.
Origine : Guyanes et partie nord du bassin de l'Amazone.
Taille : 3 1/2 cm.
Différences sexuelles : taches rouges des nageoires plus accentuées chez le mâle.
Comportement social : très bon, plutôt timide.
Température requise : de 23° à 28°.
Nourriture : omnivore.

Le corps est plus court que dans les deux espèces précédentes, mais par contre, les taches et lignes rouges et or sont beaucoup plus nettes et scintillent comme des pierreries.

NANNOSTOMUS TRIFASCIATUS

Synonyme : néant.
Nom commun français : Nannostomus trifasciatus.
Nom commun anglais : Three lined pencil fish.
Taille : 6 cm.

Cette espèce joint à l'élégance de la ligne longue, la splendeur de l'écarlate dans les nageoires et de l'or dans la ligne longitudinale. Sa reproduction est théoriquement possible (ponte dans les plantes de surface) sur les bases données pour *Nannostomus anomalus*.

NEMATOBRYCON PALMERI *28

Synonyme : néant.
Nom commun français : Tetra empereur.
Nom commun anglais : néant.
Origine : Colombie.
Taille : 5 cm.
Différences sexuelles : premiers rayons de la dorsale et de la caudale plus développés chez le mâle, par ailleurs plus coloré.
Comportement social : généralement satisfaisant.
Température requise : de 23° à 28°.
Nourriture : omnivore. Apprécie les nourritures variées dont épinards et insectes (drosophiles).

De corps gris fumé, avec des nageoires jaunes liserées de noir, ce poisson est extrêmement racé.

Ses préférences vont à une eau légèrement acide et de dureté modérée à très douce. La reproduction de cette espèce peu prolifique (elle ne pond qu'un œuf à la fois) s'effectue en isolant le couple dans un bac très planté et en prélevant régulièrement les jeunes rescapés.

On trouve dans le commerce un poisson proche d'aspect de la femelle du Tetra empereur et comparable sur le plan des exigences. Originaire du Brésil, il porte le nom de *Inpaichthys kerri.*

Nematobrycon palmeri (5 cm)

PARACHEIRODON INNESI *13

Synonyme : Hyphessobrycon innesi.
Nom commun français : Néon.
Nom commun anglais : Neon Tetra.
Origine : région péruvienne du bassin de l'Amazone.
Taille : près de 4 cm.
Différences sexuelles : peu apparentes, si ce n'est l'embonpoint d'une femelle gravide.
Comportement social : très bon, aime vivre en groupe.
Température requise : de 20° à 28° (la marge 21° à 23° est préférable à la marge 25° à 28°).
Nourriture : omnivore

Joyau, Petit Prince de l'aquarium : voilà quelques qualificatifs couramment employés pour désigner ce poisson. Ils sont mérités. Excepté le ventre blanc, sa livrée ne comporte que deux couleurs, mais quel éclat ! Un rouge luminescent qui orne les flancs, et une ligne bleu-vert, aux reflets changeants, qui aboutit à la petite nageoire adipeuse. Le nom usuel de « néon » est pleinement justifié.

Cette espèce vit très bien dans l'eau de robinet d'un bac d'ensemble, car elle est très robuste, mais sa préférence va à une eau douce, autour de 22°. Sa reproduction est réussie par des amateurs chevronnés, souvent spécialisés dans cette espèce. Les principes sont ceux préconisés pour le *gracilis*.

La nage libre intervient à 22°, 5 jours après l'éclosion des œufs à demi-adhésifs. Les infusoires constituent la première nourriture.

PHENACOGRAMMUS INTERRUPTUS *28

Synonyme : Micralestes interruptus.
Nom commun français : Phenaco
Nom commun anglais : Congo Tetra
Origine : Afrique, bassin du Congo, cours d'eau à courant lent.
Taille : 7 cm en aquarium - 12 cm dans la nature.
Différences sexuelles : panaches à la dorsale et à la caudale du mâle.
Comportement social : satisfaisant, très bon avec les poissons dont la taille atteint la moitié de la sienne.
Température requise : de 22° à 29°.
Nourriture : omnivore.

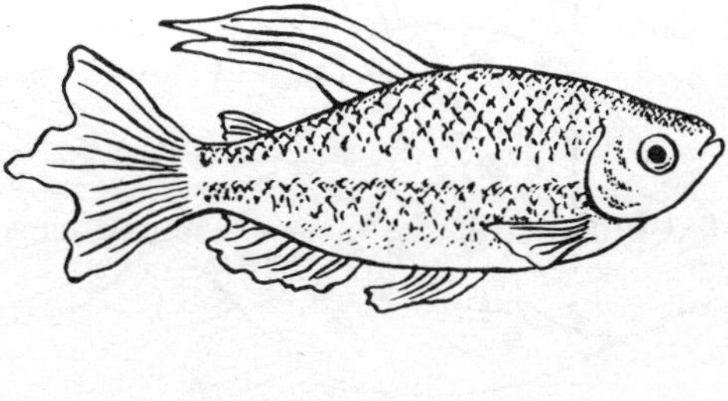

Phenacogrammus interruptus (7 cm)

La description des couleurs de ce magnifique poisson est impossible car il s'agit plutôt de reflets : violets, jaunes, émeraude qui animent les écailles de la ligne longitudinale, surtout chez le mâle.

Cette espèce d'instinct grégaire aime disposer d'un aquarium spacieux, avec une eau légèrement acide et douce; par ailleurs elle serait sensible à toute concentration de nitrates. Depuis quelques années, de nombreuses reproductions ont été réussies dans des eaux ayant pour caractéristiques : température 27°, dureté totale : 3 à 6°, pH 6 à 6,5. La ponte a lieu dans une ambiance sombre et s'échelonne sur plusieurs jours. Les œufs, non adhésifs et transparents éclosent dans un délai de 4 à 6 jours. La vésicule est résorbée en 24 heures et la première nourriture est constituée d'infusoires à faire suivre très vite d'artémias.

PIRANHA

Synonyme : voir texte ci-dessous.
Nom commun français : Piranha.
Nom commun anglais : Piranha.
Origine : bassin de l'Amazone.
Taille : jusqu'à 12 cm en aquarium.
Différences sexuelles : chez les sujets adultes le corps de la femelle est plus court et plus rond que celui du mâle.
Comportement social : désastreux !
Température requise : de 22° à 30°.
Nourriture : carnassier.

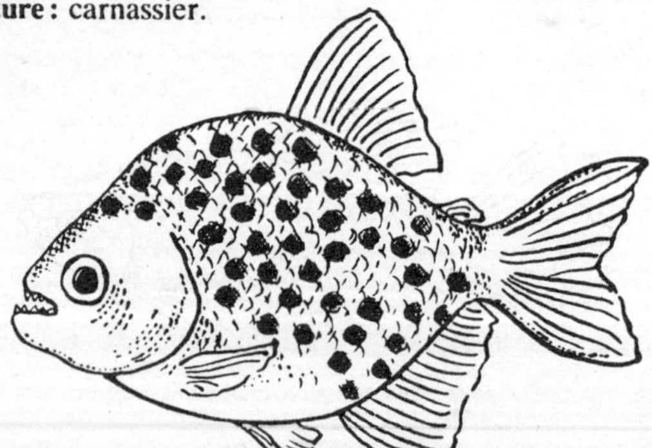

Piranha (12 cm)

Comme chez le *Metynnis*, il existe des variétés sobrement tachetées ou rayées, selon le genre auquel elles appartiennent. Car sous le vocable *Piranha*, on englobe plusieurs espèces appartenant aux genres : *Serrasalmo, Rooseveltiella* et *Pygocentrus*. La nageoire anale et même le ventre sont parfois rougeoyants, le reste du corps est toujours blanc argenté. Ce poisson qui aime les mêmes eaux que toutes les espèces amazoniennes, aime aussi beaucoup son prochain.

C'est ainsi qu'un couple (supposé) se trouvant dans un bac, le mari coupa sa femme en deux d'un coup de dents, après plusieurs jours de cohabitation pacifique. Il est vrai que c'était pendant l'heure du déjeuner. Immédiatement promu vedette, l'assassin trouva acheteur l'après-midi même de son exploit. Dans ses rivières brésiliennes natales, ce poisson sanguinaire constitue un danger pour les hommes et les troupeaux, lors de la traversée des gués.

Quelques reproductions réussies ont été relatées dans des revues d'aquariophilie françaises et belges. Si vous essayez et réussissez, sachez qu'il vous faudra trier les jeunes par tailles car un sujet de 25 mm dévore son frère de 10 mm !

PRISTELLA RIDDLEI

Synonyme : néant.
Nom commun français : Pristella.
Nom commun anglais : Pristella.
Origine : Venezuela, bassin de l'Amazone.
Taille : 4 cm
Différences sexuelles : peu apparentes, si ce n'est l'embonpoint d'une femelle gravide.
Comportement social : très bon, aime vivre en groupe.
Température requise : de 23° à 28°.
Nourriture : omnivore

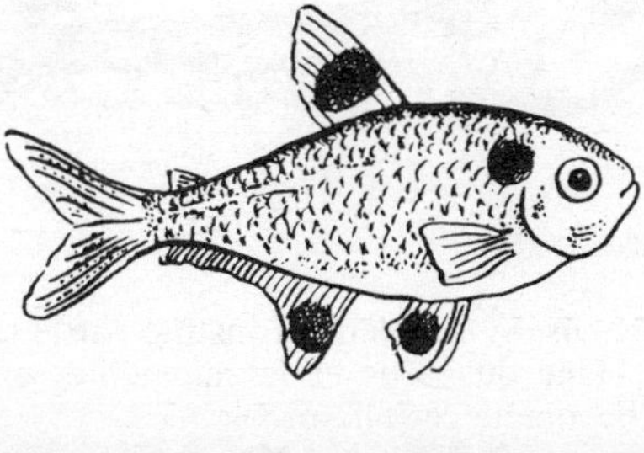

Pristella (4 cm)

Le corps assez translucide possède une tonalité générale jaunâtre; la caudale est rouge, les points noirs de l'anale et de la caudale sont bordés de jaune. Le *Pristella* compense sa livrée modeste par sa robustesse et sa facilité d'adaptation. Ses préférences vont à une eau claire et limpide; s'il y a un petit courant provoqué par le filtre, il n'en est que plus heureux.

La reproduction, bien que couramment réalisée par les éleveurs professionnels, n'est pas facile, malgré le fait que, en principe, les parents ne mangent pas leurs œufs. La ponte reste parfois difficile à provoquer. C'est pourquoi, afin de la faciliter, certains préconisent de mettre 2 mâles avec la femelle. Ce qui, bien entendu, ne change rien au fait que les minuscules alevins sont très fragiles. Il convient de prendre les bases indiquées pour l'*ocellifer,* en tenant compte que les œufs sont adhésifs et que leur délai d'éclosion s'étend jusqu'à plus de 3 jours à 27°.

THAYERIA BOEHLKEI *22

Synonyme : Thayeria obliqua.
Nom commun français : Thayeria obliqua.
Nom commun anglais : Penguin fish.
Origine : bassin de l'Amazone.
Taille : 7 cm.
Différences sexuelles : non apparentes, si ce n'est l'embonpoint de la femelle gravide.
Comportement social : satisfaisant à douteux envers les poissons inférieurs à 3 cm quand lui-même atteint le double.
Température requise : de 22° à 28°.
Nourriture : omnivore

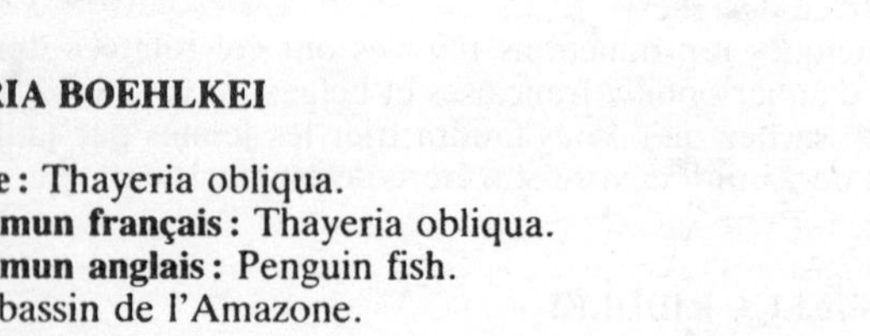

Thayeria boehlkei (7 cm)

Le surnom anglais est doublement justifié par le contraste agréable entre le blanc du corps et la raie noire, et par l'attitude inclinée qu'affectionne ce joli poisson.

Quant à l'appellation scientifique elle fut contestée jusqu'à ce qu'un accord se fasse pour désigner cette espèce sous le nom de *T. boehlkei*. Les espèces *T. ifati, T. obliqua, T. sanctae mariae* ayant la raie noire plus courte.

L'eau préférée est relativement douce, légèrement acide, et la reproduction possible pour l'amateur expérimenté, sur les bases fixées pour l'*ocellifer*. Toutefois, les œufs, de couleur marron éclosent en 12 heures.

Famille des Cichlidae

La vaste famille des *Cichlidae* ne comporte que des poissons d'eau douce, vivant exceptionnellement en Amérique du Nord, mais surtout en Amérique du Sud et en Afrique y compris Madagascar. Quelques espèces, enfin, habitent la Syrie, et, en Extrême-Orient, la partie sud de l'Inde.

Ils ont pour caractères distinctifs : de n'avoir qu'une seule paire de narines au lieu de deux; de ne pas avoir de dents au palais, mais aux mâchoires; d'avoir les nageoires impaires formées : pour la dorsale (unique et de forme allongée), de rayons épineux et d'une partie molle assez courte, et pour l'anale, d'un minimum de trois rayons épineux; d'être dotés d'une ligne latérale interrompue; enfin, de posséder des écailles presque toujours dentelées.

Exception faite des *Cichlidae* nains, il s'agit de poissons d'assez grande taille, dotés d'un solide appétit, d'une santé robuste et... d'une déplorable réputation. Ils sont accusés de déplacer les pierres qui les gênent, de creuser des trous, d'arracher les plantes et, pour couronner le tout, d'être des bagarreurs !

Cette triste renommée est entièrement justifiée pour certains, totalement mensongère pour d'autres, le court texte consacré à chaque espèce vous dira ce qu'il faut penser de chacun d'eux.

Un fait demeure certain : les *Cichlidae* possèdent de la personnalité. Si le mot intelligence devait être attribué à des poissons, c'est à leur endroit qu'il faudrait l'employer. En outre, leurs mœurs ne peuvent laisser indifférents. Chez certains d'entre eux, les couples se forment librement, restent ensemble, s'occupent avec dévouement de leur progéniture, et même parfois se suivent dans la mort.

Répartition géographique des Cichlidae.

La reproduction proprement dite, sans être uniforme pour tous les genres, puisqu'il y a même des cas d'incubation buccale, obéit aux mêmes règles générales et reste toujours intéressante à observer. En moyenne, elle est incomparablement plus facile à obtenir que celle des *Characidae* que nous venons de voir.

Le roi de cette famille exceptionnelle, et même le roi des aquariums aux yeux de beaucoup d'aquariophiles, est le scalare, dont la reproduction se trouve à la portée de l'amateur ayant déjà élevé des vivipares et reproduit avec succès au moins un ovipare facile.

En voici le déroulement. Bien entendu, la première condition est la possession d'un couple. Or, d'une part il est impossible d'identifier les sexes en dehors de la période des amours, d'autre part ces poissons ont la prétention de choisir leur partenaire. Dans ces conditions la meilleure solution consiste à attendre qu'un vrai couple se forme parmi les six sujets que, par exemple, vous possédez dans un bac minimum de 80 l. (Il serait préférable que les scalares s'y trouvent seuls mais ce n'est pas une condition impérative, avec un aquarium à la fois bien planté et non surpeuplé.)

Un jour, souvent à la suite d'un apport d'eau neuve consécutif à un siphonnage, vous verrez « une paire » se tenir près d'une plante à large feuilles (*sagittaria, vallisneria, cryptocoryne* ou mieux encore *anubias*), en nettoyer consciencieusement une, la débarrassant de toute impureté.

A ce stade, il y a une option à prendre : soit, ce qui est préférable, transporter le couple dans un bac prévu à cet effet : soit laisser la reproduction se dérouler dans le bac d'ensemble. Nous allons opter pour cette dernière solution en prenant pour hypothèse que vous ne disposez d'aucun bac libre quand l'événement se produit.

Vous allez d'abord constater que les autres habitants de l'aquarium ne s'approchent plus (sous menace de sanction, d'ailleurs) du « territoire » que le couple a choisi pour ses ébats. Ceux-ci consistent pour les deux partenaires à se tenir l'un près de l'autre, les nageoires frémissantes, et à exécuter, pendant plusieurs heures parfois, les figures d'une danse nuptiale.

Si vous vous tenez à distance, en évitant tout mouvement susceptible d'effrayer les amants, vous verrez ensuite la femelle, antennes couchées le long du corps, se frotter sur la feuille et pondre quelques œufs adhésifs, aussitôt fécondés par le mâle. La ponte achevée (de 50 à 300 œufs), le mâle et la femelle, à tour de rôle, éventent les œufs à l'aide de leurs nageoires pectorales, et, de la bouche, enlèvent un œuf non fécondé, susceptible de moisir. Pendant ce temps le partenaire, momentanément inoccupé, tient toujours les opportuns à distance.

Le soir venu, après avoir joui de ce spectacle, il est prudent de prévoir que les parents peuvent manger les œufs, s'ils se sentent incapables de conjurer les périls de la nuit. Vous prenez alors une petite cuve remplie d'eau de l'aquarium, jusqu'à un niveau lui permettant de continuer à flotter dans le bac. Vous y disposez une petite pierre afin, d'une part, de coincer le tuyau du petit diffuseur que vous mettez faiblement en action, et d'autre part, de maintenir la feuille revêtue de la ponte que vous aurez coupée et disposée dans la cuve, de telle sorte qu'elle y soit modérément aérée. Cette astuce est destinée à remplacer la ventilation normalement assurée par les parents. Autre astuce : vous teintez l'eau en bleu à l'aide d'une ou deux gouttes de bleu de méthylène en solution à 2 %, afin d'éviter que toute moisissure provoquée par un œuf non fécondé ne se propage.

Pendant le délai d'incubation, vous préparerez un bac d'élevage empli d'eau de l'aquarium.

Les premières éclosions auront lieu au bout de 3 jours, toujours à 27° (température optimale pour cette reproduction). Les alevins, n'ayant pas leurs parents pour les loger éventuellement dans un trou dans le sable, resteront sur le sol, commençant à agiter la queue mais incapables de se déplacer. Ce n'est qu'une fois leur vésicule vitelline résorbée, vers le cinquième jour, qu'ils commenceront à nageoter, puis à leur sixième ou septième jour qu'ils commenceront à se nourrir.

En principe, vos alevins doivent pouvoir absorber directement des artémias nouveau-nés. Contrôlez à la loupe que les petits ventres deviennent gonflés et roses à la suite de l'ingestion de jeunes crevettes. A raison de trois ou quatre distributions quotidiennes, vos nouveau-nés seront en mesure, dix jours plus tard, d'absorber progressivement les autres nourritures habituelles.

Bientôt les alevins quitteront la forme allongée propre à tous les poissons, pour se muer en enfants scalaires triangulaires et vous contemplerez le ravissant nuage de 100 scalaires de 1 cm se déplaçant dans l'aquarium.

Cette méthode, décrite pour vous montrer comment, sans grand bac de reproduction, vous pouvez réussir la reproduction du roi des poissons, n'exclut pas la méthode normale. Celle-ci consiste à placer dans un bac de 50 l prévu à cet effet, le couple candidat. Elle est plus rationnelle, parce qu'elle rend possible le conditionnement d'une eau optimale pour la reproduction; à savoir autour de 10 de TH pour 6,5 environ de pH. D'autre part, elle permet de jouir de l'intégralité du spectacle de la reproduction. Mais nous devons à la vérité de préciser que ce n'est possible qu'à la condition de tomber sur de bons parents, qui ne détruisent pas leurs œufs : si cela se produisait, il faudrait enlever le couple après la ponte suivante et placer un diffuseur sous la feuille de ponte pour remplacer la ventilation naturelle.

Les Cichlidae nains

Sous cette appellation, la famille comporte un groupe d'espèces de petites tailles, appréciées par les amateurs car elles ne demandent que de petits bacs où elles ne provoquent pas de bouleversements. Leur reproduction, quoique généralement plus difficile que celle de leurs grands frères, se déroule selon le même processus. Ces poissons seraient donc fort désirables, sans l'inconvénient de leur caractère. Celui-ci comporte souvent en effet un curieux mélange : une certaine agressivité avec leurs semblables, mêlée d'une grande timidité. Cette dernière a pour inconvénient de provoquer leur dissimulation parmi les plantes, si on les place en bac d'ensemble. Par ailleurs, signalons qu'il convient d'employer les désinfectants et les médicaments avec la plus extrême prudence, les *Cichlidae* nains, dans leur ensemble, y étant très sensibles.

Les Cichlidae du lac Malawi ex-Nyassa et du lac Tanganyika

Dans le sud-est africain, à hauteur du nord de Madagascar, se trouve l'un des immenses plans d'eau africains : le lac Malawi, longtemps connu sous le nom de Nyassa. Dans cette véritable mer intérieure d'eau douce, habitent notamment plus de 200 espèces endémiques parfois dénommées selon le vocable indigène : les Mbuna.

Certains de ces Cichlidés du lac Malawi présentent des robes très brillamment colorées; les espèces les plus attractives appartiennent aux genres *Labeotropheus* et *Pseudotropheus,* tandis que les genres *Julidochromis* et *Tropheus* qui sont originaires du lac Tanganyika sont assimilés au même groupe, les différentes caractéristiques étant comparables.

La plupart de ces poissons ont une taille raisonnable de 7 à 16 cm qui les rend parfaitement aptes à la vie dans l'aquarium de l'amateur. En outre, beaucoup pratiquent le très attrayant mode d'incubation buccale décrit dans le texte qui accompagne la présentation d'*Haplochromis multicolor* (page 282).

Par contre, les Mbuna sont généralement assez agressifs et parfois assez exigeants sur les plans du milieu et de l'alimentation. Les conditions que l'aquariophile devra s'efforcer d'offrir à ces hôtes résultent des renseignements fournis par un bref regard sur l'environnement d'origine.

Les Mbuna ne fréquentent que les eaux côtières et exclusivement les zones rocheuses où les caches sont nombreuses et les algues à brouter très abondantes. Les eaux, peu profondes et très éclairées par le soleil tropical, ont une température qui évolue, selon la saison, entre 22° et 28°. Elles sont très oxygénées, à peu près exemptes de matières organiques et peu chargées en sels minéraux, soit d'un TH de 8 à 15 pour un pH élevé de 7,5 à près de 10.

Ce sont des eaux plus magnésiennes que calciques. Bien que l'eau de nos robinets soit exactement l'inverse (plus calciques que magnésiennes), elles sont bien acceptées par la majorité des espèces, dès l'instant que l'amateur leur offre : un aquarium bien filtré, très éclairé et souvent siphonné pour ne receler qu'un minimum de matières en dissolution et de nitrates. Ceci dans un décor où la disposition des roches favorise l'établissement de territoires distincts et de caches.

La livrée des Cichlidae

La description des couleurs qui habillent la robe de ces espèces constitue une tâche impossible, à cause des incroyables facultés de mimétisme propres à presque tous les membres de la famille. Tel poisson marron à points jaunes et bleus se retrouve jaune à points violets cinq minutes plus tard. Sans parler de la parure de noce qui accomplit une nouvelle métamorphose, ou de la peur qui se traduit par une décoloration. Dans ces conditions, les indications de nuances, fournies lors de la description de chaque espèce, n'ont parfois qu'une valeur d'indication générale.

AEQUIDENS MARONI

Synonyme : Acara maroni.
Nom commun français : Acara maroni.
Nom commun anglais : Keyhole Cichlid.
Origine : Guyane;
Taille : 10 cm.
Différences sexuelles : nageoires dorsale et anale plus allongées chez le mâle.
Comportement social : de très bon à satisfaisant (espèce plutôt timide, qui doit vivre en couple, à défaut de vivre en groupe).
Température requise : de 25° à 30°.
Nourriture : omnivore.

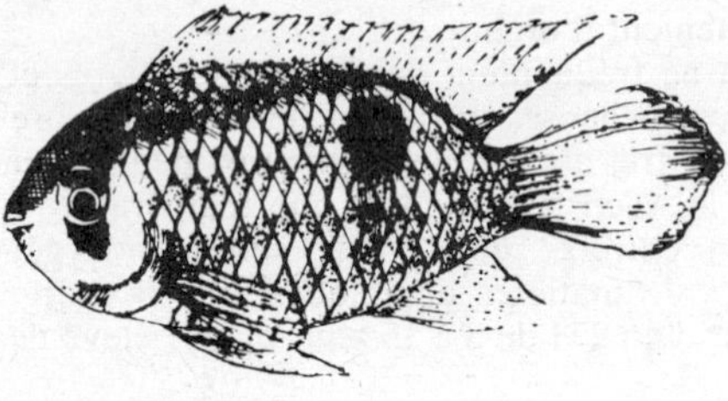

Aequidens maroni (10 cm)

De livrée généralement brune, avec une raie verticale marron très foncé qui traverse l'œil, cette espèce laisse parfois apparaître la tache brune qui justifie son surnom américain. Ce poisson doux, respectueux des plantes et du décor, de taille raisonnable est, pour toutes ces raisons, très intéressant pour l'amateur.

Sa reproduction est assez facile. Pour la réaliser, il convient : d'isoler un couple dans un bac de 50 l d'eau au pH légèrement acide 6,8 et au TH compris entre 10 et 20; d'aménager une bonne plantation et des cachettes nombreuses. La ponte de plus de 200 œufs a lieu sur une pierre plate. Comme pour le *scalaire*, on peut laisser les parents dans le bac ou utiliser la méthode de la petite cuve, la pierre porteuse des œufs remplaçant la feuille. L'éclosion a lieu en 3 jours à 27°. Sitôt la nage libre, soit environ après une semaine, nourrissez d'artémias accompagnés très vite d'autres nourritures.

AEQUIDENS PULCHER

Synonymes : Acara latifrons, Aequidens latifrons.
Noms communs français : Acara latifrons, Aequidens pulcher, Acara bleu.
Nom commun anglais : Blue Acara.
Origine : du nord du Brésil à Panama.
Taille : jusqu'à 15 cm.
Différences sexuelles : nageoires dorsale et anale plus pointues chez le mâle.
Comportement social : satisfaisant avec tout poisson atteignant la moitié de sa propre taille.
Température requise : de 20° à 30°.
Nourriture : omnivore, mais distributions fréquentes de grosses proies vivantes très souhaitables.

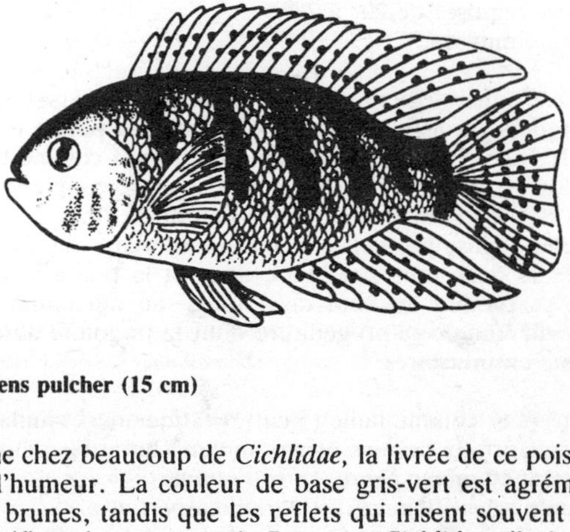

Aequidens pulcher (15 cm)

Comme chez beaucoup de *Cichlidae*, la livrée de ce poisson varie selon l'humeur. La couleur de base gris-vert est agrémentée de taches brunes, tandis que les reflets qui irisent souvent les écailles justifient le nom usuel. Pour un *Cichlidae*, il s'agit d'une espèce sage qui respecte les plantes un peu fortes et creuse peu le sol. Avec un filtrage puissant, dans un bac de 150 l, suffisant pour leurs ébats, l'essentiel du décor et de la plantation est donc respecté. Cette espèce, mentionnée tant pour sa robustesse que pour sa facilité de reproduction, se contente d'à peu près n'importe quelle eau; elle s'y reproduit à 25°, en général sur une pierre plate, parfois sur une feuille ou même une glace de l'aquarium. L'éclosion a lieu aux environs du 3e jour; les parents, laissés avec leurs rejetons, les cachent dans des trous pendant les 10 premiers jours. Il faut distribuer infusoires puis artémias, etc., sitôt la nage libre.

APISTOGRAMMA AGASSIZI *2

Synonyme : néant.
Nom commun français : Apistogramma agassizi.
Nom commun anglais : Agassiz's dwarf Cichlid.
Origine : bassin de l'Amazone.
Taille : 7 cm.
Différences sexuelles : nageoires dorsale, caudale et anale effilées chez le mâle et arrondies chez la femelle. Le mâle est par ailleurs plus coloré et la femelle plus petite.
Comportement social : satisfaisant. Préfère vivre en groupe.
Température requise : de 20° à 28°.
Nourriture : omnivore.

Le corps est généralement marron-jaune virant vers l'orangé, avec des reflets où le violet domine parmi des points d'autres couleurs. Il s'agit d'un *Cichlidae* nain et apprécié comme tel. La reproduction est possible dans un petit bac où le couple vit dans une eau à 26° de pH neutre et de TH autour de 10.

La femelle dépose les œufs sur une pierre plate, rarement sur une feuille; le mâle doit être retiré aussitôt la ponte terminée. L'éclosion se produit au bout de 4 jours, au maximum, et la femelle prend soin de sa progéniture dont la première alimentation consiste en infusoires.

Encore plus petit comme taille (5 cm), pratiquement similaire au précédent quant aux besoins et aux mœurs, un autre petit poisson appartient au même genre *Apistogramma :*
Nom commun scientifique : Apistogramma pertense.
Nom commun français : Apistogramma pertense.
Nom commun anglais : Amazon dwarf Cichlid.

APISTOGRAMMA RAMIREZI *1

Synonyme : Papiliochromis ramirezi.
Nom commun français : « Apisto » ramirezi.
Nom commun anglais : Ramirez's dwarf Cichlid.
Origine : Venezuela.
Taille : 5 cm.
Différences sexuelles : peu apparentes, le mâle a le 3e rayon de la dorsale plus développé.
Comportement social : très bon et même timide.
Température requise : de 24 à 29°.
Nourriture : omnivore.

De tonalité générale verte, avec des raies noires et les yeux rouges, ce sympathique petit poisson, le plus charmant des *Cichlidae* nains, est, hélas ! fragile. Il semble se plaire parfaitement en eau de conduite et, brusquement, vers l'âge de 8 mois, on le perd après avoir remarqué un gonflement des yeux (exophtalmie). Sans nul doute, l'espèce est très sensible aux pollutions et un changement d'eau hebdomadaire de 30 % est indispensable.

Compte tenu de sa timidité et des eaux dans lesquelles sa reproduction réussit, nous le conseillons dans les aquariums d'ensemble très bien plantés (à eau limpide, légèrement acide et inférieure à 15 TH) et peuplés de petits Tetras de la famille des *Characidae*.

Pour sa reproduction : placez de un à trois couples dans un petit bac, garni de plantes et de schistes inclinés et contenant de l'eau à pH 6,8 TH 10 d'une température de 26°. Laissez le couple. Il s'occupe généralement bien des œufs et des alevins qui éclosent en 48 heures. Des petits infusoires sont strictement obligatoires comme première nourriture (voir le riz paddy).

APISTOGRAMMA REITZIGI

Synonyme : néant.
Nom commun français : Apistogramma reitzigi.
Nom commun anglais : Reitzig's dwarf Cichlid.

Semblable par la taille et ayant toutes les qualités de bonne conduite du *ramirezi,* le *reitzigi* est un hôte d'autant plus recommandable qu'il possède une constitution beaucoup plus robuste. Sa reproduction est semblable à celle du précédent, y compris les exigences de la première alimentation. Le TH peut toutefois atteindre 15. La ponte a lieu parfois sur une feuille de plante, parfois sur une vitre de l'aquarium. Le rôle du père après la ponte est plus effacé, la femelle se découvrant pour la circonstance un caractère provisoirement autoritaire.

Apistogramma reitzigi (5 cm)

ASTRONOTUS OCELLATUS

Synonyme : néant.
Nom commun français : Astronotus.
Nom commun anglais : Oscar's ou velvet Cichlid.
Origine : bassin de l'Amazone.
Taille : 20 cm en aquarium, 35 dans la nature.
Différences sexuelles : pratiquement inexistantes, même si, d'après certains auteurs, il y a souvent chez la femelle trois ocelles à la base de la dorsale.
Comportement social : très répréhensible.
Température requise : de 22° à 28°.
Nourriture : tout ce qui se mange.

Astronotus ocellatus (20 cm)

Les caprices de l'ordre alphabétique placent, après les plus inoffensifs des *Cichlidae*, un bulldozer doublé d'un ogre car tel est bien ce triste sire. Mais quel sire ! Robe de velours, marbrures jaunes, ocelles rouges en font une bête magnifique et s'il est très contre-indiqué dans tout aquarium normal, il représente un hôte de marque, familier, « intelligent », pour des bacs de 500 l et plus.

Sa reproduction est très rare sauf en bacs immenses. Elle s'effectue sur une pierre plate selon les conditions habituelles aux *Cichlidae*, dans une eau légèrement acide au TH inférieur à 20. Les parents s'occupent généralement bien des alevins.

CICHLASOMA BIOCELLATUM

Synonyme : néant.
Nom commun français : Cichlasoma biocellatum.
Nom commun anglais : Jack Dempsey.
Origine : bassin de l'Amazone.
Taille : 20 cm.
Différences sexuelles : coloration plus accentuée et nageoires dorsale et anale plus effilées chez le mâle.
Comportement social : très répréhensible.
Température requise : de 18° à 28°.
Nourriture : tout ce qui se mange.

Cichlasoma biocellatum (20 cm)

Gris-bleu de corps, avec des dessins se modifiant suivant l'âge et agrémentés de reflets bleu-vert irisés sur les écailles, ce second grand fauve, tout aussi magnifique que le premier, est aussi un dur parmi les durs, un cogneur; comme le héros qui lui a prêté son nom populaire américain !

Sa reproduction, sur une pierre, est beaucoup plus facile que celle du précédent : eau à 25°, avec large tolérance de pH et de TH Les *biocellatum* font de bons parents.

CICHLASOMA FESTIVUM *25

Synonyme : néant.
Nom commun français : Cichlasoma festivum.
Nom commun anglais : Flag Cichlid.
Origine : bassin de l'Amazone.
Taille : 15 cm.
Différences sexuelles : peu apparentes, en principe nageoire dorsale plus effilée et plus pointue chez le mâle.
Comportement social : satisfaisant.
Température requise : de 20° à 30°.
Nourriture : omnivore, ne dédaigne pas les jeunes pousses de plantes.

Agréable sans être éblouissante, grise avec légères marbrures verticales, la livrée du *festivum* est surtout caractérisée par une raie noire oblique, partant de la bouche pour aboutir à la base de la dorsale, après avoir traversé l'œil de couleur orange. Bien que faisant partie des *Cichlasoma,* le *festivum,* d'ailleurs souvent trouvé dans la nature en compagnie des *scalaires,* a toutes les caractéristiques de ces derniers sur le plan du comportement et des mœurs. Sa reproduction, également du même type que celle des *scalaires* mais beaucoup plus délicate, suppose un couple qui se soit choisi. Le bac dans lequel vivent les *festivum* doit toujours être très bien aéré, ces poissons se montrant grands consommateurs d'oxygène.

CICHLASOMA MEEKI *24

Synonyme : néant.
Nom commun français : Cichlasoma meeki.
Nom commun anglais : Firemouth Cichlid.
Origine : Amérique centrale, essentiellement Guatemala.
Taille : 12 cm.
Différences sexuelles : nageoires dorsale et anale plus effilées chez le mâle.

Comportement social : satisfaisant avec des poissons dépassant la moitié de sa propre taille.
Température requise : de 20° à 30°.
Nourriture : omnivore, avec prédominance de grosses proies vivantes.

La nuance dominante de ce joli poisson est le gris-vert, avec des taches noires peu apparentes, tandis que la gueule et la partie ventrale rouge sont incandescentes. Il manifeste un respect relatif des plantes et du décor, en dehors de la période de reproduction. Sociabilité, taille, tout concourt à faire de ce *Cichlidae* un « type moyen » de la famille.

Reproduction possible, aux conditions données pour l'*Aequidens latifrons*.

CICHLASOMA NIGROFASCIATUM *26

Synonyme : néant.
Nom commun français : Cichlasoma nigrofasciatum.
Nom commun anglais : Convict ou zebra Cichlid.
Origine : Amérique centrale.
Taille : 12 cm.
Différences sexuelles : nageoire dorsale effilée chez le mâle et arrondie chez la femelle.
Comportement social : satisfaisant seulement avec des poissons dépassant la moitié de sa propre taille.
Température requise : de 19° à 27°.
Nourriture : omnivore.

La coloration de ce poisson est gris ardoise, zébré de noir. Le comportement représente celui du *Cichlidae* par excellence. Très solide de santé, terrassier à grand rendement, défricheur exceptionnel, sa reproduction est facile, même en bac d'ensemble et dans à peu près n'importe quelle qualité d'eau. La ponte s'effectue sur des pierres plates ou dans un pot de fleur couché. Les deux parents s'occupent des alevins qui naissent en 48 heures, à 25°. Les distributions d'infusoires sont inutiles comme première nourriture. D'ailleurs les alevins en trouvent peut-être dans le sol, ce qui expliquerait que les parents les déplacent; ces transports n'ont peut-être pas pour seul but de soustraire les petits à un ennemi éventuel.

HAPLOCHROMIS MULTICOLOR

Synonyme : Haplochromis strigigena.
Nom commun français : néant.
Nom commun anglais : Dwarf ou Egyptian mouthbreeder.
Origine : Afrique, partie Egypte.
Taille : 8 cm.
Différences sexuelles : nageoires anale et dorsale plus développées chez le mâle.
Comportement social : satisfaisant avec les poissons dépassant la moitié de sa propre taille.
Température requise : de 18° à 27°.
Nourriture : omnivore.

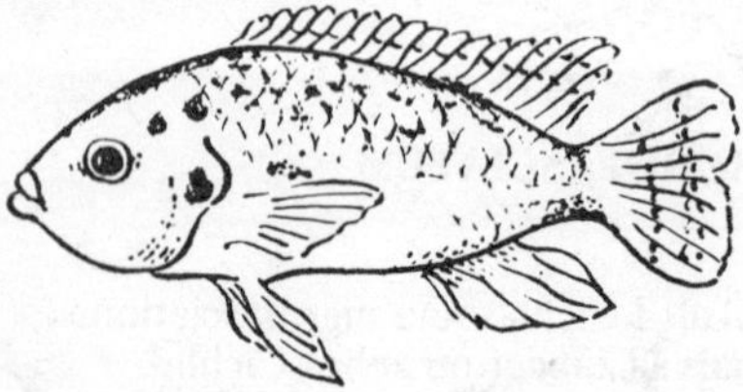

Haplochromis multicolor (8 cm)

De teinte générale gris verdâtre, ce sujet revêt une robe de gala, aux paillettes scintillantes, à l'époque des noces et un tablier assez terne dans les autres périodes. Sa livrée ne justifie d'ailleurs pas l'intérêt qu'on lui porte; celui-ci vient de sa reproduction, spectaculaire, spéciale et facile. Il suffit d'installer un ou plusieurs couples dans un petit bac de 50 cm ou même moins, empli d'eau de conduite comprise entre 22 et 26°, aménagé avec des cachettes composées de quelques pierres et plantes. Une petite plage propre et nette est nettoyée par le mâle (qu'on devra enlever la ponte terminée); c'est dans cette cuvette qu'à l'issue des noces, les œufs seront pondus, fécondés et aussitôt repris par la femelle pour les placer en sécurité... dans sa bouche. C'est en effet dans la cavité bucco-pharyngienne de celle-ci que se déroule toute l'incubation! Jour après jour, vous la verrez, dans une sorte de ruminement, tourner et retourner les œufs dans sa bouche transformée en coffre-fort. L'éclosion a lieu au bout de

15 jours, mais cela ne marque pas pour la femelle l'échéance libératrice. Pendant quelques jours elle conserve encore les alevins, puis elle les lâche pour des escapades, mais à la première alerte, toute la marmaille se précipite tête baissée dans la gueule maternelle. Ce n'est que relativement armés pour la vie que la mère amaigrie les abandonne enfin définitivement, avant de reprendre son alimentation. Quant aux bébés, déjà gros quand ils deviennent libres, il n'y a pas pour eux de problème de première alimentation. Ces étranges mœurs de reproduction sont propres notamment aux genres *Haplochromis* et *Tilapia*.

Une autre espèce africaine aux mœurs identiques sur le plan reproduction mais plus grande de taille et incomparablement plus haute en couleurs porte le nom de *H. Burtoni*. Malheureusement, c'est un teigneux qui ne peut être mis qu'avec des compagnons de sa propre taille soit 12 à 15 cm.

HEMICHROMIS BIMACULATUS

Synonyme : néant.
Nom commun français : néant.
Nom commun anglais : Jewel Cichlid.
Origine : Afrique tropicale, du Nil au Congo.
Taille : 10 cm.
Différences sexuelles : pratiquement inexistantes.
Comportement social : mauvais.
Température requise : de 19° à 28°.
Nourriture : omnivore.

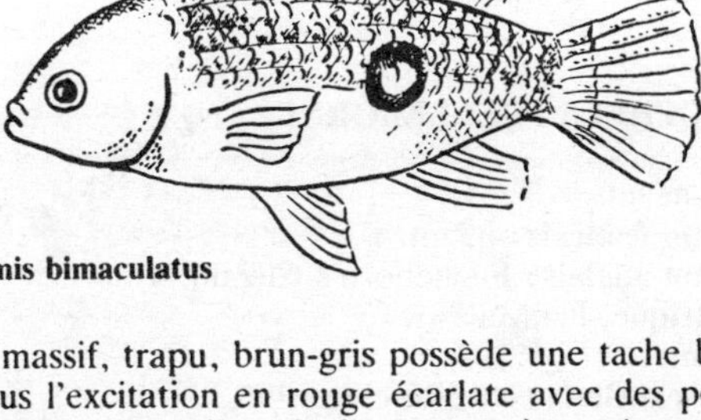

Hemichromis bimaculatus

Le corps massif, trapu, brun-gris possède une tache bleu-vert se muant sous l'excitation en rouge écarlate avec des points irisés, tandis que les nageoires deviennent noires. Avec un couple s'étant choisi lui-même, la reproduction devient possible dans un bac de 50 cm garni d'une eau de conduite assez vieille, à 23°. La ponte a lieu sur une pierre dans les conditions habituelles aux *Cichlidae*.

JULIDOCHROMIS ORNATUS *31

Synonyme : néant.
Nom commun français : néant.
Nom commun anglais : néant.
Origine : Afrique, lac Tanganyika.
Taille : 7 cm.
Différences sexuelles : pratiquement inexistantes. La solution sage consiste à laisser les couples se former librement parmi un groupe de 5 ou 6 individus.
Comportement social : de satisfaisant à douteux.
Température requise : de 25° à 29°.
Nourriture : omnivore, avec une préférence marquée pour les proies vivantes.

Ce petit et magnifique *Cichlidae,* endémique du lac Tanganyika, porte une robe de coloration dominante jaune striée horizontalement de noir. C'est un poisson de roche qui ne s'éloigne jamais de l'abri qui le sécurise. Ses préférences vont à une eau très bien aérée d'une dureté totale au moins égale à 15°. La reproduction qui s'effectue sous une pierre ou plus précisément sous le plafond d'une pierre est usuellement réussie par les nombreux amateurs amoureux de ce type de poissons.

Il existe d'autres espèces de la même origine qui portent des livrées très comparables, par exemple *J. Transcriptus* qui est plus petite ou *J. Marlieri* qui au contraire peut atteindre 12 cm. Toutes respectent les plantes.

LABEOTROPHEUS FUELLEBORNI *29

Synonyme : néant.
Nom commun français : néant.
Nom commun anglais : Fuelleborn's Cichlid.
Origine : Afrique, lac Malawi.
Taille : 12 cm.
Différences sexuelles : cf. texte ci-dessous.
Comportement social : de satisfaisant à douteux avec les membres

des autres espèces dépassant la moitié de sa propre taille (relations interspécifiques), de douteux à mauvais envers les membres de son espèce (relations intraspécifiques).
Température requise : de 23° à 27°.
Nourriture : omnivore.

Si tous les mâles sont de couleur bleue avec des striures verticales plus sombres sur le corps, et des mouchetures jaune vif sur la nageoire anale, les femelles sont polymorphes, c'est-à-dire qu'il existe un type qui montre la même robe que le mâle mais en plus terne, et un second type habillé de mouchetures brunes sur fond ocre. La bouche est ourlée d'une lèvre supérieure proéminente et épaisse qui comporte de fines dents destinées au raclage des algues sur les roches. La reproduction est assez facile, l'élevage des jeunes plus malaisé. Une femelle prête à pondre laisse apparaître une papille génitale blanche. L'incubation est buccale.

LABEOTROPHEUS TREWAVASAE *30

Synonyme : néant.
Nom commun français : néant.
Nom commun anglais : Red finned Cichlid.
Origine : Afrique, lac Malawi
Taille : jusqu'à 14 cm dans la nature, environ 10 cm en aquarium.
Différences sexuelles : cf. texte ci-dessous.
Comportement social : de douteux à satisfaisant envers les autres espèces. Avec les membres de son espèce, de satisfaisant pour les sujets habitués à vivre ensemble à très mauvais si l'on introduit un nouveau partenaire.
Température requise : de 23° à 27°.
Nourriture : omnivore, dont éléments végétaux.

Comme chez *Labeotropheus fuelleborni,* les mâles sont de teinte bleue avec neuf bandes verticales diffuses, mais le corps est plus allongé, la silhouette plus creuse; par ailleurs, la dorsale de *Labeotropheus trewavasae* est liserée de rouge. Une partie des femelles sont semblables aux mâles mais avec une nuance plus fade, les autres femelles étant « truitées » avec taches noires sur fond ocre. Cette espèce se comporte de façon relativement calme dans ce sens qu'elle creuse assez peu, et respecte certaines plantes. Mais l'instinct de territoire est très développé avec un certain goût pour les intrusions dans le terrain du voisin. La ponte a lieu dans une dépression creusée par le mâle; sitôt fécondés, les œufs sont pris en bouche par la femelle pour incubation.

LAMPROLOGUS BRICHARDI

Synonyme : néant.
Nom commun français : Lampro.
Origine : Afrique, Lac Tanganyika.
Taille : 10 à 12 cm.
Différences sexuelles : indiscernables.
Comportement social : parfait lorsque le bac n'est peuplé que d'un groupe de « Lampros ». Peut être médiocre dans les autres cas.
Température requise : 25° à 29°.
Nourriture : omnivore appréciant un apport végétal.

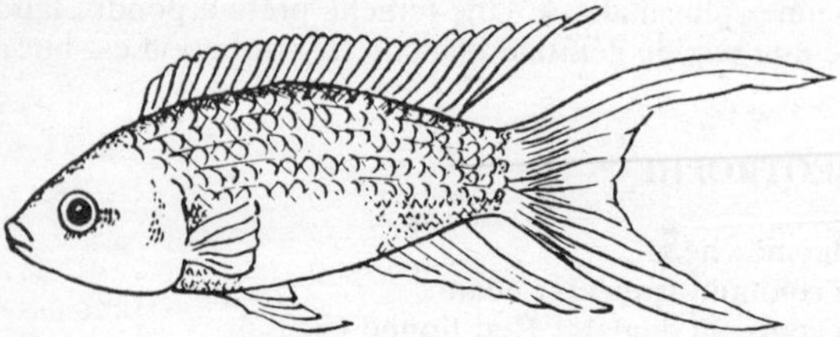

Lamprologus brichardi

La robe unie de ton grège bordée de bleu en bordure des nageoires, habille l'élégante silhoutette de ce poisson apprécié. Compte tenu de son origine, ses préférences vont à une eau dure de TH 15 minimum et de pH supérieur à 7 emplissant un bac assez grand abondamment garni de roches. Les plantes sont dédaignées.

La reproduction est automatique dans ce sens que si les conditions de vie offertes sont bonnes on voit périodiquement apparaître des groupes d'alevins sortant d'un amoncellement de pierres.

NANNACARA ANOMALA

Synonyme : néant.
Nom commun français : néant.
Nom commun anglais : Golden eyed dwarf Cichlid.
Origine : Guyane anglaise.
Taille : 6 cm.
Différences sexuelles : nageoires plus effilées chez le mâle.

Comportement social : satisfaisant avec des poissons atteignant la moitié de sa propre taille.
Température requise : de 22° à 30°.
Nourriture : omnivore.

Nannacara anomala (6 cm)

Assimilé par sa taille aux *Cichlidae* nains, ce poisson a également une robe en perpétuel changement. La reproduction est facile, en eau de conduite aux conditions habituelles chez les *Cichlidae*, à la seule condition de posséder un couple qui s'accorde.

La ponte se déroule, soit sur une pierre plate, soit dans un pot de fleurs couché. Il convient d'enlever le mâle après la ponte, car il peut être malmené par la femelle qui s'occupe seule de la progéniture.

PELMATOCHROMIS THOMASI

Originaire de la Sierra Leone, cette espèce qui ne dépasse pas 9 cm, a la même conduite que les deux citées ci-dessous. La robe légèrement plus discrète est rose-mauve de fond, marquée de striures sombres sur le corps, et de jaune sur le dessous de la tête tandis qu'un étroit liseré rouge ourle la nageoire dorsale.

PELVICACHROMIS PULCHER — *33 et 34

Synonyme : Pelmatochromis kribensis.
Nom commun français : Pelmato.
Nom commun anglais : néant.
Origine : Afrique, delta du Niger.
Taille : jusqu'à 10 cm.
Différences sexuelles : par exception, la femelle est souvent la plus colorée du couple, l'extrémité de ses nageoires dorsale et

anale est par ailleurs plus arrondie que chez le mâle. La nageoire caudale de ce dernier comporte jusqu'à cinq ocelles noires.
Comportement social : de satisfaisant à douteux.
Température requise : de 24° à 29°.
Nourriture : omnivore, mais avec une préférence marquée pour les proies vivantes.

Les « Pelmato » sont des Cichlidés de taille modeste originaires d'Afrique occidentale dont le comportement est assez raisonnable. S'ils peuvent mettre à nu les racines d'une plante en creusant parfois une excavation dans le sol, par contre ils ne tirent pas sur les tiges et n'endommagent pas les feuilles. Ils se satisfont de l'eau de conduite généralement dure reçue dans nos régions, mais en vérité, la dureté de l'eau de leur lieu d'origine résulte d'un certain mélange d'eau saumâtre à de l'eau douce.

L'espèce est magnifiquement revêtue d'une robe somptueuse à base de violet bleuâtre et d'une large zone pourpre dans la région abdominale. La reproduction, assez aisée, s'effectue dans une anfractuosité de roche ou dans un pot de fleurs couché. Les alevins naissent après 3 jours d'incubation suivis de 3 jours encore, passés à résorber leur sac vitellin avant de commencer la nage libre à la recherche de nourriture. Jusqu'à l'expiration de ce délai, ils ne risquent rien, au contraire, de la présence de leurs parents. Chose curieuse, on constate souvent des portées de 25 jeunes qui tous appartiennent au même sexe. Et, chose encore plus curieuse, un pH inférieur à 7 amènerait la naissance d'une majorité de femelles, supérieur à 7 une majorité de mâles alors qu'il y aurait équilibre relatif des sexes à pH neutre !...

D'autres espèces sont quelquefois commercialisées parmi lesquelles :

PELVICACHROMIS SUBOCELLATUS

Synonyme : Pelmatochromis subocellatus.

Habitant depuis le Gabon jusqu'à l'estuaire du Congo, cette espèce, qui mesure jusqu'à 10 cm, est peu répandue. Le comportement, y compris celui de reproduction, est comparable à celui de *Pelvicachromis pulcher*. La coloration est également très belle, avec notamment du jaune dans le dessous de la tête, alors que le ventre est rosé et que les nageoires dorsale et caudale sont ponctuées de points et de lignes souvent bleus.

PSEUDOTROPHEUS AURATUS

Synonyme : néant.
Nom commun français : néant.
Nom commun anglais : Golden Lac Nyassa Cichlid.
Origine : Afrique, lac Malawi.
Taille : 10 cm.
Différences sexuelles : cf. texte ci-dessous.
Comportement social : très médiocre. L'instinct de territorialité est encore plus accentué que celui mentionné pour les espèces *Labeotropheus fuelleborni* et *Labeotropheus trewavasae.*
Température requise : de 23° à 27°.
Nourriture : omnivore.

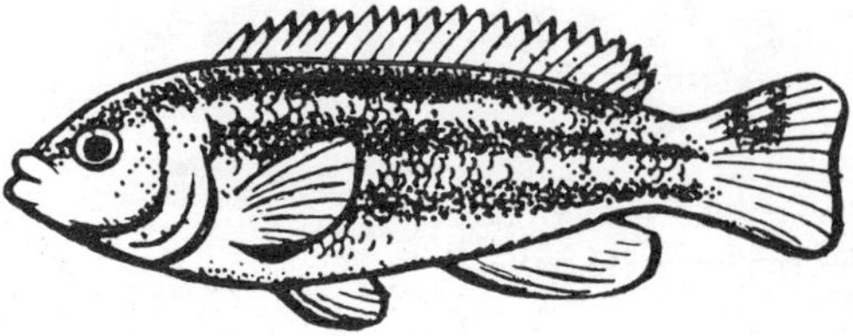

Pseudotropheus auratus (10 cm).

Cette espèce magnifique, aussi belle que nombre de poissons de mer coralliens, manifeste hélas une intolérance qui s'exerce même à l'encontre d'un poisson aussi inoffensif qu'un *Corydoras.* L'incubation est du mode bucco-pharyngien. La distinction des sexes est très malaisée, bien qu'en principe la nageoire anale des mâles soit ponctuée d'une tache jaune orangée. Les jeunes sujets sont habillés d'une magnifique robe bouton d'or striée de sombre. Des mâles exhibent parfois une tenue bleu foncé zébrée de bleu plus clair, d'autres une parure plus pâle. Certaines femelles portent une robe rayée longitudinalement jaune et noire, d'autres sont noires et blanches. Il résulte de ces variations que certains auteurs penchent pour la thèse selon laquelle cette espèce comporterait deux variétés.

PSEUDOTROPHEUS LOMBARDOI

Synonyme : Pseudotropheus lilancinius.
Nom commun français : P. lilancinius.
Nom commun anglais : P. kennyi.
Origine : Afrique, lac Malawi.
Taille : jusqu'à 13 cm.
Différences sexuelles : cf. texte.
Comportement social : généralement satisfaisant envers les autres Mbunas de sa propre taille sauf parfois avec les mâles de son espèce.
Température requise : de 23° à 28°.
Nourriture : omnivore.

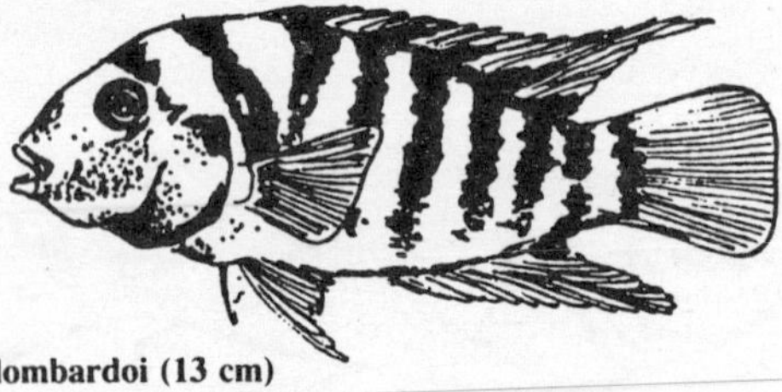

Pseudotropheus lombardoi (13 cm)

La silhouette de cette espèce est assez proche de celle de P. Zebra. Les jeunes sujets sont d'un bleu assez soutenu rayé verticalement de bandes plus foncées. Cette robe s'éclaircit avec l'âge chez les femelles; quant aux mâles ils virent généralement au jaune et portent une ou parfois deux taches rondes orangées sur la nageoire anale.

L'eau du robinet est bien acceptée à condition d'effectuer des changements partiels fréquents afin d'éliminer les excès d'acides organiques solubles et de nitrites.

Lorsque l'on possède un couple qui s'accorde, la reproduction est possible. Elle se déroule selon les rites constatés chez tous les sujets où l'incubation est du type buccopharyngien.

PSEUDOTROPHEUS ZEBRA *32

Synonyme : Tilapia zebra.
Nom commun français : Cichlidé zébré du Malawi.
Nom commun anglais : Nyassa blue Cichlid.
Origine : Afrique, lac Malawi.

Taille : généralement 10 cm, peut atteindre jusquà 16 cm.
Différences sexuelles : cf. texte ci-dessous.
Comportement social : de très douteux à franchement mauvais.
Température requise : de 24° à 28°.
Nourriture : omnivore avec prédominance d'algues.

Sept à huit raies transversales foncées sur le corps et deux sur la tête zèbrent la plupart des mâles bleu clair, tandis que d'autres sujets ne sont pas rayés. C'est dire que le polymorphisme chez cette espèce ne se manifeste pas que chez les femelles. Ces dernières revêtent soit une robe identique à celle du mâle mais en plus terne, soit une robe de type tacheté. La nageoire anale du mâle comporte toujours de petites taches jaunes semblables à des œufs. Au moment de la reproduction, qui est du type bucco-pharyngien, la femelle essaie de mordiller ces taches et la région anale pour inciter le mâle à féconder les œufs qui sont dans la bouche de la femelle. Malgré ces caresses osées, il y a comme un défaut quelque part car en fait les tentatives de reproduction se sont souvent soldées par un échec, non seulement chez des amateurs très avertis mais également dans des aquariums publics parmi les mieux équipés et les mieux dirigés.

PTEROPHYLLUM SCALARE

Synonyme : cf. texte pages 291 et 292.
Nom commun français : Scalare ou Scalaire.
Nom commun anglais : Angel fish.
Origine : bassin de l'Amazone.
Taille : 10 cm de longueur pour 14 cm de hauteur.
Différences sexuelles : cf. texte page 293.
Comportement social : très bon, plutôt timide (cf. texte p. 292).
Température requise : de 20° à 30°.
Nourriture : omnivore.

Des auteurs ont qualifié le scalare de « Louis XIV de l'aquarium ». On ne saurait mieux dire compte tenu de la majesté qui émane de son allure altière.

La systématique distingue : 1) le *Pterophyllum eimekei,* pas plus long que haut, c'est-à-dire trapu; 2) le *Pterophyllum scalare,* plus haut, d'aspect plus élancé; 3) le *Pterophyllum altum* (Long finned angelfish), très haut, suprêmement élégant, aux nageoires plus vaporeuses.

De son côté, l'aquariophile distingue : 1) le scalare blanc ordinaire qui est le plus souvent un croisement entre le *Pterophyllum eimekei* et le *Pterophyllum scalare;* 2) le scalare noir, variété d'élevage au corps plus ou moins noir; 3) le scalare fumé de nuance intermédiaire; 4) enfin, ces trois variétés présentées sous la forme dite de scalares voiles (blancs, fumés, noirs) dont les nageoires allongées et vaporeuses sont quelquefois abîmées par des mordillements de poissons d'autres origines.

Outre toutes ces variétés, les piscicultures proposent : les scalaires fantômes au corps blanc rosé; les scalaires marbrés aux très jolies striures irrégulières; les scalaires zébra magnifiquement zébrés et pointillés noirs; les scalaires bicolores dont le corps est noir dans la partie antérieure et blanc dans la moitié postérieure.

Tous les scalares aiment vivre en compagnie d'autres membres de leur espèce, dans des aquariums assez vastes et non étirés en longueur, car ils ont besoin d'une certaine hauteur. Leurs préférences vont à des eaux très claires légèrement acides (pH 6,4 à 6,8) et TH autour de 10.

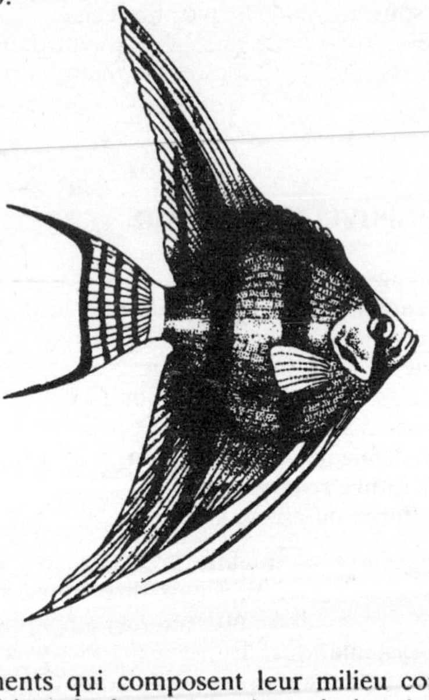

Pterophyllum Scalare

L'ensemble des éléments qui composent leur milieu compte autant que la composition de leur eau; c'est ainsi qu'on ne déplore pratiquement jamais de pertes lorsqu'on refait leur aquarium, même avec changement partiel de décor et changement total d'eau, alors que l'on enregistre des pertes si on les change de bac quand ils sont adultes.

Capables de vivre 7 ans, ils sont d'un naturel paisible et même peureux; leur sociabilité est généralement excellente : grands comme une main, ils peuvent cohabiter avec des Néons, s'ils ont grandi ensemble; mais bien entendu, si adultes, ils sont brutalement mis en présence des mêmes Néons, ceux-ci seront gobés, comme de gros vers de vase.

Hormis, en période de reproduction, la comparaison des oviductes : plus gros et dirigé vers l'arrière pour la femelle, plus petit, pointu et dirigé vers l'avant chez le mâle, il n'y a pas de critère infaillible de distinction des sexes. Certaines méthodes ont bien été proposées mais chez beaucoup de sujets malheureusement le dimorphisme n'est pas assez accentué pour rendre le choix infaillible.

Pour leur reproduction, reportez-vous au texte de présentation de la famille, en tenant compte de ce que, comme pour tous les animaux, plus un scalare est racé ou élaboré (variétés voiles, fumés, etc.) par rapport au scalaire blanc de base, plus il est délicat, et plus le TH de votre eau doit se rapprocher de l'eau très douce, le pH optimum restant fixé à 6,5.

SYMPHYSODON DISCUS
SYMPHYSODON AEQUIFASCIATA *27

Synonyme : néant.
Nom commun français : Discus.
Noms communs anglais : Discus, Pompadour fish.
Origine : bassin de l'Amazone.
Taille : 15 cm.
Différences sexuelles : non apparentes. Toutefois, certains propriétaires de Discus adultes parviennent à distinguer le mâle à leur nageoire anale plus longue et à leur haut de front plus bossu.
Comportement social : satisfaisant.
Température requise : de 26° à 32° (21° entraînent la mort).
Nourriture : omnivore, mais demande une nourriture variée.

Rare, et par conséquent coûteux, ce poisson est très proche du disque parfait, avec des striures verticales très apparentes, et des tirets bleus ou rouges ou verts suivant l'espèce considérée. En effet, on distingue *Symphysodon Discus* et *Symphysodon Aequifasciata* que certains subdivisent en *S. Aequifasciata aequifasciata* qui serait le Discus vert — *S. Aequifasciata axelrodi* lequel serait le plus commun, le Discus brun, avec une variété dite Discus rouge — enfin *S. Aequifasciata haraldi* qui serait le nom scientifique du Discus bleu, avec 2 variétés locales, les Discus royal bleu et turquoise. De toutes ces appellations il résulte une confusion d'autant plus grande que les classifications proposées jusqu'à présent ont suscité des controverses.

Ces magnifiques poissons, orgueil de leurs possesseurs, ont des exigences strictes. Les conditions minimales consistent en un grand aquarium très planté et peuplé d'espèces placides, contenant une eau de pH allant de 6 à 6,7 et de TH inférieur à 15. L'appétit est stimulé par des apports hebdomadaires d'eau neuve car ces espèces présentent une sensibilité aux nitrates. La reproduction, des plus délicates, est réalisée, dans chaque pays, par des amateurs aussi chevronnés que spécialisés. Les bases de la réussite sont toujours une eau très douce et très pure. Fait tout à fait exceptionnel, les alevins se nourrissent, après résorption de leur vésicule, sur le dos de leurs parents! En effet, la peau de ces derniers sécrète une nourriture naturelle exsudée par le mâle comme par la femelle, qui, pendant un mois, se relaient dans leur rôle de nourrice. Le spectacle alors offert compte parmi les plus curieux qui se puissent admirer dans un aquarium.

Bien entendu, un ouvrage de vulgarisation tel que celui-ci ne peut pas traiter l'ensemble des aspects d'une reproduction telle que celle du Discus. Mais c'est un chapitre entier qui est consacré à ces poissons dans « Les règles d'or de la réussite de l'aquarium » (GM 98).

Symphysodon discus (15 cm).

En cas de maladie l'un des traitements les plus efficaces consiste à monter progressivement la température jusqu'à 37° pendant 72 heures (cf. chapitre « Les Maladies », réf. P7, p. 195.)

Famille des Cobitidae

Cette famille se répartit en Europe et en Asie, avec quelques incursions en Afrique (Maroc et Ethiopie). Ses membres ont des caractéristiques assez proches de celles des *Cyprinidae* mais ils s'en distinguent par des barbillons plus nombreux, des écailles rudimentaires et, surtout, par le fait qu'ils sont tous des poissons de fond.

Certaines espèces ont la propriété de compléter leur respiration normale par des aspirations de l'air atmosphérique : il s'agit d'une sorte de respiration « intestinale » assez mystérieuse quant à son processus précis; elle permet à ces animaux de vivre dans des eaux boueuses, très pauvres en oxygène. Autre particularité curieuse, la plupart des genres possèdent une épine escamotable située sous l'œil et qui sert tant à la défense qu'au bêchage du sol.

ACANTHOPHTHALMUS KUHLI *35

Synonyme : néant.
Nom commun français : Kuhli.
Noms communs anglais : Coolie loach, Leopard eel.
Origine : Péninsule malaise et Indonésie.
Taille : 8 cm.
Différences sexuelles : non apparentes et inconnues.
Comportement social : très bon.
Température requise : de 18° à 30°.
Nourriture : omnivore.

Sous le nom de *Kuhli* l'aquariophile englobe les espèces *myersi, semicinctus, shelfordi, cuneovirgatus, rubiginosus* qui se présentent avec un corps jaune orangé et des barres noires variables quant à leur nombre et à leur forme. Il s'agit de minuscules « anguilles » naines, qui plaisent à tout ceux que l'allure serpentiforme ne rebute pas.

Ces petits animaux, avec leurs barbillons et leurs petits yeux protégés par une membrane épaisse, n'hésitent pas, pour chercher leur nourriture, à enfouir la tête dans le sable qui, en conséquence, doit être fin. Ces poissons ne supportent pas une lumière vive. L'aquariophile ne les voit couramment que s'ils adoptent pour habitat la grotte très ombragée qu'il est utile de leur aménager.

Des reproductions d'*Acanthophthalmus* sont quelquefois signalées dans des eaux de moins de 20 TH pour un pH de 6,9 et une température de 28°. La ponte qui dure 2 heures environ, s'effectue au cours d'ébats très vifs qui conduisent ces poissons de fond jusqu'en surface.

A. kuhli kuhli

A. kuhli sumatranus

A. myersi

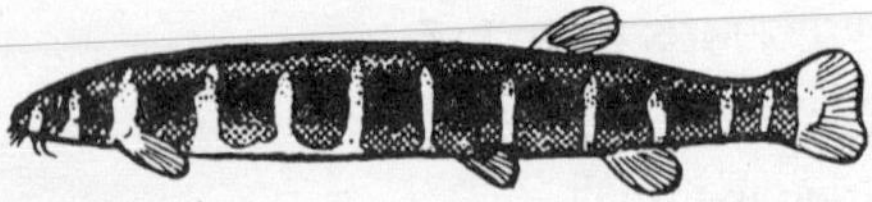

A. semicinctus

A. shelfordi

A. cuneovirgatus

A. rubiginosus
(D'après Sterba.)

BOTIA MACRACANTHA

Synonyme : Botia Macracanthus.
Noms communs français : Botia macracantha, Clown.
Noms communs anglais : Clown loach, Tiger Botia.
Origine : Indonésie, eaux dormantes et à courant faible.
Taille : jusqu'à 30 cm, mais pratiquement 15 cm en aquarium.
Différences sexuelles : non apparentes et inconnues.
Comportement social : de satisfaisant à douteux, suivant la taille.
Température requise : de 22° à 28°.
Nourriture : omnivore, dont vers, épinards, escargots

Botia macracantha (15 cm)

Bête magnifiquement racée avec ses raies d'un noir velouté sur un corps orangé-rouge, aux nageoires franchement rouges, ce *Botia* est non seulement le plus beau du genre mais un des plus splendides poissons d'aquarium. Malheureusement, comme les autres membres de la famille, il met souvent en pratique l'axiome : « pour vivre heureux vivons cachés ». Pour en jouir, il convient donc de lui prévoir une retraite ombragée, mais demeurant visble pour l'aquariophile. Ou mieux encore, il est souvent efficace d'introduire un petit groupe de 4 individus, auquel cas les Botias évoluent plus volontiers à découvert.

Bien qu'aucun auteur ne le signale, il nous est arrivé de remonter des individus (coûteux) dont l'état général inspirait des inquiétudes, grâce à des épinards cuits dont ils raffolent.

Le milieu préférentiel est une eau légèrement douce à tendance acide, bien aérée et régulièrement siphonnée.

Une reproduction a été relatée par un membre de la « Montreal Aquarium Society » comme ayant été obtenue avec des sujets d'environ 10 cm de long dans une eau de pH 6,2 et de TH 3,5 à 29° de température. Aucune confirmation n'est intervenue.

BOTIA HYMENOPHYSA

Synonyme : néant.
Nom commun français : Botia hymenophysa.
Nom commun anglais : Banded loach.

Botia hymenophysa (15 cm)

Ce poisson au corps brun clair avec des raies plus foncées est le plus connu parmi les nombreuses autres espèces de *Botia*. Ses allures volontiers clownesques le font rechercher par des amateurs de poissons originaux. Sa reproduction reste inconnue.

Parmi les plus intéressants des autres *Botia* parfois importés, citons : *Botia lohachata* dont la robe gris argent s'orne de raies et de cercles sombres, et *Botia sidtiminki,* joli petit *Botia* nain qui ne dépasse pas 6 cm. Cette dernière espèce est souvent utilisée pour détruire les escargots car bon nombre de ses membres en sont friands.

Famille des Cyprinidae

Cette famille nombreuse, riche d'environ 2 000 espèces d'eau douce, toutes ovipares, se répartit en Europe, Afrique, Asie et Amérique du Nord.

Ses signes caractéristiques sont : la présence d'écailles, l'absence de nageoire adipeuse, l'absence de dents buccales mais la présence de dents broyeuses sur les os pharyngiens.

La majorité de ces poissons portent des barbillons, d'ailleurs à l'origine du nom de *Barbus,* donné à l'un des genres principaux de la famille.

Parmi ceux-ci, conseillé au débutant au même titre que le *Danio rerio* (appartenant à un autre genre de la même famille), le plus facile à élever est le *Barbus conchonius,* dont voici le mode de reproduction.

Les reproducteurs doivent se choisir de préférence âgés de 8 à 12 mois (les détaillants les vendent à environ 3 mois). Pour les amener à pondre, bien qu'ils soient omnivores, on leur offrira pendant quelques décades, plusieurs repas de nourriture vivante chaque semaine.

Le moment venu, la femelle, ayant un ventre rebondi de bon aloi, même à jeun, est placée dans un bac d'une façade minimum de 50 cm, empli d'eau du robinet vieillie pendant quelques jours. L'agencement du bac comporte, outre le chauffage, un quelconque filtre sous gravier, du sable et un substrat de ponte naturel (comme du myrio, de l'ambullia, du cabomba, et de la mousse de Java) ou artificiel, tel un écheveau de nylon par exemple. Une bonne partie du bac doit rester libre de toute végétation.

Une dizaine de jours après l'installation de la femelle, le mâle est introduit à son tour et la température de l'eau est portée à 27°. Si l'aquarium reçoit les premiers rayons solaires, la ponte aura souvent lieu le lendemain matin.

Pour faire sa cour, le mâle revêt une livrée beaucoup plus brillante que sa tenue habituelle. Le sommet du dos reste vert, mais toute la partie argentée devient foncée au point de presque virer au rouge. Les nageoires prennent la même couleur, soulignée d'une bordure noire dans la dorsale et l'anale.

Il n'y a pas de tentative de séduction, du style œil de velours et nageoire câline, mais des arabesques suivies de poursuites ardentes et mouvementées... jusqu'au moment où nos deux compères se suivent dans les plantes. Lors des ébats, diverses attitudes sont observées : tamponnement des flancs de la femelle par le mâle, essais d'enlacement du partenaire à l'aide du corps et des nageoires arquées.

La ponte a lieu, lors de pressions flanc à flanc, par grappes d'une dizaine d'œufs semi-adhésifs, aussitôt fécondés. Il arrive parfois, lors des jeux assez vifs, que le couple bondisse jusqu'en surface, ou au contraire pique une tête dans le sable, mais la vie des partenaires n'est pas en danger. Au bout de deux heures, 100 à 400 œufs ont été pondus, la fête se termine : les parents, alors remis de leurs émotions, doivent être enlevés de toute urgence, avant qu'ils ne mangent leurs œufs.

Dans un délai de 30 à 40 heures, l'éclosion a lieu et les alevins s'accrochent aux plantes et aux glaces de l'aquarium. Une journée plus tard, la vésicule vitelline résorbée, ils consommeront des infusoires, puis, quand ils auront 4 à 5 jours, des artémias. Pour ce poisson robuste, ils pourront être vite remplacés par les autres nourritures usuelles.

Répartition géographique des Cyprinidae

BARBUS CONCHONIUS ***43**

Synonyme : Puntius conchonius,
Noms communs français : Conchonius, Barbus rosé.
Nom commun anglais : Rosy Barb
Origine : Indes, eaux courantes ou stagnantes.
Taille : 7 cm en aquarium pour 14 cm dans la nature.
Différences sexuelles : nageoire dorsale bordée de noir chez le mâle.
Comportement social : satisfaisant. Aime vivre en groupe.
Température requise : de 17° à 28°.
Nourriture : omnivore.

Ce poisson aux grandes écailles gris clair chez la femelle, et rosées chez le mâle, est le premier représentant du groupe des *Barbus* indiens et malais, que certains auteurs désignent sous le nom de genre *Puntius*.

Comme le montre l'exceptionnelle marge de tolérance en température, il s'agit d'une espèce extrêmement solide. Elle s'adapte à toute nature d'eau et convient aussi bien à l'aquarium tempéré qu'au bac chauffé. Comme tous les *Barbus* enclins à devenir assez gros, le *conchonius* est très remuant et gourmand, en nourriture comme en oxygène. De ce fait c'est un poisson assez salissant qui aime disposer à la fois d'espaces plantés et d'étendues d'eau libre, où il puisse nager à son aise. Il existe une variété aux nageoires développées en voiles.

Cf. le texte de présentation de la famille pour sa reproduction.

Sans parler du beau *Barbus odessa* deux autres espèces sont assez proches d'aspect :

BARBUS CUMINGI

Nom commun anglais : Cuming's Barb

Originaire de Ceylan, cette espèce, dont la dorsale est rosée et noire chez le mâle, se montre moins rustique que le *conchonius*.

BARBUS TICTO

Nom commun anglais : Tic tac toe Barb.

Originaire de Ceylan, cette espèce, dont la dorsale est rouge et noire chez le mâle, est également moins rustique que le *conchonius*.

Barbus everetti (13 cm).

BARBUS EVERETTI

Synonyme : Barbodes everetti.
Nom commun français : Barbus everetti.
Nom commun anglais : Clown Barb.
Origine : Bornéo, Malaisie.
Taille : 13 cm.
Différences sexuelles : peu apparentes, mâle légèrement plus coloré.
Comportement social : satisfaisant avec des sujets dépassant la moitié de sa propre taille.
Température requise : de 22° à 28°
Nourriture : omnivore.

Avec son corps rose, aux marques bleu foncé à reflets mauves, et nageoires rouges, ce poisson est un des plus beaux *Barbus*.

Cette espèce constituerait donc l'une des plus populaires, si ce n'était sa taille, trop grande pour la majorité des aquariums. En outre, ces gros *Barbus* ne dédaignent pas d'améliorer leur menu avec quelques plantes.

L'eau préférentielle est neutre à légèrement acide. La reproduction, délicate, demande un grand bac qui reçoive les premiers rayons solaires. Les reproducteurs ne doivent être réunis qu'après une séparation de deux à trois semaines, pendant lesquelles il convient de les nourrir très bien.

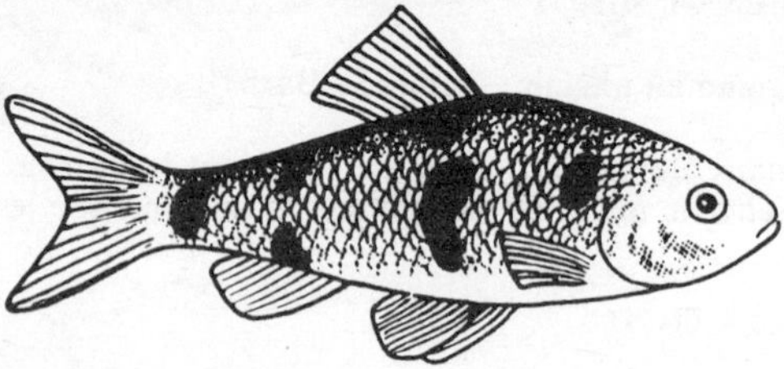

Barbus everetti (13 cm)

BARBUS HEXAZONA

Synonymes : Barbodes hexazona et Barbus pentazona hexazona.
Nom commun français : Sumatra.
Nom commun anglais : Tiger Barb
Origine : Malaisie et Sumatra.
Taille : 5,5 cm.
Différences sexuelles : mâle plus coloré, spécialement les nageoires.
Comportement social : satisfaisant. Aime vivre en groupe.
Température requise : de 23° à 28°.
Nourriture : omnivore.

Ce poisson fait partie de ces *Barbus* que les amateurs désignent en langue française sous le nom de *Barbus de Sumatra,* et en langue anglaise sous le nom de *Tiger Barb.*

La systématique à leur sujet est très embrouillée et la reproduction difficile à provoquer (cf. texte et tableau qui accompagnent les autres Barbus, dits de Sumatra : *Barbus partipentazona, Barbus tetrazona, Barbus pentazona).*

BARBUS LATERISTRIGA

Synonymes : Puntius lateristriga, Barbodes lateristriga.
Nom commun français : Barbus lateristriga.
Nom commun anglais : Spanner Barb.
Origine : Malaisie, Indonésie, Thaïlande.
Taille : 13 cm en aquarium, pour 20 cm en liberté.
Différences sexuelles : peu apparentes; mâle légèrement plus coloré et abdomen plus rebondi chez la femelle.
Comportement social : bon avec tout poisson atteignant la moitié de sa propre taille.
Température requise : de 22° à 28°.
Nourriture : omnivore.

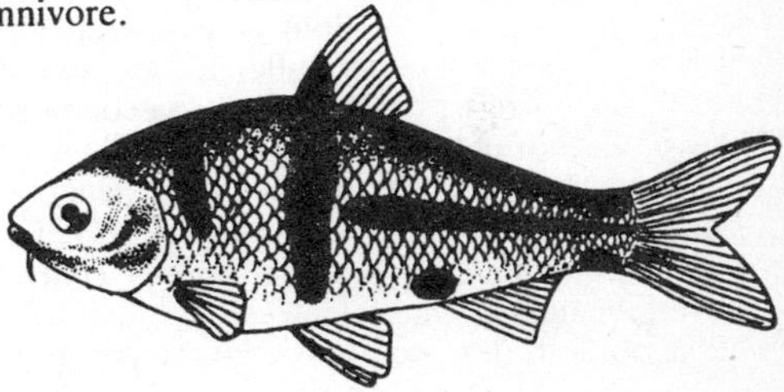

Barbus lateristriga (13 cm)

Le corps de ce sujet est jaune à reflets vert olive, avec les marques brunes à gris-noir, et les nageoires légèrement rosées.

Bien qu'il préfère une eau relativement douce au pH légèrement acide, ce poisson robuste s'accommode très bien de toutes les eaux.

Sa reproduction difficile reste rarement tentée car, paisible pour un *Barbus*, il est trop grand pour la majorité des aquariums.

BARBUS NIGROFASCIATUS ***36**

Synonyme : Puntius nigrofasciatus.
Nom commun français : Barbus nigro.
Nom commun anglais : Black ruby Barb.
Origine : Ceylan.
Taille : jusqu'à 6 cm.

Différences sexuelles : le mâle incomparablement plus coloré a, sitôt sexué, la dorsale noire.
Comportement social : satisfaisant. Aime vivre en groupe.
Température requise : de 22° à 28°.
Nourriture : omnivore.

Encore une espèce où la beauté est l'apanage du sexe fort. Brun foncé presque noir avec la tête écarlate, le mâle adulte est une splendeur, dès qu'une excitation lui fait prendre ses habits du dimanche. Lorsqu'il reste calme, ses raies noires le font ressembler, ainsi que sa femelle, à un Sumatra au corps moins rosé et aux bandes moins nettement délimitées.

Il s'agit d'un poisson vif, dont le tempérament correspond à celui des autres *Barbus* de sa taille. Il aime une eau claire bien filtrée et il se montre très tolérant pour sa composition, tant qu'il s'agit de sa vie normale. Pour sa reproduction, l'eau devra être relativement ancienne, de pH neutre à légèrement acide, et d'une dureté raisonnable, inférieure à 20 TH. Le processus est conforme à celui indiqué pour le *Barbus conchonius,* mais la réussite est beaucoup plus aléatoire à cause de la ponte, plus difficile à obtenir, les conjoints n'étant pas toujours prêts au même moment. Si la ponte peut être obtenue, l'élevage des jeunes ne présente pas de difficultés.

BARBUS OLIGOLEPIS *37

Synonymes : Puntius oligolepis, Capoeta oligolepis.
Nom commun français : Barbus oligolepis.
Nom commun anglais : Checker Barb.
Origine : Sumatra.
Taille : 4 cm.
Différences sexuelles : nageoire dorsale rouge, bordée de noir, chez le mâle.
Comportement social : très bon. Aime vivre en groupe.
Température requise : de 20° à 28°.

Par les différences de reflets des larges écailles, le corps forme un peu une mosaïque en damier tandis que les nageoires orangées, liserées de noir, donnent à ce petit poisson un cachet très personnel. Il s'agit d'une espèce de taille modeste, vive sans être brouillonne, très recommandable pour un bac d'ensemble peuplé de petites races.

Ce poisson, originaire de ruisseaux à courant rapide, aime un bac bien filtré et bien aéré.

Sa reproduction, possible pour un amateur expérimenté, s'effectue dans les conditions fixées pour la famille, avec les correctifs suivants : eau neutre à légèrement acide, d'un TH inférieur à 20. Le délai d'incubation est d'environ 60 heures toujours à 27°. Les alevins commencent à s'alimenter deux à trois jours après leur naissance et la réussite tient en grande partie aux conditions offertes pour leur première semaine d'existence, les nouveau-nés étant très petits. Nous recommandons en conséquence les infusoires variés fournis par le riz paddy. A une semaine d'âge, les alevins absorbent les nauplies d'artémias.

BARBUS PARTIPENTAZONA
ET BARBUS TETRAZONA PARTIPENTAZONA

Synonymes : Puntius partipentazona, Capoeta partipentazona.
Nom commun français : Barbus de Sumatra.
Noms communs anglais : Banded Barb, Tiger Barb.
Origine : Malaisie et Thaïlande.
Taille : 7 cm.

Cettc espèce, très proche de la suivante, s'en distingue essentiellement par la 2e raie noire incomplète comme le montre le tableau reproduit ci-après.

BARBUS TETRAZONA
ET BARBUS TETRAZONA TETRAZONA *38

Synonymes : Puntius tetrazona, Capoeta tetrazona.
Nom commun français : Barbus de Sumatra.
Noms communs anglais : Tiger Barb, Sumatra Barb.
Origine : Sumatra, Bornéo.
Taille : 7 cm.
Différences sexuelles : peu apparentes, si ce n'est l'abdomen rebondi chez la femelle et la coloration, en principe plus vive chez le mâle.
Comportement social : douteux.
Température requise : de 22° à 30°.
Nourriture : omnivore.

Splendide et très populaire poisson au corps rose barré de noir et aux nageoires rouges, il s'agit de celui le plus couramment vendu sous le nom de Sumatra.

Il représente le *Barbus* type : gourmand et remuant, un groupe de cette espèce excelle à donner à un aquarium une animation, qui n'est pas toujours prisée des petites espèces calmes. Le Sumatra est rarement méchant mais souvent taquin, capable de mordiller les nageoires de ses compagnons de bac. Quand il veut bien rester immobile, il affectionne souvent la position en biais, nez vers le bas. A la condition de disposer d'une chaleur de 25°, il se montre très accommodant sur la nature de l'eau.

Sa reproduction, ou celle d'une variété hybride, usuelle chez les éleveurs professionnels, est délicate pour le particulier. Elle demande un amateur expérimenté, pour être tentée sur les bases fixées pour le *Barbus conchonius* avec les correctifs suivants : l'eau doit avoir un pH de 6,8 et être assez douce soit un TH d'environ 10 pour une température de 27° à 28°. La ponte a lieu dans les plantes ou dans un « mop ». Les alevins très petits éclosent en 24 heures. Les infusoires constituent la première nourriture.

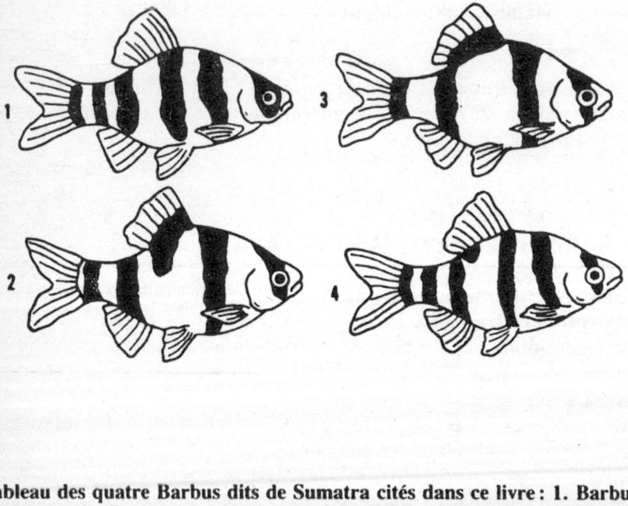

Tableau des quatre Barbus dits de Sumatra cités dans ce livre : 1. Barbus hexazona; 2. Barbus partipentazona; 3. Barbus tetrazona; 4. Barbus pentazona. (D'après Klausewitz).

BARBUS PENTAZONA
ET BARBUS PENTAZONA PENTAZONA

Synonymes : Puntius pentazona, Barbodes pentazona.
Nom commun français : Barbus de Sumatra.
Nom commun anglais : (Five) Banded Barb.
Origine : Malaisie, Bornéo.
Taille : 5 cm.

Cette espèce se distingue de la précédente par la présence de 5 bandes comme le montre le tableau de la page 306.

Dans ces *Barbus* dits de Sumatra (alors que le véritable *Barbus sumatranus* est une espèce pratiquement inconnue des aquariophiles parce qu'elle n'est pour ainsi dire jamais importée), la confusion est extrême.

D'abord parce qu'il paraît à peu près certain que des hybridations ont été réalisées et que la plupart des poissons commercialisés en descendent.

Ensuite parce que la systématique (par le désir de précision de certains ichtyologistes et par le désaccord existant entre d'autres) est devenue d'une complexité inextricable, dont les amateurs deviennent les premières victimes. Nous sommes en présence (en admettant que les scientifiques soient d'accord sur l'espèce dont ils parlent, ce qui n'est pas toujours le cas) de cinq termes synonymes, trop usités pour qu'il soit possible d'en faire abstraction. Dans ces conditions, la seule solution pour le malheureux amateur devant identifier une espèce consiste à se référer au tableau ci-contre.

BARBUS SCHUBERTI ***39**

Synonymes : Puntius sachsi, Capoeta schuberti.
Nom commun français : Barbus schuberti.
Nom commun anglais : Golden Barb.
Origine : Malaisie.
Taille : 6 cm.
Différences sexuelles : peu apparentes, partie noire de la dorsale et coloration générale en principe plus accentuées chez le mâle.
Comportement social : satisfaisant.
Température requise : de 22° à 26°.
Nourriture : omnivore.

Sauf les marques noires, la coloration de ce poisson est jaune d'or foncée, teinte unique dans la gent aquatique. Il s'agit d'un *Barbus* type, robuste, remuant et glouton, au point qu'un embonpoint certain gâte souvent l'esthétique des sujets âgés.

Sa reproduction est à la portée de l'amateur expérimenté, sur les bases données pour *Barbus conchonius.* Toutefois, il convient d'apporter les précisions suivantes : l'eau doit être neutre à légèrement acide, d'un TH inférieur à 20 et un peu vieillie. L'éclosion a lieu en 24 heures à 27°. Les alevins sont moins robustes que ceux du *conchonius.*

BARBUS SEMIFASCIOLATUS

Synonymes : Puntius semifasciolatus, Capoeta semifasciolatus.
Nom commun français : néant.
Nom commun anglais : Half striped Barb.
Origine : sud de la Chine.
Taille : 7 cm.
Différences sexuelles : peu apparentes, mâle légèrement plus coloré, et ventre plus rebondi chez la femelle.
Comportement social : satisfaisant.
Température requise : de 18° à 25°.
Nourriture : omnivore.

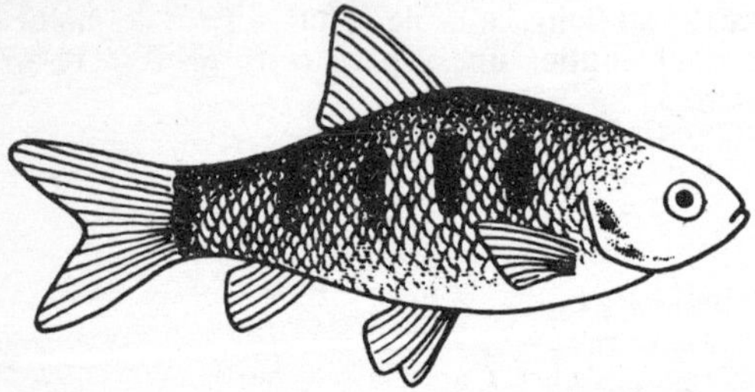

Barbus semifasciolatus (7 cm)

Hormis les marques noires, la teinte assez indéfinissable de ce *Barbus* va du brun au jaune-vert, s'éclaircissant à l'approche de l'abdomen presque blanc. Les nageoires, elles-mêmes légèrement colorées, rehaussent l'ensemble.

La reproduction dans l'eau citée pour le *Barbus schuberti* ou le *Barbus oligolepis* ne présente pas de difficultés particulières, si l'on dispose d'un grand bac.

Ce poisson extrêmement rustique, dont la taille un peu grande constitue le seul défaut, est un mal-aimé. Il ne déplaît pas, mais il lui manque le petit quelque chose qui pousse au désir de l'acquérir.

BARBUS TITTEYA *40

Synonymes : Puntius titteya, Capoeta titteya.
Nom commun français : Barbus titteya.
Nom commun anglais : Cherry Barb.
Origine : Ceylan.
Taille : 4 à 5 cm.
Différences sexuelles : peu apparentes chez les jeunes sujets, alors que chez les adultes, le mâle est très coloré.
Comportement social : très bon. Aime vivre en groupe.
Température requise : de 22° à 28°.
Nourriture : omnivore.

Il existe chez cette espèce plusieurs variétés, malheureusement impossibles à différencier lorsqu'elles sont jeunes. Dans la variété la plus belle, la livrée du mâle, surtout sous l'éclairage fluorescent préconisé en première partie, est magnifique : rouge bordeaux, éclatant à la moindre excitation. Celle-ci marque souvent la jalousie que les mâles se témoignent, sans méchanceté d'ailleurs.

Très recommandable pour un aquarium bien planté, avec des parties ombragées, peuplé de petits sujets, ce petit *Barbus* préfère pour sa reproduction une eau neutre à légèrement acide, en dureté modérée, inférieure à 20 TH. Cette reproduction est possible pour l'amateur expérimenté. Les jeux amoureux sont assez violents, avec des sauts fréquents qui nécessitent de bien couvrir l'aquarium. Ce dernier devra, par ailleurs, être encore plus densément planté qu'à l'accoutumée, tant les parents se montrent friands de leurs œufs. Le délai d'éclosion se situe autour d'une trentaine d'heures à 27°, et le délai de résorption de la vésicule vitelline est à peu près équivalent. Les petits infusoires variés du riz paddy sont très souhaitables pour les alevins, minuscules.

BRACHYDANIO RERIO

Synonyme : néant.
Nom commun français : Danio rerio.
Nom commun anglais : Zebra fish.
Origine : Indes.
Taille : 4 cm.
Différences sexuelles : peu apparentes, abdomen plus rebondi chez la femelle.
Comportement social : très bon. Aime vivre en groupe.
Température requise : de 18° à 28°.
Nourriture : omnivore.

Brachydanio rerio (4 cm)

Ce charmant petit poisson, dont les raies bleu cobalt alternent avec les lignes blanches qui prennent parfois des reflets or, se trouve affublé de tous les surnoms : depuis pyjama jusqu'à bagnard. Cela n'affecte pas le moins du monde l'humeur enjouée de ce poisson de surface, très robuste et toujours en mouvement mais dont la durée de vie atteint à peine 3 ans.

On considère sa reproduction, dans l'eau du robinet, comme l'une des plus faciles parmi les ovipares. Elle a souvent donné ses premières joies au débutant décidé « à se frotter » aux poissons pondeurs d'œufs ! La méthode décrite pour les *Barbus* ne peut pas être strictement utilisée parce que les œufs, non adhésifs, ne sont pas retenus par les plantes. Ils s'éparpillent au hasard, lors de la ponte qui a lieu en pleine eau, et ils doivent être protégés du goût très vif que les parents leur portent. Cet état de choses incite à recourir à l'astuce des billes. Pour cette reproduction, il suffit d'utiliser un bac de 50 cm, dont le fond est garni d'un lit de billes de verre ou d'argile ainsi que cela avait déjà été réalisé avec le *gracilis*.

Il est facultatif de mettre dans un angle du bac un petit filtre sous sable. Quant à l'eau, la meilleure formule consiste à mélanger 50 % d'eau du bac dans lequel vivaient les reproducteurs à

50 % d'eau neuve. Le tout chauffé à 26° et sur une hauteur limitée à 12 cm, car il importe que les œufs descendent vite dans l'abri constitué par les interstices qui existent entre les billes.

Lorsque vous constatez que le ventre d'une femelle reste aussi gonflé à jeun qu'après un bon repas, aucun doute n'est plus permis surtout si, en plus, elle a tendance à poursuivre les mâles. Vous l'installez dans le bac de ponte et le lendemain vous lui adjoignez un ou même deux mâles (afin que le nombre d'œufs non fécondés soit le plus réduit possible).

Pressée d'être délivrée de sa masse d'œufs qui l'oppresse, c'est elle qui reprend ses invites pressantes auprès des géniteurs, lesquels ne comprennent pas toujours immédiatement ce que l'on attend d'eux. Quand ils réalisent la situation, les poursuivis deviennent poursuivants, et lors des pressions flancs contre flancs, la femelle pond ses œufs par chapelets.

Sitôt le ventre de la femelle dégonflé et quand les partenaires ne manifestent plus aucun intérêt l'un pour l'autre, il convient de les enlever. Les œufs éclosent dans un délai de 30 à 48 heures. Les alevins qui se présentent sous la forme de minuscules virgules de 3 mm, collées par la tête sur une glace, éclosent au bout d'une trentaine d'heures et s'alimentent d'infusoires à leur deuxième ou troisième jour. La croissance est extrêmement rapide.

Trois autres espèces de Danios sont également appréciées pour leurs qualités de robustesse et de vivacité.

BRACHYDANIO ALBOLINEATUS

Synonyme : néant.
Nom commun français : Danio albo.
Nom commun anglais : Pearl danio.

Brachydanio albolineatus (5 cm)

Originaire de Birmanie, légèrement plus grand que son cousin le *rerio,* il est de tonalité mauve et aussi accommodant en tout, sauf pour sa reproduction, un peu plus délicate.

BRACHYDANIO FRANKEI

Synonyme : néant.
Nom commun français : Danio truite.
Nom commun anglais : Leopard Danio.

Brachydanio frankei (4 cm)

Native du sud de l'Asie, cette espèce ne dépasse pas 4 cm. Le corps bleu argenté est constellé de mouchetures dont le pointillé justifie les noms communs. La reproduction, parfois capricieuse, s'effectue selon les processus indiqués pour *Brachydanio rerio.*

BRACHYDANIO NIGROFASCIATUS

Synonyme : néant.
Nom commun français : Danio analipunctatus.
Nom commun anglais : Spotted Danio.

Brachydanio nigrofasciatus (4 cm)

Egalement originaire de Birmanie, cette espèce de la taille du *rerio* a sa robe coupée par une ligne bleu foncé, au-dessous de laquelle existent des points de même couleur. La reproduction, comme celle de l'*albo,* est un peu plus délicate : nous conseillons une eau un peu vieille et l'exposition du bac au soleil matinal.

Il est intéressant de noter que l'amateur peut réussir à croiser les trois espèces et obtenir ainsi des hybrides que le commerce n'offre jamais, car les produits obtenus restent stériles.

CARASSIUS AURATUS *41

Synonyme : néant.
Nom commun français : Poisson rouge.
Nom commun anglais : Goldfish.
Origine : Asie tempérée, et répandu ensuite en toutes régions tempérées du monde.
Taille : de 10 cm à 30 cm suivant le confort qui lui est offert.
Différences sexuelles : peu apparentes, excepté l'abdomen plus rebondi chez la femelle.
Comportement social : satisfaisant.
Température requise : de 5° à 25° (optimum vers 15°).
Nourriture : omnivore.

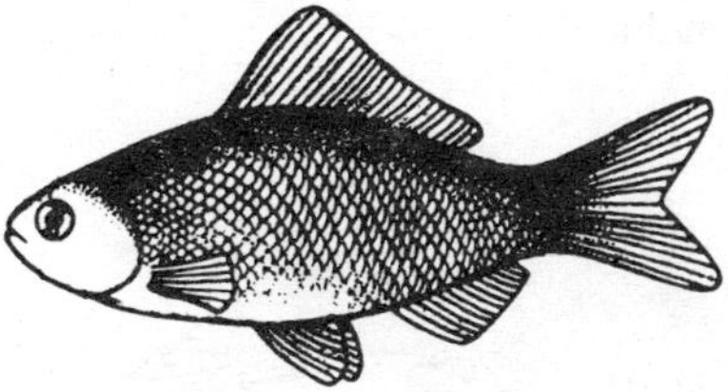

Carassius auratus (10 cm)

Objet de notre premier rêve piscicole d'enfant, le poisson rouge a une histoire qui se confond avec celle de l'aquariophilie, comme nous l'avons vu dans l'introduction de ce livre. De nos jours, et depuis quelques décades, le poisson rouge ressort d'une véritable industrie : d'une part, il s'agit d'une production de masse, ayant pour centre l'Italie du Nord en Europe; d'autre part, on produit en Asie des sélections toujours plus poussées pour les *variétés* évoluées, en particulier au Japon.

Nous avons dit variétés et non espèces. Car le poisson rouge le plus commun, comme le plus évolué des « Japonais », descend d'un seul ancêtre du genre « *Carassius* » et de l'espèce « *auratus* ». En effet, les plus étranges spécimens de « Japonais » ne constituent pas, scientifiquement parlant, des espèces différentes. Il s'agit de variétés, fruits de sélections effectuées durant des siècles, avec une patience dont seuls les Asiatiques paraissent capables.

Les variétés de *Carassius auratus* les plus connues sont :

1. Le poisson rouge courant. Il est produit économiquement, surtout aux environs de Bologne, là où l'on cultive le chanvre. Les nombreux bassins aménagés pour la macération de ce dernier (le rouissage, qui ne demande qu'un mois) sont utilisés le reste de l'année pour l'élevage des poissons qui naissent bronzés comme des carpillons. Après quelques semaines, plus ou moins vite selon la chaleur de l'eau, la pigmentation rouge apparaît. Elle n'est donc pas le résultat de manipulations chimiques, comme une légende le prétend. Les sujets obtenus sont rouges, ou rouge et bronze, ou rouge et noir; parfois le jaune représente la nuance de base au lieu du rouge.

2. Le poisson rouge variété « *shubukin* », dite encore « comète ». C'est un poisson rouge « de luxe », aux nageoires plus longues — surtout la dorsale et la caudale. La coloration variée comporte souvent du blanc.

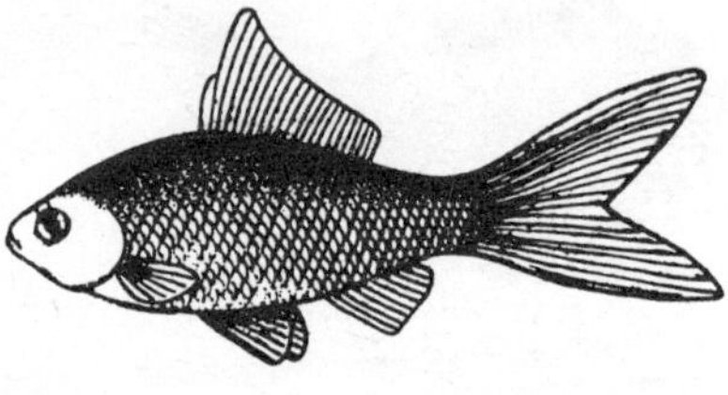

Carassius auratus, variété « shubukin »

3. Les variétés à queue comportant trois lobes, et dénommées « queues de voile ». Celle jugée la plus esthétique a fait l'objet d'une véritable codification des dimensions et proportions (des nageoires entre elles et par rapport au corps), pour aboutir au sujet représenté dans le schéma ci-contre.

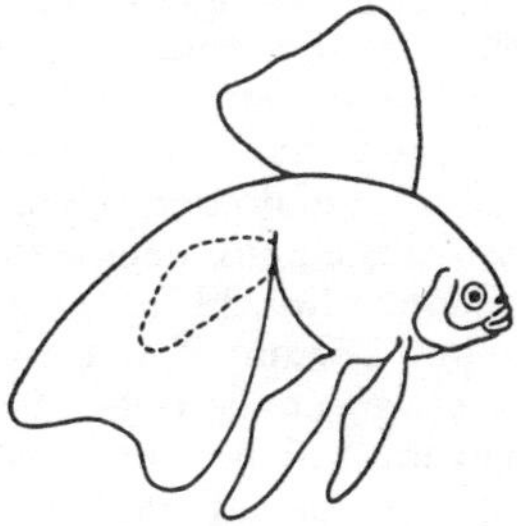

« Queue de voile »

4. Les autres variétés « monstrueuses » issues du queue de voile (exclusivement par sélection, répétons-le, tant les légendes sont tenaces malgré leur invraisemblance : une mutilation ne saurait se transmettre par hérédité). La première « sous-variété », si l'on peut dire, se caractérise par la disparition, obtenue dès le début du XVIIIe siècle, de la nageoire dorsale. Tandis que le XIXe siècle voyait apparaître les variétés aux écailles perlées, « pearl scaled », celles à la tête ornée de protubérances dites « têtes de lion », « lion head », celles aux yeux bulbeux dites « télescope », « bubble eye », pour aboutir au XXe siècle aux « yeux au ciel », « celestial goldfish ».

Carassius auratus, variété « télescope »

Le poisson rouge ne doit qu'à sa grande robustesse de pouvoir vivre confiné en un espace réduit, car en fait c'est un poisson de bassin; là seulement, il mène une existence normale et se reproduit. Il est toutefois parfaitement possible de le maintenir en bonne santé dans un aquarium, et même de le conserver longtemps en vie dans une boule. Surtout si cette dernière comporte un filtre et que vous observez les précautions suivantes : 1) achetez la boule la plus grande possible et n'y mettez que deux ou trois sujets; 2) variez un peu la nourriture, qui doit être immédiatement consommée, et fournissez de temps à autre une plante du type cresson, comme apport alimentaire rafraîchissant. Laissez les poissons jeûner une fois par semaine. Lorsque l'eau est souillée et demande à être changée, prélevez-en la veille de son renouvellement, dans un récipient n'ayant contenu aucun produit dangereux. Cette précaution permet de remettre le poisson dans une eau déjà partiellement « déchlorée », et se trouvant, en tout cas, à même température que celle dans laquelle il vivait. Enfin, évitez l'excès de chaleur et, par conséquent, la proximité immédiate d'un radiateur.

Dans un aquarium cubique normal, permettant la présence d'un certain équipement, les changements d'eau seront considérablement espacés.

Les variétés japonaises de valeur doivent vivre dans un grand aquarium, normalement équipé comme pour les espèces exotiques, à quelques différences près : le bac ne sera peuplé qu'à raison d'un poisson pour 10 à 20 litres d'eau suivant la taille des sujets; pour compenser les « fouilles » auxquelles ces poissons aiment se livrer, il sera très bien filtré, alimenté par une pompe puissante; le sol sera constitué d'un mélange à 50 % de sable et quartzite. Une plantation par massifs, laissant de vastes parties d'eau libre, sera réalisée à l'aide des plantes choisies parmi celles assez dures pour ne pas être consommées, et assez rustiques pour vivre à moins de 20°. Le bac sera bien entendu non chauffé. On l'emplira d'une eau modérément calcaire; celle du robinet, par conséquent, convient pour la presque totalité des cas. Pour éviter une concentration de sels minéraux, due à une trop grande évaporation — bien que leur conformation interdise aux « Japonais » de sauter — le bac sera couvert, de même qu'il sera normalement éclairé, pour obtenir un comportement satisfaisant de la plantation.

DANIO MALABARICUS

Synonyme : néant.
Nom commun français : Danio malabar.
Nom commun anglais : Giant Danio.
Origine : côte ouest de l'Inde et Ceylan.
Taille : 12 cm.
Différences sexuelles : peu apparentes, abdomen plus rebondi chez la femelle.
Comportement social : bon avec tout poisson dont la taille n'est pas trop inférieure à la sienne.
Température requise : de 20° à 28°.
Nourriture : omnivore.

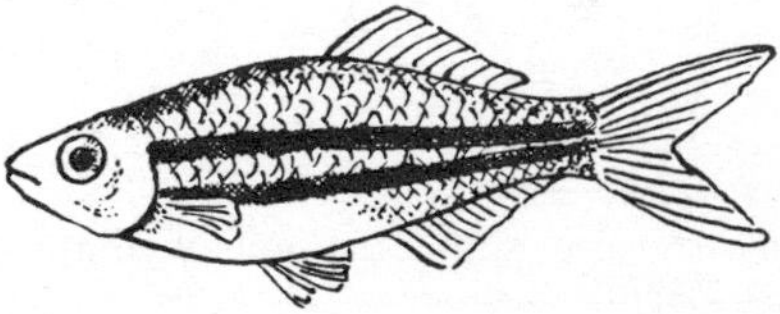

Danio malabaricus (12 cm)

Cette espèce possède une livrée modeste; toutes les parties foncées du dessin apparaissent au naturel d'un gris soutenu à reflets bleus, tandis que les lignes horizontales sont blanchâtres à reflets or.

Ce poisson a les qualités de robustesse et de vivacité propres aux Danios. Peu prisé des aquariophiles, à cause de sa grande taille, il est cependant intéressant pour l'amateur possesseur d'un grand bac tempéré. La reproduction a lieu facilement dans les conditions indiquées pour *Brachydanio rerio,* mais elle demande un bac de grande dimension.

LABEO BICOLOR

Synonyme : néant.
Nom commun français : Labeo.
Nom commun anglais : Red tailed shark.
Origine : Thaïlande.

Taille : 8 à 15 cm suivant la taille de l'aquarium. Plus de 30 cm dans la nature.
Différences sexuelles : non apparentes et inconnues.
Comportement social : satisfaisant (cf. texte ci-dessous).
Température requise : de 22° à 28°.
Nourriture : omnivore, y compris les algues.

Labeo bicolor

Avec sa queue rouge et son corps noir, y compris les nageoires, ce poisson est magnifique.

Il règne souvent une certaine animosité entre les *Labeo,* il est donc aussi bien de ne mettre qu'un sujet dans les bacs inférieurs à 80 cm, d'autant plus qu'on ne sait pas distinguer les sexes. Vis-à-vis des autres espèces, ce poisson se livre souvent à des poursuites, mais ne les attaque pas réellement. Il s'agit donc d'un poisson qui a rarement une conduite exemplaire, mais qui peut quand même être considéré comme de bonne sociabilité, y compris avec des compagnons de très petite taille.

Sitôt qu'elle atteint 4 cm, l'espèce est extrêmement robuste en tout milieu, mais elle préfère une eau légèrement acide, pour un TH modéré, d'environ 10.

Ce poisson ne fait généralement pas de véritables repas : il passe sa vie à grignoter, notamment sur les feuilles des plantes qu'il n'abîme pas. Au contraire, ses passages débarrassent les feuilles des impuretés : aussi sans être réellement un mangeur d'algues, il remplit un rôle de nettoyeur utile dans un bac.

En Thaïlande, on l'élève en semi-liberté à l'extérieur. Mais en aquarium, sauf le cas d'expérience réussie après stimulation hormonale par injection intradermique, la reproduction demeure très problématique !

Il existe d'autres variétés, quelquefois commercialisées, du genre « *Labeo* », notamment *L. erythrurus* et *L. frenatus.* Leur livrée est plus discrète, leur corps étant de couleur bronze.

RASBORA DORSIOCELLATA

Synonyme : néant.
Nom commun français : Rasbora dorsiocellata.
Nom commun anglais : Eyespot Rasbora.
Origine : Malaisie, Sumatra.
Taille : 5 cm.
Différences sexuelles : peu apparentes, abdomen plus rebondi chez la femelle adulte.
Comportement social : très bon. Aime vivre en groupe.
Température requise : de 23° à 29°.
Nourriture : omnivore.

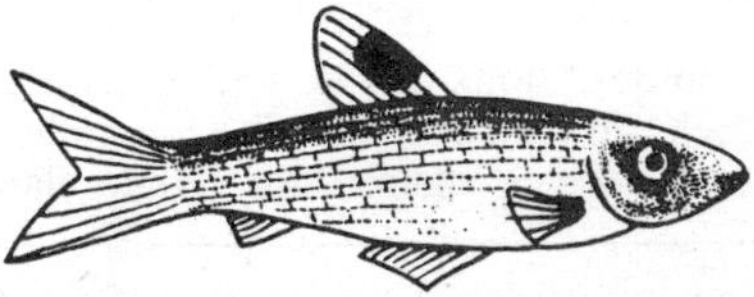

Rasbora dorsiocellata (5 cm)

Ce charmant petit poisson plaît, avec sa livrée simple mais gracieuse. La tache visible sur la dorsale est noire et l'œil bleu, sur un corps aux écailles argentées.

Cette espèce appartient au genre *Rasbora* dont tous les représentants habitent une zone géographique limitée à l'Asie du Sud-Est, y compris l'Indonésie. On trouve des *Rasbora* en groupes nombreux dans les eaux calmes, ombragées, au fond composé d'une importante couche d'humus, résultat du pourrissement de quantités énormes de débris végétaux de la jungle. Ces matières donnent à l'eau déjà très douce (moins de 5 TH) un pH aussi acide que 6 et même 5,5, niveau le plus bas connu en aquariophilie.

La grande résistance de ces poissons permet aux sujets acclimatés, qui vous sont vendus, de vivre dans de bonnes conditions, dans des aquariums au pH allant jusqu'à la neutralité et au TH pouvant atteindre un maximum de 25. Il suffit que les autres conditions écologiques soient réunies, c'est-à-dire que ces espèces vivent en groupe minimum de 4 à 5 dans un bac peuplé de petites espèces et comportant des parties ombreuses par plantation très dense. Quant à la reproduction en captivité, on ne possède une certaine expérience des espèces à milieu aussi acide que pour le *Rasbora heteromorpha*.

RASBORA HETEROMORPHA *42

Synonyme : néant.
Nom commun français : Rasbora.
Nom commun anglais : Harlequin fish.
Origine : Malaisie, Sumatra.
Taille : 4 cm.
Différences sexuelles : peu apparentes; chez les adultes, la coloration du mâle est plus intense et l'abdomen de la femelle plus rebondi.
Comportement social : très bon. Aime vivre en groupe.
Température requise : de 23° à 29°.
Nourriture : omnivore.

Ce poisson est un des bijoux que les petites espèces peuvent vous offrir. Le triangle noir-bleu se détache merveilleusement sur le corps rose-mauve doré, s'éclaircissant vers le blanc à l'approche du ventre.

Les conditions minimales et préférentielles d'eau restent celles du *Rasbora dorsiocellata.* Pour la reproduction, une des plus difficiles, seul l'amateur chevronné peut la tenter sur les bases suivantes qui ne sont pas sans évoquer celles rencontrées avec l'*Hemigrammus gracilis.*

Un bac de 50 cm suffit.

L'eau à utiliser doit avoir un TH inférieur à 5 et être acidifiée jusqu'à 5,6 ! Pour ce faire, mettez dans le bac 5 cm de hauteur de tourbe (toujours stérilisée pendant un minimum de 10 minutes à l'eau bouillante), et un filtre dit sous-sable qui cette fois sera « sous-tourbe ». Obscurcissez partiellement l'aquarium pour faciliter l'acidification, et mesurez le pH. Si cette acidification naturelle ne vous a pas permis d'atteindre l'acidité voulue, complétez l'acidification par le moyen habituel ou, ce qui est plus naturel, avec l'acide tanique d'écorce de chêne (difficile à se procurer).

Sitôt le pH désiré obtenu d'une façon stable, l'installation du bac sera complétée par un petit pot à fleurs, garni de tourbe, planté d'un fort massif de cryptocorynes (préalablement désinfectées dans 1 litre d'eau bouillie additionnée d'une cuillère à soupe de vinaigre). Placez le pot de telle sorte que les feuilles les plus hautes flottent en surface. Enfin portez la température à 28°.

Le couple reproducteur sera choisi parmi les poissons que vous possédez depuis un an (ils auront donc de 13 à 15 mois suivant leur âge à l'achat). Si aucune ponte ne se produisait, il conviendrait d'essayer de changer l'un des deux partenaires.

35. Acanthophthalmus
commercialisé sous le nom de Kuhli (8 cm)

36. Barbus nigrofasciatus (6 cm). Au premier plan, mâle, devant deux femelles, à gauche.

37. Barbus oligolepis (4 cm)

38. Barbus tetrazona dit de Sumatra (6 cm)

39. Barbus schuberti (6 cm) sur fond d'Ambullia (plante).

40. Barbus titteya (4 cm)

41. Carassius auratus, variété japonaise dite Tête de lion (12 cm).

42. *Tanichthys albonubes au-dessus et en dessous de Rasbora heteromorpha, sur fond d'Ambullia (plante).*

43. *Barbus conchonius (6 cm) mâle, devant femelle à l'arrière.*

44. *Cynolebias boitonei mâle (5 cm).*

45. *Monodactylus argenteus (10 cm)*

46. *Poecilia reticulata* (Guppy)
(à gauche femelle 5 cm ; à droite mâle 3 cm)

47. *Poecilia velifera* (Mollienesia) *(à g. femelle 10 cm, à d. mâle 13 cm)*

48. *Xiphophorus maculatus* (Platy)
(*femelle 5 cm*)

49. *Couple de Xiphophorus tuxedo.*

50. *Scatophagus argus* (15 cm)

51. *Chanda ranga* (5 cm)

La ponte se produit de préférence par une journée claire, mais il n'est pas indiqué d'exposer le bac au soleil. Les jeux amoureux ne diffèrent pas de ceux habituels : toutefois, pour pondre, la femelle se retourne ventre en l'air face au-dessous d'une feuille : c'est alors que, venant se placer en croix, le mâle enlace celle-ci d'un anneau. La ponte, immédiatement fécondée, a lieu dans cette position et les œufs restent fixés sous la feuille.

Ponte et fécondation

(D'après un dessin illustrant un article de S. Robert paru dans la revue : *« L'aquarium et les poissons ».)*

Les parents doivent alors être enlevés et le bac doit être obscurci, l'incubation des œufs se déroulant dans l'obscurité. L'éclosion se produit au bout de 30 heures environ. En ajoutant à ce délai le temps de résorption du sac vitellin, les nouveau-nés commencent à s'alimenter le 5e ou 6e jour. La face supérieure de l'aquarium sera alors dégagée de son obscurcissement et les autres faces suivront à 48 heures d'intervalle. Là encore, les infusoires produits par le riz paddy seront les bienvenus, en attendant les artémias. L'âge d'un mois atteint, on pourra laisser le pH remonter lentement à un niveau progressivement moins acide.

L'espèce très proche, *Rasbora hengeli,* légèrement plus petite et un peu moins colorée, se trouve parfois commercialisée en lieu et place du *Rasbora heteromorpha.*

RASBORA MACULATA

Synonyme : néant.
Nom commun français : Rasbora maculata.
Nom commun anglais : Dwarf Rasbora.
Origine : Malaisie.

Taille : 2 cm.
Différences sexuelles : le mâle possède deux taches noires au-dessus de la nageoire anale, pour une seule chez la femelle.
Comportement social : très bon.
Température requise : de 23° à 28°. Aime vivre en groupe.
Nourriture : omnivore.

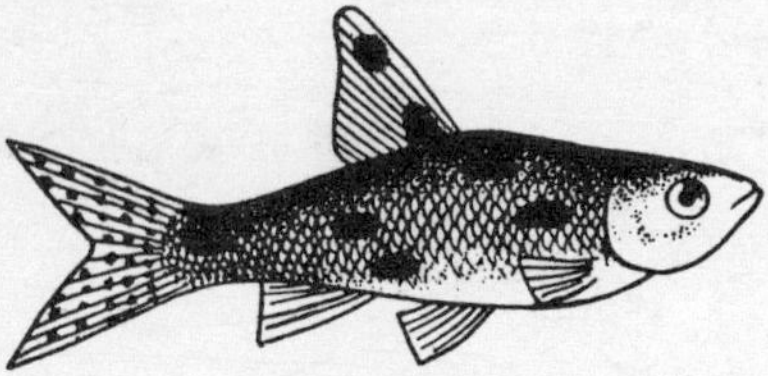

Rasbora maculata (2 cm)

Ravissant petit poisson, au corps rougeâtre sur le dos, virant au jaune vers le ventre; les petites taches sont noires.

Cette espèce a toutes les caractéristiques et exigences des *Rasbora* déjà cités. Sa taille minuscule, qui en fait une proie trop facile, limite sa diffusion.

RASBORA TRINILEATA

Synonyme : néant.
Nom commun français : Poisson ciseau.
Nom commun anglais : Scissortailed Rasbora.
Origine : Indonésie.
Taille : 7 cm en aquarium pour 15 cm dans la nature.
Différences sexuelles : peu apparentes, seul l'embonpoint de la femelle indique son sexe.
Comportement social : satisfaisant.
Température requise : de 23° à 28°.
Nourriture : omnivore.

Deux taches noires ornent la queue de ce sujet au corps blanchâtre avec le dos jaune-vert.

La livrée de ce poisson n'a rien d'affriolant. Il est toutefois assez populaire, car le pincement de queue auquel il se livre très souvent évoque le mouvement de ciseau, cause de son surnom.

Il préfère vivre en groupe dans une eau douce au TH inférieur à 15° mais d'un pH plus élevé que celui apprécié par les autres

Rasbora, environ 6,5. A part cette différence, la reproduction, d'après des auteurs sérieux, est possible dans un assez grand bac. Elle semble toutefois avoir peu tenté les aquariophiles.

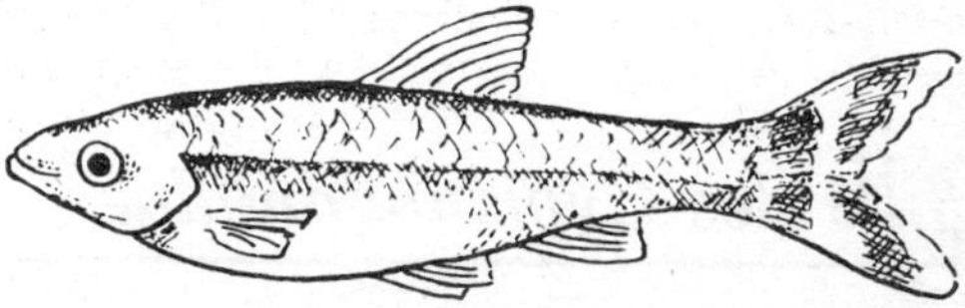

Rasbora trinileata (7 cm)

TANICHTHYS ALBONUBES *42

Synonyme : néant.
Nom commun français : Tanichthys.
Nom commun anglais : White cloud mountainfish.
Origine : Chine, région de Canton.
Taille : 4 cm.
Différences sexuelles : peu apparentes, mâle toutefois plus coloré, dans les nageoires surtout; et abdomen plus convexe chez la femelle.
Comportement social : très bon. Aime vivre en groupe.
Température requise : de 18° à 26°.
Nourriture : omnivore.

De fond brun-vert avec une ligne longitudinale jaune et des nageoires jaunes et rouges, ce charmant petit poisson est agréablement coloré. Avant les progrès du chauffage et l'apparition du « néon » il jouissait d'une grande popularité. Si celle-ci a diminué, il reste un hôte sans histoire, très apprécié par l'amateur désireux de petits poissons pour aquarium tempéré.

Sa reproduction, facile, peut être entreprise par l'amateur ayant déjà réussi le *Danio rerio*. On peut d'ailleurs reprendre la procédure décrite pour celui-ci. Des parents bien nourris mangent peu leurs œufs et encore moins leurs alevins.

Dans l'eau du robinet à 25°, l'éclosion a lieu en 60 heures environ. Les alevins restent suspendus aux feuilles ou aux glaces les 24 heures nécessaires à la résorption de la bourse vitelline. Il faut distribuer des infusoires dont un certain nombre seront présents si vous avez placé du riccia dans le bac.

La ponte, parfois difficile à provoquer, peut être déclenchée par les facteurs habituels : exposition au soleil matinal et apports d'eau neuve. Les jeunes, âgés de quelques semaines, constituent un tableau ravissant, avec leurs couleurs dans toute leur fraîcheur.

Famille des Cyprinodontidae

Cette très grande famille est largement répandue dans tous les continents, à l'exception de l'Australie.

Pour l'aquariophile, elle se scinde en deux groupes. Le premier, très populaire, formé des *Cyprinodontidae vivipares,* sera décrit sous leur nom de *Poeciliidae.* Le second groupe, est celui des ovipares qui nous intéresse maintenant. Les poissons concernés sont nommés familièrement « les Killies » qui sont peu diffusés parmi les amateurs d'aquarium d'ensemble.

Il s'agit de poissons généralement petits avec une bonne proportion d'espèces naines. Leur anatomie, proche de celle des cyprins, se caractérise par la présence de dents aux mâchoires et au pharynx. Le haut de la tête est assez plat et la bouche, orientée vers le haut, indique une alimentation souvent composée dans la nature de larves de moustiques gobées en surface. En aquarium, les petites proies vivantes sont souvent pratiquement obligatoires pour nourrir la majorité des espèces.

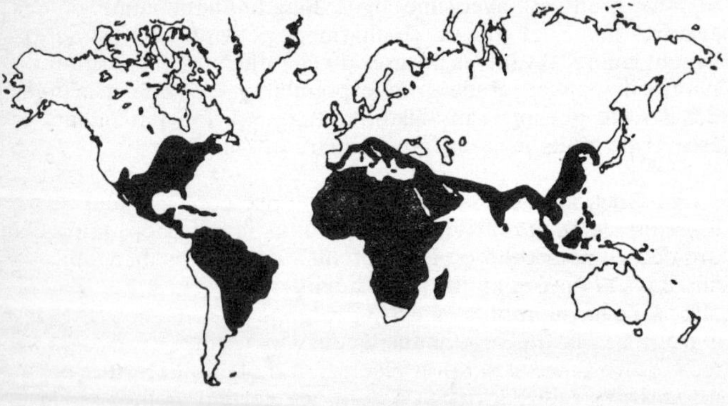

Répartition géographique des Cyprinodontidae

Ces *Cyprinodontidae* ovipares se subdivisent en nombreux sous-groupes, comprenant : les uns de grands sauteurs (tel le *Rivulus*), d'autres des individus peu sociables (tels certains *Panchax*), d'autres enfin des sujets à l'existence brève, que cette particularité leur soit naturelle, comme chez les *Cynolebias* et les *Notobronchius*, ou qu'elle provienne de leurs besoins mal satisfaits en aquarium, comme chez les *Oryzias*.

Les mœurs reproductrices, souvent très intéressantes, varient sensiblement d'un groupe à l'autre, ce qui interdit de décrire une reproduction type, valable pour la famille. Cependant, les représentants de certains genres sont très prisés par des amateurs, pratiquants d'une aquariophilie à la frontière de l'aquariologie, notamment le genre *Aphyosemion* dans lequel les systématiciens ont opéré une division, le terme d'*Aphyosemion* subsistant pour désigner les espèces qui vivent à l'Est du Dahomey tandis que ceux qui vivent à l'Ouest ont reçu le nom de genre *Roloffia*.

APHYOSEMION AUSTRALE

Synonyme : cette espèce n'a jamais connu de termes synonymes. Mais en fait on peut distinguer d'autres populations que *A. australe Cap Lopez*. Par exemple l'*A. australe mayumba* et l'*A. australe batanga*, sans oublier une variété d'élevage apparue par mutation puis sélection qui est l'*A. australe* dit *gold* ou *doré* et dont la tonalité générale est orangé clair.
Nom commun français : Cap Lopez.
Nom commun anglais : Cap Lopez Lyretail.
Origine : Afrique, en particulier delta du Gabon près de Cap Lopez.
Taille : 6 cm.
Différences sexuelles : mâle incomparablement plus coloré.
Comportement social : satisfaisant.
Température requise : de 18° à 25°.
Nourriture : petites proies vivantes.

Il est bien que l'ordre alphabétique nous désigne en premier le Cap Lopez parmi le genre Aphyo (comme l'on dit dans les milieux aquariophiles). Avec ses multiples taches et lignes colorées dans une tonalité générale marron-rouge où le grenat domine, cette espèce forme l'une des plus belles du genre et la plus répandue d'un groupe dont l'écologie est assez spéciale.

Les Aphyo vivent dissimulés sous une feuille, une racine ou un quelconque débris, dans des eaux toujours calmes et peu profondes, des bras morts, voire de simples flaques. M.J. Arnoult nous rapporte même sa stupéfaction d'en avoir trouvé dans les quelques millimètres d'eau des empreintes laissées par les bœufs venus boire. Nous sommes bien loin de l'aquarium à grand volume d'eau claire bien filtrée et l'amateur, sous peine de déboires, doit tenir partiellement compte de ce milieu originel.

Dans un bac d'ensemble ne se trouvant pas aux antipodes des conditions que nous venons d'évoquer, c'est-à-dire dans un bac à eau plutôt acide, au TH inférieur à 20°, très planté avec des zones d'ombres et peuplé d'espèces calmes, vous pouvez tenir des Cap Lopez, à la condition encore que la température se situe au maximum absolu de 25° : l'excès de chaleur abrège la vie des poissons de ce genre.

Les Aphyo ont leurs fidèles « les killifiles » parmi les amateurs « militants » car leur possession demande peu de place. Ces poissons se satisfont très bien de très petits bacs, et leur reproduction, somme toute assez facile, est intéressante.

Aphyosemion australe (6 cm)

Un bac d'une dizaine de litres suffit; il doit être bien couvert, les Aphyo étant bons sauteurs. Le fond sera garni d'une petite couche de sable au-dessus de laquelle on disposera de la tourbe bouillie (pour sa préparation voir « Les Eaux »). Un petit filtre aggloméré, noyé dans le sable et non dans la tourbe, reste tout à fait facultatif; faiblement alimenté il ne nuit pas et aide à l'obtention d'une eau limpide, plaisante à l'œil, malgré sa couleur légèrement ambrée. Un morceau de racine, habillé de mousse de Java, une plante à feuille émergente ou un peu de riccia rendront ce petit bac, à coins ombreux, aussi agréable pour l'aquariophile que pour les habitants.

L'eau utilisée doit être à pH proche de 6,8 pour une dureté de 20 au grand maximum et une température de 22°. Un apport de 0,50 g de sel par litre d'eau effectif ou de 1 % d'eau de mer, ne peut être que salutaire.

Le scénario est conforme à la circonstance : les époux revêtent leur tenue des grands jours, couleurs renforcées, nageoires étalées. Le mâle prend l'initiative des avances. La femelle, très au courant des usages, oppose un faible refus de principe... bientôt suivi d'une acceptation, si elle se trouve prête à pondre.

La ponte s'effectue à proximité de la végétation ou du « mop » si vous en avez disposé un, les deux poissons se tenant flanc, contre flanc. Dès qu'un frémissement est suivi de la ponte d'un œuf, celui-ci est fécondé. Ces œufs, blancs transparents, très adhésifs, restent collés à la première végétation qu'ils touchent. La ponte s'échelonne facilement sur 10 jours à raison de quelques œufs quotidiens, l'éclosion ayant lieu une douzaine de jours après la ponte. Fait qui prouve bien que le genre n'aime pas l'excès de chaleur : l'augmentation de celle-ci n'abrège pas, au contraire, la durée d'incubation.

Les alevins doivent être nourris d'infusoires jusqu'au moment (quelques jours) où ils deviennent capables d'absorber les nauplies d'artémias.

Les parents correctement nourris peuvent être laissés jusqu'à la fin de la ponte.

APHYOSEMION BIVITTATUM *6

Synonyme : Chromaphyosemion bivittatum.
Nom commun français : néant.
Nom commun anglais : Red Aphysosemion.
Origine : Afrique : Cameroun et Niger.
Taille : 6 cm.
Différences sexuelles : mâle incomparablement plus coloré.
Comportement social : généralement satisfaisant.
Température requise : de 18° à 25°.
Nourriture : proies vivantes.

Aphyosemion bivittatum (6 cm)

La coloration ne peut être décrite pour la raison que le terme *A. Bivittatum* regroupe en fait 6 sous-espèces correspondant à plus de 35 populations.

Le bac qui abrite ces Aphyos doit être bien couvert car il s'agit d'espèces sauteuses que l'on risque de retrouver desséchées sur la moquette.

La reproduction reste conforme à celle de *Aphyosemion australe* avec les correctifs suivants : les limites de pH et de TH doivent être légèrement abaissées et l'eau ne doit pas être trop neuve. Les œufs tout d'abord blancs, brunissent ensuite, et leur délai d'éclosion varie entre 15 et 20 jours. Chez les jeunes, sous peine de cannibalisme, il est prudent de séparer les sujets par trop différents de taille.

APHYOSEMION SJÖESTEDTI

Synonymes : Aphyosemion coeruleum, Fundulus panchax.
Noms communs français : Coeruleum, Killi bleu.
Nom commun anglais : Blue gularis.
Origine : Afrique, notamment Cameroun et delta du Niger.
Taille : jusqu'à 12 cm pour le mâle.
Différences sexuelles : mâle incomparablement plus coloré.
Comportement social : douteux (cf. texte ci-dessous).
Température requise : de 18° à 24°.
Nourriture : toutes proies vivantes, grandement préférées.

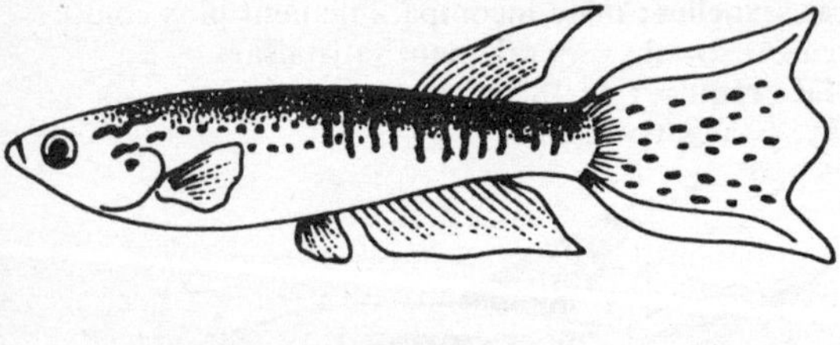

Aphyosemion sjöestedti (12 cm)

Pour autant qu'on puisse décrire tous ces magnifiques Aphyo, celui-ci possède le fond gris-bleu-vert, tandis que toutes les autres parties foncées du dessin sont grenat.

La taille de ce géant du groupe nous oblige à considérer sa sociabilité comme mauvaise alors que, comme chez les autres espèces, elle semble généralement satisfaisante avec des sujets dépassant la moitié de leur propre taille.

Sa reproduction reste conforme à celle du genre avec les correctifs suivants : les gros œufs, pas ou peu adhésifs, sont rarement pondus près des plantes mais plutôt au ras du sol, dans lequel ils se trouvent ensuite enfouis d'un coup de queue. L'éclosion a lieu dans un délai de 5 à 6 semaines. Il est intéressant de noter que ce long délai, ajouté au fait qu'ils se conservent très bien dans tout milieu humide, permet de les faire voyager à travers le monde, par la poste, dans du coton humide, par exemple.

APHYOSEMION WALKERI

Synonyme : Aphyosemion Spurelli.
Nom commun français : idem.
Nom commun anglais : idem.
Origine : Ghana
Taille : 6 cm.
Différences sexuelles : mâle incomparablement plus coloré.
Comportement social : assez bon, sauf entre mâles de la même espèce.
Nourriture : petites proies vivantes.

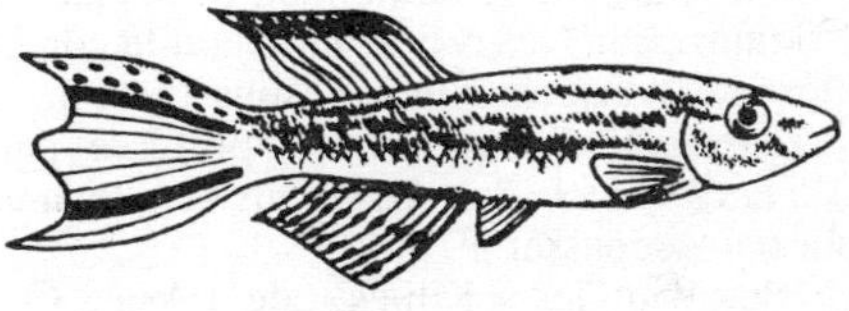

Aphyosemion Walkeri (6 cm)

Ce poisson est d'un aspect magnifique avec ses points bleus sur un fond brun olive; d'ailleurs les Aphyo sont des bijoux : il faudrait tous les citer tant il est délicat de parler d'une espèce plus répandue, de préférence à une autre.

Ces poissons sont parmi les espèces commercialisées très irrégulièrement. Elles seraient donc souvent introuvables pour l'amateur, si elles ne faisaient pas l'objet d'échanges entre particuliers; au sein des Associations d'aquariophilie et notamment du Killi Club de France.

APLOCHEILUS PANCHAX

Synonyme : Panchax panchax.
Nom commun français : Panchax panchax.
Nom commun anglais : Blue Panchax.
Origine : Indes et vaste zone environnante.
Taille : 8 cm.
Différences sexuelles : le mâle est beaucoup plus coloré.
Comportement social : satisfaisant avec des poissons dépassant la moitié de sa propre taille.
Température requise : de 24° à 28°.
Nourriture : essentiellement toutes les proies vivantes.

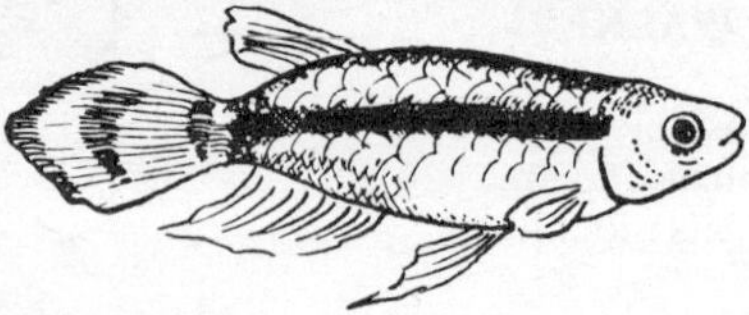

Aplocheilus panchax (8 cm)

Ce poisson, choisi comme sujet témoin du genre, possède une coloration variable, au fond généralement brun clair, alors que la nuance bleue domine dans les reflets habillant la couleur de base. Outre les différentes variétés connues sous ce nom, il faut citer les espèces : *Aplocheilus blocki* parfois préférée parce que ne dépassant pas 5 cm, *Aplocheilus dayi* d'environ 7 cm et *Aplocheilus lineatus* qui peut dépasser 10 cm.

Les Aplocheilus sont les « Killies » de l'Asie. Ces poissons, tous de surface, de sociabilité douteuse et grands sauteurs, représentent, comme les Aphyo, des sujets surtout estimés par les amateurs avertis, plus ou moins spécialisés.

Ils aiment des bacs assez grands offrant une large surface, avec quelques parties rendues ombragées par des plantes flottantes ou des feuilles au ras de l'eau. Ils se montrent peu difficiles quant à la nature de l'eau, car il en existe en liberté dans des milieux très différents. Leur reproduction s'assimile à celle des Aphyo, mais leur élevage est compliqué par la taille minuscule des alevins, qui éclosent dans un délai de 10 à 15 jours et exigent des rotifères et des infusoires microscopiques, sauf l'*Aplocheilus lineatus* dont la taille plus grande autorise la distribution immédiate d'artémias.

CYNOLEBIAS BELLOTI *44

Synonyme : néant.
Nom commun français : néant.
Nom commun anglais : Argentine pearl fish.
Origine : Argentine, région de la Plata.
Taille : 7 cm.
Différences sexuelles : le mâle est plus grand et beaucoup plus coloré.
Comportement social : douteux.
Température requise : de 23° à 28°.
Nourriture : essentiellement toutes les proies vivantes.

Cynolebias belloti (7 cm)

Ce superbe poisson est bleu-vert avec des points blancs alors que le *Cynolebias nigripinnis* est noir avec également des points blancs que l'on retrouve sur la robe du non moins beau *Cynolebias boitonei,* illustré par la photo n° 44. Le genre, qui comporte encore les espèces *whitei* et *adloffi* parmi celles quelquefois commercialisées, représente un vivant exemple de l'adaptation de la nature aux conditions les plus étranges !

Les *Cynolebias,* tous originaires d'Amérique du Sud, pondent pendant la saison des pluies dans les eaux boueuses de mares et fossés approvisionnés en eau. Dès que survient la saison sèche, ces points d'eau disparaissent et les poissons périssent. Les œufs, naturellement protégés de la dessiccation par des enveloppes anormalement épaisses, survivent à une sécheresse de 6 mois, pour éclore quelques heures seulement après la première chute d'eau de la saison des pluies suivante.

Leur sociabilité douteuse, leur brève existence (environ un an) font que ces poissons n'offrent guère d'intérêt pour le bac de décoration, mais ils sont très excitants pour l'amateur, grâce à leur reproduction, parfaitement réalisable en reconstituant les conditions naturelles.

Les conditions générales restent celles préconisées pour *Aphyo australe.* Le bac doit avoir 50 cm, et la couche de tourbe être assez épaisse, car ces poissons pondent en s'enfonçant dans le sol, tête la première.

Les pontes terminées, on transfère ce sol et les œufs qu'il contient dans un bac tout en verre ou même un sachet en plastique transparent très bien fermé où ils seront abandonnés et se dessécheront. Trois mois plus tard, il faudra verser de l'eau à 25° et de 5 à 10 de TH à concurrence de 3 à 5 cm et introduire des infusoires afin de constituer une première nourriture. L'éclosion des œufs a lieu en quelques heures. Sitôt la nage des alevins devenue normale, soit environ après 24 heures, il faut distribuer des artémias nouveau-nés, hausser le niveau de l'eau et éventuellement sa dureté de telle sorte que l'eau finale se situe vers 10 TH.

D'une croissance ultra-rapide, les jeunes normalement nourris deviennent capables de se reproduire à trois mois.

Ces poissons sont parfaitement adaptés aux besoins d'amateurs qui passent la moitié de l'année hors de leur domicile. Il leur suffit de donner les reproducteurs lors du départ et, à leur retour, de sortir la cuve dont le fond n'est plus que de la boue séchée. Trois jours après leur réinstallation, en principe les poissons nagent !

EPIPLATYS DAGETI MONTROVIAE

Synonyme : Epiplatys chaperi, bien que pour bon nombre d'auteurs E. chaperi désigne une autre espèce identifiable au fait que la base des nageoires anale et caudale ne comporte pas de liseré sombre.
Nom commun français : Chaperi.
Noms communs anglais : Chaperi, Fire mouth Epiplatys.
Origine : Afrique orientale, Liberia, Côte-d'Ivoire. Eaux calmes et à faible courant.
Taille : 5 cm.
Différences sexuelles : le dessous de la gorge du mâle est rouge.
Comportement social : satisfaisant avec tout poisson dépassant la moitié de sa propre taille.
Température requise : 20° à 28°.
Nourriture : essentiellement de petites proies vivantes.

Strié de raies noires sur une coloration gris-vert pour le dos, avec des flancs aux reflets bleutés, ce brochet miniature plaît beaucoup par sa forme inhabituelle chez les poissons d'aquarium.

Le genre *Epiplatys* est un proche parent du groupe des *Panchax.* Il s'agit de poissons qui vivent essentiellement près de la surface. L'avantage de l'espèce réside dans ses mœurs. Ces sujets ne mordillent pas les nageoires des autres espèces, un compagnon peu susceptible de pouvoir être gobé n'est jamais attaqué. L'eau préférentielle est légèrement acide de pH et relativement douce.

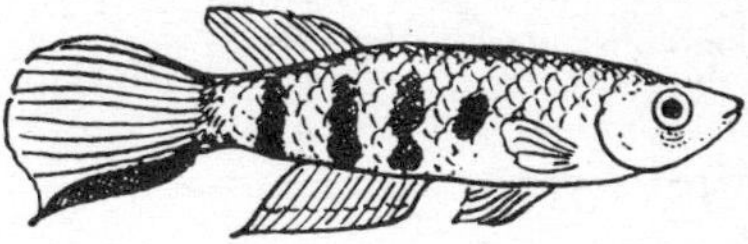

Epiplatys Dageti Montroviae (5 cm)

Un amateur très averti peut en tenter la reproduction. Il convient d'utiliser un bac de 50 cm minimum, contenant la même eau que celle préconisée pour le *Cynolebias* (50 % d'eau de conduite à pH 6,8 et TH jusqu'à 20, avec 0,50 g de sel au litre — 50 % d'eau très douce, au TH inférieur à 5) et de garnir le fond de l'aquarium de quelques centimètres de tourbe bouillie, surmontée ou non d'un peu de sable. Un petit filtre très faiblement alimenté et noyé dans le sol de tourbe, est tout à fait facultatif. Du riccia sur l'eau portée à 27° et une plante à fin feuillage ou un « mop » compléteront l'installation.

La période de ponte, quotidienne, s'étend sur 2 ou 3 semaines. La meilleure solution, en ce qui concerne les œufs, consiste à prélever le support porteur d'œufs pour les disposer dans un autre bac, placé à un endroit assez sombre. Les alevins éclosent en une douzaine de jours et doivent être alimentés d'infusoires, puis d'artémias. Il convient d'éclairer faiblement la surface afin d'attirer les artémias là où se tiennent les alevins, et de toujours maintenir une hauteur d'eau faible. Avec les poissons de surface, cela constitue le meilleur moyen de maintenir la nourriture proche des consommateurs; enfin on constate de grandes différences de croissance — normales compte tenu de l'échelonnement des naissances — il est préférable de trier les jeunes par taille.

Le marché offre parfois de nombreuses autres espèces moins courantes. Pour les amateurs désireux de sujets de plus grande taille, citons:

EPIPLATYS SEXFASCIATUS

Synonyme : néant.
Nom commun français : néant.
Nom commun anglais : Six banded Panchax.
Taille : 10 cm.

La tonalité générale est gris-vert, la sociabilité est bonne avec des poissons de sa propre taille et les conditions de reproduction sont similaires à celles de *Epiplatys dageti.*

FUNDULUS CHRYSOTUS

Synonyme : néant.
Nom commun français : néant.
Nom commun anglais : Golden ear.
Origine : Etats-Unis (Virginie et Texas).
Taille : 8 cm.
Différences sexuelles : le mâle est beaucoup plus coloré.
Comportement social : satisfaisant seulement avec des poissons de sa propre taille.
Température requise : de 18° à 30°.
Nourriture : gros appétit, omnivore.

Fundulus chrysotus (8 cm)

Le corps est vert olive sur le dos, dégradé en gris-vert sur les flancs, le ventre blanc, tandis que des points grenat constellent le corps et les nageoires.

Ce poisson robuste préfère une eau alcaline, dure à très dure, qui peut même être légèrement saumâtre.

La reproduction présente les mêmes difficultés, et se déroule selon un processus identique à celui examiné avec le poisson qui précède (*Epiplatys dageti*).

Ce poisson préférant les eaux dures, les seules modifications à apporter consistent à remplacer les 50 % d'eau dure et les 50 % d'eau douce par 75 % d'eau dure et 25 % d'eau à TH 5, et à exclure la tourbe du sol, la température étant limitée à 25°.

D'autre part, le mâle n'étant pas un modèle de douceur, nous recommandons de placer deux à trois femelles avec lui, afin de répartir ses ardeurs.

Le délai d'éclosion des œufs (également placés dans un autre bac avec les touffes de verdure porteuses) est de 10 jours. Les artémias constituent la première nourriture.

JORDANELLA FLORIDAE

Synonyme : néant.
Nom commun français : néant.
Nom commun anglais : American flagfish.
Origine : Etats-Unis (Floride).
Taille : 5 cm.
Différences sexuelles : le mâle est beaucoup plus coloré et la femelle possède une tache noire sur sa dorsale.
Comportement social : très douteux.
Température requise : de 20° à 25°.
Nourriture : omnivore, en grande partie végétarien.

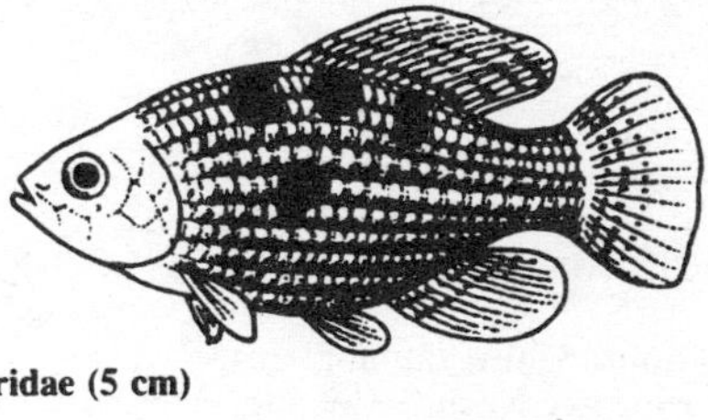

Jordanella floridae (5 cm)

Le dos foncé de ce très beau poisson s'éclaircit jusqu'au vert clair sur les flancs. Outre les taches noires, des points rouges sur le corps et sur les nageoires rehaussent la livrée.

Parlant de ce poisson, Luc Copin s'exprimait ainsi : « Je savais qu'il était avant tout un carnivore et à ses heures également végétarien. Je savais encore qu'il demande une eau alcaline. Ces trois points respectés, son passage dans mes aquariums a toujours été des plus éphémères ! Pourquoi ? Je me le demande encore aujourd'hui ! » Nous sommes à peu près dans le même cas. Ces poissons font en trois mois une non-adaptation probablement provoquée par une carence, mais une carence en quoi? Ce poisson ne sort pas de la brousse mais des Etats-Unis, on devrait connaître parfaitement son écologie et ses besoins. Les mœurs reproductrices, curieuses, sont celles des *Cyprinodontidae* quant à la ponte, et celles des *Cichlidae* quant à la garde des œufs, mais à quoi bon essayer de reproduire un poisson si l'on ne peut lui offrir ensuite sa chance d'une vie normale?

NOTHOBRANCHIUS GUENTHERI

Synonyme: néant.
Nom commun français: néant.
Nom commun anglais: Guenther's Nothobranch.
Différences sexuelles: si la livrée de la femelle est insignifiante, celle du mâle apparaît éblouissante.

Nothobranchius guentheri (5 cm)

NOTHOBRANCHIUS RACHOVI

Synonyme: Nothobranchius taeniopygus.
Nom commun français: Nothobranchius rachovi.
Nom commun anglais: Rachow's Nothobranch.
Différences sexuelles: la livrée de la femelle est insignifiante, mais celle du mâle éblouissante.

Si ces deux joyaux se trouvent les plus couramment importés, en fait toutes les espèces du genre sont une splendeur, un festival de rouge et de bleu dans des proportions et des répartitions qui diffèrent avec les variétés.

Les *Nothobranchius*, provenant de l'Est africain, mesurent de 5 à 7 cm et possèdent un comportement social douteux. Ils se nourrissent de toutes les petites proies vivantes et se gardent en aquarium spécifique aux environs de 25°. Ce ne sont pas des sujets pour bacs d'ensemble.

Il s'agit de poissons fragiles à existence saisonnière qui vivent en Afrique dans des conditions proches de celles qui régissent la vie des *Cynolebias* en Amérique du Sud. Toutes les remarques relatives à l'écologie et à la reproduction de ces derniers restent intégralement valables pour les *Nothobranchius qui sont toutefois beaucoup plus délicats à reproduire et à élever* ne serait-ce qu'à cause de leur grande sensibilité à l'Oodinium. (Cf. « Les Maladies », p. 193.)

PACHYPANCHAX PLAYFAIRI

Synonyme : néant.
Nom commun français : Pachypanchax playfairi.
Nom commun anglais : Playfair's Panchax.
Origine : Afrique (Côte Est, de Zanzibar au Mozambique et îles Seychelles).
Taille : 9 cm.
Différences sexuelles : le mâle est plus coloré et présente des écailles à aspect légèrement hérissé sur le dos.
Comportement social : mauvais.
Température requise : de 23° à 27°.
Nourriture : omnivore.

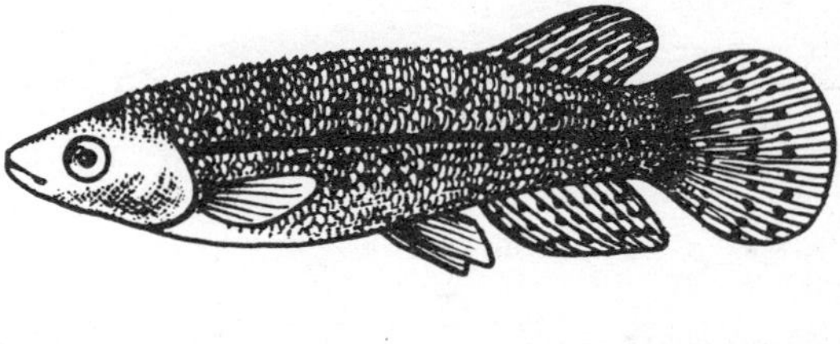

Pachypanchax playfairi (9 cm)

La couleur de base, brune sur le dos, s'éclaircit vers les flancs. De nombreux points rouges embellissent ce poisson, dont la silhouette de brochet signe l'appartenance au groupe des *Panchax*. L'eau préférentielle varie du neutre au légèrement alcalin. Celle du robinet peut donc convenir lorsque son TH est inférieur à 25.

La reproduction est réputée relativement facile, les modalités pratiques restant celles déterminées pour les *Epiplatys*. Il est recommandé de placer plusieurs femelles avec le mâle, souvent brutal. Les œufs sont pendus aux plantes de surface ou aux feuilles de plantes affleurantes. Il convient de placer dans un autre bac les touffes porteuses d'œufs. L'éclosion a lieu en une douzaine de jours à 26°; les alevins se nourrissent directement d'artémias et ensuite, comme leurs parents, de tout ce qui peut s'avaler.

RIVULUS CYLINDRACEUS

Synonyme : néant.
Nom commun français : néant.
Nom commun anglais : Cuban Rivulus.
Origine : Cuba.
Taille : 5 cm.
Différences sexuelles : la base de la caudale de la femelle comporte une tache noire.
Comportement social : bon.
Température requise : de 18° à 28°.
Nourriture : omnivore.

Rivulus cylindraceus (5 cm)

La coloration de ce poisson de surface est brune sur le dos, en dégradé plus clair vers le ventre, avec de jolis reflets variables dans les nageoires.

C'est un poisson de faible diffusion, que certains confondent avec un *Panchax* et croient dangereux alors qu'il se montre pacifique : d'autres ont la crainte justifiée de le perdre, parce qu'il est capable de sauter par la moindre ouverture.

Cette espèce calme reste assez indifférente à la nature de l'eau offerte, tout en la préférant relativement douce et légèrement acide.

Sa reproduction, peu pratiquée, est réputée relativement facile, à 26°. La femelle pond quelques œufs chaque jour, sur les feuilles surnageantes, et leur éclosion demande de 12 à 14 jours.

Les parents mangent peu leurs œufs et l'on peut par conséquent les laisser 10 jours avec les plantes porteuses des œufs, au lieu de devoir placer ces dernières dans un second bac. Les jeunes absorbent les artémias comme première nourriture.

Parfois importée, une autre espèce, originaire des Guyanes, a des exigences rigoureusement semblables. Sa coloration est plus attrayante avec points rouges sur fond vert. Il s'agit de :

RIVULUS UROPHTHALMUS

Nom commun anglais : Golden Rivulus.

Famille des Gobiidae

Cette grande famille de plus de 600 espèces est répandue dans toutes les mers chaudes ou tempérées du globe. Les espèces qui intéressent l'aquariophilie fréquentent les zones côtières des régions tropicales et subtropicales. Le signe caractéristique de la famille, outre l'absence de ligne latérale, se situe dans les nageoires ventrales. Réunies, celles-ci forment un disque adhésif qui permet au poisson — lors même qu'il se trouve dans les courants — de rester fixé par cette ventouse.

BRACHYGOBIUS XANTHOZONA

Synonyme : cf. texte ci-dessous.
Noms communs français : Gobius, Abeille.
Nom commun anglais : Bumble beefish.
Origine : Indonésie, Malaisie.

Taille : 4 cm.
Différences sexuelles : peu apparentes, le mâle est cependant plus coloré.
Comportement social : satisfaisant à douteux, cf. texte ci-dessous.
Température requise : de 21° à 26°.
Nourriture : petites proies vivantes.

Brachygobius xanthozona (4 cm)

Possédant un corps jaune aux raies noires, les *Brachygobius* appartiennent à un genre où une certaine confusion règne entre trois espèces de même taille, les plus intéressantes pour l'aquariophile :
— le *xanthozona,* l'espèce type qui comporte 50 écailles dans la série longitudinale;
— le *nunus,* dit *doriae* dans certains ouvrages de langue anglaise, qui comporte 25 ou 27 écailles dans la série longitudinale et que tout amateur peut différencier par les nageoires dorsales et anales. Alors que celles-ci sont entièrement noires chez le *xanthozona,* elles sont jaunes ou noires bordées de jaune chez le *nunus*;
— l'*aggregatus,* moins courante, qui comporte 26 écailles dans la série longitudinale, et se reconnaît aux points noirs qu'elle porte sous les yeux, entre la bouche et les ouïes.

Dans la journée ces « abeilles » sont fixées, de façon d'ailleurs assez comique, à une pierre ou une glace; elles ne se cachent pas, mais bougent peu. Il en va tout autrement la nuit où elles peuvent alors, ou avaler un petit poisson, ou mordre les nageoires d'un poisson plus conséquent. Les Gobius habitent des eaux plus ou moins saumâtres; de ce fait, ils exigent une eau de pH alcalin (supérieur à 7) et très dure de TH (plus de 20); un apport d'eau de mer de 2 % est souhaitable. La reproduction est très difficile, mais grâce à la remarquable étude que M. J.G. Lambert avait publiée dans la revue, *« L'aquarium et les poissons »,* l'aquariophile chevronné, excité par la difficulté, peut la tenter. Dans l'expérience relatée, qui demeure valable aujourd'hui, l'eau d'origine comportait 1 g de gros sel par litre et avait un pH initial de 8,5 ! C'est en ramenant celui-ci à 7,5 que le processus de ponte se déclencha. Le bac, bien planté de fougère, comportait de nombreux schistes, dont certains aménagés en grottes. Point à souligner, il avait fallu réunir 10 Gobius pour qu'un couple valable se forme. Au cours de la parade, à petits coups de museau, le mâle conduisait la femelle vers la pierre choisie. Parfois sa compagne s'arrêtait, le mâle exécutait alors une danse papillonnante et revenait la chercher sans violence, jusqu'à ce que la femelle consentante se trouve sur la pierre. Les œufs de forme ovale d'environ 1 mm avaient été déposés en chapelets et fécondés; le total atteignant une centaine, agglomérés en un cercle de 5 cm de diamètre. Le mâle avait gardé la ponte, enlevé les œufs moisis et éventé les autres, par des mouvements de queue. (Il est à noter que les pontes ont parfois lieu dans un pot ou même sur une glace de l'aquarium.) La pierre porteuse de la ponte avait alors été transférée dans un petit bac de 10 l avec diffuseur et adjonction dans l'eau d'un antifungique.

Le délai d'incubation est d'une semaine à 26°, et le pourcentage normal d'éclosion de 70 % des œufs pondus. La vésicule vitelline se résorbe en 36 heures environ, et les nauplies d'artémias ne sont absorbées par les alevins qu'à l'âge d'une semaine. Là, se situe le second problème. Il s'agit d'alevins qui, comme ceux du *Chanda* (voir ce poisson), n'acceptent pas les infusoires usuels. M. Lambert résolut la difficulté (c'était au printemps) avec du microplancton d'étang, comportant probablement des nauplies de copépodes, car seule cette nourriture peut conduire au succès avant le relais par les nauplies d'artémias.

Famille des Hemiramphidae

Répandue dans les eaux de l'Asie tropicale, cette famille est surtout composée de poissons d'eau de mer et d'eau saumâtre. La mâchoire inférieure, généralement fixe et beaucoup plus longue que la supérieure — seule mobile — constitue la caractéristique générale de ces poissons. L'aquariophilie s'intéresse essentiellement au genre *Dermogenys*.

DERMOGENYS PUSILLUS

Synonyme : néant.
Nom commun français : Dermogenys pusillus.
Nom commun anglais : Malayan halfbeak.
Origine : Indes, Malaisie, Philippines, Thaïlande.
Taille : 7 cm.
Différences sexuelles : mâle beacoup plus petit, coloration rouge sur la dorsale et présence d'un petit gonopode sous la nageoire anale.
Comportement social : satisfaisant.
Température requise : de 22° à 28°.
Nourriture : omnivore, mais petites proies vivantes presque indispensables et apport d'insectes très souhaitable.

Dermogenys pusillus (7 cm)

Il existe certainement d'autres variétés que les espèces *pusillus* et *sumatranus* toujours citées, car l'on constate de grandes différences de coloration dans les nageoires des poissons que nous recevons. Ceci est d'ailleurs normal, compte tenu de l'habitat très étendu du genre.

Quoi qu'il en soit, il s'agit d'un hôte très original, dont le corps presque transparent présente de nombreux reflets, outre les différentes taches rouges des nageoires.

Ce poisson d'eau alcaline et dure (pH minimun de 7,2 pour un TH minimum de 25) apprécie un léger apport d'eau de mer. En outre, il aime se tenir sous la feuille d'une plante atteignant la surface, et répugne à descendre à mi-eau; il importe donc qu'il puisse trouver de la nourriture disponible à fleur d'eau.

La sociabilité, satisfaisante envers les autres espèces, ne l'est pas entre les mâles. Des luttes se produisent avec de nombreux becs cassés pour conséquence. En Thaïlande, cette agressivité est d'ailleurs prétexte à des combats organisés entre des mâles spécialement éduqués dans ce but.

Sur des bases analogues à celles utilisées pour les *Poeciliidae*, des amateurs expérimentés réussissent couramment la reproduction;

les *Dermogenys* sont en effet vivipares. Suivant la température, les portées sont espacées de 40 à 60 jours; elles excèdent rarement 30 alevins, qui naissent assez gros. Le mâle n'aidant pas à l'accouchement, sa présence n'est pas souhaitable, d'autant plus qu'il risque de manger les alevins, tandis que la femelle, bien nourrie, les dévore rarement. Si le bac comporte du riccia, les jeunes seront très heureux d'y trouver un abri, en même temps que des infusoires; mais vu leur taille déjà forte, il convient de distribuer des artémias sans attendre.

Le bec caractéristique de ces poissons se développe vers l'âge de 2 mois.

Famille des Loricariidae et des Gyrinocheilidae

Par ses caractéristiques anatomiques, la famille des *Loricariidae* s'apparente d'assez près à celle des *Callichtyidae,* mais en plus, ses membres possèdent une bouche en ventouse suceuse. Ces animaux se nourrissent partiellement ou quasi exclusivement d'algues. Ils sont tous originaires de la partie nord de l'Amérique du Sud. Au contraire, les *Gyrinocheilidae* sont issus de l'Extrême-Orient et très voisins des *Cyprinidae.*

Par conséquent, la systématique comme l'ordre alphabétique plaident pour la séparation des deux familles. Nous les avons cependant réunies, afin de permettre à l'amateur de trouver groupés l'ensemble des mangeurs d'algues, connus comme « poissons laveurs » et « poissons suceurs ».

GYRINOCHEILUS AYMONIERI

Synonyme : néant.
Noms communs français : Gyrino, Laveur, Suceur, etc.
Nom commun anglais : Chinese algae eater.
Origine : Thaïlande et régions limitrophes.
Taille : 15 cm en aquarium, jusqu'à 25 dans la nature.
Différences sexuelles : non apparentes et inconnues
Comportement social : cf. texte ci-dessous.

Nourriture : algues et à défaut, feuilles d'épinard ou de laitue pochées.

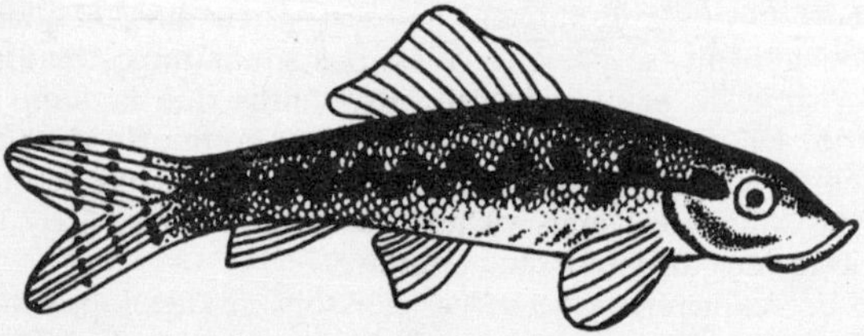

Gyrinocheilus aymonieri (15 cm)

Excepté le ventre blanc, le corp est gris-brun avec des raies, des barres ou des points presque noirs : la variété de ces motifs incite à penser qu'il existe à tout le moins plusieurs variétés. Cet Asiatique est le seul représentant de la famille, créée spécialement pour lui : les *Gyrinocheilidae.*

Chez ce poisson la circulation d'eau servant à la respiration s'effectue par des ouvertures sur la tête, qui évitent à l'eau de devoir passer par la bouche. Cette particularité se rencontre aussi chez les lamproies, dont la bouche est également une ventouse suceuse.

Axelrod indique, comme eau préférentielle, une eau *propre, bien aérée, légèrement alcaline* et Sterba dit : *eau avec bonne aération ou densément plantée.*

Ces renseignements sont bien minces pour un poisson qui intéresse la majorité des aquariophiles et joue assez souvent les poissons problèmes.

Nous pouvons y ajouter quelques observations : ce remarquable mangeur d'algues, le plus efficace pour sa taille raisonnable, possède fort probablement une latitude d'adaptabilité assez étroite et variable, sans doute selon le milieu dont il est issu. En effet, lors de certaines importations, les pertes consécutives à une non-adaptation apparaissent dérisoires, alors que parfois, elles semblent trop nombreuses pour être normales. Par ailleurs quelques décès suspects sont également constatés chez des poissons adaptés : certains font de l'hydropisie, d'autres semblent mourir d'intoxication alimentaire. Evidemment, certaines algues sont toxiques à l'ingestion (au même titre que certaines plantes terrestres), mais cette explication n'est pas pleinement satisfaisante car la nature a toujours accordé aux animaux la faculté de reconnaître d'instinct les poisons naturels.

Il nous reste donc beaucoup à apprendre sur ce poisson, et sur son milieu préférentiel. Personnellement, nous ne l'avons jamais mis dans des bacs tempérés, mais seulement dans les aquariums chauffés entre 22° et 28°. Il est par ailleurs certain qu'il se montre sensible à un changement de milieu.

Chez cette espèce essentiellement nocturne, la sociabilité est très bonne, exception faite de quelques sujets, généralement assez vieux. A la faveur de la nuit, ceux-ci se fixent par leur ventouse sur un compagnon de bac, et provoquent une plaie présentant l'aspect d'une ulcération, dont la forme circulaire porte la signature de son auteur. Le Gyrino qui prend cette habitude ne s'en corrige jamais, et doit être immédiatement sacrifié. La faim favorisant ce vice, il est recommandé de fournir un morceau de feuille d'épinard pochée, dans un bac exempt d'algues, où, de toute évidence, le Gyrino ne pourrait se nourrir qu'en mangeant de la nourriture destinée aux poissons omnivores. Ce qui n'est pas souhaitable, car cela l'incite à cesser ses habitudes alguivores, donc à cesser de faire le ménage pour le compte de l'aquariophile.

A notre connaissance la reproduction, dont le mode est inconnu, n'a jamais été réalisée en aquarium. Cependant, l'espèce est élevée en semi-liberté à l'extérieur, dans les régions d'origine.

LORICARIA PARVA

Synonyme : néant.
Nom commun français : Loricaria parva.
Nom commun anglais : Whiptailed catfish.
Origine : Sud du Brésil, Paraguay.
Taille : 12 cm.
Différences sexuelles : peu apparentes, la tête du mâle serait plus large.
Comportement social : bon.
Température requise : de 22° à 26°.
Nourriture : omnivore, partiellement alguivore

La robe de ce poisson, dont la forme très allongée ne manque pas d'élégance, est brun clair avec des striures plus foncées.

Les marges d'eau préférentielle sont très larges car cette espèce est robuste : toutefois, habituée à vivre dans des courants rapides, elle préfère une eau très aérée.

Ces sujets très calmes ne provoquent aucun dégât dans l'aquarium, mais ils ne constituent pas d'efficaces mangeurs d'algues; ces dernières ne sont qu'un faible apport alimentaire.

Sterba rapporte de façon assez précise des modalités de reproduction que, seul, des ichtyologistes ont dû tenter.

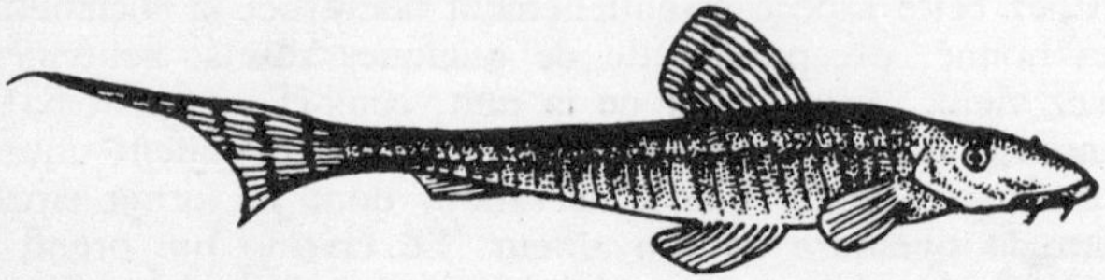

Loricaria parva (12 cm)

OTOCINCLUS

Synonyme : néant.
Nom commun français : néant.
Nom commun anglais : Sucker catfish.
Origine : Brésil du Sud, Paraguay.
Taille : cf. texte ci-après.
Différences sexuelles : inconnues.
Comportement social : très bon.
Température requise : de 21° à 27°.
Nourriture : algues presque exclusivement.

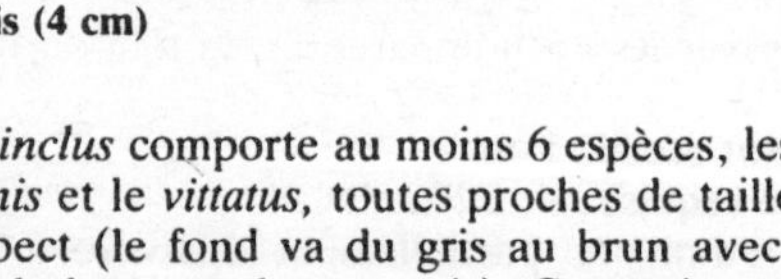

Otocinclus affinis (4 cm)

Le genre *Otocinclus* comporte au moins 6 espèces, les plus usuelles étant *l'affinis* et le *vittatus*, toutes proches de taille (entre 4 et 6 cm) et d'aspect (le fond va du gris au brun avec des parties foncées allant du brun sombre au noir). Ces petits poissons charmants, beaucoup plus jolis que tous les autres mangeurs d'algues, sont malheureusement fragiles. Il semble bien que l'on ignore si leur fragilité résulte d'une intolérance à toute fluctuation de milieu, ou s'ils ne consomment qu'une seule catégorie d'algue, mourant de faim lorsqu'ils en manquent. Nous conseillons de les essayer dans des bacs très bien plantés, dont l'eau a un taux de dureté inférieur à 20 TH. La reproduction est réalisée, notamment, au Tropicarium de Francfort.

PLECOSTOMUS

Synonyme : néant.
Noms communs français : Pleco, Laveur, Suceur, etc.
Nom commun anglais : Sucker catfish.
Origine : Brésil, Bolivie, Paraguay, Uruguay.
Taille : dans la nature de 14 à 40 cm suivant espèces.
Différences sexuelles : non apparentes et inconnues.
Comportement social : satisfaisant.
Température requise : de 20° à 28°
Nourriture : algues et à défaut feuilles d'épinard ou de laitue pochées.

Plecostomus (14 cm)

Sans compter les *Ancistrus*, sous le nom de genre *Plecostomus* sont importées et commercialisées plusieurs espèces. Certaines conservent des dimensions raisonnables, d'autres, dans les grands aquariums surtout, prennent des proportions spectaculaires. Du point de vue de la taille, les petites espèces *bolivianus* et *rachowi* sembleraient les mieux adaptées aux besoins de l'amateur. A la vérité, gris-beige ou brun marron, ces poissons très laids ne sont pas achetés pour leur esthétique — ils ont d'ailleurs le bon goût de se cacher durant le jour — mais pour leur remarquable aptitude à débarrasser un bac de ses algues. Une autre de leurs qualités réside dans leur large marge de tolérance, en température comme en nature d'eau, tandis qu'un de leurs défauts consiste à se livrer parfois à de petites séances d'agitation souvent dommageables à la bonne harmonie du décor.

Excepté les rares cas de poissons âgés, se livrant à des succions sur des compagnons de bac (comme il a été signalé pour le

Gyrino), la sociabilité de ce robuste poisson est excellente. Le prix demeure élevé car, la reproduction étant inconnue, les sujets offerts doivent être péniblement collectés.

Compte tenu de son rôle exclusivement utilitaire, un poisson mangeur d'algues doit être considéré, non pas comme faisant partie de la population, mais comme élément de l'équipement d'un aquarium.

Pour sa taille raisonnable, nous préconisons l'introduction d'un Gyrino dans tout bac d'une dimension inférieure à un mètre de façade : tandis que la préférence ira au Pleco dans un aquarium de taille supérieure.

Famille des Mastacembelidae

Cette petite famille évolue dans les eaux douces ou saumâtres de la moitié sud de l'Afrique et du sud de l'Asie, y compris l'Indonésie. Tous les genres qui la représentent ont un corps anguilliforme, sans avoir pour autant aucune des caractéristiques propres aux anguilles.

MACROGNATHUS ACULEATUS

Synonyme : néant.
Nom commun français : néant.
Nom commun anglais : Spiny eel.
Origine : Indes, Malaisie.
Taille : jusqu'à 35 cm dans la nature, 20 cm en aquarium.
Différences sexuelles : non apparentes et inconnues.
Comportement social : douteux au-delà de 10 cm.
Température requise : de 21° à 28°.
Nourriture : omnivore mais préfère les proies substantielles (vers de terre).

La couleur est brune et le charme de la robe tient uniquement aux ocelles de paon qui ornent la base de la dorsale. Cette espèce reste, jusqu'à maintenant, celle la plus souvent importée parmi un genre qui est très proche de celui des *Mastacembelus*. Tous

ces poissons, d'une extrême discrétion, s'enfouissent confortablement dans le sable en laissant dépasser leur museau effilé et leurs yeux, tant il est vrai que l'on peut désirer ne pas être vus et malgré tout voir les autres! Cette curiosité cause d'ailleurs presque toujours leur mort, car ces poissons doués d'un pouvoir grimpeur ahurissant s'évadent de leur bac et périssent souvent sur un tapis; cela implique bien la nécessité de fermer toutes les issues.
La tolérance en nature d'eau est large. Sterba fournit quelques données sur la reproduction, encore très mal connue.

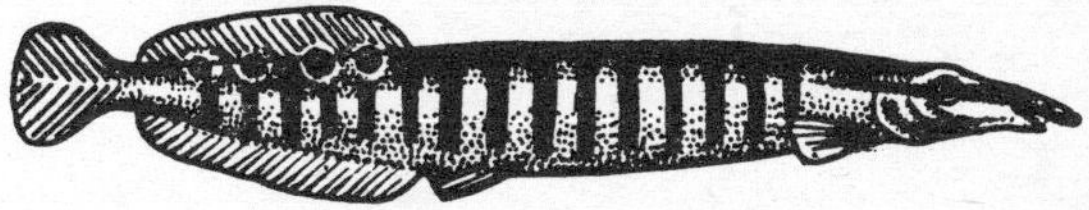

Macrognathus aculeatus (20 cm)

Famille des Monodactylidae

Les membres de cette minuscule famille ont un habitat étendu : les côtes africaines à partir du Sud du Maroc, y compris Madagascar, celles d'Extrême-Orient, en longeant toute l'Asie, sans oublier les îles de l'Indonésie et la plus grande partie de celles d'Australie. Il s'agit de poissons de mer, dont les jeunes remontent en eau douce selon un processus encore plus mal connu que celui des *Scatophagidae*.

MONODACTYLUS ARGENTEUS *45

Synonyme : Néant.
Nom commun français : Mono.
Nom commun anglais : Mono.
Origine : voir le texte de présentation de la famille.
Taille : 10 cm en aquarium, jusqu'à 20 cm dans la nature.
Différences sexuelles : non apparentes et inconnues.

Température requise : de 24° à 28°.
Nourriture : toutes proies vivantes, et moules.

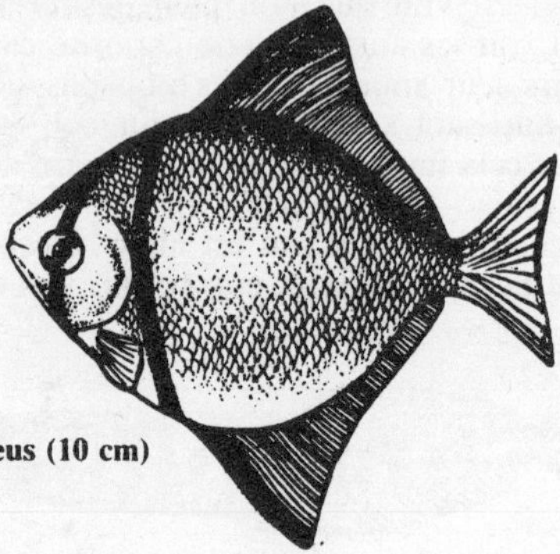

Monodactylus argenteus (10 cm)

Ce superbe poisson se présente comme un scalaire d'argent sans antennes, du jaune orangé dans la dorsale et deux raies noires rehaussant encore sa parure. L'espèce, qui, jeune, peut être tenue en eau douce très dure, demande de plus en plus de pourcentage d'eau de mer (jusqu'à 20 %) au fur et à mesure de sa croissance. Ce poisson constitue un magnifique décor pour un grand bac d'eau saumâtre dans lequel peuvent cohabiter : Mollies, Scato, etc. Les *Mono* sont craintifs, et, sous l'emprise de la peur, susceptibles de faire des sortes de « crises cardiaques », parfois mortelles.

Il est recommandé de les grouper par bande ; s'ils ne sont que deux, le faible vit dans la crainte de son compagnon plus actif, il présente alors une coloration grisâtre témoignant de son malaise. Les modalités de reproduction restent inconnues.

Une autre espèce, le *sebae*, beaucoup plus rare, présente une ligne encore plus haute et une troisième raie noire à l'arrière du corps; il ne se rencontre que dans les eaux africaines, le long du littoral atlantique.

Famille des Mormyridae

Cette famille comprend 5 genres de poissons d'eau douce, tous originaires de la moitié sud de l'Afrique, et de la vallée du Nil. Chose curieuse, une partie de ses membres sont capables de donner de faibles décharges électriques qu'un montage électronique peut transformer en signaux audibles et visibles après amplification. C'est ce qui est réalisé dans certains aquariums publics ou lors d'expositions. Ces décharges de très faible volume proviennent des organes électrogènes situés dans le pédoncule caudal.

L'aquariophilie s'intéresse surtout au genre *Gnathonemus* et notamment aux espèces qui comportent un rostre telles les espèces *petersi, elephas, boulengeri.*

GNATHONEMUS PETERSI

Synonyme : néant.
Nom commun français : Poisson éléphant.
Nom commun anglais : néant.
Origine : bassin du Niger, Congo, Cameroun.
Taille : jusqu'à 23 cm dans la nature, sensiblement moins en aquarium.
Différences sexuelles : non apparentes et inconnues.
Comportement social : bon.
Température requise : de 24° à 28°.
Nourriture : petites proies vivantes détectées dans la couche superficielle du sol.

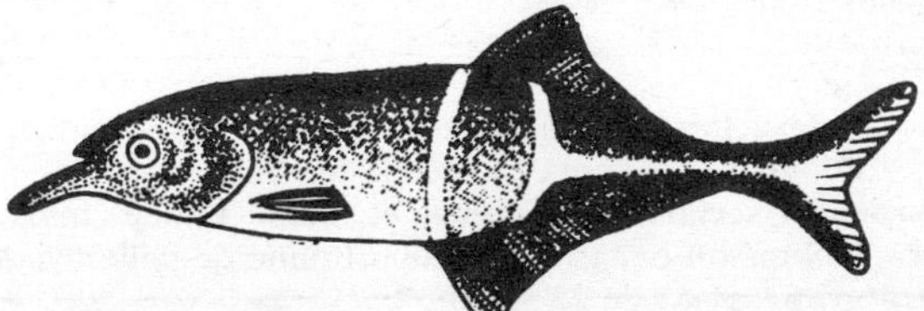

Gnathonemus petersi (15 cm)

De couleur marron, marquée chez certaines variétés par une ligne jaune en courbe de la dorsale à l'anale, c'est un des poissons les plus originaux, avec son rostre évoquant la trompe de l'éléphant. Il est malheureusement fragile.

La bouche, petite, ronde, se situe juste au-dessus de la trompe. Celle-ci ne sert pas à prendre les aliments mais aide à détecter leur présence. Lorsqu'une nourriture est découverte, la trompe se replie vers le dessous, et le poisson, se redressant presque à la verticale, « pique » sur la proie et s'en empare de la bouche. Sa vue semble très mauvaise, tout au moins pendant la journée; d'ailleurs ce poisson a une activité nocturne. Il aime se tenir au ras du sol dans la partie plantée à l'abri de toute lumière vive. Les eaux préférentielles sont mal déterminées et son mode de reproduction reste inconnu.

Famille des Nandidae

La famille des *Nandidae* se répartit au nord de l'Amérique du Sud, à l'ouest de l'Afrique centrale, et enfin en Asie du Sud-Est. La caractéristique de la famille réside dans la structure du squelette. L'aquariophilie est essentiellement intéressée par le *Badis badis*.

BADIS BADIS

Synonyme : néant.
Nom commun français : Badis.
Nom commun anglais : Badis.
Origine : Indes.
Taille : 7 cm.
Différences sexuelles : peu apparentes, mâle plus grand et plus coloré. Abdomen plus convexe chez la femelle.
Comportement social : non agressif et même timide, mais peut « gober » un poisson par trop disproportionné de taille avec lui.
Température requise : de 22° à 30°.
Nourriture : omnivore, mais la distribution de proies vivantes est presque indispensable à sa bonne tenue.

Doués pour le mimétisme — comme les *Cichlidae* auxquels ils ressemblent tant par les mœurs — les *Badis,* « poissons caméléons» par excellence, ont une coloration générale brune, agrémentée de points bleus.

Ils affectionnent un bac dont le décor recèle de nombreux coins sombres, pouvant faire office d'abris. La reproduction est assez facile dans un bac de 50 cm, garni de pierres, d'un pot de fleurs couché, de larges plantes, et empli d'une eau du robinet à 27° pas trop dure (jusqu'à 25 TH) et de pH proche de la neutralité.

La ponte a lieu de préférence dans le pot; il faut enlever la femelle après la ponte. Quant au mâle, il garde la centaine d'œufs suspendus à des fils et les évente. Bien nourri, il ne représente pas de danger pour les alevins très petits qui naissent en 60 heures et qui doivent recevoir infusoires et artémias avant les nourritures usuelles.

Badis badis (7 cm)

Famille des Notopteridae

Groupant deux genres, *Notopterus* et *Xenonystus,* cette famille habite les régions tropicales; soit l'Afrique, soit l'Asie, y compris l'Indonésie. La peau, qui semble nue, est en fait recouverte d'écailles très petites. Les nageoires sont uniquement formées de rayons mous. La vessie natatoire tient un rôle de poumon auxiliaire. Ces poissons remontent en surface, de temps en temps, pour y respirer. La bouche est généreusement pourvue de dents. Le genre *Notopterus* se caractérise par la présence d'une miniscule nageoire dorsale.

XENOMYSTUS NIGRI

Synonyme : néant.
Nom commun français : néant.
Nom commun anglais : African knifefisch.
Origine : toute la partie de l'Afrique habitée par la famille.
Taille : 18 cm en aquarium, 30 cm dans la nature.
Différences sexuelles : non apparentes et inconnues.
Comportement social : douteux.
Température requise : de 22° à 28°.
Nourriture : omnivore, mais proies vivantes presque obligatoires.

Xenomystus nigri (18 cm)

La couleur est brun uni, mais la ligne et la nage sont curieuses. Le poisson se déplace aussi bien en arrière qu'en avant, par les mouvements ondoyants de sa nageoire anale aussi longue que le corps. Durant le jour, cette espèce se tient à l'abri de toute lumière vive, ce n'est qu'au crépuscule que certains sujets développent une activité qui n'est pas toujours sans danger pour les voisins. Sterba indique comme eau préférentielle : douce et acide. La reproduction n'a jamais été réalisée en aquarium.

Famille des Pantodontidae

Cette famille ne comprend que le genre et l'espèce ci-dessous, originaire de l'Afrique occidentale. La langue aussi bien que le palais et la bouche, d'ailleurs très grande, comporte des dents.

PANTODON BUCHHOLZI

Synonyme : néant.
Noms communs français : Pantodon, Poisson papillon.
Nom commun anglais : Butterfly fish.
Origine : Afrique, dans les bassins du Niger et du Congo.
Taille : 10 cm.
Différences sexuelles : les rayons épineux de la base de la nageoire anale sont plus longs chez le mâle.
Comportement social : satisfaisant envers tout poisson de trop grande taille pour pouvoir être avalé.
Température requise : de 24° à 30°.
Nourriture : toutes proies en surface, y compris les insectes.

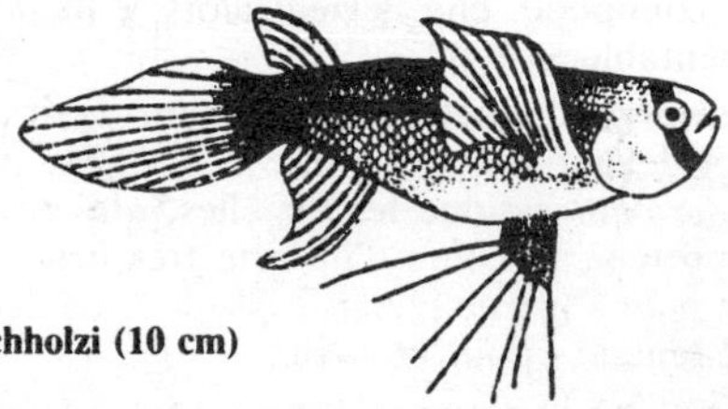

Pantodon buchholzi (10 cm)

La coloration générale est brune avec, dans les nageoires, des reflets rose-mauve sous un certain éclairage. Il s'agit d'un poisson dit volant, capable de sauts de 2 m grâce à l'utilisation de ses nageoires pectorales comme de courtes ailes; elles lui permettent de réaliser des bonds hors de l'eau, pour s'emparer d'insectes qui constituent une partie de sa nourriture. Nous avons connu un cas dans lequel cette espèce présentait des ulcères cutanés, qui ne se cicatrisaient au mercurochrome que pour mieux se rouvrir ailleurs. Cet état, conséquence d'une carence alimentaire, cessa l'été venu, avec la distribution de mouches et de sauterelles. Hormis cette nourriture indispensable, le *Pantodon,* qui ne descend jamais, mange ce qui passe à sa portée, y compris un *Danio rerio.* Il doit donc être placé avec des poissons de taille moyenne qui ne soient pas de surface, dans un bac assez long, bien couvert, avec de larges plans d'eau dégagés de verdure. L'eau préférentielle est plutôt douce. TH autour de 10 pour un pH aux environs de 6,5. Plusieurs auteurs témoignent que des pontes ont déjà été obtenues. Les œufs flottent en surface et éclosent en 3 jours à 30°. L'échec final semble dû à l'impossibilité de fournir aux nouveau-nés une nourriture adéquate : probablement, pour une part, des moucherons microscopiques, que seule la nature peut fournir.

Famille des Poeciliidae

Cette famille comporte les caractéristiques générales propres aux *Cyprinodontidae* excepté que ses membres sont vivipares. Pour cette raison, certaines classifications les considèrent comme une sous-famille, dénommée *Cyprinodontidae* vivipares. Ces poissons ne se trouvent qu'en Amérique : du sud des Etats-Unis jusqu'au bas du Bassin amazonien.

En conséquence de leur viviparité, la nageoire anale chez les mâles devient très allongée et pointue à la maturité du poisson; sous le nom de gonopode, elle devient alors le membre copulateur, qui est orientable.

Tous les membres de cette famille sont actifs et nagent complaisamment devant l'aquariophile. Les mâles, très ardents, poursuivent d'une cour assidue les femelles, qui sont fécondées pour plusieurs portées au cours d'un acte très bref. C'est pourquoi il est recommandé de ne jamais descendre en dessous d'une proportion de 2 femelles pour un mâle.

Chez les espèces où la pigmentation n'est pas trop foncée, la progression de la tache sombre, visible à la base de l'abdomen des femelles, permet de situer la date de l'accouchement. La naissance des jeunes se produit par des contractions qui, parfois, semblent éprouver la mère. Les alevins, sitôt passés les premiers instants d'étourdissement, deviennent capables de nager et d'aller chercher un refuge tout à fait indispensable : les parents, y compris la mère sitôt remise de ses fatigues, se montrent en effet très friands de leurs nouveau-nés.

La reproduction de ces espèces est plus qu'aisée, puisque l'amateur se trouve en présence de bébés poissons qui le ravissent, sans avoir eu à s'occuper de rien. Dès lors, il ne faut pas s'étonner qu'il s'agisse d'un groupe très apprécié.

Le plus populaire de ces poissons est le *Poecilia reticulata,* alias *Guppy,* auquel nous devons le développement d'une aquariophilie qui commence souvent pendant l'adolescence, ce poisson n'étant ni coûteux, ni exigeant quant à sa résidence.

Ce dernier fait ne justifie pas le logement, dans un pondoir, d'une femelle qui souvent s'y impatiente et s'y blesse, et où, de toute façon, les jeunes ne se développeraient qu'au prix d'un retard considérable sur une croissance normale : celle-ci devant être normalement achevée en trois mois, sous peine d'avoir des sujets restant toujours chétifs et débiles.

Pour obtenir des sujets valables, il faut utiliser un bac de 50 cm, de l'eau du robinet à plus de 20°, un lit de sable avec quelques plantes et du riccia, si l'on en a. La naissance ayant été constatée, soit par la vue des alevins, soit par la platitude de la mère, il convient d'enlever celle-ci qui, bien nourrie, n'aura pas encore mangé ses enfants, ou très peu d'entre eux. Les nouveau-nés peuvent à la rigueur être nourris avec la plus fine des poudres, mais la distribution de nauplies d'artémias est très souhaitable. On distribue ensuite, tout au long de la croissance, une alimentation variée, correspondant à la taille.

GUPPYS

Cf. Poecilia reticulata.

MOLLY LATIPINNA

Cf. Poecilia latipinna.

MOLLY SPHENOPS

Cf. Poecilia sphenops.

MOLLY VELIFERA

Cf. Poecilia velifera.

PLATY

Cf. Xiphophorus maculatus.

PLATY VARIATUS

Cf. Xiphophorus variatus.

POECILIA RETICULATA ***46**

Synonyme : Lebistes reticulatus.
Nom commun français : Guppy.
Nom commun anglais : Guppy.
Origine : Nord du bassin de l'Amazone, Venezuela, Trinidad, dans des eaux assez diversifiées sur le plan de leurs propriétés physico-chimiques.
Taille : mâle 3 cm; femelle 5 cm.
Différences sexuelles : gonopode chez le mâle, par ailleurs très coloré et beaucoup plus petit que la femelle.
Comportement social : très bon.
Température requise : de 20° à 30°.
Nourriture : omnivore.

Pour la petite histoire, notons que le terme « Guppy » qui désigne ce poisson dans presque tous les pays provient de son « découvreur ». C'est en effet le Docteur R. Guppy qui le découvrit en 1859 dans les petites Antilles, plus précisément dans l'île de la Trinité dite Trinidad. Il le recueillit dès 1866.

Depuis le type sauvage, peu coloré, aux nageoires peu développées, jusqu'aux variétés (fruits de patientes sélections) à la robe multicolore et à la caudale en voile delta, il y a des *Guppys* pour tous les goûts et toutes les bourses. En Allemagne et aux Etats-Unis en particulier, éleveurs et amateurs rivalisent d'émulation et parviennent à attirer des milliers de spectateurs à des expositions consacrées à ce seul poisson.

Si vous ajoutez aux formes des dessins ci-après des couleurs infinies qui ne sont presque jamais deux fois les mêmes, vous comprendrez l'engouement des amateurs de sélection et d'hybridation.

Ce petit poisson, grand destructeur de larves de moustiques dans la nature, accepte toutes les nourritures en aquarium. Il apprécie une eau neutre et dure, un bac bien planté où les femelles peuvent se soustraire à la cour incessante des mâles. Et surtout un apport hebdomadaire d'eau neuve. La température optimale de reproduction se situe autour de 24°; la gestation, alors inférieure à un mois, est encore accélérée avec des températures supérieures ! Tandis qu'elle se ralentit à 20°.

Le Guppy est le plus prolifique de tous les poissons, comme en témoigne son surnom de « million fish ». Les alevins constituent une excellente nourriture pour beaucoup d'espèces, notamment les *scalares*. Lorsqu'on veut les élever sans les voir dégénérer, il convient d'éviter les reproductions consanguines répétées, de séparer les sexes sitôt la formation du gonopode vers 3 mois, de ne laisser les couples se reproduire qu'à partir de l'âge de 6 mois.

En outre, si l'on veut conserver la stabilité des caractères de base (forme et coloration), il convient d'utiliser des femelles albinos.

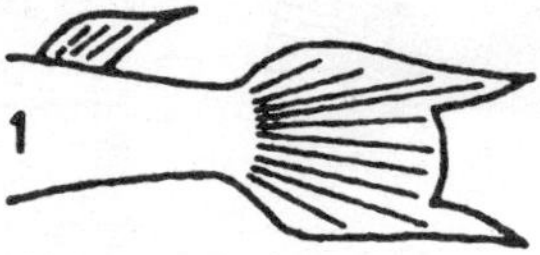

QUEUE DE LYRE - LYRETAIL

EPEE HAUTE - TOPSWORD

EPEE BASSE - BOTTOM SWORD

DOUBLE EPEE - DOUBLE SWORD

DELTA VOILE - VEILTAIL

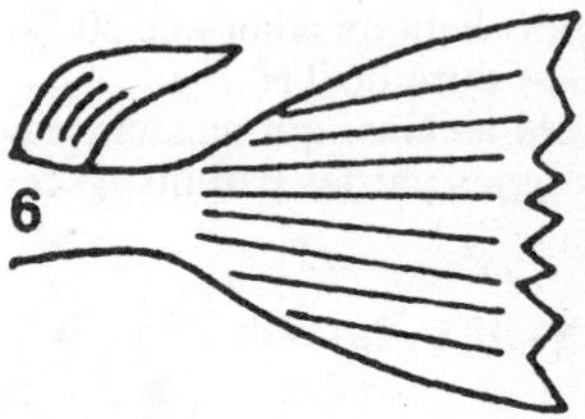

QUEUE DE VOILE - FLAGTAIL

POECILIA SPHENOPS

Synonyme : Mollienesia sphenops.
Noms communs français : Black, Black moucheté, Molly.
Nom commun anglais : Molly sphenops.
Origine : continent américain, du Mexique à la Colombie.
Taille : 10 cm.

Différences sexuelles : présence de gonopode et forme plus allongée chez le mâle.
Comportement social : bon.
Température requise : de 25° à 30°.
Nourriture : omnivore, avec apport d'algues vertes ou d'épinards.

Mollienesia sphenops (10 cm)

La nuance d'origine est grise à taches noires. Ces poissons, alors appelés mouchetés, sont moins appréciés par les amateurs que les sujets d'un noir velouté obtenus par sélection. Cette souche constitue la plus robuste du genre, les mouchetés étant eux-mêmes plus résistants que les noirs purs. Quand un amateur désire absolument des poissons noirs et que des adultes ne s'adaptent pas à son bac, la solution consiste souvent à acheter une femelle proche de l'accouchement. Les jeunes nés dans l'eau de l'amateur se développent et y vivent souvent normalement. De toute façon, ces poissons aiment trois choses : la chaleur (une température supérieure à 25°); un bac suffisamment grand; un apport hebdomadaire de 50 % d'une eau de préférence neutre de pH et dure de TH.

Les alevins, qui naissent assez gros, se trouvent généralement épargnés par les parents, si ces derniers sont très bien nourris.

POECILIA LATIPINNA

Synonyme : Mollienesia latipinna.
Nom commun français : Black Molly.
Nom commun anglais : Sail fin Molly.
Origine : sud-est des Etats-Unis.
Taille : 10 cm.
Différences sexuelles : présence de gonopode, et forme plus allongée chez le mâle.
Comportement social : bon.
Température requise : de 28° à 32°.
Nourriture : omnivore, avec apport d'algues vertes ou d'épinards.

La différence d'aspect du *Latipinna* par rapport au sphenops, vu précédemment parce que beaucoup plus courant, réside dans la nageoire dorsale. Celle-ci, quand elle est déployée, occupe toute la longueur du dos, et confère à cette espèce une classe supérieure. Malheureusement, ce poisson est plus exigeant quant à la température, aux qualités de l'eau qui doit non seulement être alcaline et très dure mais en outre presque toujours comporter un léger apport de 2 % d'eau de mer. C'est encore la variété noir velours qui obtient la préférence des amateurs.

Mollienesia latipinna (10 cm)

POECILIA LYRE

Synonyme : Mollienesia lyre.
Nom commun français : Black lyre.
Nom commun anglais : Lyre tail black Mollies.
Origine : sud-est des Etats-Unis.
Taille : 10 cm.
Différences sexuelles : présence de gonopode, et forme plus allongée chez le mâle.
Comportement social : bon.
Température requise : de 26° à 32°.
Nourriture : omnivore, avec apport d'algues vertes ou d'épinards.

Mollienesia lyre (10 cm)

Fruit de patients travaux de sélection, cette variété splendide est probablement issue du *latipinna,* dont elle a la sensibilité : toutefois, les spécimens livrés sur le marché sont le plus souvent des hybrides.

POECILIA VELIFERA *47

Synonyme : Mollienesia velifera.
Nom commun français : Mollienesia velifera.
Nom commun anglais : Sail fin Molly.
Origine : Yucatan.
Taille : 13 cm.
Différences sexuelles : présence de gonopode, et dorsale plus développée chez le mâle.
Comportement social : satisfaisant, sauf entre mâles de l'espèce.
Température requise : de 26° à 32°.
Nourriture : omnivore, avec apport d'algues vertes ou d'épinards.

Avec son corps aux reflets bleu acier, surmonté, surtout chez le mâle, d'une dorsale en voilure constellée de points irisés, et la gorge orangé chez les deux sexes, ce poisson est réellement une bête splendide.

Cette espèce, proche du *latipinna* comme aspect et comme exigences, demande un grand aquarium, dans lequel, d'ailleurs, seul le mâle le plus vigoureux atteint un plein développement. Pour sa reproduction, un grand bac est indispensable. En outre, il est préférable d'enlever les parents malgré la taille respectable des alevins.

XIPHOPHORUS HELLERI *49

Synonyme : néant.
Noms communs français : Xipho, Porte-épée, Porte-glaive.
Nom commun anglais : Swordtail.
Origine : Mexique.
Taille : 12 cm.
Différences sexuelles : présence de gonopode et surtout nageoire caudale prolongée en épée chez le mâle.
Comportement social : satisfaisant.
Température requise : de 22° à 28°.
Nourriture : omnivore, avec apport d'algues vertes ou d'épinards.

Le Xipho d'origine est de nuance verdâtre, avec une bande rouge orangée sur la ligne médiane; chez le mâle, l'épée verte est bordée de noir. De cette souche, descend le *Xiphophorus helleri rubra* dit *Xipho rouge*, également à épée bordée de noir.

Sans parler des variétés à haute dorsale voilée dont certaines à queue lyre, d'autres hybrides ont été obtenus par sélection, parmi lesquels il faut citer :
— le *Xipho wagtail* dont les rayons des nageoires sont noirs, comme chez les Platys du même nom;
— les *Xipho tuxedo* et *berlinois,* deux variétés rouges à taches noires obtenues avec une souche Platy dans les ascendants;
— le *Xipho noir* qui est le produit d'un Platy noir (variété nigra) et d'une femelle Xipho verte. Le corps bleu-noir est enjolivé par des écailles, à reflet vert métallique, sur les flancs.

Trop souvent, hélas! les bacs des meilleures maisons ne peuvent offrir, en fait de Xiphos, que des « hybrides tout venant », aussi médiocres en taille qu'en beauté. C'est la déplorable conséquence d'une production axée sur la quantité et non sur la qualité.

Chose curieuse, c'est chez le genre Xipho que les cas de changement de sexe sont les plus fréquents, dans le sens femelles qui deviennent mâles... et ne sont pas stériles. Ce phénomène pour le moins étrange ne peut s'expliquer que de la manière suivante : les femelles en cause seraient en fait nées bisexuées. En cas de nécessité l'ovaire dégénère, s'atrophie puis se sclérose tandis que le testicule se développe parallèlement à la transformation de la nageoire anale en membre copulateur sous la forme du gonopode commun à tous les ovovivipares.

La sociabilité est parfois médiocre entre mâles, alors qu'elle demeure bonne envers les autres compagnons d'aquarium.

Le milieu préféré consiste, comme pour les Mollies, en une eau franchement alcaline et très dure, mais l'adjonction d'eau de mer n'est pas nécessaire. La reproduction ne présente aucune difficulté particulière; toutefois, il convient de disposer d'un beau couple et d'un bac assez grand. Il est également indiqué chez les jeunes de séparer les sexes, jusqu'à complet développement, si l'on veut éviter les accouplements prématurés et obtenir des sujets valables.

La quasi-similitude anatomique des gonopodes rend possible les croisements Xiphos-Platys.

XIPHOPHORUS MACULATUS *48

Synonyme : Platypoecilus maculatus.
Nom commun français : Platy.
Nom commun anglais : Platy.

Origine : Amérique centrale, du Mexique au Guatémala.
Taille : 5 cm.
Différences sexuelles : présence de gonopode, et ligne plus allongée chez le mâle.
Comportement social : très bon.
Température requise : de 21° à 27°.
Nourriture : omnivore.

Le type d'origine « sauvage » n'est pour ainsi dire jamais commercialisé. Le genre est représenté par de nombreuses espèces hybrides, dont voici les plus appréciées :
— le *Platy lune* de couleur jaune orangé à reflet bleu-vert, avec sur chaque flanc une tache en forme de quartier de lune à la naissance de la caudale;
— le *Platy rouge,* réellement écarlate, avec yeux bleu ciel, chez les plus beaux sujets;
— le *Platy citron* de couleur crème à jaune;
— le *Platy tuxedo* de couleur brun-rouge avec taches noires;
— le *Platy wagtail,* très estimé, au corps rouge ou citron avec les rayons des nageoires noirs. En outre, il existe souvent une petite tache noire sur le museau;
— le *Platy noir* au corps bleu noirâtre non velouté.

Les Platys sont de jolis petits poissons qui jettent des notes de couleurs dans l'aquarium. Toutes les variétés se croisent entre elles, permettant d'obtenir des hybridations à l'infini. Celles-ci ne sont pas toujours jolies et, compte tenu d'une part qu'une seule fécondation est valable pour 4 à 5 portées, d'autre part qu'en vertu des lois génétiques de Mendel, ces sujets ne sont pas « fixés », il vaut mieux laisser au spécialiste le soin des sélections méticuleuses et s'attacher à obtenir de beaux sujets d'une jolie souche.

Les Platys demandent une eau pure bien aérée, moins alcaline et moins dure que les autres vivipares. Ils sont en outre moins herbivores et leurs alevins sont plus délicats. La mère mangeant plus volontiers ses enfants que les femelles des autres genres, nous conseillons de l'enlever sitôt la ponte terminée. Les sujets deviennent plus colorés et plus vigoureux lorsque, jeunes, ils ont été partiellement nourris d'artémias. Ils se montrent sensibles au changement de milieu et préfèrent une chaleur sans excès, autour de 23°.

XIPHOPHORUS VARIATUS

Synonyme : Platypoecilus variatus.
Nom commun français : Platy variatus.
Nom commun anglais : Variegated Platy.
Origine : partie sud du Mexique.
Taille : 6 cm.
Différences sexuelles : présence de gonopode, et coloration plus vive chez le mâle.
Comportement social : bon.
Température requise : de 22° à 28°.
Nourriture : omnivore.

Ce Platy, sauvage ou « moins travaillé » que les espèces issues du *maculatus,* possède une coloration générale jaune-ocre, avec des reflets dans la ligne latérale; et sa dorsale, assez importante, comporte du rouge.

Sa longévité n'est pas très grande en aquarium. Par contre, il vit très bien dans des bacs où, parfois, des descendants du *maculatus* s'adaptent mal.

Famille des Polycentridae

Rattachée par certains auteurs aux *Nandidae,* cette famille se caractérise par des nageoires — caudale et anale — si transparentes qu'elles ne se remarquent que vues de très près.

Elle se distingue également par une bouche extraordinairement extensible : déployée, elle permet à son propriétaire d'ingurgiter des proies atteignant les trois quarts de sa propre taille ! Répartie au nord-est de l'Amérique du Sud et en Afrique occidentale, la famille est représentée pour l'aquariophilie par les *Polycentrus* et *Monocirrhus.*

POLYCENTRUS SHOMBURGKI

Synonyme : néant.
Nom commun français : Polycentrus shomburgki.
Nom commun anglais : Shomburgk's leaf fish.
Origine : nord de l'Amérique du Sud, région de Trinidad.
Taille : 8 cm.

Différences sexuelles : coloration plus sombre chez le mâle.
Comportement social : déplorable avec tout sujet plus petit que lui.
Température requise : de 20° à 30°.
Nourriture : toutes celles issues de la viande ou du poisson.

La coloration, assez changeante par mimétisme, est de dominante brune, avec des marbrures plus foncées.

Ce poisson craint la lumière vive et son bac doit comporter des fourrés ombreux. La reproduction est possible pour un amateur averti, dans un bac installé avec une pierre plate, un pot couché et des plantes à larges feuilles génératrices d'ombre. L'eau préférentielle est assez douce, moins de 15 TH, et de pH 6,8; l'éclosion a lieu en 4 jours à 26°. Le père doit être enlevé après l'éclosion, la mère l'ayant été après la ponte. Il convient de nourrir les alevins avec des artémias.

Polycentrus shomburgki (8 cm)

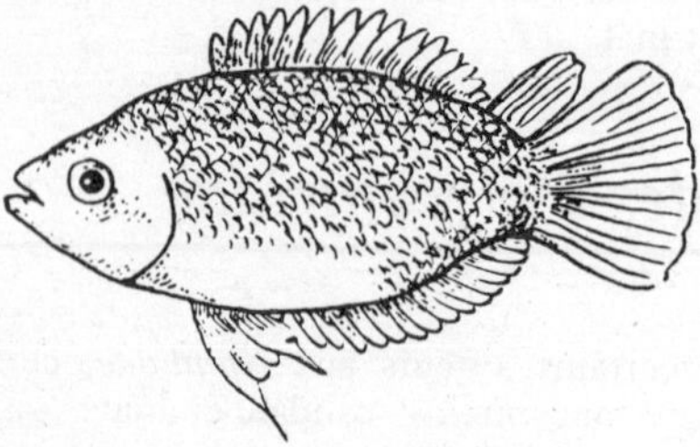

Famille des Scatophagidae

Cette petite famille ne comporte que deux genres. Elle comprend des poissons côtiers qui habitent l'est de l'Inde, et les îles situées entre l'Asie et l'Australie. La tenue de ces poissons en aquarium pose des problèmes, car ce genre passe une partie de sa vie en mer, et une autre en eau douce. De fortes présomptions incitent à penser qu'ils pondent en mer, au voisinage immédiat des récifs coralliens; les jeunes gagnent les eaux douces des petits fleuves côtiers où ils sont pêchés; quant aux adultes, ils passent l'essentiel de leur vie à proximité des docks en eau très fortement saumâtre à attendre tous les apports de nourriture que les égouts peuvent procurer à leur robuste appétit. Dans ces conditions, le milieu optimum à leur fournir est délicat à déterminer.

SCATOPHAGUS ARGUS *50

Synonyme : néant.
Nom commun français : Scato.
Nom commun anglais : Spotted Scat.
Origine : voir texte de présentation de la famille.
Taille : 15 cm en aquarium, jusqu'à 30 cm dans la nature.
Différences sexuelles : non apparentes et inconnues.
Comportement social : bon.
Température requise : de 20° à 28°.
Nourriture : tout ce qui se mange (cf. texte ci-après).

Ce magnifique poisson est, à part les bandes et points noirs, de couleur jaune d'or. Seule la variété dite *rubifrons* est d'un orangé presque rougeoyant sur le dos. Compte tenu de ce que nous avons dit de son écologie spéciale, impossible à reconstituer en captivité, il convient de n'acheter que des sujets en parfaite condition physique, c'est-à-dire bien ronds sans aucune tendance au « shimmy ». Ce poisson demande en outre un bac assez spacieux et une bonne nourriture variée comprenant de la salade (feuilles de laitue crue) ou du riccia, qu'il puisse brouter à volonté. Les spécimens les plus robustes s'adaptent parfois totalement à l'eau douce, mais une eau saumâtre comportant jusqu'à 20 % d'eau de mer représente les meilleures conditions. Cette espèce est peureuse, il faut éviter les brusques allumages en pleine nuit, par exemple. Très familier, ce poisson reconnaît son soigneur.

Une ponte non suivie d'éclosion aurait été observée en grand bac d'eau de mer, selon des mœurs proches de celles des *Cichlidae*.

Famille des Serranidae

Synonymes : *Centropomidae* et *Ambassidae.*

Le nom de famille *Serranidae* désigne les perches de mer. Le poisson ci-dessous, d'eau douce légèrement saumâtre, était classé dans la sous-famille des *Ambassidae.* Cette appellation tend à être remplacée par celle de *Centropomidae,* le nom de genre *Ambassis* tendant lui-même à être remplacé par celui de *Chanda.* Les membres de cette famille, répartie depuis l'Est africain jusqu'aux îles du Pacifique, se distinguent par un corps haut et comprimé et par une nageoire dorsale double, la première seule étant épineuse.

CHANDA RANGA ***51**

Synonymes : Ambassis lala, Chanda lala.
Nom commun français : Ambassis lala.
Nom commun anglais : Indian glassfish.
Origine : Indes.
Taille : 5 cm.
Différences sexuelles : reflets de couleur plus accentués chez le mâle.
Comportement social : bon; aime vivre en groupe.
Température requise : de 20° à 27°.
Nourriture : petites proies vivantes.

Chanda ranga (5 cm)

Cette espèce est, à cause de sa petite taille, la plus estimée de ces poissons de verre dont la transparence n'empêche pas les jolis reflets colorés. Ces animaux sont robustes s'ils jouissent d'une bonne nourriture et d'une eau dure, leur préférence allant à une eau à pH au-dessus de 7 pour un TH minimum de 20, avec *éventuellement* adjonction d'eau de mer jusqu'à 5 %.

Pour la reproduction, possible pour un amateur très chevronné, quand les poissons ont atteint l'âge de neuf mois, l'eau préférentielle serait d'un pH alcalin d'un minimum de 7,5. Il est préconisé de placer le bac, de 50 cm, orienté aux premiers rayons du soleil, et d'y mettre plusieurs couples en séparant les sexes pendant quelques jours. L'aquarium est à équiper d'un filtre-plaque, d'un diffuseur, de touffes de plantes fines et de riccia, ou à défaut de mousse de perlon. Les œufs, très adhésifs, sont pondus et fertilisés dans les myrios par série de 4 à 6 jusqu'à concurrence de 200. A 26° ou 27°, l'éclosion a lieu en 24 heures. Les alevins, d'abord pendus aux plantes, commencent à nager au bout de 3 à 4 jours. Les parents doivent être enlevés.

Pour l'aquariophile parvenu à ce stade, il reste à résoudre une double difficulté : d'abord fournir aux alevins minuscules des proies assez nourrissantes qu'ils acceptent, ensuite les placer à portée de leur bouche, car ils happent les bestioles qui passent, sans chercher à atteindre les autres.

Pour la taille des proies, il est fort probable que certaines des catégories d'infusoires et de rotifères fournis par le riz paddy devraient convenir. C'est le moment de se souvenir qu'en plantant du riz sur la zone d'influence du filtre, il est facile, en faisant fonctionner ou non ce dernier, d'établir un équilibre entre le besoin de production intensive et le risque de pollution. Mais, il peut être plus sûr de fournir en abondance des nauplies de cyclopes issus d'une mare.

Le transport des proies à portée de bouche des consommateurs peut être assuré dans une certaine mesure par le brassage d'eau provoqué par le filtre quand il fonctionne, et par le diffuseur.

En outre, il convient de veiller à ne pas avoir un éclairage dont la source viendrait d'un angle opposé à celui où se tiennent les alevins, afin de ne pas y attirer les infusoires. Les alevins ne chassent pas, les proies doivent donc parvenir à leur portée.

Famille des Siluridae

La majorité des auteurs scinde en plusieurs groupes cette famille répartie dans le monde entier, tant dans les eaux douces que marines.

Ses membres ont la bouche entourée de barbillons, qui ne sont quelquefois que des filaments tentaculaires; d'autre part, des plaques osseuses recouvrent parfois la peau dépourvue d'écailles.

KRYPTOPTERUS BICIRRHIS

Synonyme : Cryptopterus bicirrhis.
Nom commun français : Poisson de verre.
Nom commun anglais : Glass catfish.
Origine : Indes.
Taille : 10 cm.
Différences sexuelles : non apparentes et inconnues.
Comportement social : très bon.
Température requise : de 21° à 27°.
Nourriture : petites proies vivantes.

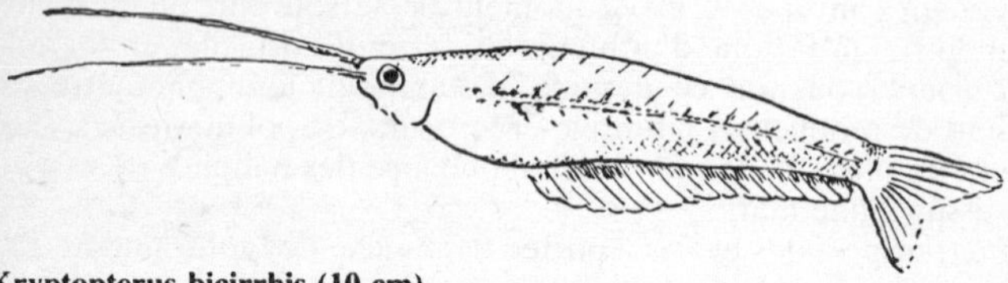

Kryptopterus bicirrhis (10 cm)

Cette espèce constitue sans aucun doute l'une des plus grandes curiosités de la nature. Un auteur sérieux a pu écrire qu'il était possible de lire au travers du corps de ce poisson ! En effet, à part la petite partie contenant les organes, sa transparence est totale et il n'est nul besoin de recourir aux rayons X pour contempler les arêtes !

Cette espèce timide aime vivre par groupes, à mi-eau, en compagnie d'espèces pacifiques et calmes. Il convient donc d'en réunir un minimum de trois. L'eau préférée est neutre en pH et de dureté modérée (10 de TH). Si ce poisson est le bienvenu dans un aquarium d'ensemble, il n'en va pas de même des espèces *macrocephalus*. Ces dernières se reconnaissent à leur corps jaune marbré, et il convient de faire des réserves quant à leur sociabilité.

Le mode de reproduction demeure inconnu.

SYNODONTIS NIGRIVENTRIS

Synonyme : néant.
Nom commun français : Synodontis nigriventris.
Nom commun anglais : Upside down catfish.
Origine : Afrique, région du Congo.
Taille : 6 cm.
Différences sexuelles : non apparentes, sauf taille plus grande chez la femelle.
Comportement social : bon, préfère vivre en groupe.
Température requise : de 23° à 27°.
Nourriture : omnivore, y compris des algues.

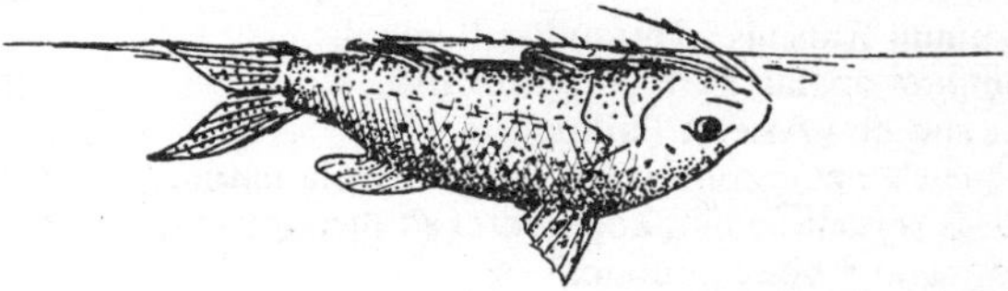

Synodontis nigriventris (6 cm)

Ce silure africain, classé par certains auteurs dans la famille des *Bagridae*, et maintenant considéré comme un *Mochokidae*, est aussi une curiosité de la nature. Ce poisson nage ventre en l'air. Il est de couleur brune avec des taches et marbrures plus foncées; mais, là encore, les choses sont inversées : alors que tous les poissons ont le dos foncé et le ventre clair, pour des raisons de camouflage, chez cette espèce, le ventre est sombre et le dos clair. C'est un poisson à activité plutôt nocturne. Il se nourrit aussi bien en surface que sur le fond : pour ce faire, il doit se retourner, ce qu'il fait très volontiers. Des algues vertes concourent à son maintien en bonne santé. Sa reproduction a rarement été réussie en aquarium.

La ponte a lieu dans un pot de fleurs couché, comme chez maints *Cichlidae*. L'éclosion des œufs, d'environ 2,5 mm de diamètre, demande une semaine.

Famille des Tetraodontidae

Cette famille est très répandue dans les eaux tropicales, mais la majorité de ses membres vivent en mer, et la minorité d'eau douce ne fréquente pratiquement que les parties saumâtres. L'attraction de ces poissons est leur pouvoir de gonfler d'air à volonté leur corps globuleux. Une autre caractéristique réside dans les deux dents soudées ensemble à chaque mâchoire, et dans la peau dépourvue d'écailles. Celles-ci sont remplacées, quelquefois, par des plaques osseuses; tandis que lorsque la peau reste nue, elle comporte souvent des épines mobiles, qui se hérissent « au gonflage ». La chair d'une grande partie de ces espèces est toxique.

TETRAODON FLUVIATILIS

Synonyme : néant.
Nom commun français : Tetraodon fluviatilis.
Nom commun anglais : Green puffer fish.
Origine : sud de l'Asie et Philippines.
Taille : 7 cm en aquarium pour 17 cm dans la nature.
Différences sexuelles : non apparentes et inconnues.
Comportement social : douteux.
Température requise : de 23° à 28°.
Nourriture : proies vivantes presque indispensables.

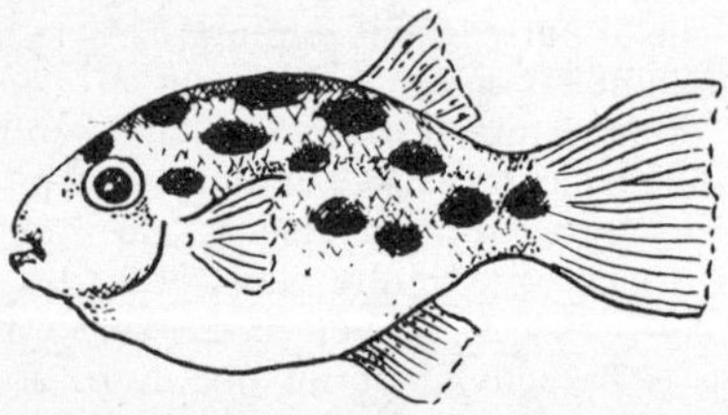

Tetraodon fluviatilis (7 cm)

La coloration du corps, verte sur le dos, devient jaune sur les flancs, tandis que le ventre est blanc, et que les points et taches sont noirs.

Ce poisson original, proche parent du Diodon, précieux pour manger les escargots dont il est friand, ne résiste à la vie en captivité qu'à la condition de disposer d'une bonne nourriture et d'eau saumâtre. Celle-ci, à notre avis, est indispensable, à la proportion d'au moins 5 % d'eau de mer. Reproduction inconnue.

TETRAODON SOMPHONGSI

Pas de noms communs français ou anglais.

Cette espèce, au corps vert foncé et aux yeux rouges, supporte beaucoup mieux l'eau non saumâtre mais sa sociabilité est mauvaise : il ne tue pas, mais blesse, surtout aux nageoires, ses compagnons d'aquarium.

Famille des Toxotidae

Cette minuscule famille n'est représentée que par le genre *Toxotes* qui habite les eaux saumâtres des côtes de toute la partie sud de l'Asie, du nord de l'Australie, de la Polynésie, et de toutes les îles environnantes. La caractéristique de la famille réside dans le pouvoir qu'ont ses membres de « bombarder » à l'aide de gouttes d'eau les insectes convoités comme nourriture. La portée du tir est de 10 cm pour les jeunes à l'entraînement, tandis qu'un adulte, maître pointeur sans doute, « fait mouche » à 1,50 m. Ces poissons se nourrissent, par ailleurs, de toutes les proies qu'ils trouvent en surface.

TOXOTES JACULATOR

Synonyme : néant.
Noms communs français : Toxote, Poisson archer.
Nom commun anglais : Archerfish.
Origine : côtes du sud de l'Asie. Eaux douces et saumâtres, parfois presque marines.
Taille : moins de 15 cm en aquarium et près de 25 cm dans la nature.

Différences sexuelles : non apparentes et inconnues.
Comportement social : satisfaisant avec des poissons de taille proportionnée.
Température requise : de 22° à 28°.
Nourriture : proies vivantes variées, dont des insectes.

Chez ce poisson de surface, la tonalité générale, verte, s'éclaircit vers le centre, tandis que les raies sont noires. La forme est par ailleurs élégante, mais l'amateur est avant tout séduit par les talents d'artilleur qui peuvent s'exercer en aquarium si le poisson a faim, au moment où une mouche lui est présentée. La nourriture doit non seulement comporter presque exclusivement des proies qui bougent, mais encore comprendre de temps à autre des insectes. L'eau d'un pH minimum de 7 et d'un TH au moins égal à 25 doit en outre contenir un minimum de 5 % d'eau de mer.

Bien que des pontes aient été constatées en très grand aquarium, aucune reproduction n'a été menée à son terme.

Toxotes jaculator

Votre aquarium
dans
votre home

Si vous ne voulez pas poser votre aquarium sur un meuble ou une cheminée...

... posez-le sur une table conçue pour lui,

... scellez-le dans un mur,

... encastrez-le dans une cloison,

... intégrez-le dans un élément,

... faites-lui habiller le muret de séparation d'une pièce.

Table d'équivalence des unités anglaises et françaises

Poids

1 g	= 15,432 grains	= 0,564 dram
10 g	= 5,64 drams	
29 g	= 1 ounce	
100 g	= 3,527 ounces	
450 g	= 1 pound	

Capacités

0,01 l	= 0,07 gill
0,1 l	= 0,176 pint
1 l	= 1,759 pint
10 l	= 2,2 gallons

Longueurs

1 mm	= 0,039 inch
1 cm	= 0,394 inch
10 cm	= 3,937 inches
1 m	= 39,370 inches

Températures

en degrés Celsius	en degrés Fahrenheit
15°	59°
16°	60,8°
17°	62,6°
18°	64,4°
19°	66,2°
20°	68°
21°	69,8°
22°	71,6°
23°	73,4°
24°	75,2°
25°	77°

D'une manière générale pour transformer des degrés Celsius en degrés Fahrenheit, on utilise la formule :

$$F^\circ = (C^\circ \times 1{,}8) + 32$$

(à condition que la température C soit au-dessus de zéro).

Inversément on transforme les degrés Fahrenheit en degrés Celsius grâce à la formule :

$$C^\circ = (F^\circ - 32) \times 5/9$$

(à condition que la température F soit au-dessus de zéro).

Index

Les noms de végétaux et d'animaux ont tous été repris dans cet index :
- les noms scientifiques en italique;
- les noms communs en caractère normal;
- les synonymes entre parenthèses;
- les noms de famille en capitales.

Les nombres en gras renvoient au texte principal sur chaque plante ou poisson. Les nombres entre parenthèses avec un astérisque indiquent la place des photographies couleurs dans les planches hors texte.

PLANTES

A

B

C

D

E

F

G

ESCARGOTS AQUATIQUES

POISSONS

D

E

F

J

K

L

M

N

O

P

Q

R

Orientation bibliographique

En langue française

Jacques **ARNOULT.** *Les poissons* (Encyclopédie par l'image). Hachette.
M. **BOUCHER.** *L'aquarium équilibré.*
L. **COPIN.** *Faune et flore exotiques.* Ed. Arapress, Bruxelles.
Henri **FAVRÉ** et Michel **TASSIGNY** avec la collaboration de Jacques **ARNOULT,** *Le Guide Marabout de la santé de l'aquarium,* GM 78, Editions Marabout.
Henri **FAVRÉ** et Michel **TASSIGNY.** *Les règles d'or de la réussite de l'aquarium,* GM 98, Editions Marabout.
M. **FRANÇOIS.** *Décors exotiques et plantes d'aquarium.*

En langue anglaise

AXELROD and SCHULTZ. *Tropical Aquarium Fishes.*
W. T. **INNES.** *The Aquarium and Exotic Aquarium Fishes.*
Colin D. **ROE.** *A Manual of Aquarium Plants.*
STERBA. *Fresh Water Fishes of the world.* Edition en langue anglaise adaptée par D. W. Tucker.

Parmi les revues d'aquariophilie ou les fiches techniques incorporées à celles-ci

Aquarama — Editions Andréas à Duttlenheim, 67120. Avec, notamment les écrits de MM. R. Allgayer — J. Arnoult — P. Buon — H. Favré — J. Herissé — K. Lejska — P. Louisy — M. Martz — M. Meyer — R. Pourriot — J. Schnugg — M. Tassigny — J. Teton.

Aquarium Magazine — Editions de l'aquarium. Avec particulièrement les écrits de Mme B. Joly et MM. J. Artaut — J.P. Hacard — S. Pecolatto.

Les Bulletins de l'A.F.A. — diffusés successivement sous divers titres par l'Association française des aquariophiles de Paris avec spécialement les écrits de MM. R. Dissard — S. Mallet — R. Manceau — R. Pourriot.

La Revue française d'Aquariologie éditée par le cercle aquariophile de Nancy avec plus précisément les écrits de Mme M. Woillard et MM. B. Condé — D. Terver — J. Voss.

La revue *Le Cardinal* éditée par le Cardinal club de Liège (Belgique) avec plus spécialement les écrits de MM. P. Lebrun et R. Lhoest.

Table des matières

PREMIÈRE PARTIE
Le matériel

DEUXIÈME PARTIE
Le guide des poissons

Pour débuter

Mon premier aquarium

H. Favré

Pour ne pas
en arriver là...

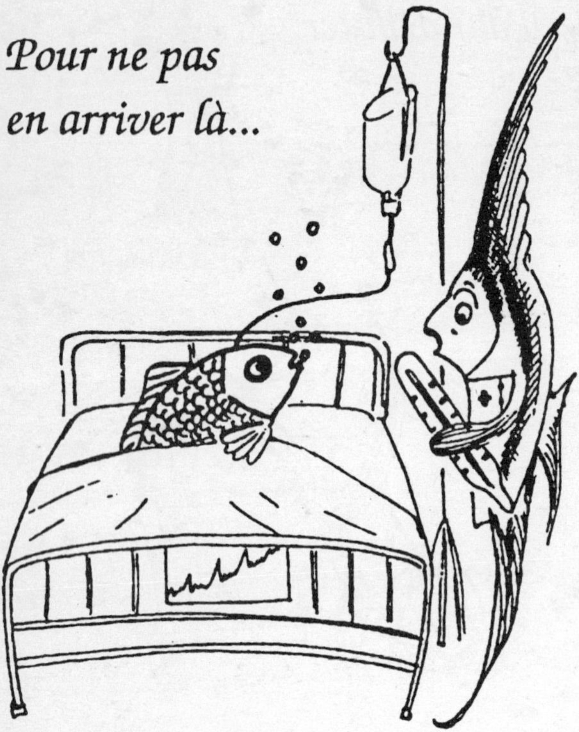

La santé de l'aquarium

H. Favré - M. Tassigny

Au catalogue Marabout

Animaux familiers

Aquarium d'eau de mer
(Guide Marabout de l'),
H. Favré et M. Tassigny 6401 M12
Aquarium d'eau douce
(Guide Marabout de l'),
H. Favré 6400 M12
Bien vivre avec son chat,
M. Donzenac 6409 M4
Bien vivre avec son chien,
M. Donzenac 6407 M4
Dressage tendresse : le chien,
M. Hasbrouck 6402 M7
Mon premier aquarium,
H. Favré 6405 M6
Santé de l'aquarium
(Guide Marabout de la),
H. Favré et M. Tassigny 6404 M6
Vie secrète des chiens (La),
E. Marshall Thomas 6408 M7

Jardinage

ABC du jardinage (L'),
C. Pessey 6108 M5
Arbustes faciles,
D. Puiboube 6109 M5
Choisir et soigner ses rosiers,
D. Puiboube 6104 M5
Fleurs faciles,
D. Puiboube 6106 M5
Jardins miniatures,
D. Puiboube 6101 M5

Je dessine mon jardin,
D. Puiboube 6105 M5
Réussir les bonsaïs,
D. Puiboube 6103 M5
Terrasses, fenêtres et balcons fleuris,
D. Puiboube 6107 M5
Trucs et astuces pour un jardin facile,
D. Puiboube 6102 M5

Bricolage

ABC de la maçonnerie (L'),
C. Pessey (mai) ....5606 N
ABC de la peinture et des revêtements muraux (L'),
C. Pessey (mai) ....5608 N
ABC de la plomberie (L'),
C. Pessey (mai) ....5607 N
ABC de l'électricité (L'),
C. Pessey (mai) ....5605 N
ABC du bricolage (L'),
C. Pessey 5604 M5
Bien aménager sa cuisine,
D. Puiboube 5603 M4
150 trucs pour tout dépanner dans la maison,
M. Donzenac 5601 M7
Grand guide de la maison,
D. Puiboube ....HC 134 FF
Réparer, restaurer, embellir les objets anciens,
D. Puiboube 5602 M5

Loisirs - Sports

ABC de la calligraphie (L'),
A. Terrier 5325 M5

ABC de la chasse (L'),
C. Pessey 5331 M5

ABC de la photo,
N. Ngoc Rao 5316 M9

Camescope : 500 trucs pour filmer comme un pro,
P. Bourgault 5322 M4

150 tests d'échecs,
F. Lohéac-Ammoun 5303 M9

50 tours de cartes,
P. Romano 5327 M4

Dessin (Guide Marabout du),
R.-M. de Prémont 5319 M7

Dico-jeux,
M. Weil 5338 M7

Dictionnaire des mots croisés - T.1,
L. et M. Noël 5306 M9

Dictionnaire des mots croisés - T. 2,
L. et M. Noël 5307 M9

Echecs (Guide Marabout des),
F. Van Seters 5313 M7

Grand Dictionnaire Marabout des mots croisés,
L. et M. Noël ....HC 99 FF

Grand guide Marabout du scrabble,
M. Charlemagne ....HC 99 FF

Guide des règles sportives,
D. Lamboley 5328 M5

Guide du CD-ROM,
M. Barbin ....HC 85 FF

Guide du VTT (Le),
M. Barbin 5318 M6

Guide 1997 du Compact Disc Classique,
M. Barbin ....HC 99 FF
Guide 1997 du Compact Disc Variétés,
M. Barbin ....HC 99 FF
J'apprends l'aquarelle,
M. Suret-Canale (avril) ....5334 N
J'apprends la peinture à l'huile,
M. Suret-Canale (avril) ....5335 N
J'apprends le dessin,
R. Petit (avril) ....5333 N
Jeux d'intérieur (Guide Marabout des),
M. Basset-Clidière 5320 M9
Jeux de plein air (Guide Marabout des),
M. Basset-Clidière 5321 M9
Jeux improvisés à table,
P. Romano 5332 M5
Mots croisés en 1000 astuces (Les),
R. Mayeur (mai) ....5337 N
Pêche facile (La),
M. Donzenac 5309 M7
Photographie (Guide Marabout de la),
M. Biderbost 5310 M7
Plus beaux tours de magie (Les),
P. Romano 5329 M5
Premiers pas aux échecs,
F. Lohéac (avril) ....5330 N
Remue-méninges,
L Dubois 5336 M7
Scrabble (Guide Marabout du),
M. Charlemagne 5312 M9
Tous les jeux de cartes,
F. Gerver 5311 M9

Vie Quotidienne

ABC de l'automobile (L'),
C. Pessey 1547 M5
ABC du savoir-vivre (L'),
F. Le Bras 1544 M5
Auto-défense pour tous (L'),
L. Raisin 1520 M7
150 modèles de lettres pour résoudre vos litiges,
M. Nuq-Barakat 1526 M9
5 leçons pour rédiger efficacement,
C. et O. Pierron 1528 M5
50 modèles de contrats privés,
M. Nuq-Barakat 1527 M7
Code civil belge 1997 (avril) .... N
Comment dresser votre arbre généalogique,
M. Gasse 1538 M7
Comment se faire épouser,
A. Girod de L'Ain (juin) ....1550 N
Correspondance (La),
G. d'Assailly 1501 M4
Courrier facile (Le),
C. Ovtcharenko 1505 M12
Courrier-minute,
C. Pinson 1540 M6
200 modèles de lettres,
P. Maury 1510 M7
Dictionnaire Marabout des trucs,
L. Fronty 1503 M7
Généalogie facile (La),
J.-L. Beaucarnot 1512 M7
Guide de la TV par satellite,
Ph. Richard 1543 M5

6400

IMP. BUSSIÈRE, SAINT-AMAND (CHER). — N° 1337.
D. L. JUIN 1997/0099/259
ISBN 2-501-02687-X
Imprimé en France